全国高职高专"十三五"规划教材·铁道交通类
动车组检修技术专业精品规划教材
全国行业紧缺人才、关键岗位从业人员培训推荐教材

动车组运用
（M⁺Book版）

主　编　梁炜昭　宋艳阳
主　审　曹民建

本书应用了北京交通大学出版社自主研发的M⁺Book技术，展现在读者面前的是一种传统纸媒体与新媒体融合的创新型出版物类型。读者可对图书内容进行立体化的阅读。

请您扫描上面的二维码，具体使用方法见M⁺Book版图书使用说明。

北京交通大学出版社
·北京·

内 容 简 介

　　本书根据铁路相关技术文件，对动车组随车机械师作业标准、CRH 各型动车组故障处理基本操作方法、常见故障的应急处理办法及救援回送作业办法等内容进行了详细的介绍，尽量做到内容精练、文字通俗易懂。

　　本书针对高等职业技术院校动车组检修技术专业学生编写，也兼顾中职学生和从事动车组随车机械师工作的在职人员的使用。

图书在版编目（CIP）数据

动车组运用／梁炜昭，宋艳阳主编. —北京：北京交通大学出版社，2016.8（2017.7重印）

ISBN 978－7－5121－3001－2

Ⅰ.①动… Ⅱ.①梁… ②宋… Ⅲ.①动车－组织管理 Ⅳ.①U266

中国版本图书馆 CIP 数据核字（2016）第 198529 号

动车组运用
DONGCHEZU YUNYONG

策划编辑：刘　辉　　责任编辑：刘　辉

出版发行：北京交通大学出版社　　电话：010－51686414　　http：//www.bjtup.com.cn

地　　址：北京市海淀区高梁桥斜街 44 号　　邮编：100044

印 刷 者：北京艺堂印刷有限公司

经　　销：全国新华书店

开　　本：185 mm×260 mm　　印张：24.75　　字数：615 千字

版　　次：2016 年 8 月第 1 版　　2017 年 7 月第 2 次印刷

书　　号：ISBN 978－7－5121－3001－2／U·243

印　　数：1 001～2 000 册　　定价：52.00 元

本书如有质量问题，请向北京交通大学出版社质监组反映。对您的意见和批评，我们表示欢迎和感谢。

投诉电话：010－51686043，51686008；传真：010－62225406；E-mail：press@bjtu.edu.cn。

前　　言

本书根据铁路相关技术文件，针对动车组随车机械师岗位，结合动车组运用部门的生产实际及动车组检修技术专业高等职业技术教育、中等职业技术教育教学和铁路职工培训的特点，对动车组随车机械师作业标准、CRH各型动车组故障处理基本操作方法、常见故障的应急处理办法及救援回送作业办法等内容进行了详细的介绍。

本书由天津铁道职业技术学院梁炜昭、宋艳阳主编，北京铁路局北京动车段曹民建主审。全书共分4个项目：项目1和项目2由梁炜昭编写；项目3任务1由赵桂仙编写，任务2由宋艳阳编写，任务3由李笑编写，任务4由张冰玉编写，任务5由北京动车段林森编写；项目4任务1由张磊编写，任务2由黄孝亮编写，任务3由尚红霞编写。

由于近年我国高速铁路技术发展较快，以及编者水平有限，本书不妥之处在所难免，希望使用本书的读者批评指正。

反馈本书的意见、建议及索取相关教学资源可通过电子邮箱 cbslh@ jg. bjtu. edu. cn 与出版社编辑刘辉联系。

编　者
2016 年 5 月

前　言

目　　录

项目1　随车机械师作业标准

项目描述

　　动车组机械师分为地勤机械师和随车机械师，随车机械师是保障动车组设备安全可靠运行的重要行车岗位，本项目重点学习随车机械师的作业标准，使学生全面认识随车机械师的工作内容。

　　本项目任务：

　　任务1　专业管理分工；

　　任务2　随车机械师一次出乘作业；

　　任务3　应急处置预案。

教学目标

1. 知识目标

（1）熟悉动车组专业管理规定。

（2）了解随车机械师管理办法。

（3）掌握随车机械师一次出乘作业标准。

（4）掌握随车机械师"五字"作业法。

（5）熟悉动车组应急处置预案。

（6）了解高速铁路冰雪天气动车组列车限速规定。

2. 能力目标

（1）模拟进行动车组途中作业和动车所调度室出退乘作业。

（2）模拟进行CRH380A型动车组随车机械师一次出乘作业。

（3）填写"随车机械师出退乘记录"和"随车机械师乘务日志"。

3. 素质目标

（1）使学生对随车机械师的工作标准和岗位职责有清晰的认识。

（2）在项目学习过程中培养学生的团队协作能力。

（3）能客观、公正地进行学习效果的自我评价及对小组成员的评价。

任务 1　专业管理分工

📋 任务单

任务名称	专业管理分工					
任务描述	学习动车组专业管理规定和随车机械师管理办法					
任务分析	通过学习动车组专业管理规定，掌握动车组运用中各专业部门的分工及各自的工作内容，同时认识到加强各部门间联劳协作的重要性。通过学习随车机械师管理办法，使学生熟悉随车机械师管理，动车所乘组管理及动车组监控室、随车工具、备品、技术资料的管理，对随车机械师岗位有进一步的认识					
学习任务	【子任务1】小组内通过角色扮演的形式，模拟司机、随车机械师和列车长之间的联控，进行到站开关门、车内巡视等作业。 【子任务2】小组内通过角色扮演的形式，模拟进行钥匙交接、出退乘等作业，并填写"随车机械师出退乘记录"					
劳动组合	各组长分配小组成员角色，进行模拟作业并留下影像记录，填写记录表格。 各组评判小组成员学习情况，做出小组评价					
成果展示	（1）模拟进行动车组途中作业和动车所调度室出退乘作业的照片或视频。 （2）完整填写的"随车机械师出退乘记录"					
学习小结						
自我评价	项目	A—优	B—良	C—中	D—及格	E—不及格	综合
	安全纪律（15%）						
	学习态度（15%）						
	专业知识（30%）						
	专业技能（30%）						
	团队合作（10%）						
教师评价	简要评价						
	教师签名						

学习引导文

1.1.1　动车组专业管理规定

动车组是现代化的铁路运输装备，为落实专业管理和安全管理的各项要求，对动车组各专业管理的规定如下。

1. 人员配备与隶属

动车组本务司机、地勤司机隶属机务段管理。

随车机械师，存放点车辆调度人员、地勤机械师隶属车辆段管理。

客运乘务人员（列车长、列车员）隶属客运段管理。

2. 主要岗位职责

1）本务司机

（1）认真执行规章制度，服从命令，听从指挥，切实履行规定职责。

（2）动车组在区间被迫停车时，负责指挥随车机械师、客运乘务组处理有关事故救援等事宜。

（3）出所后，负责除 CRH_2A 外其他型号动车组的车门集控开关。在车站，列车在规定位置停稳后开启车门；开车前，根据客运乘务员通知，关闭车门。

（4）动车组运行中出现故障时，按车载信息监控装置的提示，按步骤及时处理；需要由随车机械师配合处理时，通知随车机械师。

（5）负责在运用所内（或存放点）的动车组操纵端司机室与地勤司机办理动车组驾驶、列控车载设备、LKJ（列车运行控制记录装置）、CIR（机车综合无线通信设备）及制动系统技术状态、主控钥匙、司机室门钥匙及列控车载设备柜钥匙交接。

2）地勤司机

（1）认真执行规章制度，服从命令，听从指挥，切实履行规定职责。

（2）动车组出入运用所（存放点）时，负责与本务司机办理动车组驾驶、列控车载设备、LKJ、CIR 及制动系统技术状态、主控钥匙、司机室门钥匙及列控车载设备柜钥匙交接。

（3）动车组出所时，负责确认行车安全设备技术状态，与相关行车安全设备检修单位办理行车安全设备合格证交接；负责与动车所质检员办理驾驶设备技术状态交接。

（4）负责动车组调车作业。

（5）负责检修库以外停放的动车组防溜设置及撤除。

3）随车机械师

（1）认真执行规章制度，服从命令，听从指挥，切实履行规定职责。

（2）负责在运行途中监控动车组的技术状态，发现故障及时将有关信息通知司机，并采取措施，妥善处理。

（3）出所后，负责 CRH_2A 型动车组的车门集控开关。在车站，列车在规定位置停稳后开启车门；开车前，根据客运乘务员通知，关闭车门。

（4）动车组出入所时，负责与运用所（质检员）办理技术交接；与调度员或地勤机械师办理车门集控开关钥匙交接。

（5）在司机指挥下，处理有关事故救援等事宜。

（6）发生危及行车安全故障或其他紧急情况时，使用紧急制动阀停车或通知司机采取停车措施。

4）客运乘务员

（1）认真执行规章制度，服从命令，听从指挥，切实履行规定职责。

（2）在车站，确认旅客乘降情况，通知司机关闭除 CRH_2A 外其他型号动车组车门；通知随车机械师关闭 CRH_2A 型动车组车门。

（3）发生危及行车和旅客生命安全的紧急情况时，使用紧急制动阀停车或通知司机采取措施；需要组织旅客撤离列车时，通知司机，由司机向列车调度员报告或通知就近车站值班员；在司机指挥下，处理有关事故救援等事宜。

5）动车组存放点车辆调度人员

（1）负责按照作业计划组织、协调各专业作业，传达命令和作业前后的登记。

（2）负责随车机械师出退乘报到及动车组主控钥匙、司机室门钥匙、车门集控开关钥匙及列控车载设备柜钥匙等管理。

（3）负责组织协调处理动车组相关事宜并及时报告。

6）动车组存放点地勤机械师

（1）负责动车组设备使用及管理。

（2）负责配合存放点的调车、客运整备、保洁、吸污作业，检查吸污作业质量。

（3）负责动车组防冻。

（4）负责与存放点的动车组随车机械师办理交接。

3. 动车组专业接口管理

1）动车组运用管理

车辆（动车）段运用所按规定的修程、修制，完成动车组的运用检修，确保动车组出所时技术状态达到标准要求。机务段在动车运用所设派班室和待乘室，安排本务司机按计划出乘。

2）动车组车载设备管理

电务段负责列控车载设备和 LKJ，通信部门负责 CIR，车辆段负责车载广播设备的检修。在运用所内设上述设备的检修点，负责相关出入所检测、检查及维护工作。

3）车内设备使用和管理

动车组配电盘、车内空调、照明及旅客信息系统设备由随车机械师操作。自动广播装置的广播内容由客运段负责按规定要求录制，车辆段负责将录制的内容输入自动广播装置。客运乘务员发现设备故障时，通知随车机械师及时处理。运行中发生设备损坏时，随车机械师与列车长共同确认，并填写设施破损记录，双方签字。

4）动车组的整备和保洁管理

动车组的客运整备和车内保洁由客运部门负责，动车组外皮清洗和吸污作业由车辆部门负责。

5）动车组看管管理

动车组看管由铁路局指定部门负责。

6）动车组作业管理

车载行车安全设备（列控车载设备、CIR、LKJ）的检修、客运整备及保洁作业，须统一纳入动车组运用检修计划，由运用所统一管理。作业前，地勤司机、地勤机械师、客运整备人员、吸污作业人员、看管人员等有关作业人员，应向运用所调度人员报到，接受命令；各专业作业结束后，应到调度人员处进行登记，填写检修竣工单。

7）动车组调车管理

动车组出入所（存放点）的操纵由各铁路局根据具体情况自定；动车组转线及所内（或存放点）调车等作业，根据动车所的安排，地勤司机负责操纵。各铁路局根据具体情况制定详细的调车作业办法。

8）动车组存放点管理

（1）铁路局设置的动车组存放点须具备动车组存放条件，并报铁路总公司核准。各局在动车组存放点应设调度人员、地勤机械师及地勤司机，并建立作业登记制度、钥匙交接管理制度、出退乘签到制度。动车组存放点所需调度人员、地勤机械师由铁路局内部调整解决。

（2）存放点的作业管理。对不进行检修作业的外属停放动车组，由停放地铁路局指定有关单位负责动车组的吸污、防冻、客运整备、保洁等作业及看管，安排乘务人员待乘休息及提供接送条件；对不进行检修作业的本属动车组管理比照外属动车组执行。

9）动车组的交接管理

（1）动车组入运用所或存放点，本务司机与地勤司机办理驾驶设备和行车安全设备的状态交接及主控钥匙、司机室门钥匙及列控车载设备柜钥匙交接，并提交动车组运行状态交接单。地勤司机与调度人员办理主控钥匙、司机室门钥匙及列控车载设备柜钥匙交接；并与行车安全设备检修单位人员办理列控车载设备及 LKJ、CIR 运行技术状态交接。动车组入动车所，随车机械师与调度人员办理动车组技术状态交接及车门集控开关钥匙交接，填写交接记录。动车组入存放点，随车机械师与地勤机械师办理动车组技术状态交接及车门集控开关钥匙交接，填写交接记录；随车机械师持交接记录到调度人员处签到；地勤机械师与调度人员办理车门集控开关钥匙交接。

（2）动车组出运用所前，由动车所质检员组织地勤司机、客运人员、随车机械师及列控车载设备、LKJ、CIR 检修单位进行出库联检，填写出库联检记录单。客运人员负责车厢内服务设施完好状况的检查确认，与质检员办理交接；随车机械师负责动车组技术状态的检查确认，与质检员办理交接；行车安全设备检修单位负责对列控车载设备、LKJ、CIR 进行出库检查确认后，填写行车安全设备合格证，地勤司机确认行车安全设备技术状态，与检修单位办理合格证交接；本务司机与地勤司机办理行车安全设备合格证和驾驶设备技术状态的交接。

（3）动车组出存放点前，地勤机械师、随车机械师、地勤司机到调度人员处签到。地勤司机向调度人员领取主控钥匙、司机室门钥匙及列控车载设备柜钥匙，负责确认行车安全设备技术状态；地勤司机撤除防溜，本务司机签认防溜撤除记录；双方在操纵端驾驶室办理主控钥匙、司机室门钥匙及列控车载设备柜钥匙交接，本务司机负责驾驶设备技术状态的确认，填写交接记录。地勤机械师向调度人员领取车门集控开关钥匙，与随车机械师办理动车组技术状态及钥匙交接，填写交接记录。地勤司机、地勤机械师将交接记录交调度人员。

（4）动车组继乘，由本务司机、随车机械师按规定交接。

（5）列控车载设备柜钥匙交接管理。列控车载设备及 LKJ 出入所检测时，由设备检测单位与运用所办理钥匙交接。

10）其他管理

动车组本务司机要认真填写"动车组运行技术状态交接单"。

1.1.2　随车机械师管理办法

1. 总则

（1）动车组随车机械师是保障动车组设备安全可靠运行的重要行车岗位，为规范动车组随车机械师管理，特制订随车机械师管理办法。

（2）动车组随车机械师必须由经过严格挑选的人员担当，并开展持续的技术业务培训，实行从严管理，采取优胜劣汰机制，建立一支"技术过硬、作风硬朗、爱岗敬业、纪律严明"的随车机械师队伍。

（3）动车组随车机械师隶属于动车运用所管理。动车运用所应设置分管乘务工作的副所长，动车所内需设置动车组随车机械师乘务组，负责动车组随车机械师出乘、交接、作业等管理，同时，按车型、运行线路应设置乘务队，每个乘务队应有不超过 20 名动车组随车机械师，其中可设 1 名乘务指导。

（4）随车机械师管理办法适用于动车组随车机械师管理，动车所乘务组管理及动车组监控室、随车工具、备品、技术资料的管理。

2. 基本条件

1）动车组随车机械师选拔条件

（1）遵章守纪、爱岗敬业，服从指挥、团结协作。

（2）具备动车组机械师任职资格，并有不少于 3 个月的动车组运用检修经验及不少于 1 个月（3 万 km）的动车组随车实习经历。

（3）心理及身体素质较好，动作灵活、协调性好，听力及辨色力正常，双眼矫正视力不低于 5.0，无职业禁忌症。

2）随车机械师发生下述情况的，应中止上岗工作

（1）符合下述条件之一的职工，3 个月内不得上岗担当随车机械师工作：

①在季度考试中连续两次不合格；

②因违反作业制度和纪律、路风条例被上级部门通报；

③因个人原因造成动车组晚点 20 分钟以上的责任行车故障。

（2）符合下述条件之一的职工，6 个月内不得上岗担当随车机械师工作：

①违反随车机械师行为规范"十不"三次；

②因发生违反作业制度和纪律、路风条例受到单位行政处分；

③因个人原因造成动车组铁路交通一般 D 类及以上责任行车事故；

④在随车机械师季度综合考评中不合格。

3. 培训管理

1）积极开展适应性培训

车辆处负责确定随车机械师适应性培训内容，会同职工教育处共同组织动车（客车）段开展随车机械师适应性培训工作；职工教育处负责编制下达年度培训工作计划，组织制订适应性培训计划；由动车（客车）段负责年度随车机械师适应性培训的具体实施，按照"动车组机械师职业技能培训规范"的要求，根据实际情况，制定随车机械师适应性培训年度培训方案并组织实施。要坚持脱产培训和在岗培训相结合的原则，有针对性地开展培训。

（1）随车机械师每年脱产适应性培训的时间按照"动车组机械师职业技能培训规范"执行，培训计划应列入铁路局年度职工重点培训计划，培训成绩记入"铁路岗位培训合格证书（CRH）"和培训档案。

（2）动车（客车）段及动车所应建立随车机械师日常业务培训制度，培训以实际、实用为导向，坚持以理论培训和实作演练相结合，以提高随车机械师的应急处理能力为培训重点。同时，动车所要重视随车机械师的行为规范培训。

（3）动车（客车）段要对随车机械师进行经常性的安全教育和规章教育，特别要结合阶段安全重点工作、季节性安全要求、典型事故（故障）案例等对随车机械师进行有针对性的教育，以增强安全意识，提高故障处理能力。

（4）动车（客车）段要采取班前一题、每周一测、每月一考、每季大考、学习交流等多种方式，组织随车机械师进行日常技术业务培训，集中培训每月不得少于2次，每次不少于2小时，学习内容要适应运输和安全生产需要。月度、季度考试分为理论考试和实作考试两部分，季度理论考试内容必须涵盖三次月度理论考试内容，季度实作考试必须涵盖三次月度实作考试所有内容。

（5）动车（客车）段及动车所要加强随车机械师的路风管理，定期组织开展路风教育，对动车组关键车次、关键车班建立路风包保、包建责任制。动车所每年要与随车机械师本人签订安全路风责任状。

2）加强岗位练兵

动车（客车）段每半年开展一次动车组机械师学技练功、技术比武活动，通过竞赛选拔技能人才。动车（客车）段要定期对随车机械师进行理论考试和实作测试，考试成绩纳入绩效考核，对不合格的人员要坚决调整岗位。

3）业务考核

动车（客车）段及动车所的业务培训必须通过严格的考试以验证培训效果。将"CRH系列动车组应急故障处理手册"及防火消防知识和技能，作为随车机械师的应知必会内容，动车（客车）段应在每月、每季度内分批组织随车机械师考试，考试成绩纳入绩效考核，随车机械师必须考试合格后方可上岗。

4. 职业资格等级管理

（1）鼓励随车机械师自愿参加职业技能鉴定，鉴定或综合评审合格后，可取得相应工种等级的职业资格证书。对取得技师、高级技师职业资格的随车机械师，可参加技师、高级技师岗位聘任。

（2）对动车组机械师职业技能竞赛优秀选手，按照职业技能鉴定权限和职业资格等级设置，可直接晋升相应职业资格等级或提前参加上一等级职业技能鉴定。

（3）动车（客车）段要对竞聘上岗的技师、高级技师实行年度考核。年度考核不合格的予以解聘，因本人责任导致事故的要及时解聘。

（4）建立和实施随车机械师竞争上岗制度。动车所每季度应对随车机械师综合考评，根据随车机械师日常表现、安全业绩、技术业务考试情况等进行排名梳理，推行竞争上岗、尾数待岗培训机制。

5. 资质管理

（1）路局负责随车机械师资质管理，严格落实随车机械师选拔条件，组织好资格审查，每 2 年组织一次复审，考核形式为理论、实作、综合考评相结合，不合格的随车机械师不得继续担任乘务工作。

（2）随车机械师资质按车型划分，具备某一车型的运用检修经验和随车实习经历后，才能取得相应车型的资质，同一随车机械师可同时取得多个车型的资质。

（3）300 km/h 及以上动车组的随车机械师原则上应有 200～250 km/h 动车组乘务 1 年及以上工作经历。

6. 乘务方式和劳动时间

（1）随车机械师应固定交路值乘。按照每 8 辆编组每班配备 1 名动车组随车机械师。

（2）随车机械师人员配备应结合动车组配属、运用组数及运行交路进行确定，同时考虑运输生产实际需要，合理设置动车组随车机械师预备率。

（3）实行综合计算工时制度，月平均工作时间按国家规定的标准执行。根据动车组交路，科学确定换乘方式，防止超劳。

7. 制服、待遇管理

（1）随车机械师工作时间必须穿着铁路统一规定的制服上岗，应为随车机械师配备统一的防寒服、随身工具及乘务包，乘务包内放置物品应统一。

（2）动车（客车）段要采取措施，认真解决随车机械师的待乘休息及在本所出退乘的交通问题，并积极联系解决在外段停放动车组随车机械师的待乘休息及在外所出退乘的交通问题。

（3）乘务员公寓要昼夜保证动车组随车机械师（包括回送动车组随车机械师）和车辆添乘人员的住宿，住宿房间由公寓负责统一安排，动车（客车）段提前与公寓签订叫班协议，按车次明确叫班时间。公寓按规定叫班、接送，提供良好的饮食、洗浴、洗衣、取暖、防暑降温等条件。动车组随车机械师要遵守公寓的各项规章制度，尊重公寓工作人员的劳动，爱护公寓设施、设备。

（4）各级领导应关心随车机械师的实际工作条件，认真解决防寒、防暑降温等问题，按规定发放劳动保护用品。随车机械师应每年进行一次身体检查，对健康状况不符合标准的及时调整岗位。

8. 岗位职责

1）随车机械师岗位职责范围

随车机械师主要担负运行动车组（运营、试验、回送动车组）随车乘务工作，负责保证动车组安全的运行状态，维护正常的车内硬件环境，掌握和传递动车组设备的动态运行信

息，应急处理和维修运行中的设备故障，对动车组上部设施进行日常状态检查和质量交接。

2）随车机械师岗位具体职责

（1）监控途中运行技术状态。

①运行途中在监控室通过车载信息系统监控动车组运行及设备工作状态。

②运行途中按作业图表规定定时、定区间巡视动车组设备，监控走行部运行状态，检查室温控制、列车上部设施使用等技术状态，发现问题正确判断、果断处理。

③始发和折返站进行技术检查作业。

④动车组出入所时，负责与运用所（质检员）办理技术交接。

（2）管理和操作动车组设备。

①按规定操作动车组设备设施。

②控制车内空调换气装置，设置调节空调及换气装置运行模式。

③控制车内客室照明，设置照明工况。

④按规定开启旅客信息系统。CRH₅型动车组随车机械师负责旅客信息系统的开机启动、PMU系统时间校对和触摸屏的校准工作。

⑤指导客运服务人员正确使用车内设备。

⑥出所后，CRH₂A型动车组随车机械师负责动车组的车门集控开关：在车站，动车组到站在规定位置停稳后集控开启车门；开车前，根据客运列车长通知，关闭车门。

⑦在司机操作侧门开、关时（不含CRH₂A型），对动车组侧门开、关状态进行监控。

⑧随车机械师日常交接时，应对大型储物箱的锁闭状态进行检查，检查确认司机室、乘务室及各搭载品柜内其他随车物品状态良好。

⑨随车机械师每次出乘时应对所有随车工具、备品进行清点检查，确认状态良好并做好维护保养工作，发现工具、备品技术状态不良者应及时更换或送修。

⑩随车机械师在运营中配合列车长进行车内服务设施管理、人为损坏理赔等工作。

（3）应急处理途中突发故障。

①运行中突发故障时，按照应急处置规定及远程应急指挥积极进行应急处理，并及时做好信息反馈和上报。

②动车组突发故障分为三类：属司机独立处置的，需加强与司机联系，了解故障处理情况；属与司机协作处置的，按照应急故障处理手册分工与司机共同进行处理；属随车机械师独立处置的，处理完成后及时将情况和运行要求通报司机。

③记录突发故障处置情况，及时向动车运用所调度汇报。

④发现危及行车安全的故障或其他紧急情况时，可使用紧急制动装置停车或通知司机采取停车措施。

（4）承担部分行车组织职能。

①运行中因动车组故障或其他原因在区间被迫停车时，加强与司机联系，掌握情况，及时向动车运用所调度室报告，并在司机指挥下，做好行车及安全防护相关工作。

②动车组故障需要救援时，配合司机做好救援准备工作，负责安装过渡车钩、引导救援机车联挂、连接风管。

③动车组运行途中，做好动车组一级修上部设施的检查工作；当动车组在异地存放时，负责对动车组车体和车下两侧设施的外观检查。

3）责任追究

属随车机械师职责范围，并发生下述情况时，应根据事件的性质对随车机械师定性定责，追究随车机械师相应的责任。

（1）未按作业标准规定开展技术作业或质量交接。

（2）属随车机械师正常检查、监控范围的设备故障由于漏检、失察而未及时发现，造成故障等级提高或故障危害程度扩大。

（3）动车组故障发生后应急处理失当，情况事实汇报不清，造成耽误行车、盲目臆测行车或旅客投诉。

（4）对动车组运行技术状态或设备质量信息反映失实，误导其他维修人员判断和修复故障。

9. 职业礼仪管理

（1）随车机械师出乘前需充分休息，严禁饮酒；动车组随车机械师必须持证上岗；随车机械师出乘过程中按规定着装，穿戴工作帽、工作服、动车组机械师胸卡、领带，并保持干净、整齐；在乘务（监控）室值乘时，需坐姿端正，禁止遮蔽乘务室车门侧窗玻璃；巡视检查时，行走姿态大方、自然；值乘中严禁吸烟。工作时须佩戴胸卡（不锈钢制），凭胸卡及工作证在公寓或招待所食宿。动车组机械师胸卡如图1-1所示。

（2）随车机械师巡视检查时，遇有旅客要主动礼让。

（3）随车机械师在车下技术检查和车上巡视时应携带适用的工具（450 MHz手持终端、GSM-R移动电话、应急联络手机、手电筒、测温仪、钥匙等），并保证随身携带的工具不对旅客造成干扰。

图1-1 动车组机械师胸卡

（4）礼仪标准：随车机械师值乘途中遇领导检查时，要主动汇报，认真听取领导指示，如实回答问题，并积极配合做好检查；向旅客回答、解释问题要态度和蔼，语气平和，处理故障时尽可能减少对旅客的干扰；值乘途中要尊重列车长对旅客服务工作的统一领导，与车上其他乘务人员相处时以礼相待、言行得体，共同维护车上文明、团结的工作环境。

（5）随车机械师行为规范"十不"。

①不私带无票旅客。

②不在车内任何场所吸烟。

③不与旅客发生冲突。

④执乘中不看与工作无关的书籍（包括电子书籍）、杂志、报纸，不通过手机等上网。

⑤不私自换班、替班。

⑥不发生违反规定着装的问题。

⑦不在餐车及各类旅客座席上休息。

⑧不在非操纵端司机室内做与本职工作无关的事。

⑨不发生与客运、机务、供电、公安等部门配合方面的问题。

⑩不捎带违禁物品。

10. 记录填报和信息反馈

（1）动车所要规范"随车机械师乘务日志""动车组故障交接记录单"（"辆动–181"）填写的标准，"随车机械师乘务日志""动车组故障交接记录单"（"辆动–181"）上字迹要工整，项目要完整，内容要具体。乘务指导、值班副所长在每次动车组入库时对"随车机械师乘务日志"的填写情况进行检查并签字，动车所分管乘务副所长每周要检查"随车机械师乘务日志"的填报情况，并每周在乘务组进行通报，每月在动车所进行通报。

（2）随车机械师要随身携带"动车组工作手册"（"车统–15"），随时记录监控装置报警信息和列车巡视中发现的设备异常信息。对信息要认真梳理，及时将故障信息和处理情况填写到"随车机械师乘务日志""动车组故障交接记录单"（"辆动–181"）上。影响行车的故障应急处理完毕后，随车机械师应详细记录故障发生经过和处理结果。对需入库处理的故障，随车机械师须及时反馈给动车所调度。

（3）随车机械师实时反馈信息应包含以下内容：

①列车非正常停车、晚发、晚到信息；

②影响列车运行安全的重要设备故障；

③运行途中的突发、重大事件；

④关键时段、区间随车机械师作业情况的纪录；

⑤总公司、局有关领导及专业检查组上车添乘检查工作的情况。

11. 随车工具、备品、技术资料管理

（1）动车组随车工具、备品、技术资料按规定配置。在车上指定位置存放并实行定置管理。动车所必须在动车组上核定和储备动车组上部设施易损、易坏的消耗品，保证应急检修所需。动车所应购置专用的工具包，便于随车机械师携带和交接随车工具。随车台账须摆放整齐并保持清洁。

（2）动车所应建立随车工具、备品、技术资料管理台账，严格界定工具保管的个人职责，要求随车工具、备品、技术资料在动车组每次入库后进行交接，确保随车工具、备品功能良好，数量齐全，技术资料及时更新，保存完整。

①各部门须加强动车组备品的维护管理，定期检查、维护保养，保持技术状态良好。

响墩、火炬、短路铜线、手信号灯、信号旗、防护信号灯等行车备品，过渡车钩、救援风管、铁丝、接地杆、验电杆、绝缘靴、绝缘手套、安全帽、安全带、登顶梯、坡道铁鞋、止轮器、无螺纹管件等应急备品及随车工具由车辆部门使用管理。

紧急用渡板、应急梯、车门防护网、绳索、消防锤、应急灯、扩音器等客运备品由客运部门使用，车辆部门管理。

售货小车、微波炉、座椅套、头枕、耳机等备品及固定服务设施由客运部门使用管理。

②动车组固定服务设施由动车（客车）段配备齐全，保持状态良好。动车组出（入）所前，车辆、客运部门应共同检查固定服务设施的状态，办理一次性交接，填写签认"动车组固定服务设施状态检查记录"，动车组随车机械师、列车长各持一份，作为交接点验的依据。

③固定服务设施丢失或人为损坏时，列车长须与动车组随车机械师共同确认，由列车长填写"车内设施破损记录"（"客统–36"）交动车组随车机械师，动车（客车）段须凭

"客统－36"修理或更换。

12. 乘务管理

（1）制定检查量化标准。动车（客车）段应制定段乘务工作日常检查量化标准（含"三外"检查），指定相关科室负责段量化检查情况的统计工作，作为随车机械师季度综合考评的基础依据。

（2）成立季度综合考评小组。动车（客车）段应成立随车机械师季度综合考评小组，由运用副段长任组长，包括技术科科长、安全科科长、劳人科科长、职教科科长、各动车所所长、各动车所分管乘务副所长、各动车所乘务指导（工长）等人员担任组员，每季度召开随车机械师季度综合考评会，按照铁路局随车机械师季度综合考评标准，结合各自日常检查情况和分管工作落实情况对随车机械师进行季度综合考评，60 分及以上为合格，60 分以下为不合格。

（3）动车所乘务组根据段、所的管理制度和规定，负责随车机械师的日常乘务管理。乘务组的基本职责如下：

①编排随车机械师的出乘计划，调配乘务人员；

②检查和监督随车机械师途中、站内、库内作业情况；

③负责随车机械师的日常培训、交班和备品工具管理，协调处理随车机械师入库汇报的重点故障；

④总结分析当月乘务工作，安排次月工作重点和计划；

⑤参与动车组运行故障的调查和分析，落实和完善预防措施；

⑥每月对随车机械师收入进行分配和考核，每季度提出随车机械师日常表现的评估意见；

⑦建立健全乘务组的管理台账。

（4）动车所乘务组内按线路配备乘务指导，乘务指导负责管辖线路范围内随车机械师的管理。乘务指导要选择技术过硬、经验丰富、具备一定管理能力的随车机械师担当。

（5）动车所须建立动车组运行安全逐级负责制。随车机械师对本次往返的列车运行安全负责、对本线路乘务指导负责；乘务指导对本线路列车运行安全负责、对乘务组负责；乘务组对配属动车组的运用安全负责，对动车所负责。

（6）动车所乘务组要针对动车组运用安全中倾向性、季节性、周期性问题，开展安全预想，并将其纳入随车机械师出乘前的班前议题中，提高预判能力和预处理能力；定期对随车机械师轮换备班，充分利用备班时间组织开展备班随车机械师的理论培训和实作演练；建立动车组典型故障案例库，并经常性开展抽问、抽考、模拟或实作演练，提高随车机械师的应急处理水平。

（7）对"关键列车、关键时段、关键作业、关键人员"，乘务组可通过电话问询随车机械师作业情况、车上设备状况，或者通过规定随车机械师定时、定点提报信息等手段，建立对随车机械师的远程监督，强化对运用过程安全薄弱环节的控制。

（8）动车所乘务组要以"八防"措施为基础，细化动车组随车机械师劳动安全管理的规定和措施。对行车备品中需定期校核的工具、仪表、高压防护用品要建立台账，严格按周期送检。

（9）动车所乘务组内应配备动车组主要技术资料，汇集总公司、局、段乘务管理工作的相关文件和规范，建立随车机械师管理的必要台账。乘务组技术资料、管理文件、管理台账由段统一规定范围、项目、格式和内容，并明确电子文档和纸质文档形式。

☑任务实施与评价

（1）教师下发任务单，学生明确学习任务、学习内容、知识目标、能力目标、素质目标要求。

（2）学生按任务单要求制订学习计划，完成预习任务及相关知识准备。

（3）小组内通过角色扮演的形式，模拟司机、随车机械师和列车长之间的联控，进行到站开关门、车内巡视等作业。

（4）小组内通过角色扮演的形式，模拟进行钥匙交接、出退乘等作业，并填写"随车机械师出退乘记录"。

（5）学生进行自我评价及小组成员互评；教师进行学生学习评价，检查任务完成情况。

任务2 随车机械师一次出乘作业

📋任务单

任务名称	随车机械师一次出乘作业
任务描述	学习随车机械师一次出乘作业标准和"五字"作业法
任务分析	学习铁路总公司和铁路局下发的动车组随车机械师一次出乘作业标准，并以CRH380A统型动车组为例，学习动车段下发的随车机械师一次出乘作业指导书，随着内容的逐级细化，技术文件将越来越具有可操作性。"四必"作业法是针对地勤机械师一级检修作业而言的，而"五字"作业法则是针对随车机械师值乘作业而言的，它们都是在动车组运用和维修中总结出的行之有效的作业规范
学习任务	【子任务1】小组内通过角色扮演的形式，模拟进行CRH380A型动车组随车机械师一次出乘作业，填写"随车机械师乘务日志"。 【子任务2】小组内制作PPT，讲解总公司、铁路局和动车段在随车机械师一次出乘作业的技术要求上有何异同
劳动组合	各组长分配小组成员角色，进行模拟作业并填写记录，同时制作讲解PPT。 各组评判小组成员学习情况，做出小组评价
成果展示	（1）完整填写的"随车机械师乘务日志"。 （2）制作总公司、铁路局和动车段在随车机械师一次出乘作业技术要求上异同的PPT
学习小结	

续表

	项目	A—优	B—良	C—中	D—及格	E—不及格	综合
自我评价	安全纪律（15%）						
	学习态度（15%）						
	专业知识（30%）						
	专业技能（30%）						
	团队合作（10%）						
教师评价	简要评价						
	教师签名						

学习引导文

1.2.1　动车组随车机械师一次出乘作业标准（铁路总公司）

1. 出勤

（1）出勤前，应充分休息，严禁饮酒。

（2）出勤时，应按规定着装，佩戴胸卡并携带相应证件及随身工具，到动车所调度室（存放点值班室）接受酒精含量测试，领取联检记录单、随车钥匙、"随车机械师乘务日志""动车组故障交接记录单"、GSM－R 移动电话、450 MHz 手持终端等，听取命令、任务、要求及注意事项，了解动车组检修、故障处理及前次运行情况。

2. 接车作业

（1）按规定插设安全防护号志。

（2）检查确认动车组头罩锁闭到位、重联端车钩连接状态良好，两侧裙板及盖板锁闭到位、空气弹簧无漏风、车端连接管线无脱落。

（3）作业完毕，撤除安全防护号志。

（4）动车组供电后，开启空调、照明、旅客信息系统等，确认工作状态良好。

（5）检查随车工具、材料及行车备品。

（6）动车组出所时，巡视动车组运转情况，发现异常及时处置，并向调度室报告。

3. 始发作业

（1）到达车站后，在站台侧检查确认侧门、车外显示器、受电弓状态良好。

（2）到乘务（监控）室，监视车载信息系统，等待发车。

4. 途中作业

（1）发车后，巡视检查车内主要服务设施技术状态，监视列车运行状态。

（2）运行途中，必须坚守岗位，按规定巡视，并在乘务（监控）室监控列车运行及设备状况，发现故障及接到报警时，按规定程序处置，并做好记录。

（3）动车组司机继乘换班前，动车组随车机械师应向动车组司机了解运行情况并做好记录。

5. 折返站作业

（1）列车到站前，动车组随车机械师与动车组司机会合，了解运行情况并做好记录。

（2）列车到站后，在站台侧检查确认侧门、车外显示器、受电弓状态良好。

（3）到乘务（监控）室，监视车载信息系统，等待发车。

6. 换乘作业

（1）继乘动车组随车机械师按规定出勤后，提前15分钟到继乘站站台接车。

（2）列车到达换乘站前，退乘动车组随车机械师须巡视车厢，向动车组司机了解运行情况，填写"随车机械师乘务日志""动车组故障交接记录单"，整理交接物品，在乘务（监控）室等待办理换乘交接。

①折返站换乘时，继乘动车组随车机械师在折返始发端立岗接车，监听列车运行声音，检查受电弓等可见部位状态，列车停稳后到乘务（监控）室与退乘动车组随车机械师办理出勤时领取的物品及列车运行状态交接。

②通过站换乘时，继、退乘动车组随车机械师在乘务（监控）室办理出勤时领取的物品及列车运行状态交接，交接后退乘动车组随车机械师在站台侧立岗送车。

（3）折返站换乘后，始发前，继乘动车组随车机械师到乘务（监控）室，监视车载信息系统，等待发车。

（4）折返站换乘作业过程中遇有动车组故障需要应急处理时，退、继乘动车组随车机械师要协同配合，共同处理。

7. 终到作业

（1）列车到站前，向动车组司机了解运行情况并做好记录。

（2）列车到站后，会同列车长巡视车厢，办理车内固定服务设施状态交接，填写"随车机械师乘务日志"，整理交接物品。

（3）重点故障提前预报动车所，在乘务（监控）室等待随车入所。

（4）入所途中，通过车载信息系统监控动车组运行状态。

（5）入本所后，到调度室报告动车组运行情况，办理重点故障、领用物品等交接；入外所（存放点）后，到调度室（值班室）交接随车钥匙、"随车机械师乘务日志""动车组故障交接记录单"。

8. 退勤

动车组随车机械师须按规定退勤，不得无故停留。

1.2.2 动车组随车备品明细（铁路总公司）

动车组随车备品明细（铁路总公司）如表 1-1 所示。

表 1-1 动车组随车备品明细（铁路总公司）

类别	序号	名称	数量/列	单位
随车工具	1	钳形电流表	1	支
	2	红外线测温仪	1	支
	3	第四种检查器	1	个
	4	38 件套工具	1	套
	5	9 件套梅花扳手	1	套
	6	活扣扳手	1	把
	7	充电电钻	1	台
	8	管子钳（12 寸）	1	把
	9	管子钳（18 寸）	1	把
	10	圆锉	1	把
	11	半圆锉	1	把
	12	组套螺丝刀	1	套
	13	手锤	1	把
	14	撬棍	1	根
	15	扁铲	1	把
	16	笔记本电脑	1	台
行车备品	1	响墩	6	个
	2	火炬	2	支
	3	短路铜线	2	副
	4	手信号灯	2	盏
	5	信号旗	2	套
	6	防护信号灯	2	盏
应急备品	1	过渡车钩	2	个
	2	救援风管	2	个
	3	铁丝	20	米
	4	接地杆	2	套
	5	验电杆	1	套
	6	绝缘靴	1	双

续表

类别	序号	名称	数量/列	单位
应急备品	7	绝缘手套	1	副
	8	安全帽	1	顶
	9	安全带	1	套
	10	登顶梯（车端设登顶梯的除外）	1	架
	11	坡道铁鞋	4	个
	12	止轮器	4	个
客运备品	1	紧急用渡板	2	块
	2	应急梯	2	架
	3	车门防护网	8	套
	4	应急灯（手电筒）	6	只
	5	扩音器	1	台
	6	座椅套	1	套
其他备品	1	网络系统事件记录IC卡（如果有）	2	个
	2	网络系统事件记录IC卡读卡器（如果有）	1	个

1.2.3 动车组随车机械师一次往返作业标准（铁路局）

1. 总体要求

（1）开关门集控按钮不在司机操作台上的，随车机械师负责到站集控开门、按列车长通知集控关门。

（2）新增配备的数字化手电筒（应具备录音、摄像及照相功能）作为随车机械师作业必备工具，由动车所乘务组统一管理，随车机械师出退乘时须做好交接登记。

（3）随车机械师出乘（退乘）前领取（交回）钥匙及随身工具备件时，须同时领取（交回）数字化手电筒及充电器，核对数字化手电筒系统时间，确保其与现场调度处时钟显示时间同步，检查确认数字化手电筒功能良好，在"随车机械师乘务日志"工具备品交接栏中登记签认。

（4）随车机械师巡视检查时，应随身携带工具包、450 MHz手持终端、GSM-R移动电话、数字化手电筒、测温仪、钥匙等。

（5）随车机械师一次往返作业过程中，在重点作业项目开始前和结束后要分别按规定开启数字化手电筒录音、摄像及照相功能，对作业情况进行录音、摄像或照相并保存记录，以备查询。录音时须使用普通话，吐字清晰，声音洪亮。

（6）对于热备动车组，随车机械师每2小时巡视检查一次，并根据要求录音、拍照。

2. 作业流程图

动车组随车机械师一次出乘作业流程图如图1-2所示。

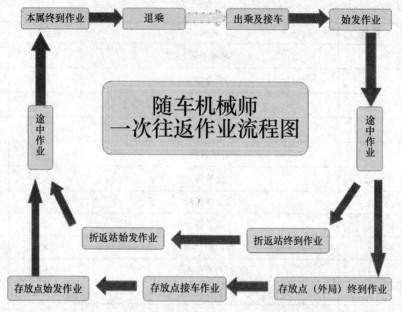

图 1 - 2　动车组随车机械师一次出乘作业流程图

3. 一次往返作业标准

1）接车作业

（1）出乘报到。

随车机械师出乘前必须充分休息，精神状态良好。出乘时按规定穿戴好动车组随车机械师制服，佩戴胸卡，携带动车组随车机械师上岗证、隔离开关操作证及随身工具备件，于动车组出库前 90 分钟到动车运用所调度室（以下简称调度室）报到，接受酒精含量测试，查看揭示板内容，听取调度员下达的命令、要求及注意事项，听取随车机械师指导的相关要求，了解动车组检修情况及上一班次的运行情况。车体停留地点距调度室较远时，可适当提前前往调度室报到。

出库前，提前 60 分钟领取联检记录单、动车组钥匙、"随车机械师乘务日志"、"动车组故障交接记录单"（"辆动 - 181"）、450 MHz 手持终端、数字化手电筒及相关随车工具、备品，并检查工具、备品状态，核对引继故障处理情况，向值班员反馈意见和建议。

（2）出库前联检作业。

随车机械师出乘报到后，要参加由动车所质检员组织的动车组出库前联检作业，作业前须首先确认动车组是否启用停放制动或设置防溜。

因检修计划安排，动车组需提前完成检修作业及联检作业的，随车机械师可不参加联检，由动车所指派专人代替，按随车机械师作业内容参加联检作业，并在相应检修记录、随车机械师乘务日志中签认；随车机械师出乘时须检查确认"动车组故障交接记录单"（"辆动 - 181"）中引继故障处理情况，并重点检查动车组上部设备设施技术状态，发现问题及时向调度室报告。

联检作业时，双人值乘动车组 2 名随车机械师共同到动车组出库方向前部按规定设置安全防护标志（单人值乘动车组由动车运用所质检员配合确认），之后开始进行动车组车体两侧检查，重点检查车体底板、裙板及附属部件，转向架，头罩及排障器，车下悬吊部件，车端连接装置，车间跨接线等部件的技术状态，检查各裙板、盖板锁闭状态，并对动车组运行故障、检修发现故障处理情况进行复查。

车下作业完毕后，2 名随车机械师共同撤除安全防护标志（单人值乘动车组由动车运用所质检员配合确认），上车检查空调系统、照明、卫生间、座椅、VIP 商务座椅、电茶炉、旅客信息系统等车内设施和车内各电器设备工作状态，检查随车工具、材料及行车备品。按规定启动旅客信息系统，检查乘务室信息系统显示的动车组各项技术状态，设定空调、照明、旅客显示信息等。双人值乘动车组随车机械师出库检查实行双人平行作业。

动车组升弓供电后，巡视检查。

联检作业中随车机械师要对入库引继的故障处理情况进行确认，如作业中发现故障立即联系调度室，请求及时修复并在"动车组故障交接记录单"（"辆动 – 181"）中进行记录。

（3）联检作业完毕后与质检员或地勤机械师办理交接，向调度室报告作业情况，在乘务（监控）室等待出库。

（4）动车组调车出库时，随车机师应从动车组非驾驶端巡视至驾驶端，检查动车组运转情况，发现异常及时处置，并向调度室报告（16 辆长编动车组由在 01 ~ 08 车值乘的随车机械师负责报告）。

（5）如果两列短编动车组重联出库，按照相关要求进行重联作业。

（6）接车作业线路图。

①8 辆短编动车组随车机械师接车作业线路图如图 1 – 3 所示。

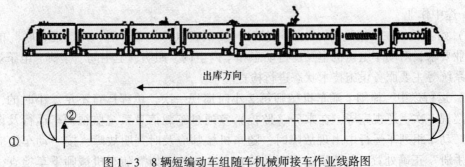

图 1 – 3 8 辆短编动车组随车机械师接车作业线路图
①下部两侧作业路线；②车内上部检查作业线路

②16 辆长编动车组随车机械师接车作业线路图如图 1 – 4 所示。

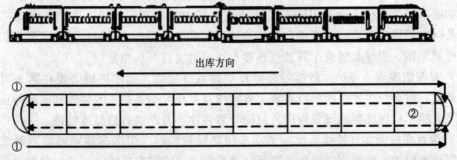

图 1 – 4 16 辆长编动车组随车机械师接车作业线路图
①下部两侧作业路线；②车内上部检查作业线路

2) 始发作业

（1）到达车站后，输入始发车次、车站、编组等信息，从驾驶端司机室下车，在站台侧巡视检查头车、车体外侧、侧门、车外显示器、车端连接、受电弓等状态。

（2）巡视完毕后在非驾驶端登乘列车，由车内到达乘务室，监视车载信息系统，等待发车。

（3）16 辆长编动车组始发作业中，要求保持随车机械师 1 人在监控室监控，另 1 人执行巡视检查。

（4）随车机械师始发作业线路图如图 1-5 所示。

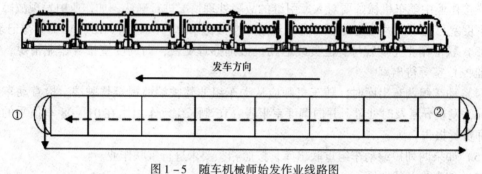

图 1-5 随车机械师始发作业线路图
①站台侧巡视作业路线；②车内巡视作业线路

3) 途中作业

（1）始发后，在车内进行一次巡视检查，要认真执行"听、看、闻、巡、联"的五字值乘作业要求，对动车组司机室及运行动态和车内空调、照明、卫生间、座椅、电茶炉、旅客信息系统等主要服务设施技术状态进行检查。

（2）运行途中，原则上随车机械师每 2 小时巡视一次，单程运行不足 2 小时的，每个单程须巡视一次；巡视完毕，在乘务（监控）室通过车载信息系统监视列车运行及设备工作情况。动车组列车运行中出现故障时，随车机械师应及时判明故障，按"动车组应急故障处理手册"正确处置，并按规定报告故障信息。此外，如需随车机械师下车检查、处理故障时，随车机械师应通知司机申请临线限速，待限速命令下达后，方可下车作业。

（3）发生故障后，经处置确认动车组无法正常运行时，动车组司机应按车载信息监控装置的提示和动车组随车机械师的要求，选择维持运行或停车等方式，并报告列车调度员。此外，如需申请救援时，动车组随车机械师应立即通知动车组司机，由动车组司机请求救援，并及时向所属动车运用调度员和发生地铁路局调度员报告。同时，动车组随车机械师负责安装过渡车钩、引导救援机车联挂、连接专用风管，打开折角塞门。

（4）对造成晚点、停运、救援的故障及空调系统故障，随车机械师要在第一时间报告动车所调度；对运行中发生的影视系统、旅客信息系统、电茶炉、卫生间和座椅等旅客服务设施故障，随车机械师要熟练掌握应急故障处置程序，及时进行修复或处理。

（5）遇有司机通知红外线系统探测动车组热轴报警时，根据车载轴温检测系统探测情况，比照动车组轴温报警应急故障处理程序进行作业，将情况反馈给司机，并报动车运用所调度室。

（6）在区间内临时停车时，及时与司机联系，了解原因，属车辆设备故障的，按规定程序处理；根据司机指挥，配合做好有关行车、安全防护工作，并及时向动车运用所调度汇报。

（7）客运服务人员报告设备故障时，及时赶赴现场处理，并做好故障写实记录。运行中发生设备损坏时，随车机械师与列车长共同确认，并填写动车组固定服务设施状态检查记录，双方签字。

（8）CRH_2A 型动车组随车机师必须在客运营业站到达、开车前5分钟在站台侧乘务员室准备开、关门作业（乘务员室门须保持开启状态）。

（9）16辆长编动车组途中作业中，原则上要求保持随车机械师1人在监控室监控，另1人执行巡视检查（双人单班值乘或单人值乘时除外）。

4）折返站作业

（1）折返站不换乘作业。

①与司机会合，了解运行情况并做好记录。

②重新输入始发车次、车站、编组等信息后，从驾驶端司机室下车，在站台侧巡视检查车头、车体外侧、侧门、车外显示器、车端连接、受电弓等状态。

③站停时间40分钟及以上的动车组，在车内对卫生间、电茶炉和配电柜进行一次专项巡视，发现故障进行处理并做好记录。

④巡视完毕后由车内到达乘务（监控）室，通过车载信息系统监视列车设备工作情况，等待发车；执行故障零报告制度。

⑤16辆长编动车组途中作业中，原则上要求保持随车机械师1人在监控室监控，另1人执行巡视检查等作业内容（双人单班值乘或单人值乘时除外）。

（2）折返站换乘作业。

①退乘随车机械师按要求填写"随车机械师乘务日志"；继乘随车机械师到调度室签到或电话报到后，提前15分钟到站台接车。

②退、继乘随车机械师在乘务（监控）室办理交接，主要包括动车组运行技术状态、动车组钥匙、"随车机械师乘务日志"、450 MHz手持终端、GSM-R移动电话、数字化手电筒等。

③交接完毕，继乘随车机械师按"折返站不换乘作业"第①~④规定作业。

④换乘作业过程中遇有动车组故障需要应急处理时，退、继乘随车机械师要协同配合，共同处理。

5）终到作业（含外局终到作业）

（1）终到前45分钟，随车机械师从动车组非驾驶端巡视至驾驶端，与司机会合，了解动车组运行情况。巡视中重点检查车内设备技术状态，发现故障应急处理并做好记录；执行故障零报告制度。需要入库或在对方站处理的较大故障，应提前通知运用所调度室，由调度室联系安排实施修理。

（2）旅客下车完毕后，会同列车长对车体上部设施进行全面检查，发现设备人为损坏、丢失，填写动车组固定服务设施状态检查记录，双方签字。客运人员退乘后，随车机械师在监控室盯控（重点盯控车门关闭状态，其中 CRH_2A 型动车组由随车机械师根据列车长退乘前关门通知关闭车门），准备入库。

（3）填写"随车机械师乘务日志""动车组故障交接记录单"，在乘务（监控）室等待入库。

（4）入库途中，通过车载信息系统监控动车组运行状态。入库停稳后，到调度室报告动车组运行情况，办理重点故障、动车组钥匙、"随车机械师乘务日志""动车组故障交接记录单"、GSM－R 移动电话、450 MHz 手持终端等交接，听取命令、指示、要求。

（5）动车组到达对方站停放地点后，随车机械师与地勤机械师钥匙交接、签认和运行情况交接，到存放点值班室报到，汇报运行情况后，回公寓间休息，准备次日出乘。

（6）16 辆长编动车组在对方站终到作业中，要求保持随车机械师 1 人在监控室监控，另 1 人执行终到前巡视检查等作业内容，终到后 2 人共同与列车长进行上部设施全面检查并签认设备故障，2 人共同随车入库报到退乘。

（7）退乘。

4. 出退乘及汇报规范用语

1）出乘报到

出乘报到时应向值班调度立正敬礼："××××次动车组随车机械师×××出乘报到，请指示"（车次为始发车次）。

2）领导添乘

得到领导途中添乘并要求汇报工作的通知后，做到着装整齐、佩戴好领带、帽子、随车机械师胸卡，精神面貌良好，并到达领导乘车地点，立正敬礼，并做出以下汇报内容："报告领导，我是××××次随车机械师×××，动车组目前运行良好，请领导指示"（车次为当前值乘车次）。

3）退乘报到

退乘报到时应保持着装整齐，精神状态良好，到达调度室，向值班调度立正敬礼："××××次动车组随车机械师×××回乘报到，请指示"（车次为终到车次）。

5. 录音标准

1）出库前检查作业录音

随车机械师出库前检查作业时开启数字化手电筒，设置为录音模式，对作业情况进行录音并保存："××月××日××时××分，××××次随车机械师×××开始出库前检查作业。"

车下检查完毕后录音："××时××分，车下作业完毕，走行部、车端连接部、各裙板、底板状态良好，三层平台渡板已收起，轨道周边无异物侵线。"

车上检查开始录音："××时××分，开始车上检查。"

车上检查完毕后，随车机械师回到监控室录音："××时××分，××××次机械师出库前检查作业完毕，动车组状态良好，随车工具、备品齐全、状态良好，现于监控室等待出库。"

动车组出库启动时录音："××时××分，××××次动车组开始出库。"

动车组达到始发站台时录音："××时××分，××××次动车组达到××站。"

2）异地出库作业录音

随车机械师异地出乘准备完毕，出公寓时录音："××月××日××时××分，××××次随车机械师×××出乘准备完毕，动车组钥匙齐全。"

到达存车线，开始出库前检查作业时录音："××时××分，××××次随车机械师开始出库前检查作业。"

出库前检查作业完毕后，随车机械师回到监控室录音："××时××分，××××次机械师出库前检查作业完毕，动车组状态良好，随车工具、备品齐全、状态良好，现于监控室等待出库。"

动车组出库启动时录音："××时××分，××××次动车组开始出库。"

动车组达到异地始发站台时录音："××时××分，××××次动车组达到×××站。"

3）途中巡视作业录音

随车机械师途中巡视作业时，在司机室检查开始前录音："××月××日××时××分，××××次随车机械师×××开始检查××××××车（车辆号，例如300101车）司机室。"

检查司机室前随车机械师要与司机进行联控："××××次司机，我是××××次随车机械师，现在可否进入司机室进行巡视作业。"具备巡视条件，本务司机应回答："可以。"

当不具备巡视条件时，本务司机应回答："稍等。"当具备条件后，司机应及时通知随车机械师可以进入司机室进行巡视作业，本务司机应联控："××××次随车机械师，我是××××次司机，现在可以进入司机室进行巡视作业。"

检查司机室侧门锁闭状态时录音："司机室侧门锁闭状态良好。"

检查司机室配电盘时录音："司机室配电盘各开关位置处于正常位。"

到非主控端司机室操纵台检查时录音："××××××车（车辆号，例如300100车）司机室操纵台各手柄位置正常，仪器、仪表工作正常，网压显示××kV，总风缸风压×××kPa。"

司机室检查完毕录音："××时××分，××××××车（车辆号，例如300100车）司机室检查完毕，通过台门已锁好。"

4）始发、折返、终到检查作业录音

随车机械师在车站检查开始前录音："××月××日××时××分，××××次随车机械师×××于×××站（站名，例如北京站）开始站台侧巡视检查。"

站台侧检查作业完毕录音："××时××分，××××次随车机械师×××于×××站始发（折返/终到）检查作业完毕。"

5）其他

动车组发生故障或检查作业发现异常情况时，随车机械师应及时开启数字化手电筒录音功能，对情况汇报、故障处理、与司乘人员沟通协调等过程进行全程录音，以备查询。

6. 拍照标准

1）出库前检查作业

随车机械师出库前检查作业时，车下重点对各吸污口、上水口、注砂口、注油口等活动盖板状态逐一进行拍照，车内重点对司机室进行拍照，具体部位如下。

（1）CRH$_2$及CRH380A（L）型动车组拍摄部位：两司机室网压表、电压表、风压表、故障指示灯、司机室配电盘各空气开关状态、MON显示屏状态（司机栏[制动信息]页面）、操纵台各手柄状态、前舱气密隔断门状态。

（2）CRH$_3$及CRH380BL型动车组拍摄部位：两司机室网压表、蓄电池电压表、风压表、配电盘各空气开关状态、HMI显示屏状态（牵引、制动信息页面）、操纵台各手柄状态、司机室隔断门状态。

（3）CRH$_5$型动车组拍摄部位：两司机室风压表、BPS显示屏状态、TS显示屏状态、TD显示屏状态、电子仪表、操纵台备用制动手柄、运行方向手柄、速度设定手柄、牵引制动设定手柄、高低站台模式选择开关、QCA柜各开关（重点是警惕装置旋钮开关、17Q101/17Q102空气开关、30Q103空气开关）、主控端操纵台客室空调S5集控开关状态、司机室侧门锁闭状态。

2）始发、折返、终到检查作业

始发、折返、终到检查作业时，随车机械师在站台侧对动车组各受电弓的升起/折叠状态进行拍照，在主控端和非主控端头车对头罩、前窗玻璃、雨刷器、头灯状态进行拍照。

3）其他

动车组发生故障或检查作业发现异常情况时，随车机械师对故障现象、故障设备状态根据实际情况进行拍照、摄像。

7. 拍照、录音管理

（1）随车机械师退乘后由动车所负责指定专人下载数字化手电筒中的录音、拍照、摄像电子文件，并按日期、人员姓名存档，并抽查录音、拍照是否符合标准。并负责统计分析随车机械师拍照、录音情况，形成随车机械师值乘作业情况月总结。

（2）动车（客车）段要制定数字化手电作业标准讲评办法，对随车机械师数字化手电作业标准落实情况进行奖励或考核，同时，随车机械师数字化手电作业讲评结果作为随车机械师季度评估参考依据。

（3）随车机械师值乘中的拍照、录音、摄像电子文件由动车所负责保存，保存期不少于6个月，对于记录动车组故障或其他异常情况的电子文件，必须建立单独的文件夹长期保存。

1.2.4 动车组随车工具、备品、技术资料定量表（铁路局）

动车组随车工具、备品、技术资料定量表（铁路局）如表1-2所示。

表1-2 动车组随车工具、备品、技术资料定量表（铁路局）

类别	名称	单位	数量	备注
随车工具	GSM-R移动电话	部	1	限开通区段
	公网移动电话	部	1	
	450 MHz手持终端	部	1	与司机频率相同
	数字化手电筒	支	1	
	随车笔记本电脑	台	1	下载数据及处理故障用
	钳型电流表	支	1	
	红外线测温仪	支	1	
	第四种检查器	个	1	
	38件套工具	套	1	
	9件套梅花扳手	套	1	
	活扣扳手	把	1	

续表

类别	名称	单位	数量	备注
随车工具	充电电钻	台	1	
	应急照明灯	台	1	
	管子钳	把	1	12英寸
	管子钳	把	1	18英寸
	圆锉	把	1	
	半圆锉	把	1	
	组套螺丝刀	套	1	放随车机械师工具包内
	手锤	把	1	
	撬棍	根	1	
	扁铲	把	1	
	望远镜	个	1	
行车备品	响墩	个	6	
	火炬	支	2	
	短路铜线	副	2	
	手信号灯	盏	2	红黄绿色
	信号旗	套	2	红黄绿色
	防护信号灯	盏	2	
应急备品	过渡车钩	个	2	
	救援风管	个	2	
	铁丝	米	20	
	接地杆、验电杆	套	各1	
	绝缘靴、绝缘手套、安全帽、安全带	套	1	
	应急登顶梯	副	1	
	止轮器	套	2	CRH_2
	无螺纹管件	套	1	CRH_5
	应急升弓装置	台	1	
	受电弓应急捆绑装置	套	2	单编2套, 长编4套
	坡道铁鞋	个	4	
	应急乘降梯	架	4	

类别	名称	单位	数量	备注
客运备品	紧急用渡板	块	2	
	车门防护网	套	8 ~ 16	
	应急灯（手电筒）	只	6	
	扩音器	台	1	
	座椅套	套	1	
其他备品	网络系统事件记录 IC 卡	个	2	
	网络系统事件记录 IC 卡读卡器	个	1	

1.2.5　CRH380A 统型动车组随车机械师作业指导书（动车段）

CRH380A 统型动车组随车机械师作业指导书（动车段）见表 1-3。

表 1-3　CRH380A 统型动车组随车机械师作业指导书（动车段）

CRH ××动车段 CRH380A 统型动车组随车机械师作业指导书	编号：BJG/DC-SC-380A-2015A-1001
	版本：2015 年 8 月
	项目：动车组一次出乘作业

随车机械师一次出乘作业指导书

作业人员：机械师 1 人/列	车号：全列
供电条件：无电、有电	随车工具和备品：（与 1.2.4 相同）

一、范围

（1）本办法适用于 CRH380A 统型动车组随车机械师一次出乘作业的程序与要求。

（2）如发生应急情况，需执行应急预案规定的作业办法。

二、职责

随车机械师主要担负运行动车组（运营、试验、回送动车组）随车乘务工作，负责保证动车组安全的运行状态，维护正常的车内硬件环境，掌握和传递动车组设备的动态运行信息，应急处理和维修运行中的设备故障，对动车组上部设施进行日常状态检查和质量交接。具体职责如下。

1. 监控途中运行技术状态

（1）运行途中在监控室通过车载信息系统监控动车组运行及设备工作状态，并在司机进行开关门操作时监控动车组车门的状态。

（2）运行途中按作业图表规定定时、定区间巡视动车组设备，监控走行部运行状态，检查室温控制、列车上部设施使用等技术状态，发现问题正确判断、果断处理。

（3）始发和折返站进行技术检查作业。

（4）动车组出入所时，负责与运用所（质检员）办理技术交接。

2. 管理和操作动车组设备

（1）按规定操作动车组设备设施。

(2) 控制车内空调换气装置，设置调节空调及换气装置运行模式。

(3) 控制车内客室照明，设置照明工况。

(4) 按规定开启旅客信息系统。

(5) 指导客运服务人员正确使用车内设备。

(6) 在司机操作侧门开、关时（不含 CRH_2A 型），对动车组侧门开、关状态进行监控。

(7) 随车机械师日常交接时，应对大型储物箱的锁闭状态进行检查，检查确认司机室、乘务室及各搭载品柜内其他随车物品状态良好。

(8) 随车机械师每次出乘时应对所有随车工具、备品进行清点检查，确认状态良好并做好维护保养工作，发现工具、备品技术状态不良者应及时更换或送修。

(9) 随车机械师在运营中配合列车长进行车内服务设施管理、人为损坏理赔等工作。

3. 应急处理途中突发故障

(1) 运行中突发故障时，按照应急处置规定及远程应急指挥积极进行应急处理，并及时做好信息反馈和上报。

(2) 动车组突发故障分为三类：属司机独立处置的，需加强与司机联系，了解故障处理情况；属与司机协作处置的，按照应急故障处理手册分工与司机共同进行处理；属随车机械师独立处置的，处理完成后及时将情况和运行要求通报司机。

(3) 记录突发故障处置情况，及时向动车运用所调度汇报。

(4) 发现危及行车安全的故障或其他紧急情况时，可使用紧急制动装置停车或通知司机采取停车措施。

4. 承担部分行车组织职能

(1) 运行中因动车组故障或其他原因在区间被迫停车时，加强与司机联系，掌握情况，及时向动车运用所调度室报告，并在司机指挥下，做好行车及安全防护相关工作。

(2) 动车组故障需要救援时，配合司机做好救援准备工作，负责安装过渡车钩、引导救援机车联挂、连接风管。

(3) 动车组运行途中，做好动车组一级修上部设施的检查工作；当动车组在异地存放时，负责对动车组车体和车下两侧设施的外观检查。

三、作业内容及要求

(1) 数字化手电筒（应具备录音、摄像及照相功能）作为随车机械师作业必备工具，由动车所乘务组统一管理，随车机械师出退乘时须做好交接登记。

(2) 随车机械师出乘（退乘）前领取（交回）钥匙及随身工具备件时，须同时领取（交回）数字化手电筒及充电器，核对数字化手电筒系统时间，确保其与现场调度处时钟显示时间同步，检查确认数字化手电筒功能良好，在"随车机械师乘务日志"工具备品交接栏中登记签认。

(3) 随车机械师巡视检查时，应随身携带工具包、450 MHz 手持终端、GSM – R 移动电话、数字化手电筒、测温仪、钥匙等。

(4) 随车机械师一次往返作业过程中，在重点作业项目开始前和结束后要分别按规定开启数字化手电筒录音、摄像及照相功能，对作业情况进行录音、摄像或照相并保存记录，以备查询。录音时须使用普通话，吐字清晰，声音洪亮。

(5) 热备动车组随车机械师每2小时巡视检查一次，并根据要求录音、拍照。

(6) 动车组发生故障或检查作业发现异常情况时，随车机械师应及时开启数字化手电筒录音功能，对情况汇报、故障处理、与司乘人员沟通协调等过程进行全程录音，以备查询。

四、作业流程图

随车机械师接车作业流程图如图 1 – 6 所示。

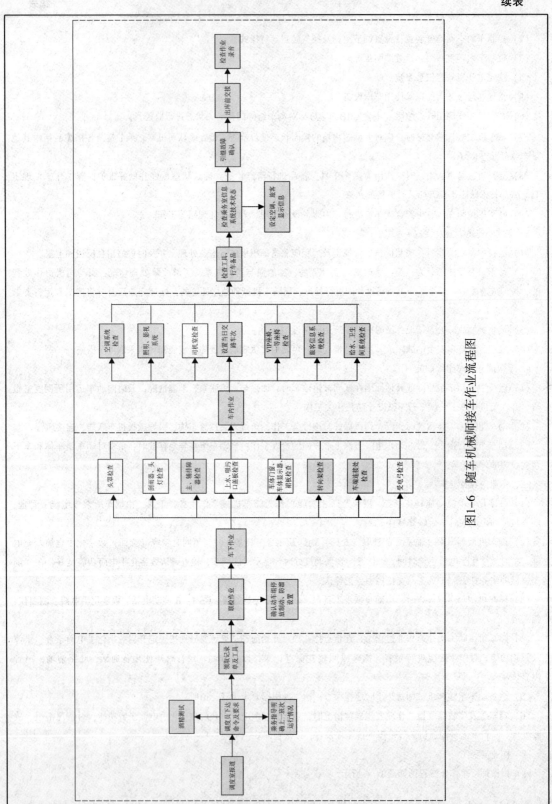

图1-6　随车机械师接车作业流程图

五、作业内容及要求

1. 本所接车作业

1）出乘报到

（1）随车机械师出乘前必须充分休息，精神状态良好。出乘时按规定穿戴好动车组随车机械师制服，佩戴胸卡，携带动车组随车机械师上岗证、隔离开关操作证及随身工具备件，于动车组出库前 90 分钟到动车运用所调度室（以下简称调度室）报到，接受酒精含量测试，查看揭示板内容，听取调度员下达的命令、要求及注意事项，听取随车机械师指导的相关要求，了解动车组检修情况及上一班次的运行情况。车体停留地点距调度室较远时，可适当将随车机械师到调度室报到的时间提前。

（2）出库前提前 60 分钟领取联检记录单、动车组钥匙、"随车机械师乘务日志""动车组故障交接记录单"、450 MHz 手持终端、GSM – R 移动电话、数字化手电筒及相关随车工具、备品，并检查工具、备品状态，核对引继故障处理情况，向值班员反馈意见和建议。

（3）出乘报到规范用语。

出乘报到时应向值班调度立正敬礼："××××次动车组随车机械师×××出乘报到，请指示。"（车次为始发车次）。

2）出库前联检作业

（1）安全注意事项。

随车机械师出乘报到后，要参加由动车所质检员组织的动车组出库前联检作业，作业前须首先确认动车组是否启用停放制动或设置防溜。

（2）车下作业。

联检作业时，双人值乘动车组 2 名随车机械师共同到动车组出库方向前部按规定设置安全防护标志（单人值乘动车组由动车运用所质检员配合确认），之后开始进行动车组车体两侧检查，对车体显示器、头罩、排障器、裙板、转向架、车端连接装置等部件的技术状态进行确认，重点检查各盖板锁闭状态，并对动车组运行故障、检修发现故障处理情况进行复查。

（3）车内作业。

车下作业完毕后，2 名随车机械师共同撤除安全防护标志（单人值乘动车组由动车运用所质检员配合确认），上车后首先设置当日首趟交路车次，拍照确认后再检查空调系统、照明、卫生间、座椅、VIP 商务座椅、电茶炉、旅客信息系统等车内设施和车内各电器设备工作状态，检查随车工具、材料及行车备品。按规定启动旅客信息系统，检查乘务室信息系统显示的动车组各项技术状态，设定空调、照明、旅客显示信息等。双人值乘动车组随车机械师出库检查实行双人平行作业。

（4）引继故障确认。

动车组升弓供电后，联检作业中随车机械师要对入库引继的故障处理情况进行确认，如作业中发现故障立即联系调度室，请求及时修复并在"动车组故障交接记录单"中进行记录。

（5）注意事项。

因检修计划安排，动车组需提前完成检修作业及联检作业的，随车机械师可不参加联检，由动车所指派专人代替，按随车机械师作业内容参加联检，并在相应检修记录、随车机械师乘务日志中签认；随车机械师出乘时须检查确认"动车组故障交接记录单"中引继故障处理情况，并重点检查动车组上部设备设施技术状态，发现问题及时向调度室报告。

3）出库前交接

联检作业完毕后与质检员或地勤机械师办理交接，向调度室报告作业情况，在乘务（监控）室等待出库。

4）出库时巡视作业

动车组调车出库时，随车机械师应从动车组非驾驶端巡视至驾驶端，在司机室、风挡、车门及转向架上方处停留少许，重点监听转向架及转向架上方等设备、部件的运转状态，对主要服务设施如电茶炉、厕所、空调、照明、电器配电柜、餐车电器等设备设施的异味做出正确的判断，如发现异常情况及时处置，并向调度室报告，巡视完毕后回到监控室进行监控。

5）动车组头车、中间车检查顺序

（1）头车检查共分 7 个部分，头车检查顺序示意图如图 1-7 所示。

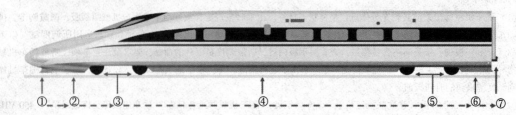

图 1-7　头车检查顺序示意图

①头罩、刮雨器、头灯、主排障器检查；②辅助排障器检查；③转向架检查；

④车体门窗、车体显示器、裙板、盖板检查；⑤转向架检查；⑥吸污口、液体显示器检查；⑦车端连接处检查

（2）中间车检查分为 7 个部分，中间车检查顺序示意图如图 1-8 所示。

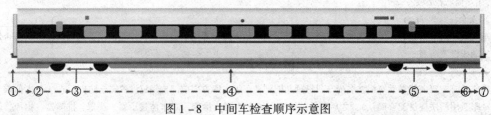

图 1-8　中间车检查顺序示意图

①车端连接处检查；②车体门窗、车体显示器检查；③转向架检查；

④车体门窗、车体显示器、裙板、盖板检查；⑤转向架检查；⑥吸污口、液位显示器检查；⑦车端连接处检查

6）出库前检查作业录音

随车机械师出库前检查作业时开启数字化手电筒，设置为录音模式，对作业情况进行录音并保存："××月××日××时××分，××××次随车机械师×××开始出库前检查作业。"

车下检查完毕后录音："××时××分，车下作业完毕，走行部、车端连接部、各裙板、底板状态良好，三层平台渡板已收起，轨道周边无异物侵线。"

车上检查开始录音："××时××分，开始车上检查。"

车上检查完毕后，随车机械师回到监控室录音："××时××分，××××次机械师出库前检查作业完毕，动车组状态良好，随车工具、备品齐全、状态良好，现于监控室等待出库。"

动车组出库启动时录音："××时××分，××××次动车组开始出库。"

动车组达到始发站台时录音："××时××分，××××次动车组达到×××站。"

2. 异所接车作业

（1）出乘报到。

随车机械师从异地公寓出乘，须在动车组出库前 90 分钟到动车运用所调度室（以下简称调度室）报到，提前 60 分钟领取联检记录单、动车组钥匙、"随车机械师乘务日志"，核对引继故障处理情况，向值班员反馈意见和建议。

（2）动车组车体和车下两侧检查作业。

当动车组在异地存放时，由出乘随车机械师负责对动车组车体和车下两侧设施的外观进行检查。

（3）异地出库作业录音。

随车机械师异地出乘准备完毕，出公寓时录音："××月××日××时××分，××××次随车机械师×××出乘准备完毕，动车组钥匙齐全。"

到达存车线，开始出库前检查作业时录音："××时××分，××××次随车机械师开始出库前检查作业。"

出库前检查作业完毕后，随车机械师回到监控室录音："××时××分，××××次机械师出库前检查作业完毕，动车组状态良好，随车工具、备品齐全、状态良好，现于监控室等待出库。"

动车组出库启动时录音："××时××分，××××次动车组开始出库。"

动车组达到异地始发站台时录音："××时××分，××××次动车组达到×××站。"

（4）库内（外）车外作业检查项点

作业时间：10~15 分钟。拍照张数：52 张

注：如因停放线路问题导致作业空间狭窄，则需对 01/02/07/08 车进行车外检查作业

检查项点	检查标准	相关图片
头罩	巡、看： 　目视检查 01 车、00 车头罩外观状态，确认无损伤或变形，头罩锁闭良好、无缝隙共拍照 2 张	
头灯 刮雨器	巡、看： 　（1）目视检查 01 车、00 车头灯外观是否良好，灯光强度是否正常 　（2）目视确认 01 车、00 车刮雨器外观状态良好，无异物	

续表

检查项点	检查标准	相关图片
排障器	巡、看： 目视检查 01 车、00 车主排障器有无变形，安装是否牢固；辅助排障器外观及安装状态是否良好，橡胶板有无破损	
转向架	巡、看、听： （1）目视检查高度调整阀有无漏风，调整杆有无变形，配件有无缺失，锁紧装置是否紧固；轴端盖防脱铁链是否完好、有无断开；各减震器有无明显渗油痕迹，一系垂向、二系抗蛇行减震器安装螺栓有无松动 （2）动车组于库内停放时，需查看齿轮箱外观状态，检查是否有漏油现象；动车组库外停放时无须进行该检查项目 （3）听空气弹簧有无漏风，听制动风缸和风管连接处有无漏风	

检查项点	检查标准	相关图片
门窗玻璃	巡、看： 目视检查车体侧门锁闭是否正常，车体门窗玻璃有无明显裂纹和破损	
裙板	巡、看、听： (1) 目视检查裙板安装状态，确认裙板安装螺栓齐全、无松动，防松标记无错位 (2) 听变压器、变流器、风扇等设备舱运转部位的运转状态	
侧盖板	巡、看： (1) 目视检查各车排水旋塞盖板状态，确认锁闭正常，无变形 (2) 目视检查各车注水口盖板外观有无变形，并通过下压开关手槽的方式确认盖板锁闭正常，对每节车的注水口盖扳进行拍照，每节车拍照 2 张，共拍照 16 张 (3) 目视检查各车门总盖板外观有无变形，并通过下压开关手槽的方式确认盖板锁闭正常，对每节车的车门总盖板进行拍照，每节车拍照 2 张，共拍照 16 张	 

检查项点	检查标准	相关图片
吸污口	巡、看： 目视检查各车吸污口下拉板外观状态是否正常，安装是否紧固，对每节车的吸污口盖板进行拍照，每节车拍照 2 张，共拍照 16 张	
液位显示器	巡、看： (1) 两侧作业时目视检查确认液位显示器视窗状态良好 (2) 待动车组供电后，在 MON 显示屏上确认各车清水箱、污物箱状态，拍照 1 张	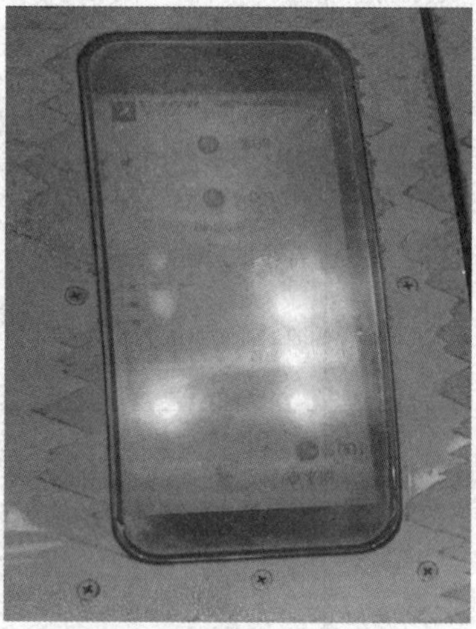
车端连接处	巡、看、听： (1) 目视检查车端减震器护套、车端跨接线有无破损，检查风挡外观有无破损 (2) 听车端连接处风管有无漏风声音	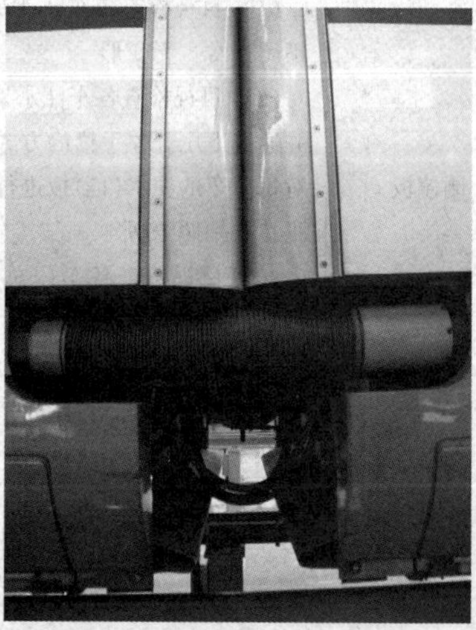

续表

检查项点	检查标准	相关图片
车体 显示器	巡、看： 待动车组供电后，随车机械师需设置当日首趟交路车次，之后选择具备检查条件处所，检查一节车厢车号显示器、目的地显示器显示状态，确认车次、车号显示正确，并进行拍照，共拍照 1 张	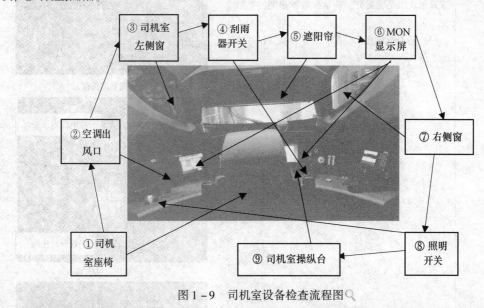

联：在巡视过程中，若发现异常问题，应及时处理并上报调度室

（5）库内车内检查项点

作业时间：10～15 分钟。拍照张数：每端司机室 5 张

司机室设备检查流程图如图 1－9 所示。
①司机室座椅；②空调出风口；③司机室左侧窗；④刮雨器开关；⑤遮阳帘；⑥MON 显示屏；⑦右侧窗；⑧照明开关；⑨司机室操纵台。

图 1－9 司机室设备检查流程图

检查项点	检查标准	相关图片
司机室显示屏及各仪表	巡、联、看： （1）检查司机室 MON 显示屏显示功能是否良好，询问司机有无故障信息。查询空调显示、切除设备及供电分类页面，并分别拍照，共3 张 （2）检查网压表、蓄电池电压表、制动风压表显示状态是否良好，确认标签不超期，并拍照 1 张 （3）检查故障指示灯的状态是否良好，并拍照 1 张	供电分类页面 切除界面 空调显示页面 电压、风压表 故障指示灯

检查项点	检查标准	相关图片
司机操纵台	巡、看、闻： （1）目视检查操纵台各按钮外观有无破损 （2）目视检查司机座椅外观是否正常 闻： （3）注意闻司机室内有无异味，发现异味查找原因，进行处置	 
司机室辅助设备功能	巡、看： （1）目视检查遮阳帘外观安装是否良好 （2）目视检查侧窗有无裂纹 （3）目视检查司机室照明灯作用是否良好	
司机室空调	巡、看： 在司机室空调出风口下方体感司机室空调出风口温度是否正常	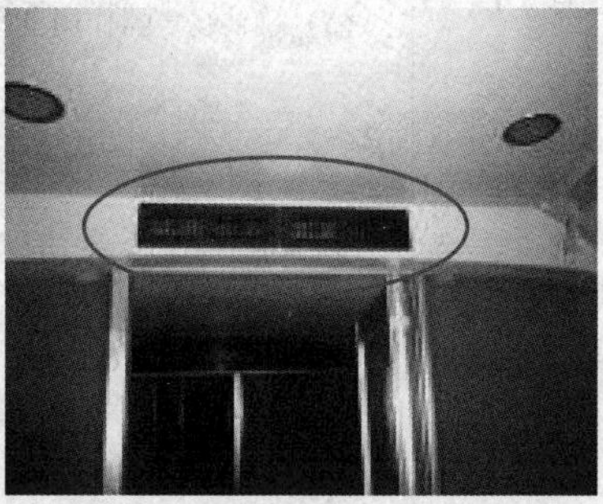

检查项点	检查标准	相关图片
观光室设施	巡、看、闻： （1）目视检查旅客信息显示屏外观有无异常，车号、车次等显示是否正常，确保温度不超过设定值 3 度 （2）目视检查照明灯外观是否良好，灯色是否一致，有无熄灯 （3）目视检查雾化玻璃墙外观是否良好 （4）闻观光区域是否有异味 （5）检查 VIP 座椅旋转伸缩功能是否正常，阅读灯、座椅电视、小桌板等附件功能是否正常	
旅客服务设施	巡、看、听： （1）目视查看侧窗有无裂纹 （2）目视检查车厢窗帘外观是否正常，手动检查窗帘下拉与收缩功能是否正常 （3）目视检查客室内照明灯外观是否良好，灯色是否一致，有无熄灯 （4）查看安全锤是否有缺失，铅封有无异样 （5）确认扬声器作用良好，无杂音	

检查项点	检查标准	相关图片
过道设施	巡、看： （1）目视检查侧门外观是否良好，锁闭是否正常，紧急开门阀盖板锁闭是否良好 （2）目视检查身高、警示标识是否具体、齐全、清晰 （3）目视检查过道通过台顶板安装是否紧固，确保顶板紧固螺栓不松动，通过台射灯外观良好，无熄灯	 

检查项点	检查标准	相关图片
风挡	巡、看： （1）目视检查渡板是否正常，有无错位 （2）目视检查内风挡护板有无破损，手动检查固定装置安装是否牢靠，有无松动	
灭火器	巡、看： 目视检查灭火器是否过期，灭火器压力是否过限，铅封有无破损，外观状态是否正常	
自动门	巡、看： 目视检查自动门外观是否良好，门框有无变形，胶条是否脱落，开关作用是否良好	
火灾、紧急报警	巡、看： 目视检查紧急装置是否处于正常位置，标识是否清晰	

检查项点	检查标准	相关图片
客室空调	巡、看： 站在车厢两端行李架下方体感出风口出风温度是否正常	
客室视频及信息显示设备	巡、看： （1）目视检查视频设备播放是否流畅，有无黑屏，有无卡滞 （2）目视检查车次、时速、车厢号、卫生间等信息显示是否正常	
垃圾箱	巡、看： （1）目视检查外观状态是否良好 （2）手动检查垃圾箱翻盖功能是否正常	

检查项点	检查标准	相关图片
卫生设施	巡、看、闻： （1）目视检查洗面间的洗手池、镜子外观是否良好，手动检查水龙头出水是否正常，洗手液有无滴液现象，洗手台面有无裂纹、漏水 （2）目视检查洗面间电源插座外观是否良好，有无烧损痕迹，闻是否有焦煳味，对设备设施的异味做出正确的判断，无法判断异味源时及时汇报 （3）目视检查便器、洗手池、厕纸架、镜子、盥洗装置、冲洗按钮等设施外观是否良好 （4）目视检查墙板、地板有无划痕、鼓包现象 （5）手动检查垃圾箱盖板有无脱落或卡滞，胶条是否脱落 （6）目视及手动检查固定扶手安装是否牢固，衣帽钩、便器止挡有无松动或丢失 （7）手动检查水龙头出水是否正常，洗手液有无滴液现象，洗手台面有无裂纹、漏水 （8）手动测试便器功能是否良好，便器有无堵塞、漏水 （9）手动测试厕所门开关及锁闭功能是否良好，测试残疾人卫生间自动门开关及锁闭功能是否良好 （10）闻卫生间内是否有异味，发现异味后，对设备设施的异味源做出正确的判断	 洗面间 蹲便卫生间 坐便卫生间 残疾人卫生间

检查项点	检查标准	相关图片
电茶炉	巡、看、闻： 　　检查电茶炉加热功能是否良好，电源指示灯是否亮起，缺水指示灯是否灯灭。靠近电茶炉闻，发现异味时对设备设施的异味源做出正确的判断，如无法判断异味源，须及时汇报并采取应急措施	
客室各配电柜	巡、听、看： 　　（1）听配电柜内有无异音 　　（2）目视检查组合、运行、服务、温水污物配电柜及继电器，吧台厨房配电柜锁闭是否良好	  

检查项点	检查标准	相关图片
监控室	巡、看： （1）查看动车组受电弓运行状态监测系统，确认显示屏显示正常 （2）查看 MON 显示屏轴温实施检测界面，确认温度显示正常，无超温情况 （3）查看火灾报警屏，确认无故障报出	动车组受电弓运行状态监测屏 轴温实施检测画面 火灾报警屏

联：在巡视过程中，若发现异常问题，应及时处理并上报调度室

3. 动车组始发作业

（1）到站后巡视作业：到达车站后，随车机械师从驾驶端司机室下车，在站台侧巡视检查头车外侧、车体外侧、侧门、车外显示器、车端连接、受电弓等状态。

（2）乘务室监控作业：巡视完毕后在非驾驶端登乘列车，由车内到达乘务室，监视车载信息系统，等待发车。待发车之后随车机械师、乘警配合列车长进行三乘联检。

（3）始发检查作业录音。

随车机械师在车站检查开始前录音："××月××日××时××分，××××次随车机械师×××于×××站（站名，例如北京站）开始站台侧巡视检查。"

站台侧检查作业完毕录音："××时××分，××××次随车机械师×××于×××站始发检查作业完毕。"

（4）始发站车内检查项点

作业时间：10~15分钟。拍照张数：每端司机室5张

检查项点	检查标准	相关图片
司机室显示屏及各仪表	同动车组库内车内司机室显示屏及各仪表的作业检查	
车次设定	看： 在司机室 MON 显示屏输入当前始发车次信息，并确认信息正确	
司机室空调	同动车组库内车内司机室空调的作业检查	
客室空调	巡、看： 站在车厢两端行李架下方体感出风口出风温度是否正常	

联：在巡视过程中，若发现异常问题，应及时处理并上报调度室

（5）始发站站台侧检查项点

作业时间：10~15分钟。拍照张数：8张

检查项点	检查标准	相关图片
头罩	巡、看： 目视检查01车、00车头罩外观状态，确认无损伤或变形，头罩锁闭良好	

检查项点	检查标准	相关图片
头灯 刮雨器 前窗玻璃	巡、看： （1）目视检查 01 车、00 车头灯外观是否良好，灯光强度是否正常，共拍照 2 张 （2）目视确认 01 车、00 车刮雨器、前窗玻璃外观状态良好无异物，共拍照 2 张	
排障器	巡、看： 目视检查 01 车、00 车主排障器外观是否正常、有无变形	
门窗 玻璃	巡、看： 目视检查各车车体侧门锁闭是否正常，车体门窗玻璃有无贯穿性裂纹和破损	
车体 显示器	巡、看： 目视检查各车车号显示器、目的地显示器显示是否正常，外观有无破损	

续表

检查项点	检查标准	相关图片
车端连接处	巡、看、听： 目视检查风挡外观是否正常、有无破损，听车端连接处有无漏风现象	
受电弓	巡、看、听： （1）在04、06车受电弓（共2架受电弓）附近用手电观察，检查受电弓可视范围外观状态是否良好，舟体安装是否牢固，有无开裂、破损。对已升起的受电弓一位端、二位端分别拍照1张（共2张），对未升起的受电弓碳滑板可视部分别拍照1张（共2张），共拍照4张 （2）听车顶设备是否有漏风现象	

联：在巡视过程中，若发现异常问题，应及时处理并上报调度室

4. 动车组途中作业

（1）始发后巡视作业：始发后，在车内进行一次巡视检查，要认真执行"听、看、闻、巡、联"的五字值乘作业要求，对动车组司机室及运行动态和车内空调、照明、卫生间、座椅、电茶炉、旅客信息系统等主要服务设施技术状态进行检查。

（2）运行途中巡视作业：运行途中，原则上随车机械师每2小时巡视一次，单程运行不足2小时的，每个单程须巡视一次；巡视完毕，在乘务（监控）室通过车载信息系统监视列车运行及设备工作情况。动车组列车运行中出现故障时，随车机械师应及时判明故障，按"动车组应急故障处理手册"正确处置，并按规定报告故障信息。此外，如需随车机械师下车检查、处理故障时，随车机械师应通知司机申请临线限速，待限速命令下达后，方可下车作业。

（3）途中应急处置。

①发生故障后，经处置确认动车组无法正常运行时，动车组司机应按车载信息监控装置的提示和动车组随车机械师的要求，选择维持运行或停车等方式，并报告列车调度员。此外，如需申请救援时，动车组随车机械师应立即通知动车组司机，由动车组司机请求救援，并及时向所属动车运用调度员和发生地铁路局调度员报告。同时，动车组随车机械师负责安装过渡车钩、引导救援机车联挂、连接专用风管，打开折角塞门。

②对造成晚点、停运、救援的故障及空调系统故障，随车机械师要在第一时间报告动车所调度；对运行中发生的影视系统、旅客信息系统、电茶炉、卫生间和座椅等旅客服务设施故障，随车机械师要熟练掌握应急故障处置程序，及时进行修复或处理。

③遇有司机通知红外线系统探测动车组轴温报警时，根据车载轴温检测系统探测情况，比照动车组轴温报警应急故障处理程序进行作业，将情况反馈给司机，并报动车运用所调度室。

④在区间内临时停车时，及时与司机联系，了解原因，属车辆设备故障的，按规定程序处理；根据司机指挥，配合做好有关行车、安全防护工作，并及时向动车运用所调度汇报。

⑤客运服务人员报告设备故障时，及时赶赴现场处理，并做好故障写实记录。运行中发生设备损坏时，随车机械师与列车长共同确认，并填写动车组固定服务设施状态检查记录，双方签字。

（4）注意事项。

CRH$_2$A 型动车组随车机师必须在客运营业站到达、开车前 5 分钟在站台侧乘务员室准备开、关门作业（乘务员室门须保持开启状态）。

（5）领导添乘规范用语。

得到领导途中添乘并要求汇报工作的通知后，做到着装整齐、佩戴好领带、帽子、臂章，精神面貌良好，并携带"随车机械师乘务日志"和"动车组工作手册"（"车统 – 15"），立即到达领导乘车地点，立正敬礼，并做出以下汇报内容："报告领导，我是××××次随车机师×××，动车组目前运行良好，请领导指示"；"我们随车机械师严格执行趟作业标准，加强出入库作业检查，并在值乘中重点落实好上级领导提出的'听、看、闻、巡、联'五字作业法，确保动车组行车安全"。

（6）途中作业路线图。

动车组途中随车机械师作业线路图如图 1 – 10 所示。

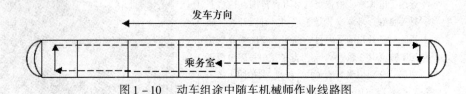

图 1 – 10   动车组途中随车机械师作业线路图

（7）途中巡视作业录音。

随车机械师途中巡视作业时，在司机室检查开始前录音："××月××日××时××分，××××次随车机械师××开始检查××××××车（车辆号，例如 380A250100 车）司机室。"

检查司机室侧门锁闭状态时录音："司机室侧门锁闭状态良好。"

检查司机室配电盘时录音："司机室配电盘各开关位置处于正常位。"

到非主控端司机室操纵台检查时录音："××××× 车（车辆号，例如 380A250100 车）司机室操纵台各手柄位置正常，仪器、仪表工作正常，网压显示×× kV，总风缸风压××× kPa。"

司机室检查完毕录音："××时××分，××××××车（车辆号，例如 380A250100 车）司机室检查完毕，通过台门已锁好。"

（8）途中车内巡视检查项点

作业时间：10 ~ 15 分钟。拍照张数：每端司机室 5 张，监控室 3 张

检查项点	检查标准	相关图片
司机室显示屏及各仪表	同动车组库内车内司机室显示屏及各仪表的作业检查	

检查项点	检查标准	相关图片
司机操纵台	巡、看、联、听、闻： (1) 目视检查操纵台各按钮外观有无破损 (2) 目视检查各种仪表显示是否正常 (3) 询问司机自动过分相作用是否良好 (4) 注意听走行部是否有无异音、异声 (5) 注意闻司机室内有无异味，对设备设施的异味做出正确的判断	
司机室辅助设备功能	同动车组库内车内司机室辅助设备功能的作业检查	
司机室空调	同动车组库内车内司机室空调的作业检查	
观光室设施	同动车组库内车内观光室设施的作业检查	
旅客服务设施	同动车组库内车内旅客服务设施的作业检查	
过道设施	同动车组库内车内过道设施的作业检查	
风挡	同动车组库内车内风挡的作业检查	
灭火器	同动车组库内车内灭火器的作业检查	
自动门	同动车组库内车内自动门的作业检查	
火灾、紧急报警	同动车组库内车内火灾、紧急报警的作业检查	
客室空调	同动车组库内车内客室空调的作业检查	
客室视频及信息显示设备	同动车组库内车内客室视频及信息显示设备的作业检查	
垃圾箱	同动车组库内车内垃圾箱的作业检查	
卫生设施	同动车组库内车内卫生设施的作业检查	
电茶炉	同动车组库内车内电茶炉的作业检查	
客室各配电柜	巡、听、看、闻： (1) 听配电柜内有无异音 (2) 目视检查组合、运行、服务、温水、污物配电柜及继电器，吧台、厨房配电柜锁闭是否良好，闻是否有异味，对设备设施的异味做出正确的判断，如有必要及时汇报 (3) 始发后一小时，检查组合、服务、温水、污物配电柜内各接触器、继电器、电磁阀安装状态是否良好，各接线端子及接点有无损坏、变色，各标志牌显示是否正确，字体是否清晰，说明书是否黏结牢固	

续表

检查项点	检查标准	相关图片
客室各配电柜	（4）始发后一小时及终到前一小时，检查运行配电柜内温度贴片是否正常，若有温度变化则使用点温枪对配电盘各电器设备点温，并使用数字化手电筒进行拍照。目视检查运行配电柜内各接触器、继电器、电磁阀安装状态是否良好，各接线端子及接点有无损坏、变色，各标志牌显示是否正确，字体是否清晰，说明书黏结是否牢固	
监控室	同动车组库内车内监控室的作业检查	

联：在巡视过程中，若发现异常问题，应及时处理并上报调度室

5. 折返站不换乘作业
（1）与司机会合，了解运行情况并做好记录。
（2）重新输入始发车次、车站、编组等信息后，从驾驶端司机室下车，在站台侧巡视检查车头、车体外侧、侧门、车外显示器、车端连接、受电弓等状态。
（3）站停时间40分钟及以上的动车组，在车内对卫生间、电茶炉和配电柜进行一次专项巡视，发现故障进行处理并做好记录。
（4）巡视完毕后由车内到达乘务（监控）室，通过车载信息系统监视列车设备工作情况，等待发车。
（5）动车组折返站不换乘随车机械师作业线路图如图1-11所示。

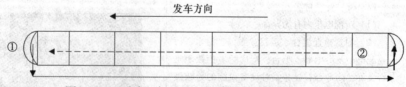

图1-11　动车组折返站不换乘随车机械师作业线路图
①站台侧巡视作业路线；②车内巡视作业线路

（6）折返站检查作业录音。
随车机械师在车站检查开始前录音："××月××日××时××分，××××次随车机械师×××于×××站（站名，例如北京站）开始站台侧巡视检查。"

站台侧检查作业完毕录音："××时××分，××××次随车机械师×××于×××站折返检查作业完毕。"

（7）折返站不换乘作业站台侧检查项点

作业时间：10～15分钟。拍照张数：8张

检查项点	检查标准	相关图片
头罩	同动车组始发站站台侧头罩的作业检查	
头灯 刮雨器 前窗玻璃	同动车组始发站站台侧头灯、刮雨器、前窗玻璃的作业检查	
排障器	同动车组始发站站台侧排障器的作业检查	
门窗 玻璃	同动车组始发站站台侧门窗玻璃的作业检查	
车体 显示器	巡、看： 　　目视检查各车车号显示器、目的地显示器显示是否正常，外观有无破损	
车端 连接处	巡、看、听： 　　目视检查风挡外观是否正常、有无破损，听车端连接处有无漏风现象	
受电弓	同动车组始发站站台侧受电弓的作业检查	

联：在巡视过程中，若发现异常问题，应及时处理并上报调度室

（8）折返站不换乘 40 分钟以上车内检查项点

作业时间≥20 分钟

检查项点	检查标准	相关图片
观光室设施	同动车组库内车内观光室设施的作业检查	
旅客服务设施	同动车组库内车内旅客服务设施的作业检查	
过道设施	同动车组库内车内过道设施的作业检查	
风挡	同动车组库内车内风挡的作业检查	
灭火器	同动车组库内车内灭火器的作业检查	
自动门	同动车组库内车内自动门的作业检查	
火灾、紧急报警	同动车组库内车内火灾、紧急报警的作业检查	
客室空调	同动车组库内车内客室空调的作业检查	
客室视频及信息显示设备	同动车组库内车内客室视频及信息显示设备的作业检查	
垃圾箱	同动车组库内车内垃圾箱的作业检查	
卫生设施	同动车组库内车内卫生设施的作业检查	
电茶炉	同动车组库内车内电茶炉的作业检查	
客室各配电柜	同动车组库内车内客室各配电柜的作业检查	

联：在巡视过程中，若发现异常问题，应及时处理并上报调度室

6. 折返站换乘作业

（1）退乘随车机械师按要求填写"随车机械师乘务日志"；继乘随车机械师到调度室签到或电话报到后，提前 15 分钟到站台接车。

（2）退、继乘随车机械师在乘务（监控）室办理交接，主要包括动车组运行技术状态、动车组钥匙、"随车机械师乘务日志"、450 MHz 手持终端、GSM－R 移动电话、数字化手电筒等。

（3）换乘作业过程中遇有动车组故障需要应急处理时，退、继乘随车机械师要协同配合，共同处理。

（4）交接完毕，继乘随车机械师按"折返站不换乘作业"第（1）～（4）规定作业。

（5）换乘作业过程中遇有动车组故障需要应急处理时，退、继乘随车机械师要协同配合，共同处理。

（6）动车组折返站换乘随车机械师作业线路图如图 1－12 所示。

图 1－12　动车组折返站换乘随车机械师作业线路图
①站台侧巡视作业路线；②车内巡视作业线路

（7）折返站检查作业录音

随车机械师在车站检查开始前录音："××月××日××时××分，××××次随车机械师×××于×××站（站名，例如北京站）开始站台侧巡视检查。"

站台侧检查作业完毕录音："××时××分，××××次随车机械师×××于×××站折返检查作业完毕。"

（8）折返站换乘作业站台侧检查项点

作业时间：10～15 分钟。拍照张数：8 张

检查项点	检查标准	相关图片
头罩	同动车组始发站站台侧头罩的作业检查	
头灯 刮雨器 前窗玻璃	同动车组始发站站台侧头灯、刮雨器、前窗玻璃的作业检查	
排障器	同动车组始发站站台侧排障器的作业检查	
门窗 玻璃	同动车组始发站站台侧门窗玻璃的作业检查	
车体 显示器	同动车组始发站站台侧车体显示器的作业检查	
车端 连接处	同动车组始发站站台侧车端连接处的作业检查	
受电弓	同动车组始发站站台侧受电弓的作业检查	

联：在巡视过程中，若发现异常问题，应及时处理并上报调度室

（9）折返站换乘 40 分钟以上车内检查项点

作业时间≥20 分钟

检查项点	检查标准	相关图片
车次设定	同动车组始发站车内车次设定的作业检查	
观光室设施	同动车组库内车内观光室设施的作业检查	
旅客服务设施	同动车组库内车内旅客服务设施的作业检查	
过道设施	同动车组库内车内过道设施的作业检查	
风挡	同动车组库内车内风挡的作业检查	
灭火器	同动车组库内车内灭火器的作业检查	
自动门	同动车组库内车内自动门的作业检查	
火灾、紧急 报警	同动车组库内车内火灾、紧急报警的作业检查	
客室空调	同动车组库内车内客室空调的作业检查	
客室视频及 信息显示设备	同动车组库内车内客室视频及信息显示设备的作业检查	
垃圾箱	同动车组库内车内垃圾箱的作业检查	
卫生设施	同动车组库内车内卫生设施的作业检查	
电茶炉	同动车组库内车内电茶炉的作业检查	
客室各配电柜	同动车组库内车内客室各配电柜的作业检查	

联：在巡视过程中，若发现异常问题，应及时处理并上报调度室

续表

7. 终到作业

（1）终到前 45 分钟，随车机械师从动车组非驾驶端巡视至驾驶端，与司机会合，了解动车组运行情况。巡视中重点检查车内设备技术状态，发现故障应急处理并做好记录；执行故障零报告制度。需要入库或在对方站处理的较大故障，应提前通知运用所调度室，由调度室联系安排施修。

（2）旅客下车完毕后，会同列车长对车体上部设施进行全面检查，发现设备人为损坏、丢失，填写动车组固定服务设施状态检查记录，双方签字。客运人员退乘后，随车机械师在监控室盯控（重点盯控车门关闭状态，其中 CRH$_2$A 型动车组由随车机械师根据列车长退乘前关门通知关闭车门），准备入库。

（3）终到作业检查录音。

终到检查作业录音随车机械师在车站检查开始前录音："××月××日××时××分，××××次随车机械师×××于×××站（站名，例如北京站）开始站台侧巡视检查。"

站台侧检查作业完毕录音："××时××分，××××次随车机械师×××于×××站终到检查作业完毕。"

（4）填写"随车机械师乘务日志"、"动车组故障交接记录单"，在乘务（监控）室等待入库。

（5）入库途中，通过车载信息系统监控动车组运行状态。入库停稳后，开始进行动车组体两侧检查，对头灯、雨刷器、头罩、排障器、裙板的技术状态进行确认，检查过程中发现的故障及时填写至"动车组故障交接记录单"内。检查完毕后到调度室报告动车组运行情况，办理重点故障、动车组钥匙、"随车机械师乘务日志"、"动车组故障交接记录单"、GSM－R 移动电话、450 MHz 手持终端等交接，听取命令、指示、要求。

（6）动车组到达对方站停放地点后，随车机械师与地勤机师进行钥匙交接、签认和运行情况交接，到存放点值班室报到，汇报运行情况后，回公寓休息，准备次日出乘。对方站无地勤机师、地勤司机时，由随车机师与司机交接。

（7）终到后随车机械师与列车长进行上部设施全面检查并签认设备故障，随车入库报到退乘。

（8）退乘报到规范用语。

退乘报到时应保持着装整齐，精神状态良好，到达调度室，向值班调度立正敬礼："××××次动车组随车机械师×××回乘报到，请指示。"（车次为终到车次）

（9）终到站站台侧作业检查项点		
作业时间：10～15 分钟。拍照张数：8 张		
检查项点	检查标准	相关图片
头罩	同动车组始发站站台侧头罩的作业检查	
头灯 刮雨器 前窗玻璃	同动车组始发站站台侧头灯、刮雨器、前窗玻璃的作业检查	
排障器	同动车组始发站站台侧排障器的作业检查	
门窗玻璃	同动车组始发站站台侧门窗玻璃的作业检查	
车体 显示器	同动车组始发站站台侧车体显示器的作业检查	
车端 连接处	同动车组始发站站台侧车端连接处的作业检查	
受电弓	同动车组始发站站台侧受电弓的作业检查	
联：在巡视过程中，若发现异常问题，应及时处理并上报调度室		

(10) 终到站车内作业检查项点		
作业时间: 10~15 分钟。拍照张数: 每端司机室 5 张		
检查项点	检查标准	相关图片
司机室显示屏及各仪表	同动车组库内车内司机室显示屏及各仪表的作业检查	
司机操纵台	同动车组库内车内司机操纵台的作业检查	
司机室辅助设备功能	同动车组库内车内司机辅助设备功能的作业检查	
司机室空调	同动车组库内车内司机室空调的作业检查	
观光室设施	同动车组库内车内观光室设施的作业检查	
旅客服务设施	同动车组库内车内旅客服务设施的作业检查	
过道设施	同动车组库内车内过道设施的作业检查	
风挡	同动车组库内车内风挡的作业检查	
灭火器	同动车组库内车内灭火器的作业检查	
自动门	同动车组库内车内自动门的作业检查	
火灾、紧急报警	同动车组库内车内火灾、紧急报警的作业检查	
客室空调	同动车组库内车内客室空调的作业检查	
客室视频及信息显示设备	同动车组库内车内客室视频及信息显示设备的作业检查	
垃圾箱	同动车组库内车内垃圾箱的作业检查	
卫生设施	同动车组库内车内卫生设施的作业检查	
电茶炉	同动车组库内车内电茶炉的作业检查	
客室各配电柜	同动车组库内车内客室各配电柜的作业检查	
监控室	同动车组库内车内监控室的作业检查	
联: 在巡视过程中, 若发现异常问题, 应及时处理并上报调度室		

续表

(11) 退乘前库内（外）车外作业检查项点		
作业时间：10～15 分钟		
注：如因停放线路问题导致作业空间狭窄，则需对 01/02/08 车进行车外检查作业		
检查项点	检查标准	相关图片
头罩	同动车组库内（外）车外头罩的作业检查（无须拍照）	
头灯 刮雨器	同动车组库内（外）车外头灯、刮雨器的作业检查（无须拍照）	
排障器	同动车组库内（外）车外排障器的作业检查（无须拍照）	
裙板	同动车组库内（外）车外裙板的作业检查	
侧盖板	巡、看： （1）目视检查各车排水旋塞盖板状态，确认锁闭正常，无变形 （2）目视检查各车注水口盖板外观有无变形，锁闭是否正常 （3）目视检查各车门总盖板外观有无变形，锁闭是否正常	
吸污口	巡、看： 目视检查各车吸污口下拉板外观状态是否正常，安装是否紧固	
联：在巡视过程中，若发现异常问题，应及时处理并上报调度室		

1.2.6 数字化手电拍照标准

1. 出库前检查作业

随车机械师出库前检查作业时，车下重点对头罩、车体显示器、吸污口、上水口、注砂口、注油口等活动盖板状态逐一进行拍照，车内重点对司机室进行拍照，具体部位如下。

（1）CRH$_2$及 CRH380A（L）型动车组拍摄部位：两司机室网压表、电压表、风压表、故障指示灯、司机室配电盘各空气开关状态、MON 显示屏状态（制动信息界面）、操纵台各手柄状态、前舱气密隔断门状态（两侧门各一张）。

（2）CRH$_3$及 CRH380BL 型动车组拍摄部位：两司机室网压表、蓄电池电压表、风压表、配电盘各空气开关状态、HMI 显示屏状态（牵引、制动信息页面）、操纵台各手柄状态、司机室隔断门状态。

（3）CRH$_5$型动车组拍摄部位：两司机室风压表、BPS 显示屏状态、TS 显示屏状态、TD 显示屏主页面、电子仪表页面、操纵台备用制动手柄、运行方向手柄、速度设定手柄、牵引制动设定手柄、高低站台模式选择开关、QCA 柜各开关（重点是警惕装置旋钮开关、17Q101/17Q102 空气开关、30Q103 空气开关）、主控端操纵台客室空调 S5 集控开关状态、司机室侧门锁闭状态。

2. 始发、折返、终到检查作业

始发、折返、终到检查作业时，随车机械师在站台侧对动车组各受电弓的升起/折叠状态进行拍照，在主控端和非主控端头车对前窗玻璃、雨刷器、头灯状态进行拍照。

3. 其他

动车组故障或检查作业发现异常情况时，随车机械师对故障现象、故障设备状态根据实际情况进行拍照、摄像。

1.2.7 动车组随车机械师"五字"作业法

随车机械师五字作业法，即"听、看、闻、巡、联"。

（1）听：按规定在出库联检及始发、折返、终到、运行途中巡视时，对各运转部位的运转状态进行监听，特别是通过台、转向架上方，判断其有无异常；对监听到的异音进行正确判断，及时汇报并采取应急措施；听取旅客、客运乘务及保洁人员的反映，判断动车组的运行质量。

（2）看：按动车组随车机械师一次往返出乘作业标准对作业要求的部位进行查看。其主要包括以下方面。

①出库联检时，加强对转向架、车体、头罩及排障器、车端连接装置、裙板及各个盖板、车内外信息显示、车内主要服务设施和安全设施的巡检。

②运行途中在监控室通过监控屏对动车组运行状态进行监控。按随车机械师一次往返出乘作业标准规定的巡视时间巡视时，加强对车内信息显示、车内主要服务设施和安全设施的巡检。

③始发、终到作业时，加强对升弓受电弓状态、车体、头罩及排障器、车端连接装置、转向架、裙板及各个盖板、车外信息显示、车内主要服务设施和安全设施的巡检。

（3）闻：在巡视时对主要服务设施如电茶炉、厕所、空调、照明、电器配电柜、餐车电器等设备设施的异味做出正确的判断，及时汇报并采取应急措施。

（4）巡：加强对动车组始发、折返、终到、运行途中的巡视。要求随车机械师在动车组车体出库前进行车下及车内巡视检查，在始发前、终到后进行站台侧巡视检查，在开车后5分钟、终到前45分钟、运行途中每2小时进行1次车内巡视检查（单程运行不足2小时的，每个单程须巡视1次）。

出库前巡视重点是对车体、头罩及排障器、车端连接装置、转向架、裙板及各个盖板、车外信息显等进行检查，特别要加强对裙板、小裙板、注水口盖板等部位的巡检力度；站台侧重点对车体、头罩及排障器、车端连接装置、车外信息显示等进行检查；车内重点检查空调、电茶炉、厕所、洗面间、车端门、车侧门等上部各服务设施的技术状态。

（5）联：加强"三乘"联系、多汇报、勤思考。交接班及中途加强与司机联系，及时了解动车组运行状况，掌握故障信息，加强信息反馈。

任务实施与评价

1. 教师下发任务单，学生明确学习任务、学习内容、知识目标、能力目标、素质目标要求。

2. 学生按任务单要求制订学习计划，完成预习任务及相关知识准备。

3. 小组内通过角色扮演的形式，模拟进行CRH380A统型动车组随车机械师一次出乘作业，填写"随车机械师乘务日志"。

4. 小组内制作PPT，讲解铁路总公司、铁路局和动车段在随车机械师一次出乘作业的技术要求上有何异同。

5. 学生进行自我评价及小组成员互评；教师进行学生学习评价，检查任务完成情况。

任务3　应急处置预案

任务单

任务名称	应急处置预案
任务描述	学习铁路局下发的加强动车组应急故障处置及救援组织实施办法和高速铁路冰雪天气动车组列车限速规定
任务分析	动车组突发故障影响正常运行时，是最考验随车机械师技术业务水平和心理素质的时候，因此，必须牢固掌握动车组的应急处置预案，在面对突发故障时才能做到心中有数、处变不惊
学习任务	小组制作PPT，讲解为什么遇到1.3.1节第5条中提到的16类故障时必须立即停车处理，如果不停车，最严重的后果是什么
劳动组合	各组长分配任务，制作并讲解PPT。 各组评判小组成员学习情况，做出小组评价
成果展示	使用PPT讲解为什么遇到1.3.1节第5条中提到的16类故障时必须立即停车处理

续表

学习小结							
自我评价	项目	A—优	B—良	C—中	D—及格	E—不及格	综合
	安全纪律（15%）						
	学习态度（15%）						
	专业知识（30%）						
	专业技能（30%）						
	团队合作（10%）						
教师评价	简要评价						
	教师签名						

学习引导文

1.3.1 加强动车组应急故障处置及救援组织实施办法（铁路局）

为进一步规范动车组应急故障处置及救援组织工作，避免动车组在突发故障时因处置不当造成故障影响扩大，制定此办法。

1. 总则

（1）动车组是铁路高速运载装备，各单位必须结合本办法制定强有力的安全防范和应急处理机制，确保动车组运行安全及秩序稳定。

（2）动车组应急故障处置、技术支持及救援组织实行专业负责、逐级负责制，各单位、部门要加强联劳协作，牢固树立大局意识，将故障影响降到最低。

（3）动车组故障处理必须遵循故障导向安全的原则，相关单位、人员要严格按照中国铁路总公司颁发的 CRH 系列动车组途中应急故障处理手册、动车组列控车载设备和 CIR 设备应急操作指南，铁路局发布的应急故障处置文件中的相关规定执行。

（4）动车组信息反馈实行专业负责制，除动车组司机外其他值乘人员向各专业调度汇报信息。

2. 职责划分

（1）车辆单位负责动车组突发故障的应急处置并向调度所动车调度汇报处置情况，负责动车组的解编、重联操作；负责热备车（含备用车）的运用检修及出库联检的组织，确保救援命令下达后及时出库。

（2）机务单位负责按照总公司、铁路局下发的应急故障处置文件中的规定，做好动车组故障处理及配合工作，负责故障处理期间信息的传达与反馈，救援命令的申请和执行。

（3）调度所负责向动车组列车有关值乘人员收集信息，指挥行车作业，牵头组织机务、客运、车辆、电务、运输部门协调救援组织工作，负责救援命令的下达及整个救援期间（含故障处理）信息的上传下达工作。

（4）电务单位负责动车组电务车载设备突发故障的应急处置，负责热备车（含备用车）的电务车载设备运用检修，保证其作用良好，并结合动车组救援担当交路做好 LKJ 数据的换装及确认工作。

（5）客运单位负责做好等待救援期间旅客的安抚、宣传工作，负责向调度所客运调度汇报有关客运信息及处置需求。

（6）铁路局宣传部门要密切关注动车组突发事件后新闻媒体及社会舆论，及时消除负面影响。

（7）动车组各主机厂是动车组远程技术指挥的技术支撑，安排技术专家值守"110"指挥中心。遇有动车组发生故障后，协助动车组"110"指挥人员进行故障判断和远程技术支持。必要时要组织专家及技术人员与车辆部门一并赶赴故障现场，协助处理故障。

3. 动车组故障应急处置流程

（1）动车组运行在铁路局管内发生故障，随车机械师应立即与司机沟通和联系，掌握故障信息，5 分钟内向铁路局动车调度台、动车（客车）段"110"指挥中心汇报，并在"110"人员指挥下进行故障处置。动车组故障发生、处理过程中，动车（客车）段须及时向铁路局动车台报告故障信息和处置情况，并接受铁路局调度台的统一指挥；动车组在外局发生动车组行车设备故障时，随车机械师首先立即向故障发生局动车调度报告，然后向本属动车（客车）段调度报告，本属动车（客车）段调度接到报告后，应立即启动故障应急处置程序，按照故障应急处理手册及专家要求指挥随车机械师进行故障处置。列控车载、CIR设备故障时由司机向铁路局列车调度汇报。

（2）动车组运行在铁路局管内发生故障，在 20 分钟内不能恢复运行、预计运行和到达晚点 30 分钟及以上时，铁路局调度所值班主任应立即向调度所主任、值班所领导汇报，并按照有关规定向总调度长、值班局领导、分管副局长等汇报，通知铁路局相关处室。

（3）动车组发生设备故障时，由随车机械师和司机按照各自职责分工，加强团结协作，做好动车组故障处理，并由随车机械师会同司机根据故障处理情况及时向故障发生局提出维持运行、限速运行、救援、更换车底等应急处理建议方案；在行车命令下达后，随车乘务人员须服从故障发生局的统一指挥，期间做好信息反馈及故障处理工作。

（4）当外局担当动车组在本局管内发生动车组设备故障时，本局调度所牵头组织，机务、客运、车辆、电务、运输处配合，根据担当局司乘人员应急处理建议方案及本局热备车底、售票、站场设备等实际情况迅速制定应急处理方案，努力减少故障的影响和后果，期间保持与担当局的密切联系。

4. 动车组故障应急处置基本原则

（1）在动车组运行途中发生设备故障时，司机、随车机械师应按 CRH 系列动车组途中应急故障处理手册、动车组列控车载设备和 CIR 设备应急操作指南、局发应急处置文件中的相关规定执行，并及时上报信息，服从铁路局调度的统一指挥。在处理动车组运行故障时，动车组司机、随车机械师及其他有关人员既要讲职责分工，更要讲团结协作，按规定步骤、方法处置动车组运行途中突发故障，把运行安全风险和对运输秩序的影响减少到最低。

（2）信息传递原则。

①列车调度员需向司机询问情况时，应避开列车进出站、过分相区等司机操作较繁忙处所。

②列车调度员接到动车组司机汇报的信息或运行请求后，除按照有关规定处置外，应将情况通知相关专业调度员，由专业调度员根据情况向随车机械师、列车长询问问题详情及处置情况。

③动车调度员负责将随车机械师的相关请求向列车调度员转报，并根据列车调度员要求，负责向随车机械师收集动车组故障处理情况和后续运行要求等信息。

④客服调度员负责将列车长的运行请求向列车调度员转报，并根据列车调度员的要求，负责向列车长收集问题情况和后续运行要求等信息。

（3）动车组发生故障后在区间停车超过 10 分钟、站内停车超过 15 分钟，动车组故障预计不能修复继续运行时，随车机械师应及时通知司机向列车调度员请求救援。在救援预案执行过程中，司机协助随车机械师根据远程技术支持的指挥继续处理，如遇动车组故障处理后消除，能够正常运行或可以维持运行，不再需要对本车进行救援时，通知司机报告列车调度员取消救援请求，由调度员根据司机的报告对救援方案进行调整或取消。

（4）动车组故障处置及救援过程中，调度员、应急指挥人员以外人员需了解故障处置情况及进度，可拨打动车（客车）段应急指挥中心电话会议系统电话，不得占用司机、随车机械师 GSM - R 手持终端通信资源。

（5）动车（客车）段要严格落实动车组运用检修作业标准，确保随车备品、应急装置功能良好。随车机械师要严格落实动车组随车机械师一次出乘作业标准，出乘前做好随车备品、GSM - R 手持终端的状态检查，确保齐全、状态良好；动车组一、二级检修人员要严格落实动车组头罩开闭机构、自动车钩、过渡车钩及救援风管等部件的检查、清洁及检测标准，确保其状态、功能良好。

（6）动车组在车站或区间无动力停留时，防溜工作按照有关规定执行。

（7）随车机械师需下车检查、处理故障时，由司机负责向列车调度员报告。局管内运行动车组，随车机械师需要到会车侧进行检查时，司机在接到列车调度员已发布邻线动车组扣停命令准许下车的指示后，通知随车机械师下车检查；只对动车组非会车侧进行检查时，司机接到列车调度员已发布邻线列车限速调度命令准许下车的指示后，通知随车机械师下车检查。下车作业时随车机械师应手动开启车门并通知客运人员做好防护，要加强瞭望，确保人身安全。随车机械师检查处理完毕后立即上车，通知司机检查处理结果，司机立即向列车调度员报告，列车调度员恢复邻线正常行车。

5. 动车组立即停车故障的处置措施

动车组在运行途中发生以下 16 类危及行车安全的故障时，司机发现或接到故障通知后，应立即施加最大常用制动（特殊注明时除外）停车。停车后司机、随车机械师必须在司机室共同确认故障位置、故障描述、故障代码等信息，随车机械师发现的故障可不到司机室共同确认。故障应急处理后双方必须共同签认故障处理情况，随车机械师在司机手账上签认应急处置意见（是否可以正常运行）、行车限制条件（是否限速）；司机在随车机械师乘务日志上按上述内容签认，未经双方签认不得开车。司机、随车机械师必须将此规定作为卡死制度执行。

①轴温报警。

②受电弓故障。

③走行部异音。

④侧门故障。

⑤齿轮箱油位报警。

⑥CRH380BL 型动车组运行途中报 2685、2684 故障代码。

⑦车体异常晃动。

⑧撞击异物。

⑨车辆设施侵限。

⑩轮对抱死。

⑪制动力不足。

⑫全列牵引丢失。

⑬行车监控装置异常。

⑭重联装置异常。

⑮动车组运行故障动态图像检测系统（TEDS）发现动车组存在须停车检查的异常情况。

⑯火情火警。

（1）轴温报警。

运行途中，动车组如出现轴温报警、轴温无显示或轴温系统故障，随车机械师要立即通知司机停车，下车对故障轴端进行点温确认，并按如下要求处理。

①如确认轴温报警为误报，通知司机正常运行。对于有红外线设备的线路，由司机联系列车调度员，安排地面红外线设备加强监控，随车机械师在每个办客站下车点温，并通过司机提出维持运行至具备更换车底条件的车站换车的请求；对于无红外线设备的线路，随车机械师在每个办客站下车点温，如相邻两个办客站运行时间超过 1 小时，由司机联系列车调度员，安排在规定的预设点温车站停车点温，动车组维持运行至具备更换车底条件的车站换车。动车组在车站停车点温前，随车机械师应将故障轴位在前行方向的左右侧位置通知司机，由司机向列车调度员申请将动车组故障轴位置停靠在非站台侧。

②如确认轴温异常，随车机械师应向司机提出限速要求。根据随车机械师要求，司机向列车调度员汇报后限速运行至最近车站换车。

（2）受电弓故障。

运行途中，动车组受电弓自动降弓时，司机应立即切断主断路器并降弓、停车，向列车调度员报告。随车机械师申请下车对受电弓进行检查，按照以下规定程序下车检查、确认，重点检查受电弓有无机械损伤、有无电击伤痕迹、受电弓风管有无漏风声音等。

①经初步检查确认接触网正常，受电弓外观可见部分无明显异常或超限但未能判明降弓原因时，随车机械师应立即将检查情况报告司机，司机报告列车调度员。司机按随车机械师要求切除已降下的受电弓，换弓运行，限速 160 km/h 运行至前方站。如前方站为终点站，列车调度员应根据随车机械师的请求提前安排启动热备动车组替换，替换下的故障动车组限速 160 km/h 返回动车运用所进行处理。如前方站为非终点站时，随车机械师在停站后使用望远镜或其他手段进行进一步检查确认，如确认受电弓外观整体正常或不影响运行安全时，动车组以正常速度维持运行至终点站，列车调度员应根据随车机械师请求提前安排启动热备动车组替换，替换下的故障动车组限速 160 km/h 返回动车运用所进行处理；如不能确认，则必须登顶检查。

②如检查时发现受电弓轻微损坏，且无部件脱落危险时，随车机械师通知司机切除受损的受电弓，换弓后以不高于 120 km/h 的速度运行进入前方车站停车，停车后，随车机械师下车进一步确认，如确认受电弓无脱落危险时，通知司机限速 160 km/h 运行；如发现受电弓损坏部位有扩展趋势，则必须按规定程序登顶检查处理。

③如检查时发现受电弓刮弓或损坏较严重，有部件脱落危险时，随车机械师应通知司机请求接触网停电。司机向列车调度员汇报，在得到接触网已停电准许登顶作业的调度命令和列车调度员已发布邻线列车限速 160 km/h 及以下调度命令的口头指示后，切除受损的受电弓后升另一良好受电弓，与随车机械师共同确认无网压，并实施放电后，通知随车机械师进行登顶检查；随车机械师用验电器确认接触网停电后挂接地杆，登车顶检查处理，捆扎受损受电弓，确保受损受电弓离开接触网的距离大于 300 mm，无部件脱落危险，且距离车顶高压器件的距离大于 300 mm；处理完毕后，在司机手账上签认，通知司机使用良好受电弓正常运行。

④如经现场登顶确认全部受电弓受损严重，在所有受损受电弓捆扎完毕，确认受损受电弓、车顶其他部件离开接触网的距离大于 300 mm 后，通知司机请求救援。在等待救援时，司机和随车机械师按规定做好列车防溜，保持客室内应急灯亮，头灯及车尾标志灯亮。随车机械师启动应急通风装置，司机监视蓄电池电压符合规定，低于规定值时关闭蓄电池；无应急通风装置或蓄电池电压低于规定值时，列车长组织安装防护网、开启指定车门通风并做好防护。

（3）走行部异音。

列车工作人员发现或接到反映车辆下部遭受外物击打、转向架部件机械抗衡或旋转件卡滞、轮对剥离擦伤等造成的异声时，应通知司机立即停车（采取紧急停车方式），由司机向列车调度员（车站值班员）报告，并通知随车机械师。随车机械师在办理相关手续后下车检查并及时汇报故障检查情况，根据检查情况确定后续运行方式（维持、限速或救援）。

（4）侧门故障。

运行途中，动车组侧门出现报警时，随车机械师应要求司机立即停车，赶到故障车门处对故障侧门进行检查，发现故障应立即处理，严禁未处理完毕即恢复行车。如不具备处理故障条件，则手动关闭车门，隔离停用；特别注意低站台模式后发生故障要对低站台踏板是否收回进行确认。

（5）齿轮箱油位报警。

运行途中，动车组出现齿轮箱油位报警时，随车机械师应立即要求司机停车，下车检查齿轮箱状态。如齿轮箱外观状态良好，各密封部位没有漏油痕迹，且齿轮箱轴承部位点温正常，则恢复运行（保持监控）。如齿轮箱漏油是由齿轮箱破损引起，则要求司机请求救援，并提出被救援时的运行限制条件。

（6）CRH380BL 型动车组运行途中报 2685、2684 故障代码。

①动车组运行途中 HMI 显示屏显示故障代码 2685 或 2684 时，司机立即停车并通知随车机械师。随车机械师接到通知后立即赶赴司机室，通过 HMI 显示屏查看故障车号及齿轮箱位号，将故障情况及时向动车组"110"指挥中心汇报，同时申请下车检查。

②司机得到列车调度员邻线已发布限速命令或动车组已扣停命令准许下车的口头指示后，通知随车机械师下车检查。随车机械师对故障齿轮箱进行重点检查，并对故障齿轮箱轮对踏面是否擦伤进行检查，通知司机移动列车，确认动车组轮对有无卡死，对于踏面无擦伤、轮对无卡死的，随车机械师上车通知司机限速 40 km/h 监视运行至前方站申请救援。如发现踏面擦伤过限或轮对卡死的，立即申请救援。

（7）车体异常晃动。

运行途中，动车组出现异常晃动故障时（CRH₃C、CRH380B（L）、CRH38CL 型号动车组在运行中发生横向加速度预报警、报警等故障时按照应急故障处理手册及列车 HMI 显示屏提示信息进行处置），列车工作人员应立即报告司机，司机须立即停车，报告列车调度员（车站值班员）并通知随车机械师。随车机械师在办理相关手续后下车检查处理，确认车辆故障情况。如故障影响行车安全且不能修复时，应通知司机请求救援；如故障暂不能修复，在不影响行车安全的情况下，随车机械师在司机手账上签认后监护动车组限速运行；如车辆检查无异常，随车机械师将检查处理情况报告司机并签认后，由司机将情况汇报列车调度员并恢复正常运行。

（8）撞击异物。

运行途中，动车组撞击异物（含路外伤亡）时，司机必须立即停车，报告列车调度员（车站值班员）并通知随车机械师。随车机械师在办理相关手续后下车检查处理。动车组头罩损坏开裂、不能正常闭合时，动车组限速 160 km/h 运行；走行部部件损坏时，由随车机械师根据受损程度提出限速要求或请求救援。

（9）车辆设施侵限。

运行途中，当发现或得到风挡外翻、司机室逃生窗、侧门脚踏、车辆盖板未关闭或未关闭到位等信息时，司机应立即停车，并通知随车机械师（内嵌式盖板除外，可按照要求在前方站具备条件时进行处理）。需随车机械师下车处理时，由司机向列车调度员（车站值班员）报告，随车机械师在办理相关手续后下车检查处理。

（10）轮对抱死。

当司机发现或得到动车组（不含 CRH380BL 型动车组）轮对不旋转故障、动车组轮对抱死故障的信息时，应立即停车，由司机向列车调度员（车站值班员）报告并通知随车机械师。随车机械师在办理相关手续后下车检查，按应急故障手册或应急指挥人员的要求处理。如故障影响行车安全且不能修复时，随车机械师应通知司机请求救援；如故障暂不能修复，在不影响行车安全的情况下，随车机械师在司机手账上签认后监护动车组限速运行。

CRH380BL型动车组发生轴不旋转故障时，动车组将自行做自动滚动测试，若滚动测试成功，则正常运行。若滚动测试不成功，司机向列车调度员汇报，司机、随车机械师按应急故障手册或应急指挥人员的要求处理。

（11）制动力不足。

司机施加制动时，发现制动力不足或制动系统未及时有效响应时，应立即停车（采取紧急停车方式），向列车调度员（车站值班员）报告并通知随车机械师。随车机械师按照车载信息监控装置的提示、应急故障处理手册的规定、应急指挥人员的指挥进行处理。无法消除故障时，及时请求救援。

（12）全列牵引丢失。

运行途中，动车组发生全列牵引丢失时，司机应立即停车，向列车调度员（车站值班员）报告并通知随车机械师。随车机械师按照车载信息监控装置的提示、应急故障处理手册的规定、应急指挥人员的指挥进行处理。无法消除故障时，及时请求救援。

（13）行车监控装置异常。

运行途中，ATP（LKJ）设备黑屏或死机、动车组司机室车载信息监控屏全部黑屏或死机、车载系统提示全列动车组通信丢失、中央控制装置死机时，司机应立即停车，向列车调度员（车站值班员）报告并通知随车机械师。随车机械师（司机）按照车载信息监控装置的提示、应急故障处理手册的规定、应急指挥人员的指挥进行处理。无法消除故障时，及时请求救援。

（14）重联装置异常。

运行途中，当发现重联动车组后列显示丢失或重联装置显示故障时，司机应立即停车，向列车调度员（车站值班员）报告并通知随车机械师，随车机械师在办理相关手续后下车检查处理。无法消除重联装置故障时，及时请求救援。

（15）TEDS发现动车组存在须停车检查的异常情况。

铁路局管内各高铁正线安装的TEDS监控设备发现动车组设备存在异常情况时，按如下要求执行。

①以下故障报警需立即停车检查。

•轴箱弹簧断裂、轴箱定位装置零部件缺失、轴端盖安装螺栓丢失。随车机械师下车确认故障属实，则按照各型动车组限速要求限速运行。

•抗蛇行油压减震器有明显漏油迹象、连接螺栓丢失或松动。随车机械师下车确认，发现抗蛇行油压减震器失效，但连接螺栓安装良好，则按照各型动车组限速要求限速运行；检查发现抗蛇行油压减震器连接螺栓丢失或松动，随车机械师立即通知司机请求救援。

•空气弹簧爆裂。随车机械师下车确认故障属实，则按照各型动车组限速要求限速运行。

•高度控制阀或高度调节杆安装螺栓丢失。随车机械师下车确认故障属实，则按照各型动车组限速要求限速运行。

- 横向止挡损坏或缺失。随车机械师下车确认故障属实，则按照各型动车组限速要求限速运行。
- 底板开裂、丢失或底板安装螺栓、铆钉丢失。
- 制动装置、牵引传动装置、车端连接装置等配件脱落、缺损、丢失。
- 车体两侧裙板、盖板及检查门开放（内嵌式除外），其他车辆设备侵入限界。
- 其他危及行车安全的动车组故障。

上述故障确认属实后，除各型动车组在故障情况下的限速表中要求进行限速运行的故障外，其他故障需根据随车机械师检查、确认情况，确定动车组后续运行方式（正常运行、限速运行、请求救援）。

②以下情况需限速运行，其中无砟轨道区段限速 200 km/h，有砟轨道区段限速 160 km/h。

- 空气弹簧与转向架构架间隙被冰雪填充。
- 轴箱弹簧被冰雪覆盖。
- 横向止挡处及中央牵引装置被冰雪覆盖。
- 转向架制动夹钳单元被冰雪覆盖。

TEDS 监控系统发现上述情况时，严格按照相关要求进行信息上报及处置，其他渠道发现上述情况并经机械师确认属实后，司机按随车机械师请求限速运行并报告列车调度员。

（16）火情火警。

列车工作人员发现车厢空调通风口、配电柜、客室内其他设备设施等冒烟、起火，或察觉到因车辆设备烧损产生的异味时，应立即通知司机停车（司机应尽量避免列车停在隧道、长大下坡道、油库等重要建筑物及居民区）。列车工作人员应及时组织车上火情火警的扑救工作，随车机械师应及时赶到相应车厢关闭空调、通风系统或设备设施电源。司机将列车停于安全地点，断开主断路器并降弓施加停放制动，向列车调度员汇报并通知随车机械师。需要下车确认火警火情或采取防溜措施时，随车机械师办理相关手续后下车进行检查。随车机械师（司机）按照车载信息监控装置的提示、应急故障处理手册的规定、应急指挥人员的指挥，对火情火警的烧损情况进行处理。无法消除故障时，及时请求救援。

1.3.2 高速铁路冰雪天气动车组列车限速规定（铁路局）

1. 冰雪天气动车组限速标准

冰雪天气动车组限速标准如表 1-4 所示。

表 1-4 冰雪天气动车组限速标准

序号	雪情	无砟轨道区段（限速值）	有砟轨道区段（限速值）	隧道内（限速值）
1	中雪及以上或积雪覆盖轨枕板、道砟面	≤200 km/h	≤160 km/h	
2	动车组转向架结冰	≤200 km/h	≤160 km/h	≤160 km/h
3	接触网导线结冰，受电弓取流不畅	≤160 km/h	≤160 km/h	

中雪、大雪、暴雪的界定标准：以气象部门公布或工务部门观测为准（中雪：24 小时内地面积雪厚度为 3 ~ 4.9 cm；大雪：24 小时内地面积雪厚度为 5 ~ 7.9 cm；暴雪：24 小时内地面积雪厚度达 8 cm 以上）。

2. 冰雪天气动车组限速规定

（1）动车组司机发现值乘区段降雪时，须立即报告列车调度员，并随时观察雪情；当道床积雪、接触网结冰受电弓取流不畅时，应先采取减速措施，并及时向列车调度员报告。列车调度员通知有关专业调度，专业调度通知有关设备管理单位，设备管理单位及时查明情况，按规定提出限速申请，列车调度员按规定发布限速调度命令、设置列控限速。

（2）遇降雪，随车机械师应注意观察雪情，重点检查动车组转向架、受电弓结冰状况；当发现动车组转向架、受电弓结冰及动车组被击打需要列车限速时，应立即通知司机并向动车（车辆）段调度报告。司机根据随车机械师的限速要求运行，并向列车调度员报告，列车调度员不再发布限速调度命令。列车运行过程中，司机发现动车组被击打时，应及时报告列车调度员动车组被击打的区间处所和时间；随车机械师发现动车组被击打时，应立即使用手持电台报告司机动车组被击打的时间，司机报告列车调度员动车组被击打的区间处所和时间。列车调度员通知动车调度员并提示后续首列动车组司机、随车机械师在该区间处所共同注意运行状态（随车机械师由动车组司机负责转告），动车调度台应通知前方 TEDS 监测点进行重点监测，涉及跨局列车还应通知邻局动车调度员。列车通过该区间处所后，司机、随车机械师应及时向列车调度员报告有关运行情况。

（3）安装 TEDS 的区段，TEDS 监控中心要加强对动车组转向架结冰、积雪等情况的监测分析，发现动车组转向架结冰需限速运行时，应立即将车次及限速要求按相关规定报告动车调度员，动车调度员按规定通知列车调度员进行处置。

（4）铁路局管内发生降雪，当灾害监测系统报警雪深值达到警戒时，列车调度员应根据报警信息和限速提示及时向相关列车发布限速运行的调度命令并设置列控限速。对来不及发布调度命令的列车，应立即通知司机限速运行。未安装雪深报警灾害监测系统的区段或雪深报警灾害监测系统故障，当铁路局管内发生降雪并达到限速标准时，工务、电务部门在调度所"行车设备检查登记簿"（"运统－46"）内登记限速申请；供电部门掌握接触网导线结冰及设备状态等情况，需列车限速时，应立即在调度所"行车设备检查登记簿"（"运统－46"）内登记限速申请，列车调度员根据登记及时发布限速调度命令、设置列控限速。

（5）列车调度员接到局管内高速铁路区段发生降雪情况的报告后，及时报告调度所值班主任，值班主任到达调度台了解雪情，并及时通报邻局调度所值班主任。调度所接到有关限速申请后，及时向主管副局长（总调度长）汇报，并通知有关业务处室。主管副局长（总调度长）、有关业务处室应立即到达调度台，加强业务指导。列车调度员接到相邻铁路局降雪通知后，立即通知电务调度及值班主任；电务调度接到通知后，通知有关电务段对电务设备运行状态进行重点监控；电务部门根据雪情对本局电务设备的影响情况，在调度所"行车设备检查登记簿"（"运统－46"）内登记限速申请，列车调度员据此发布限速调度命令、设置列控限速。调度所值班主任接到邻局降雪信息后，通知动车调度台加强与降雪局动车调度台的联系，及时了解动车组转向架结冰情况和有关限速要求。

动车组运用（M⁺Book 版）

（6）列车调度员接到有关冰雪限速的申请后，按规定及时发布限速调度命令、设置列控限速。遇 160 km/h 以下的限速及因设备功能限制，不能设置列控限速时，列车调度员应在调度命令中注明，司机按限速调度命令要求人工控制列车运行速度。在同一处所（地段），当多个部门提出的限速要求不一致时，列车调度员按最低限速值发布限速调度命令、设置列控限速。

3. 冰雪天气动车组提速或取消限速的规定

（1）电务部门自降雪时起，安排专人通过综合视频监控系统，实时查看限速区段线路特别是车站道岔区、隧道出入口、声（风）屏障两侧、桥梁及有砟区段等重点地段积雪状况。局中心电务段安排专人在 TEDS 监控中心查看图像，掌握动车组车底结冰状况，及时向电务段调度汇报情况。其他电务段调度主动向局中心电务段调度了解 TEDS 监测情况。根据查看情况，电务人员提出提速或取消限速的申请。

（2）TEDS 监控中心要安排专人对动车组转向架结冰、积雪等情况进行监测分析，确认动车组转向架空气弹簧与转向架构架间、轴箱弹簧处、横向止挡及中央牵引装置及制动夹钳单元无冰雪覆盖或填充后，提出提速或取消限速的申请。

（3）限速区段降雪结束 1 小时后，工务、电务、供电部门派员联合添乘直至恢复常速（添乘本局配属动车组时，在动车组尾端司机室），根据检查确认情况，提出提速或取消限速的申请。添乘人员应主动与随车机械师联系确定进出司机室时间，添乘时应保持司机室清洁，不得触动室内设备。随车机械师做好配合。

（4）铁路局管内高速铁路区段因冰雪原因动车组限速运行时，调度所及时通知工务、电务、供电、车辆部门到调度台合署办公。

4. 其他规定

（1）工务、电务、供电等设备管理单位要迅速部署，指派专人赶赴现场和调度所，确认降雪情况，及时向列车调度员和本单位报告雪情，并在降雪 1 小时内根据降雪影响程度和需要提出限速申请。主管领导要带领或安排技术力量加强值守、添乘检查。

（2）当运行区段降中雪时，工务、电务、供电部门派员组成联合添乘小组，每 2 小时添乘 1 次，降大雪时增加添乘密度。工务添乘人员检查冰雪对工务设备的击打、损坏等情况，电务添乘人员检查冰雪对电务设备的击打、损坏等情况，供电添乘人员检查供电设备烧蚀、损坏等情况。需限速时，立即通知驻调度所联络员按规定提出动车组列车限速申请。遇积雪覆盖轨枕板、道砟面，列车添乘人员还应认真确认冰雪对设备的影响，为本部门是否提出限速申请提供依据。

（3）遇降雪时，车站应及时组织启用道岔融雪装置。遇道岔融雪装置故障或无法满足道岔正常使用，需人工上道除雪时，上、下道均需按规定执行登记、签认制度，列车调度员应根据相关单位申请，停止本线接发列车及调车作业，邻线列车限速 160 km/h 及以下。

（4）遇接触网导线覆冰时，供电部门经与工务、电务、机务、车辆等部门协商，并报主管局长（总调度长）批准后，向局调度所值班主任提出热滑、除冰申请，说明对热滑、除冰车的要求（动车组、单机类型等），列车调度员根据申请安排热滑、除冰车上线进行热滑融冰，保持接触网状态。必要时停止天窗作业。

68

（5）降雪达到中雪及以上，且车站道岔转动发生困难时，调度所请示主管运输副局长（总调度长）同意后，车站可采取固定接发车进路的方式办理接发列车作业，上下行各固定一条接发车进路，办理客运业务的中间站保持侧线行车；始发、终到列车较多的大站、枢纽站应选择交叉干扰少、道岔位置转换少、相对固定的线路办理接发列车。大站尽量停靠便于上水、吸污的线路。动车组停运或合并运行时，客运处、车辆处、机务处及调度所共同确定方案，涉及跨局列车须报总公司同意后实施。

（6）车辆部门在得到降雪的预报后，要提前做好准备，最大限度地将检备动车组转入运用备用状态。冰雪天气随车机械师在始发、折返站要加强对动车组列车的检查，重点是动车组走行部和车顶设备，发现异常情况及时通知司机并报告动车（车辆）段。动车（车辆）段根据车辆运用情况向调度所提出更换车底或限速申请，并组织入库动车组除雪融冰。

（7）客运、宣传部门接到降雪、列车限速运行及列车晚点情况信息后，应加强站、车乘降组织，做好旅客宣传解释工作。

任务实施与评价

1. 教师下发任务单，学生明确学习任务、学习内容、知识目标、能力目标、素质目标要求。

2. 学生按任务单要求制订学习计划，完成预习任务及相关知识准备。

3. 小组制作 PPT，讲解为什么遇到 1.3.1 节第 5 条提到的 16 类故障时必须立即停车处理，如果不停车，最严重的后果是什么。

4. 学生进行自我评价及小组成员互评；教师进行学生学习评价，检查任务完成情况。

项目2　故障处理基本操作

项目描述

　　作为动车组运用检修人员，必须熟知动车组的基本操作，例如各种复位方法、手动开关门方法、制动切除方法等。本项目全面介绍了 CRH 各型动车组的故障处理基本操作方法，为项目 3 的学习做好知识和技能方面的准备。

　　本项目任务：

　　任务 1　CRH$_1$ 型动车组故障处理基本操作；

　　任务 2　CRH$_2$/CRH380A(L) 型动车组故障处理基本操作；

　　任务 3　CRH$_3$C/CRH380B(L) 型动车组故障处理基本操作；

　　任务 4　CRH380CL 型动车组故障处理基本操作；

　　任务 5　CRH$_5$ 型动车组故障处理基本操作。

教学目标

1. 知识目标

掌握 CRH 各型动车组的故障处理基本操作方法。

2. 能力目标

（1）模拟进行 CRH 各型动车组的故障处理基本操作。

（2）填写"动车组故障交接记录单"。

3. 素质目标

（1）使学生在操作中牢固树立"安全无小事"的观念。

（2）在项目学习过程中培养学生的团队协作能力。

（3）能客观、公正地进行学习效果的自我评价及对小组成员的评价。

任务 1　CRH$_1$ 型动车组故障处理基本操作

📋 任务单

任务名称	CRH$_1$ 型动车组故障处理基本操作					
任务描述	学习 CRH$_1$ 型动车组各种故障处理基本操作方法					
任务分析	从运行途中故障应急处理基本流程、复位适用范围及方法、车厢制动切除操作、手动开关门操作、轴温超温后导致的制动联锁解除方法来学习 CRH$_1$ 型动车组故障处理的基本操作					
学习任务	【子任务 1】小组内通过角色扮演的形式，查看并解释 IDU 显示屏所显示的各种故障，填写"动车组故障交接记录单"（"辆动–181"）； 　　【子任务 2】小组内通过角色扮演的形式，进行各种复位操作并指出其适用范围及是否停车； 　　【子任务 3】小组内通过角色扮演的形式，进行手动开关门操作					
劳动组合	各组长分配小组成员角色，进行模拟作业并留下影像记录，组织填写"动车组故障交接记录单"（"辆动–181"） 　　各组评判小组成员学习情况，做出小组评价					
成果展示	（1）模拟作业的照片或视频 　　（2）完整填写的"动车组故障交接记录单"（"辆动–181"）					
学习小结						
自我评价	项目	A—优	B—良	C—中	D—及格	E—不及格	综合
	安全纪律（15%）						
	学习态度（15%）						
	专业知识（30%）						
	专业技能（30%）						
	团队合作（10%）						
教师评价	简要评价						
	教师签名						

学习引导文

2.1.1 运行途中故障应急处理基本流程

1. 点击 IDU 显示屏故障提示栏，查询故障详细描述

开始查找故障之前，应快速翻阅 IDU 显示屏的当前报警及故障记录，判断故障的严重程度及发生位置。

IDU 显示屏显示报警时，会同时给出一些应急处理方法及可能导致故障的原因，可以利用 IDU 显示屏处理运行中发生的一些故障。IDU 显示屏报出的故障分以下几类。

IDU 显示屏报出的第 1 类故障界面如图 2−1 所示，此类事件提示会覆盖 IDU 显示屏的整个屏幕，需立即采取措施。只有司机纠正操作错误后，事件提示信息才自动消失。该事件描述栏为黑色背景。

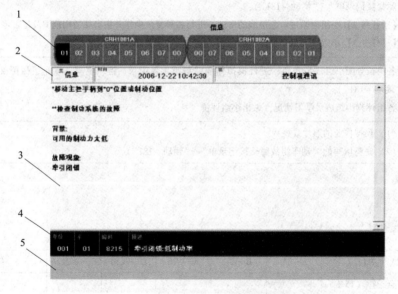

图 2−1　IDU 显示屏报出的第 1 类故障界面
1—发生故障的司机室显示；2—事件发生信息；3—补救措施描述；4—事件描述；5—页面选择

如图 2−2 所示，IDU 显示屏报出的第 2 类故障是 A 级报警，属重大故障，需司机全面关注，提示信息覆盖整个界面，会出现声音报警，直到在 IDU 显示屏上点击"确认"按钮后，才能进入其他界面，此时报警声音也同时消失。司机操作台上的"Q"按钮只能对 A 类报警进行消音，不能确认故障。

当不止一个 A 类警报处于活动状态时，只显示最早的未经确认的那个。当这个 A 类警报得到确认后，再显示未经确认的第二个最早 A 类警报，以此类推。该事件描述栏为红色背景。

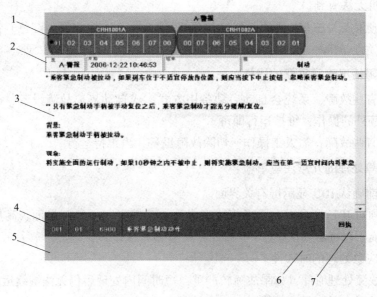

图 2 - 2　IDU 显示屏报出的第 2 类故障界面

1—发生故障的司机室；2—事件发生信息；3—补救措施描述；4—事件描述；5—页面选择；
6—确认所有警报的按钮（只有维护人员可用）；7—特定警报的确认按钮

如图 2 - 3 所示，IDU 显示屏报出的第 3 类故障是 B 级报警，不需立即关注，但故障发生时，司机仍需了解，没有声音报警，事件信息仅占据界面一部分，可在界面上确认报警，该事件描述栏为黄色背景。

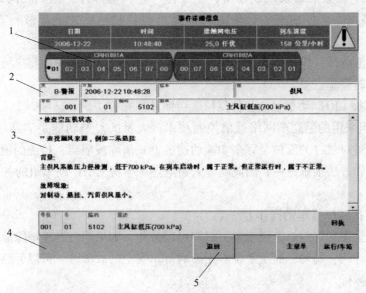

图 2 - 3　IDU 显示屏报出的第 3 类故障界面

1—发生故障的司机室；2—事件发生信息；3—补救措施描述；4—页面选择；5—返回

第 4、5 类故障及事件，仅需维护人员关注，事件不自动显示在界面上，只出现在历史记录表中，司机无法看到。

运行途中应重点关注并处理第 1 类（黑色）、第 2 类（A 级报警，红色）故障，第 3 类（B 级报警，黄色）故障一般不影响或对运行的影响很小，可以视情况处理。

2. 根据故障情况确定采取的措施

（1）对于有些故障，系统会自动启动备用方式，或自动隔离故障设备，此时司机和机械师不必采取额外的操作，维持运行即可。

（2）对于有些故障，需人工操作，切除故障设备，再维持运行。

3. 应急故障处理的几点注意事项

（1）出库前确认 IDU 显示屏有关界面。

出库前必须对 IDU 显示屏上的当前故障界面、互锁界面、外门界面、高压界面、制动界面和牵引界面予以查看确认。

（2）重视应急处理的时效性。

尽量缩短故障处理时间，如果故障较严重，短时间内处理后仍无法继续运行时，应按照相关要求请求救援，以免阻塞正线。

（3）能否继续行车的条件如下。

对于 TCMS 监控的系统或设备，不论采用何种手段处理，如果满足以下条件：①牵引安全回路灯和紧急制动安全回路灯全部熄灭；②经确认制动完全缓解。说明牵引和制动条件已具备，一般情况下不会影响运行及安全，可以维持运行，只是部分性能有可能下降。

对于 TCMS 不能监控的系统或设备，主要是一些机械部件，例如转向架等出现的异音、振动等，必须停车仔细查看，确定部件无松动和脱落后才能继续行车，同时要密切监控。

对于轮对轴温故障，应保持高度警惕，根据轴温情况严格按有关的要求维持运行，一旦有异常情况要随时停车点温。

（4）熟练掌握 CRH₁ 动车组的各种复位、切换及切除方法。

CRH₁ 动车组采用的是列车网络通信控制技术，大量的复杂功能是依靠软件来实现的，很多故障也是通过对软件的复位及冗余功能切换的方式消除或隔离，传统的通过查找线路来排除故障的经验和方法很难适用，因此随车人员应熟练掌握 CRH₁ 动车组的各种复位、切换及切除方法。

（5）熟练掌握越障行车的操作方法。

如果牵引安全指示灯闪烁，说明牵引封锁可以旁路。如果不能迅速消除故障，或隔离故障设备，在确认外门、制动、高压系统等无影响行车安全的故障时，可以旁路牵引封锁，采用越障行车继续运行。

特别注意的是，如果某车停放制动状态不明，应到车下确认停放制动是否缓解。越障运行时须密切监控列车外门和制动系统状态。

（6）处理故障时，注意尽量减少蓄电池电量消耗。

应急处理时，升降弓、重新激活、应急通风都将消耗蓄电池能量，因此如果处理结果无效时，不允许频繁进行大量消耗蓄电池能量的操作，以免动车组因蓄电池放电过度，成为"死车。"必要时，可在电池电压降低到 98 V 时将蓄电池接触器断开。

（7）权衡保持故障现状，维持运行和停车处理恢复车组性能的利弊。

很多故障可能导致列车运行性能降低，但仍旧可以维持运行，经过处理，也许可以恢复列车的运行性能，但也可能会因耗时过多，错过了行车时间而造成较大晚点，甚至有可能处理不当而造成故障扩大化。因此随车机械师应综合各种情况，判断选择在前方车站采取处理措施，恢复性能，还是维持现状继续运行。

（8）随车人员请求地面技术支持时注意以下事项：

①准确说明发生的故障现象、车号、设备位置和故障发生时车组运行区间等信息；

②提供 IDU 显示屏上所显示的故障发生时的报警记录故障代码及其描述；

③故障发生后所进行过的操作。

2.1.2　复位适用范围及方法

1. IDU 重启复位（可以不停车）

该方法主要用于 IDU 显示屏无法正常操作，如显示及通信问题、IDU 显示屏死机、列车报 MVB 通信 或 HW 故障等。可在运行中进行重启操作，对列车运行无影响。

操作方法如下。

（1）司机室 IDU 显示屏：随车机械师按下 C. K1 电气柜中的"IDU 重启按钮"，重新启动。

（2）监控室 IDU 显示屏：随车机械师将其背面的电源插头 X1 拔出再接入完成重启操作。

2. 主控复位（必须停车）

该方法一般适用于对高压系统故障（如受电弓、主断路器，故障设备在 IDU 显示屏上会显红框）及牵引系统的故障（如变流器模块，故障设备在 IDU 显示屏上会显红框）进行复位。

操作方法如下。

CRH_1A：停车、降弓后，在主控端 IDU 显示屏上通过点击"主菜单"→"设置"→"主控复位"→选中 1 个单元→"复位"。按同样方法依次对其他单元复位。

CRH_1B/CRH_1E：停车、降弓后，在主控端 IDU 显示屏上通过点击"主菜单"→"设置"→"主控复位"→"复位"。

注意事项如下。

①列车需要停车才能进行主控复位。

②使用司机密码登录后，最多只允许做 3 次主控复位；列车断电重新激活后，可复位次数恢复到 3 次。

3. 重新激活（必须停车）

一般用于处理单元组通信丢失或列车配置不正确的故障。

操作方法：停车、降弓后，将激活钥匙置于"0"位，然后等 5s 后再置于"1"位。

此操作将会重新配置主控网关、主控 TCCCU，以及重新启动 ATP 和 LKJ。

4. 断蓄电池接触器复位（必须停车）

该方法适用于部分模块通信类的故障复位及恢复一些系统功能的复位。

操作方法如下。

（1）停车、降弓后，将激活钥匙置于"0"位。

（2）按 C. K1 柜的"蓄电池断开"按钮，并持续 3 s。

（3）待蓄电池接触器断开，IDU 显示屏关机后，重新激活。

此操作将会断开蓄电池的电池总线供电，除 TDS、CCU 等少量由紧急总线供电的设备外，其他系统都将重启。

注意事项如下。

（1）如需要主控复位时，待断蓄电池接触器复位后进行。

（2）对于 CRH₁A（CRH₁A－200）动车组的单元组通信丢失类故障，禁止采用断全列蓄电池接触器复位的方法进行复位！

5. 彻底断电复位（必须停车）

本方法适用于非常严重的软件故障等，目前极少采用。

操作方法如下。

（1）停车、降弓后，将激活钥匙置于"0"位。

（2）然后再按 C. K1 柜的"蓄电池断开"按钮，并持续 3 s，断开蓄电池接触器。

（3）机械师依次断开车下所有蓄电池的总供电开关（U4. K1 位置图如图 2－4 所示，U10. K1 位置图如图 2－5 所示），等待 30 s。

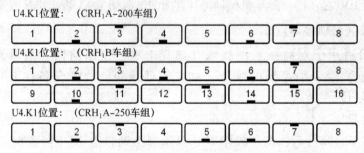

图 2－4　U4. K1 位置图

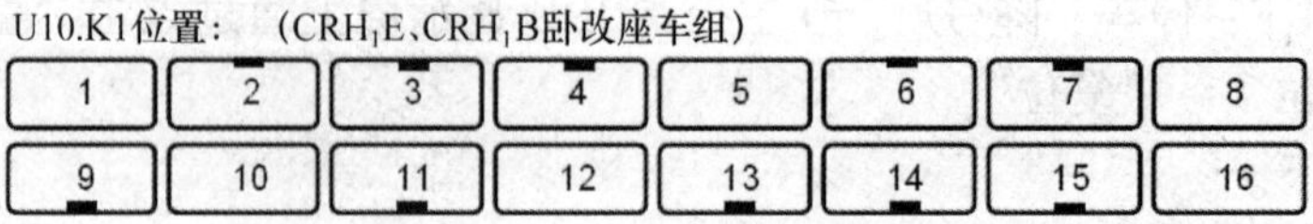

图 2－5　U10. K1 位置图

（4）重新全部闭合上述开关。

（5）重新激活列车。

注意事项：此操作会将全车设备进行断电复位，所有控制软件都会完成初始化。每次在断开蓄电池总开关前，必须先断开电池接触器切断开关（车下 110 V 配电箱内灰色的小断路器－CRH₁A/CRH₁B：U4. K1.1.40；CRH₁E/CRH₁B 卧改座：U10. K1.1.40），然后再恢复此开关，以避免由于在某些情况下蓄电池接触器未断开，在断蓄电池总供电开关的时候负载过大，导致拉弧。

6. 断网络电源的断路器复位（必须停车）

主要对单元组通信丢失、IDU 显示屏显示"超时"、列车报"节点 X 通信故障""MVB 通信或 HW 故障（GW 装置)"等网络通信类故障进行复位。

操作方法如下。

（1）停车、降弓后，主控钥匙置于"0"位，然后再重新激活，看故障是否消除。

（2）如果故障仍未消除，继续下面的操作。

①司机将主控钥匙置于"0"位，机械师断开故障单元的两个网络电源断路器："计算机单元 – MVB A/B"和"计算机单元 – 微型系统"，先断开"计算机单元 – MVB A/B"断路器，再断开"计算机单元 – 微型系统"断路器。相关车型的网络电源断路器位置见表 2 – 1。

②10 s 后，先闭合"计算机单元 – 微型系统"断路器，再过 10 s 闭合"计算机单元 – MVB A/B"断路器。

③完成步骤②等待 10 s 后，重新激活司机室，查看通信是否恢复正常，如果未恢复，可切除故障单元全部制动，继续运行。

表 2 – 1　相关车型的网络电源断路器位置

CRH$_1$A – 200	Mc1（01 车）	Tb（05 车）	Mc2（08 车）	—	—	—
计算机单元 – MVB A/B	C.K1.20	P1.K2.29（MVB C）	C.K1.20	—	—	—
计算机单元 – 微型系统	C.K1.26	P1.K2.31	C.K1.26	—	—	—
CRH$_1$A – 250	Mc1（01 车）	Md2（04 车）	Mc2（08 车）	—	—	—
计算机单元 – MVB A/B	C.K1.20	P1.K1.27（MVB C）	C.K1.20	—	—	—
计算机单元 – 微型系统	C.K1.26	P1.K1.24	C.K1.26	—	—	—
CRH$_1$B	Mc1（01 车）	Tp2（05 车）	Mh（08 车）	Mdi（09 车）	Tp3（12 车）	Mc2（16 车）
计算机单元 – MVB A/B	C.K1.20	P1.K2.29（MVB C）	P1.K2.27	P1.K2.27	P1.K2.29（MVB C）	C.K1.20
计算机单元 – 微型系统	C.K1.26	P1.K2.31	P1.K2.24	P1.K2.24	P1.K2.31	C.K1.26
CRH$_1$E/CRH$_1$B 卧改座	Mc1（01 车）	Tp2（05 车）	Mh（08 车）	Mdi（09 车）	Tp3（12 车）	Mc2（16 车）
计算机单元 – MVB A/B	C.K1.20	P3.K2.31（MVB C）	P3.K2.22	P1.K2.27	P3.K2.31（MVB C）	C.K1.20
计算机单元 – 微型系统	C.K1.26	P3.K2.32	P3.K2.27	P1.K2.24	P3.K2.32	C.K1.26

（3）如果列车发生网络通信故障，无法判断具体单元的位置，可复位每个单元网络电源断路器，每个单元的复位方法同"断网络电源的断路器复位"操作方法第（2）步的①和

②。待全部复位完成后等待10 s，重新激活司机室查看列车状态。

注意事项如下。

（1）断路器的断开和闭合顺序及等待的时间非常重要。

（2）如果主控端IDU显示器一直显示"列车未配置"，整列不能进入查询界面，则需断开故障单元的计算机单元－MVB A/B的断路器，然后重新激活司机室。故障单元的制动需全部切除，然后继续行车。

（3）断网络断路器电源复位不必与断蓄电池接触器复位同时执行。

2.1.3 车厢制动切除操作

1. 空气制动切除操作

空气制动切除操作如表2－2所示。

表2－2 空气制动切除操作

车种	CRH₁	
步骤	处理过程	
1		切除空气制动供风： 打开制动阀板所在裙板（CRH₁A、CRH₁B位于U8区车辆右侧，CRH₁E、CRH₁B卧改座位于U5区右侧），将空气制动截断阀5置于垂直位
2		后续操作： 恢复裙板并确认其锁闭良好； 通知司机通过显示屏确认切除信息
3		人工滚动试验确认： 制动切除完毕后，随车机械师通知司机操纵动车组以不高于5 km/h的速度运行约20 m，检查动车组轮对是否出现抱死、异音等
4		前方站停车检查： 制动切除恢复运行后，随车机械师按规定申请前方站停车检查，对制动切除车厢制动盘进行点温，重点检查是否存在抱闸现象

注：▲表示动车组随车机械师（下同）；▲表示动车组司机（下同）。

2. 空气制动与停放制动全部切除操作

空气制动与停放制动全部切除操作如表 2-3 所示。

表 2-3 空气制动与停放制动全部切除操作

车种	CRH₁
注意	停放制动夹钳设置于所有动力车厢 5、6、7 轴位
步骤	处理过程

步骤	处理过程
1	切断空气制动供风： 打开车厢制动模块裙板（CRH₁A、CRH₁B 位于 U8 区车辆右侧，CRH₁E、CRH₁B 卧改座位于 U5 区右侧），将空气制动截断阀 5 置于垂直位； 对于 CRH₁A - 200 km/h 型动车组，可在制动面板的 M 测试口或 R 测试口插上快速排风接头，加快空气制动排风
2	切断停放制动供风： 将停放制动截断阀 6 置于水平位置； 恢复裙板并确认其锁闭良好
3	空气制动排风完成后实施停放制动夹钳紧急手缓： 待空气制动无排风声（切除空气制动后约 2 min）后拉动动力车转向架 5、6、7 轴位紧急手缓装置拉绳，紧急手缓停放制动。操作成功时可感觉到高能弹簧释放时的声音和振动
4	手拉停放制动夹钳确认闸盘已缓解： 手拉带停放制动缸的制动夹钳，确认各停放制动夹钳已全部缓解

步骤	处理过程

步骤 5

CRH₁A/CRH₁B（设置于柜内）

91
停放制动请求图止

CRH₁E（设置于柜门上）

紧急手缓后进行控制系统确认操作：

（1）打开相应车厢车内 110 V 电气柜，将停放制动旁路开关 .91 置"ON"位，解除牵引封锁；

.91 旁路开关位置

车型	车厢号	开头位置
CRH₁A	3，6	P1. K2. 91
	4	P1. K1. 91
	1，8	P3. K4. 91
CRH₁B	3，6，8，11，14	P1. K2. 91
	4，9，13	P1. K1. 91
	1，16	P3. K4. 91
CRH₁E、CRH₁B 卧改座	9	P1. K1. 91
	3，4，6，8，11，13，14	P3. K2. 91
	1，16	P1. K4. 91

（2）通知司机通过显示屏确认切除信息

步骤 6

人工滚动试验确认：

制动切除完毕后，随车机械师通知司机操纵动车组以不高于 5 km/h 的速度运行约 20 m，检查动车组轮对是否出现抱死、异音等

步骤 7

前方站停车检查：

制动切除恢复运行后，随车机械师按规定申请到前方站停车检查，对制动切除车厢制动盘进行点温，重点检查是否存在抱闸现象

3. 停放制动切除

注意：CRH₁ 型动车组不具备单独切除停放制动功能。

2.1.4　手动开关门操作

1. 本地正常开关门操作

本地正常开关门操作装置如图 2-6 所示。

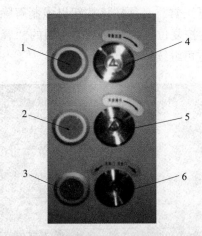

图 2-6　本地正常开关门操作装置

1—指示灯，绿，"准备发车"；2—指示灯，黄，"本地操作"；3—指示灯，红，"门有故障"；
4—三角钥匙开关"准备发车"；5—三角钥匙开关"本地操作"；6—三角钥匙开关"开/关本地车门"

（1）启动外门旁本地控制面板上的"本地操作"开关，"本地操作"指示灯亮，说明本地操作激活。

（2）用钥匙按开关箭头方向指示，打开或关闭车门。

（3）通过本地操作车门关闭后，"本地操作"指示灯熄灭，恢复到集控开关状态。

2. 使用紧急解锁装置开关门方法

（1）开门方法：将紧急开门装置手柄扳向下方，听到"咔嗒"门锁动作声音后，CRH₁A/CRH₁B 动车组先向外推门，然后沿车体方向打开门。CRH₁E 车直接沿车体方向打开门。

注意事项如下。

①每次紧急开门后，必须用三角钥匙将紧急开门装置复位，否则该门将不能集控。

②如果门被隔离，紧急开门将不会起作用。因此开门前先确认门是否解除隔离。

（2）关门方法：将门关闭并拉向车体，听到门锁动作声音后，再向外推，确认可靠关闭后，锁闭隔离锁，将故障门隔离。

2.1.5　轴温超温后导致的制动联锁解除方法

当发生轴温超温 A 类报警后，TCMS 锁定报警状态，此时司机应立即施加 7 级制动停车。若司机未施加7级制动停车，TCMS将在A类报警发生后30秒自动施加7级制动停车。

如图2-7所示，列车停车后，解除制动联锁，继续行车的方法如下。

（1）如果IDU显示屏上显示该轴实时温度已正常，按"复位报警器"按钮，此时A类报警结束，制动联锁相应解除，按相关要求行车。

（2）如果IDU显示屏上显示该轴实时温度仍异常，按"释放联锁"按钮，强制解除制动联锁，按相关限速要求行车。

注意：当按过"释放联锁"按钮后，如果后续再次因其他的传感器超温引发停车后，无论该传感器的温度是否恢复正常，必须按该按钮以强制解除联锁；如果后续由于某些原因，需要做主控复位，由于主控复位也将清除之前所做的"释放联锁"操作，因此，需再次按下"释放联锁"按钮，方可继续行车。

图2-7　解除制动联锁界面

✓ 任务实施与评价

1. 教师下发任务单，学生明确学习任务、学习内容、知识目标、能力目标、素质目标要求。

2. 学生按任务单要求制订学习计划，完成预习任务及相关知识准备。

3. 小组内通过角色扮演的形式，查看并解释IDU显示屏所显示的各种故障，填写"动车组故障交接记录单"（"辆动-181"）。

4. 小组内通过角色扮演的形式，进行各种复位操作并指出其适用范围及是否停车。

5. 小组内通过角色扮演的形式，进行手动开关门操作。

6. 学生进行自我评价及小组成员互评；教师进行学生学习评价，检查任务完成情况。

任务 2　CRH₂、CRH380A(L) 型动车组故障处理基本操作

📋 任务单

任务名称	CRH₂、CRH380A(L) 型动车组故障处理基本操作					
任务描述	学习 CRH₂、CRH380A(L) 型动车组各种故障处理基本操作方法					
任务分析	从故障显示、设备远程切除/复位操作、电源切换操作、BKK 及 BKK2 投入/复位操作、车厢制动切除操作、抱死切除/复位操作、轴温报警切除/复位操作、空调切除操作、复位操作和主回路故障处理来学习 CRH₂、CRH380A(L) 型动车组故障处理基本操作					
学习任务	【子任务1】小组内通过角色扮演的形式，查看并解释 MON 显示屏所显示的各种故障，填写"动车组故障交接记录单"（"辆动 – 181"）。 【子任务2】小组内通过角色扮演的形式，进行各种复位操作并指出其适用范围及注意事项。					
劳动组合	各组长分配小组成员角色，进行模拟作业并留下影像记录，组织填写"动车组故障交接记录单"（"辆动 – 181"）。 各组评判小组成员学习情况，做出小组评价					
成果展示	(1) 模拟作业的照片或视频。 (2) 完整填写的"动车组故障交接记录单"（"辆动 – 181"）					
学习小结						
自我评价	项目	A—优	B—良	C—中	D—及格	E—不及格	综合
	安全纪律（15%）						
	学习态度（15%）						
	专业知识（30%）						
	专业技能（30%）						
	团队合作（10%）						
教师评价	简要评价						
	教师签名						

学习引导文

2.2.1　故障显示

如图 2-8 所示，当发生故障时，MON 显示屏在当前页面下方会显示故障发生信息界面，并伴有报警声响。

此时可按压【故障详情】键，MON 显示屏切换至故障信息界面（见图 2-9）。

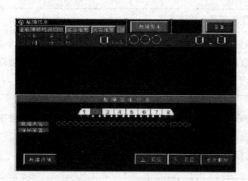

图 2-8　故障发生信息界面

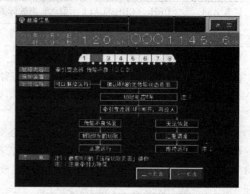

图 2-9　故障信息界面

2.2.2　设备远程切除/复位操作

按压主控端司机室 MON 显示屏【远程控制切除】键，进入远程控制切除界面（见图 2-10）。选择相应动力单元（1U/2U/3U）。选择要切除/复位的设备。按下【设定】键，即：【单元】＋【对应设备】＋【设定】。

MON 显示屏切换至切除状态界面（见图 2-11），确认对应设备的切除/复位状态。

图 2-10　远程控制切除界面

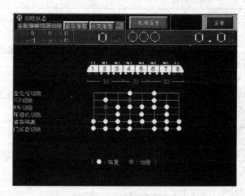

图 2-11　切除状态界面

2.2.3　电源切换操作

按压主控端司机室 MON 显示屏【远程控制切除】键，进入远程控制切除界面（见图 2-10），选择要进行 MTr 切除的单元，按【电源切换（ACK2 合）】键，再按【设定】键。MON 显示屏切换至供电分类界面（见图 2-12），确认 ACK1 断开，ACK2 合上。

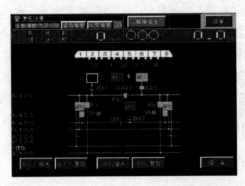

图 2-12　供电分类界面

操作过程中须注意以下几点。

（1）进行电源切除前，先将故障单元 VCB 远程切除。

（2）闭合 ACK2 进行扩展供电后，CRH$_2$A、CRH$_2$C、CRH380A 型动车组全列空调自动减半运行；CRH$_2$B、CRH$_2$E、CRH380AL 型动车组相应的前 8 编组或后 8 编组空调自动减半运行。

2.2.4　BKK、BKK2 投入/复位操作

断开故障车【辅助电源装置控制】断路器。按压 MON 显示屏【供电分类】键，进入供电分类界面（见图 2-12），按压【BKK 投入】/【BKK 复位】或【BKK2 投入】/【BKK2 复位】键，再按【设定】键。

注意以下几点。

（1）CRH$_2$C 型二阶段动车组（CRH$_2$091C ~ CRH$_2$110C、CRH$_2$141C ~ CRH$_2$149C）、CRH380A 型动车组在进行 BKK、BKK2 投入操作前，须将相应单元的【BMK 延时控制】断路器闭合，CRH$_2$A（统型）动车组在进行 BKK 投入操作前，须将相应单元的【BMK 延时控制】断路器闭合，操作办法如下。

①01、00 车 APU 互相扩展供电前，将 03 和 07 车配电盘中的【BMK 延时控制】断路器闭合。

②00 车 APU 对 05 车 APU3 扩展供电前，将 05 和 07 车配电盘中的【BMK 延时控制】断路器闭合［CRH$_2$A（统型）动车组不执行此条］。

③在非扩展供电工况下（即所有 APU、APU3 均正常），应将 03、05、07 车配电盘中的【BMK 延时控制】断路器断开［CRH$_2$A（统型）动车组 05 车配电盘中无此断路器］。

（2）CRH380AL 型动车组在进行 BKK 投入操作前，须将相应单元的【BMK 延时控制】断路器闭合，操作办法如下。

①01、05 车 APU 互相扩展供电前，将 03 和 05 车组合配电盘中的【BMK 延时控制】断路器闭合。

②07、09 车 APU 互相扩展供电前，将 07 车组合配电盘和 09 车运行配电盘中的【BMK 延时控制】断路器闭合。

③11、13 车 APU 互相扩展供电前，将 11 和 13 车组合配电盘中的【BMK 延时控制】断路器闭合。

④13、00 车 APU 互相扩展供电前，将 13 和 15 车组合配电柜中的组合配电盘中的【BMK 延时控制】断路器闭合。

⑤在非扩展供电工况下（即所有 APU 均正常），应将 03、05、07、09、11、13、15 车组合配电盘及 09 车运行配电盘中的【BMK 延时控制】断路器断开。

2.2.5 车厢制动切除操作

1. 空气制动切除操作（见表 2-4）

空气制动切除操作如表 2-4 所示。

表 2-4 空气制动切除操作

车种	CRH₂、CRH380A(L)
注意	（1）切除空气制动后，停车站启车时，司机需在缓解紧急制动后 3 s 内将制动手柄置于 B4 级以下，避免该车厢牵引失效。未按此操作将报出"制动力不足（123）""牵引变流器故障（004）"故障，但可维持运行。 （2）CRH₂A 统型、CRH380A 统型动车组主控端所在车厢切除空气制动后，若列车发生紧急制动，在缓解紧急制动时，须先将主控端司机室总配电盘应急短路开关 X3 和 X3A 线短接，后按压【紧急复位】按钮。紧急制动缓解后再断开 X3 和 X3A 线。 （3）因特殊原因切除空气制动同时又需断开【制动控制装置】断路器时： ①若切除车厢为设有司机室车厢，集控开门操作时须临时将该司机室配电盘中的【关车门安全】断路器断开； ②若切除车厢为主控司机室车厢，除按①步骤操作外，还需隔离司机警惕装置（当该车型设有此装置时）。此外，进行启动试验前需将【电制动切除】开关右旋，待试验完成后再恢复。 （4）统型动车组断开【制动控制装置】断路器后，该车厢停放制动意外施加时，显示屏不会报出故障，但动车组自动触发紧急制动。 （5）每台转向架设有单独的空气制动截断阀，切除操作也可在车下走行部实施

步骤	处理过程	
1	 CRH₂A、CRH₂B、CRH₂C、CRH₂E CRH380A(L) CRH₂A统型、CRH380A统型	切除空气制动： 关闭空气制动【供给】阀（白色）
2	 拉出开关 旋转开关	后续操作： 激活【紧急短路】开关 UVRS（根据开关种类拉出或右旋至红点位）。 　针对统型动车组，需断开【制动控制装置】断路器，并根据车厢类型进行相应操作。 （1）若为带司机室车厢，集控开门操作时，须临时将该司机室配电盘中的【关车门安全】断路器断开。 （2）若为主控司机室车厢还须隔离司机警惕装置

87

步骤	处理过程
3	人工滚动试验确认： 制动切除完毕后，随车机械师通知司机操纵动车组以不高于 5 km/h 的速度运行约 20 m，检查动车组轮对是否出现抱死、异音等
4	前方站停车检查： 制动切除恢复运行后，随车机械师按规定申请到前方站停车检查，对制动切除车厢制动盘进行点温，重点检查是否存在抱闸现象

2. 空气制动与停放制动全部切除操作

空气制动与停放制动全部切除操作如表 2 – 5 所示。

表 2 – 5　空气制动与停放制动全部切除操作

车种	仅适用于 CRH$_2$A 统型和 CRH380A 统型
注意	（1）CRH$_2$A 统型动车组停放制动夹钳设置于 01、04、05、08 车（拖车），CRH380A 统型动车组停放制动夹钳设置于 01、03、07、08 车。 （2）其他注意事项见"空气制动切除操作"的相应内容

步骤	处理过程	
1		切断空气制动： 操作空气制动【供给】阀手柄（白色）至垂直位。 激活【紧急短路】开关 UVRS（根据开关种类拉出或右旋至红点位）。 统型动车组断开【制动控制装置】断路器并根据车厢类型进行相应操作。 （1）若为带司机室车厢，集控开门操作时，须临时将该司机室配电盘中的【关车门安全】断路器断开。 （2）若为主控司机室车厢还须隔离司机警惕装置
2		切断停放制动供风： 操作停放制动截断阀手柄（黑色）至垂直位

步骤		处理过程
3		空气制动排风完成后拉动停放制动紧急手缓装置： 待空气制动无排风声（切除空气制动后约 2 min）后拉动紧急手缓装置。 逐个停放制动夹钳拉动紧急手缓拉绳（每台停放制动夹钳在转向架两侧均设有拉绳，操作任一侧即可），共 4 处，紧急手缓停放制动。 操作成功时可感觉到高能弹簧释放时的声音和振动
4		手拉停放制动夹钳确认闸盘已缓解： 手拉带停放制动缸的制动夹钳，确认各停放制动夹钳已全部缓解
5		紧急手缓后进行控制系统确认操作： （1）右旋"停放制动旁路"旋钮至红点位。 （2）通知司机通过显示屏确认切除信息

续表

步骤	处理过程
6	人工滚动试验确认： 制动切除完毕后，随车机械师通知司机操纵动车组以不高于 5 km/h 的速度运行约 20 m，检查动车组轮对是否出现抱死、异音等
7	前方站停车检查： 制动切除恢复运行后，随车机械师按规定申请前方站停车检查，对制动切除车厢制动盘进行点温，重点检查是否存在抱闸现象

3. 停放制动切除操作

停放制动切除操作如表 2 – 6 所示。

表 2 – 6　停放制动切除操作

车种	仅适用于 CRH$_2$A 统型和 CRH380A 统型
注意	停放制动切除时为避免来自空气制动的压力经双向止回阀加载于停放制动缸，应先切除空气制动供风，完成停放制动紧急手缓后再恢复
步骤	处理过程
1	切除空气制动与停放制动： 按空气制动与停放制动全部切除 1～6 步操作进行。
2	恢复空气制动供风： 操作空气制动【供给】阀手柄（白色）到与管路平行的位置。 恢复【紧急短路】开关 UVRS（根据开关型式按回或左旋至非红点位）。 统型动车组恢复【制动控制装置】断路器，若为主控司机室车厢恢复隔离司机警惕装置
3	前方站停车检查： 制动切除恢复运行后，随车机械师按规定申请前方站停车检查，对制动切除车厢制动盘进行点温，重点检查是否存在抱闸现象

2.2.6　抱死切除/复位操作

按压主控端司机室 MON 显示屏【抱死切除】键，进入抱死切除界面（见图 2 – 13）。选择相应车厢。选择【抱死 1】或【抱死 2】。按【切除】/【复位】键。按【设定】键。

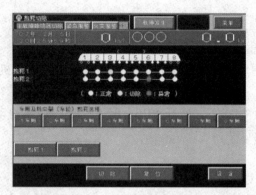

图 2 – 13　抱死切除界面

2.2.7　轴温报警切除/复位操作

按压主控端司机室 MON 显示屏【轴温切除】键，进入轴温切除界面（见图 2 – 14）。选择相应车厢。选择【轴温 1】或【轴温 2】。按【切除】/【复位】键。按【设定】键。

图 2 – 14　轴温切除界面

2.2.8　空调切除操作

（1）CRH₂ 型动车组将相应车厢配电盘中的【空调电源 1】、【空调控制 1】或【空调电源 2】、【空调控制 2】断路器断开。

注意事项：【空调电源 1】或【空调电源 2】断路器断开后，3 分钟之内不允许再次闭合。

（2）CRH380A(L) 型动车组将相应车厢配电盘中的【空调电源 1】、【空调控制 1】、【换气通风机 1 V 控制 2】、【换气通风机 1 V 控制 1】或【空调电源 2】、【空调控制 2】、【供排气】断路器断开。

注意事项：【空调电源 1】或【空调电源 2】、【供排气】断路器断开后，3 分钟之内不允许再次闭合；切除时先断控制电源，再断主电源。

2.2.9　复位操作

RS 复位操作：按压主控端司机室操纵台上的【复位】开关。

紧急复位操作：将制动手柄置于"快速"位，按压主控端司机室操纵台上的【紧急复位】按钮。

大复位操作：在停车状态下，断开 VCB、降下受电弓，将制动手柄置于"拔取"位，30 秒后重新投入制动手柄。

注意事项：

（1）RS 复位操作只对保护电器的轻故障起复位作用；

（2）大复位操作前须关闭全列侧拉门，复位之后须重新输入车次。

2.2.10　主回路故障处理

主回路故障处理见表 2 - 7。

表 2 - 7　主回路故障处理

故障种类	保护动作			显示			复位方法及步骤
	VCB 跳闸	K 断开	变流器不输出	故障指示灯	显示器画面		
					故障代码	其他显示画面	
变压器一次过电流	√	√	√	VCB	162	配电盘信息	远程切除动力单元，闭合 ACK2 扩展供电
变压器油泵停止运行	√	√	√	—	165	配电盘信息	远程切除动力单元，闭合 ACK2 扩展供电
变压器绝缘油循环停止	—	√	√	电气设备	132	配电盘信息	状态解除后自动复位
变压器温度上升	—	√	√	电气设备	133	配电盘信息	状态解除后自动复位
变压器三次侧过电流	√	√	√	VCB	163	配电盘信息	再次接通【辅助电流过电流】断路器，并闭合 VCB
变压器三次侧接地	√	√	√	VCB	164	配电盘信息	RS 复位，再次闭合 VCB
同步电源异常（过电压）	—	—	√	—	—	变流器（各车）	故障 1 s 且状态解除后自动复位

续表

故障种类	保护动作			显示			复位方法及步骤
	VCB 跳闸	K 断开	变流器不输出	故障指示灯	显示器画面		
					故障代码	其他显示画面	
同步电源异常（欠电压）	—	—	√	—	—	变流器（各车）	故障 1 s 且状态解除后自动复位
同步电源异常（频率）	—	—	√	—	—	—	故障 1 s 且状态解除后自动复位
变压器二次侧过电流 1	—	—	√	—	—	变流器（各车）	故障 1 s 且状态解除后自动复位
变压器二次侧过电流 2	√	√	√	电气设备 VCB	141 005	变流器（各车）配电盘信息	断开【牵引变流器 1】断路器再投入
直流过电压 1	—	—	√	—	—	—	故障 1 s 且状态解除后自动复位
直流过电压 2	—	—	√	—	—	—	故障 1 s 且状态解除后自动复位
直流过电压 3	—	√	√	—	004	变流器（各车）	RS 复位
直流欠电压 1	—	—	√	—	—	—	故障 1 s 且状态解除后自动复位
直流欠电压 2	—	√	√	—	—	变流器（各车）	故障 1 s 且状态解除后自动复位
直流电压异常	—	—	√	—	—	—	故障 1 s 且状态解除后自动复位
主电路器件异常	√	√	√	电气设备 VCB	141 005	变流器（各车）配电盘信息	断开【牵引变流器 1】断路器再投入

故障种类	保护动作			显示			复位方法及步骤
	VCB 跳闸	K 断开	变流器不输出	故障指示灯	显示器画面		
					故障代码	其他显示画面	
直流 100V 异常	—	√	√	—	004	变流器（各车）	RS 复位
控制电源异常	—	√	√	—	004	变流器（各车）	RS 复位
闸控电源异常	—	√	√	—	004	变流器（各车）	RS 复位
微机异常	—	√	√	电气设备	139	配电盘信息	RS 复位
牵引电机过电流 1	—		√	—	004	变流器（各车）	故障 1 s 且状态解除后自动复位，在间隔 10 s 以内两次检测时，操作复位开关
牵引电机过电流 2	—	√	√	—	004	变流器（各车）	RS 复位
牵引电机电流不平衡	—	√	√	—	004	变流器（各车）	RS 复位
脉冲发生器异常	—	√	√	—	004	变流器（各车）	RS 复位
制动力过大	—		√	—	—	变流器（各车）	制动断开后复位
冷却装置温度过高	—	√	√	—	—	变流器（各车）	状态解除后自动复位
设备室内温度过高	—	√	√	—	—	变流器（各车）	状态解除后自动复位
MM、CI 风机停止运行	—	√	√	电气设备	137 138 134	变流器（各车） 配电盘信息	状态解除后自动复位（各风机断路器再次接通）
OVTh 误点弧	—	√	√	—	004	变流器（各车）	故障发生后 5 s 且待故障解除后自动复位；在间隔 30 s 以内三次检测时，K 断开、操作复位开关

故障种类	保护动作				显示			复位方法及步骤
	VCB 跳闸	K 断开	变流器不输出	故障指示灯	显示器画面			
					故障代码	其他显示画面		
充电不良	—	—	—	—	005	变流器（各车）		断开【牵引变流器 1】断路器再投入
主变压器二次侧接地 1	—	√	√	—	004	变流器（各车）		RS 复位
主变压器二次侧接地 2	√	—	—	电气设备 VCB	142 004	变流器（各车）配电盘信息		RS 复位，再次接通 VCB
再生制动失效	—	—	—	—	—	—		制动解除
牵引不工作	—	—	—	—	—	变流器（各车）		故障 1 s 且状态解除后自动复位

☑ 任务实施与评价

1. 教师下发任务单，学生明确学习任务、学习内容、知识目标、能力目标、素质目标要求。

2. 学生按任务单要求制订学习计划，完成预习任务及相关知识准备。

3. 小组内通过角色扮演的形式，查看并解释 MON 显示屏所显示的各种故障，填写"动车组故障交接记录单"（"辆动 - 181"）。

4. 小组内通过角色扮演的形式，进行各种复位操作并指出其适用范围及注意事项。

5. 学生进行自我评价及小组成员互评；教师进行学生学习评价，检查任务完成情况。

任务3 CRH₃C、CRH380B(L) 型动车组故障处理基本操作

📋 任务单

任务名称	CRH₃C/CRH380B(L) 型动车组故障处理基本操作
任务描述	学习 CRH₃C/CRH380B(L) 型动车组各种故障处理基本操作方法
任务分析	从如何查看故障信息及提示、远程数据传输操作、紧急驱动模式操作、复位操作、车厢制动切除操作、重联解编及救援、车门隔离操作、空调手动操作和车外异响检查操作等多个方面学习 CRH₃C/CRH380B(L) 型动车组故障处理基本操作
学习任务	【子任务1】小组内通过角色扮演的形式，查看并解释 HMI 显示屏所显示的各种故障，填写"动车组故障交接记录单"（"辆动-181"）。 【子任务2】小组内通过角色扮演的形式，进行各种复位操作并指出其适用范围及是否停车。 【子任务3】小组内通过角色扮演的形式，进行开闭机构手动开启、关闭及自动车钩的手动控制操作，并制作 PPT，指出 CRH₃C/CRH380B(L) 系列各型动车组在重联解编及救援操作上的异同
劳动组合	各组长分配小组成员角色，进行模拟作业并留下影像记录，组织填写"动车组故障交接记录单"（"辆动-181"），制作介绍 CRH₃C/CRH380B(L) 系列各型动车组重联解编及救援操作异同的 PPT。 各组评判小组成员学习情况，做出小组评价
成果展示	（1）模拟作业的照片或视频。 （2）完整填写的"动车组故障交接记录单"（"辆动-181"）。 （3）介绍 CRH₃C/CRH380B(L) 系列各型动车组重联解编及救援操作异同的 PPT
学习小结	

自我评价	项目	A—优	B—良	C—中	D—及格	E—不及格	综合
	安全纪律（15%）						
	学习态度（15%）						
	专业知识（30%）						
	专业技能（30%）						
	团队合作（10%）						

教师评价	简要评价	
	教师签名	

学习引导文

2.3.1 如何查看故障信息及提示

CRH₃C、CRH380B 型动车组的诊断系统将故障信息集成在动车组的 5 个显示屏上（4 个司机室 HMI 显示屏，1 个乘务员 HMI 显示屏），CRH380BL 型动车组的诊断系统将故障信息集成在动车组的 8 个显示屏上（4 个司机室 HMI 显示屏，3 个 CCU 柜 HMI 显示屏，1 个乘务员 HMI 显示屏）。发生故障时，司机及随车机械师可到 HMI 显示屏上查看故障记录，采取相应解决办法。故障排除后，该故障信息不再显示。

图 2 - 15 所示为 CRH₃C 型和 CRH380B(L) 型动车组 HMI 显示屏上报故障时的显示界面，可使用硬键 显示故障记录。

(a) CRH₃C

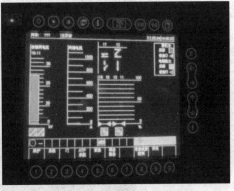

(b) CRH380B (L)

图 2 - 15　CRH₃C 型和 CRH380B(L) 型动车组 HMI 显示屏上报故障时的显示界面

图 2 - 16 所示为故障记录界面，按故障发生的顺序显示故障信息，每种故障，除显示车号和故障代码外，还显示发生的日期、时间和故障描述。选择"1 - 报告"软键可调出故障描述。此外，选择"7 - 更改布局"可显示故障代码，故障代码信息界面如图 2 - 17 所示。

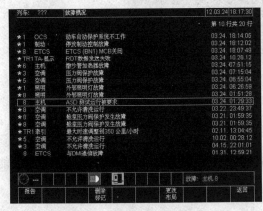

图 2 - 16　故障记录界面

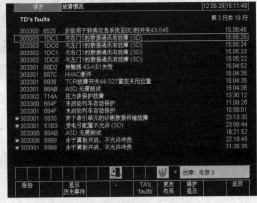

图 2 - 17　故障代码信息界面

列车静止时，可使用硬键 查看相应的故障提示。列车运行时，可使用硬键 查看相应的故障提示。

选择 "TD's fault" 软键可以显示司机 HMI 显示屏故障代码信息界面（见图 2 – 18），再选择显示历史事件，可以显示司机 HMI 显示屏故障代码的历史信息界面（见图 2 – 19）。如果是在司机室被占用的情况下，首先开启维护模式，然后执行上述操作。

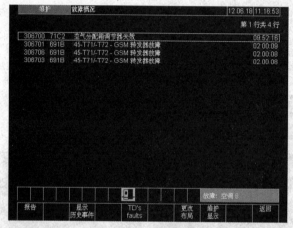

图 2 – 18　司机 HMI 显示屏故障代码信息界面

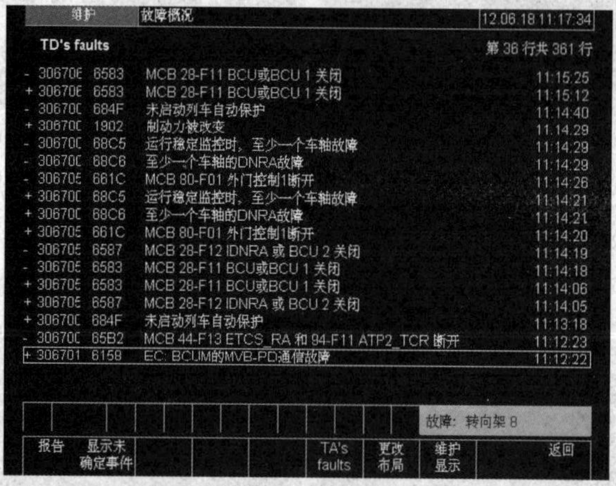

图 2 – 19　司机 HMI 显示屏故障代码的历史信息界面

在司机室显示屏上，按住键 ⊙ 3 s 以上将对显示屏进行抓屏，抓屏时会有"咔嚓"拍照声，此时截取的显示屏信息将以图片格式保存在操作系统的 scrshot 文件夹下。此功能可用于发生故障时记录显示屏显示的信息。

2.3.2　远程数据传输操作

远程数据传输操作如表 2-8 所示。

表 2-8　远程数据传输操作

车种	CRH$_3$C
原因	为了便于故障分析，机械师需要在 HMI 显示屏上执行远程数据传输
步骤	处理过程
1	在占用司机室 HMI 显示屏主页面中选择"1—维护"
2	在子页面中选择"4—远程数据传输"
3	在子页面中选择"1—初始化"
4	在弹出的对话框中选择"E 确认"
5	出现此页面即为发送正确

2.3.3 紧急驱动模式操作

紧急驱动模式操作如表2-9所示。

表2-9 紧急驱动模式操作

车种	CRH$_3$C、CRH380B(L)
行车	处理完成后，系统自动限速80 km/h运行
注意	(1) 紧急驱动模式下，动车组运行时，ASD装置仍然需要一直操作。 (2) 紧急驱动模式下，升弓数量不受限制，只要有一个受电弓升起即可行车。 (3) 紧急驱动模式主要适用于网络瘫痪工况下。 (4) 过分相时需要手动断开主断路器并降弓
步骤	处理过程
1	停车后，操作制动手柄到紧急制动位，确保施加紧急制动，再施加停放制动。在司机室确认动车组已降弓，并且方向开关不在"0"位
2	 京津线 CRH$_3$  武广线 CRH$_3$、CRH380B(L) 在司机室右侧故障开关面板上将"紧急模式"开关置于横向位置，然后将故障面板上停放制动监测回路开关、转向架监测回路开关（京津线 CRH$_3$C 动车组还需要操作红色 ETCS 开关）置于横向位置

步骤	处理过程
 3	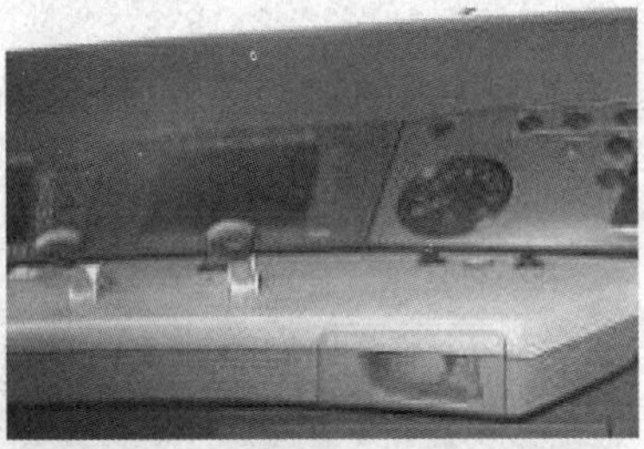 在司机操纵台右侧按下"紧急关断"蘑菇头按钮，然后逆时针旋转按钮复位。（如果不复位将无法升弓）
 4	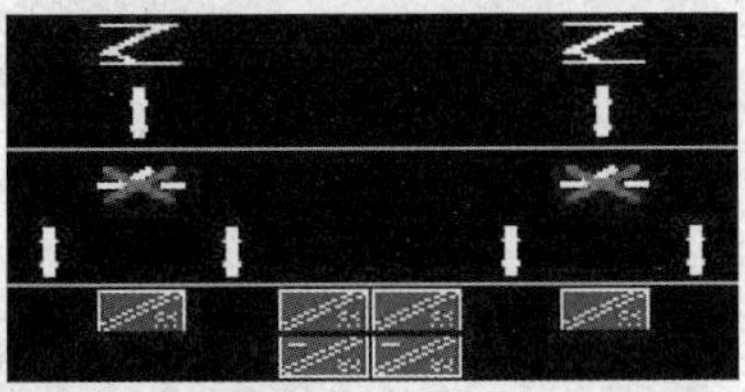 升弓，合主断路器，（此时车顶隔离开关断开，正常情况下受电弓全部升起）。 操作制动手柄到"OC"位置，缓解紧急制动，然后松手，制动手柄自动置于"REL"位置
 5	 在司机操纵台右下角打开 C14 阀，启动备用制动，（C14 阀横向为打开位置）测试备用制动性能
 6	 使用备用制动手柄充风，然后缓解停放制动，推动牵引手柄，限速 80 km/h 行车

2.3.4 复位操作

1. 关电池复位操作

关电池复位操作如表 2-10 所示。

表 2-10 关电池复位操作

车种	CRH₃C、CRH380B(L)
注意	（1）在进行关电池复位操作时，动车组必须处于停车状态。 （2）动车组进行关电池复位操作时，全列车门门控器处于失电状态，此时可手动紧急解锁开门，需要列车长组织工作人员对车门进行看护

步骤	处理过程
1	司机通知列车长，列车长安排工作人员对车门进行看护，司机断电降弓，方向开关回到零位，退出占用
2	将蓄电池开关置于"关"位，等待 HMI 显示屏断电后，重新开启蓄电池。重新占用司机室，进行正常操作。司机操作关门按钮，禁用两侧车门。对 ATP、CIR 重新设置，并在占用端司机室将制动手柄置于紧急制动位，确认制动有效率恢复至断电前的状态

2. 三键复位操作

三键复位操作如表 2-11 所示。

表 2-11　三键复位操作

车种	CRH₃C、CRH380B(L)
注意	动车组可在惰行或者停车状态下操作三键复位
步骤	处理过程
1	首先在 HMI 显示屏确认维护模式已经开启
2	断主断路器、降弓，然后在司机室中进行复位操作：保持"受电弓降下""VCB 关断"和"远光灯变暗"按下至少 4 s（注意：降弓操作必须置于降弓位，不能置于降弓并撒砂位；暗远光灯位置操作必须是从远光灯置于暗远光灯位置）

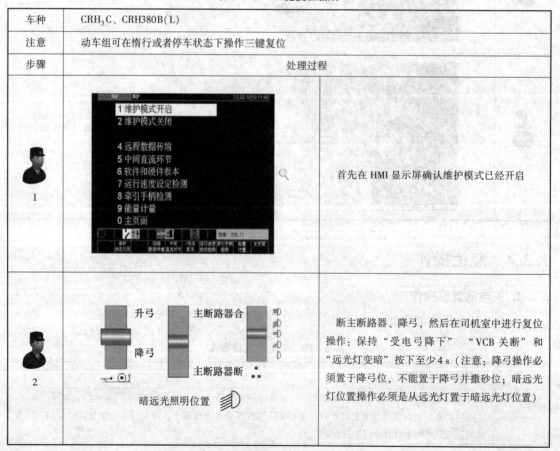

步骤	处理过程	
 3	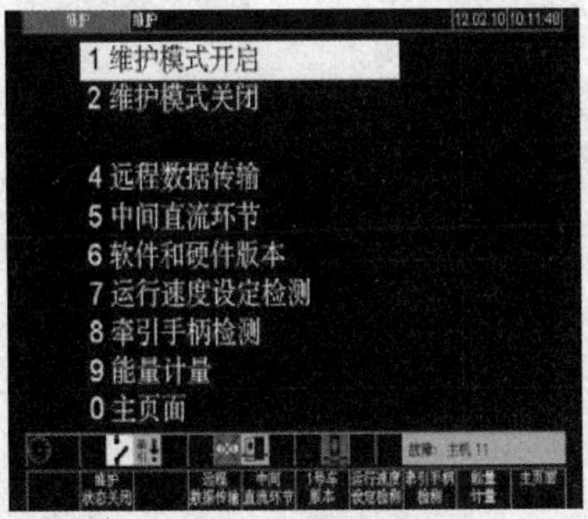	复位完成后在 HMI 显示屏上关闭维护模式

3. TCU 复位操作

TCU 复位操作如表 2 - 12 所示。

表 2 - 12　TCU 复位操作

车种	CRH₃C、CRH380B(L)	
注意	TCU 的 Reset 菜单项说明： 第一项是对 TCU 锁闭主断路器后的解锁，同时还具有对 TCU 内故障代码进行复位的功能； 第二项是对 TCU 锁闭自身整流器的解锁； 第三项是对 TCU 锁闭速度信号的解锁； 第四项是对 TCU 锁闭辅助变流器供电解除的解锁	
步骤	处理过程	
 1	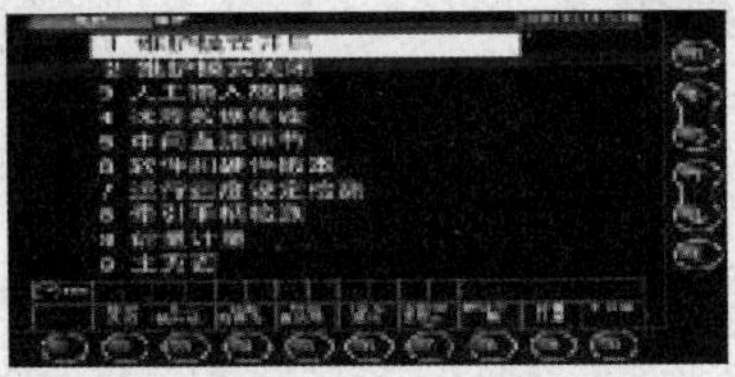	首先断开主断路器，在占用司机室 HMI 显示屏上开启维护模式
 2	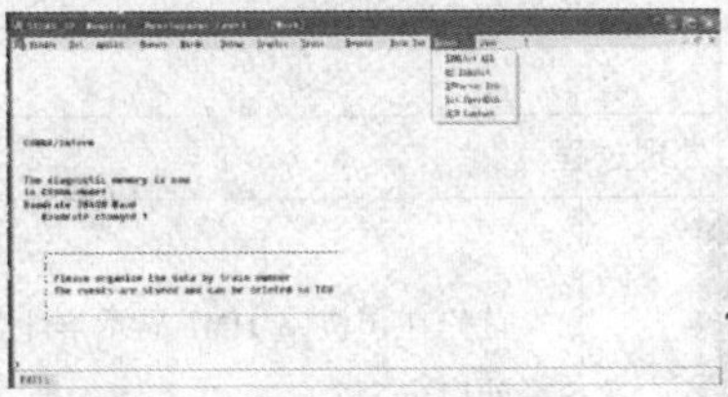	使用 Monitor 软件连接锁闭的 TCU，显示正确连接
 3	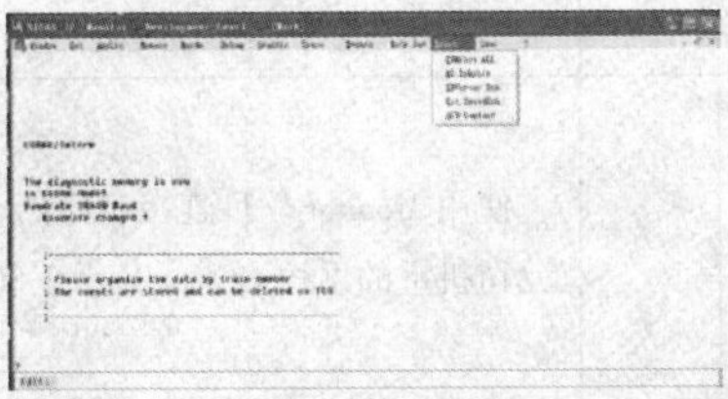	在 Reset 下拉菜单中选择选项 "INHibit All" "MS inhibit" "INVerter Inh" "ACU Contact" 选项，每选择一项回车一次，对本 TCU 进行复位

步骤	处理过程	
4	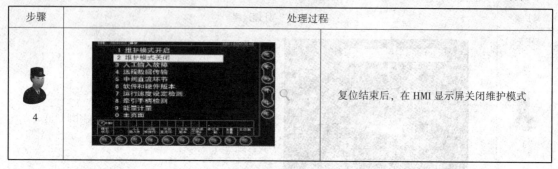	复位结束后，在 HMI 显示屏关闭维护模式

4. BCU 复位操作

BCU 复位操作如表 2 – 13 所示。

表 2 – 13　BCU 复位操作

车种	CRH₃C、CRH380B（L）	
步骤	处理过程	
		复位 BCU 时，先断 28 – F12，再断 28 – F11；10 s 后闭合时，先合 28 – F11，再合 28 – F12

5. ACU 复位操作

ACU 复位操作如表 2 – 14 所示。

表 2 – 14　ACU 复位操作

车种	CRH₃C、CRH380B（L）	
步骤	处理过程	
1		首先在司机室 HMI 显示屏上确认维护模式已经开启
2		使用 Monitor 软件连接锁闭的 ACU 所在牵引单元司机室的主控 CCU，显示正确连接

步骤	处理过程	
3	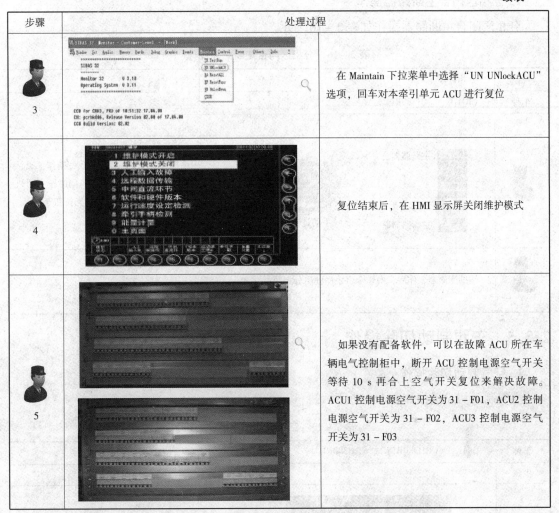	在 Maintain 下拉菜单中选择 "UN UNlockACU" 选项，回车对本牵引单元 ACU 进行复位
4		复位结束后，在 HMI 显示屏关闭维护模式
5		如果没有配备软件，可以在故障 ACU 所在车辆电气控制柜中，断开 ACU 控制电源空气开关等待 10 s 再合上空气开关复位来解决故障。ACU1 控制电源空气开关为 31 - F01，ACU2 控制电源空气开关为 31 - F02，ACU3 控制电源空气开关为 31 - F03

6. 电池充电机复位操作

电池充电机复位操作如表 2 - 15 所示。

表 2 - 15　电池充电机复位操作

车种	CRH$_3$C、CRH380B(L)	
步骤	处理过程	
		在故障车的车辆电气控制柜内，将正上方的电池充电机电源空气开关 32 - F51 断开，10 s 后重新闭合

7. 分相区闭合主断路器操作

分相区闭合主断路器操作如表 2 – 16 所示。

表 2 – 16   分相区闭合主断路器操作

现象	分相区停车	
车种	CRH₃C、CRH380B(L)	
步骤	处理过程	
1	主断路器合 主断路器断 手动过分相	将牵引手柄置"0"位，进行升弓操作，确认网压正常 3 s 后，闭合主断路器，同时按下司机操纵台右上角"手动过分相"背光按钮至少 4 s，直到背光按钮熄灭
2	辅助变流器工作后，操作牵引手柄驶出分相区	

2.3.5   车厢制动切除操作

1. 空气制动切除操作

空气制动切除操作如表 2 – 17 所示。

表 2 – 17   空气制动切除操作

车种	CRH₃C、CRH380B(L)、CRH380CL
步骤	处理过程
1	切除空气制动： 将车厢控制面板上制动开关置于"切除"位。 若车厢控制面板供电故障、BCU 供电故障、列车蓄电池断开或制动开关置于切除位后 HMI 显示屏仍显示制动不缓解，则调整为将车下 B15 截断阀置于"关断"位

步骤	处理过程
2	后续操作： 操作 B15 阀，完成后恢复裙板并确认其锁闭良好
3	人工滚动试验确认： 制动切除完毕后，随车机械师通知司机操纵动车组以不高于 5 km/h 的速度运行约 20 m，检查动车组轮对是否出现抱死、异音等
4	前方站停车检查： 制动切除恢复运行后，随车机械师按规定申请到前方站停车检查，对制动切除车厢制动盘进行点温，重点检查是否存在抱闸现象

2. 空气制动与停放制动全部切除操作

空气制动与停放制动全部切除操作如表 2 – 18 所示。

表 2 – 18　空气制动与停放制动全部切除操作

车种	CRH$_3$C、CRH380B(L)、CRH380CL
注意	（1）CRH$_3$C 型动车组停放制动夹钳设置于 02、04、05、07 车厢（拖车车厢），CRH380B 型动车组停放制动夹钳设置于 02、07 车厢（带受电弓拖车车厢），CRH380BL 型和 CRH380CL 型动车组停放制动夹钳设置于 02、07、10、15 车厢（带受电弓拖车车厢）。 （2）CRH380B 型动车组在车内设置有 H27 阀，可直接进行车内切除停放制动供风。其他未设置车内 H27 阀的车型 H29 阀靠站台侧的车厢需切除停放制动时，先通过非站台侧紧急拉绳缓解停放制动。手拉确认停放制动处于缓解状态后，通知司机将故障面板上停放制动监控回路故障开关置于"关"位（即水平位），动车组驶离站台后恢复停放制动监控回路故障开关，重新进行切除操作。 （3）CRH380CL 型动车组若切除停放制动后列车无法进入换端模式（换端操作时出现掉弓、车门自动关闭现象），换端后投入主控升弓即可
步骤	处理过程
1	切断空气制动供风： 将车厢控制面板上制动开关置"切除"位。 若车厢控制面板供电故障、BCU 供电故障、列车蓄电池断开或制动开关置于切除位后 HMI 显示屏仍显示制动不缓解，则调整为将车下 B15 截断阀置于"关断"位

步骤	处理过程
2	切断停放制动供风： 打开所在的裙板，将车下 H29 阀操作至截断位。 CRH380B 型动车组打开车辆 2 位端电气柜对面的储藏柜柜门，使用四角钥匙进一步打开柜内壁下方隔离小门后操作 H27 阀（若无法操作 H27，则调整为操作车下 H29 阀）
3	空气制动排风完成后拉动停放制动紧急手缓装置： 待空气制动无排风声（切除空气制动后约 2 min）后拉动紧急手缓装置（每个轴 1 个，共 4 个），紧急手缓停放制动。 操作成功时可感觉到高能弹簧释放的声音和振动
4	手拉制动夹钳确认闸盘已缓解： 手拉带停放制动缸的制动夹钳，确认各停放制动夹钳已全部缓解
5	紧急手缓后进行控制系统确认操作： 通知司机通过显示屏确认切除信息。 司机在 HMI 显示屏停放制动界面上进行"停放制动缓解"确认操作
6	人工滚动试验确认： 制动切除完毕后，随车机械师通知操纵动车组以不高于 5 km/h 的速度运行约 20 m，检查动车组轮对是否出现抱死、异音等

步骤	处理过程
7	前方站停车检查： 制动切除恢复运行后，随车机械师按规定申请到前方站停车检查，对制动切除车厢制动盘进行点温，重点检查是否存在抱闸现象

3. 停放制动切除操作

停放制动切除操作如表 2 – 19 所示。

表 2 – 19　停放制动切除操作

车种	CRH₃C、CRH380B(L)、CRH380CL
注意	停放制动切除时为避免来自空气制动的压力经双向止回阀加载于停放制动缸，应先切除空气制动供风，完成停放制动紧急手缓后再恢复
步骤	处理过程
1	切除空气制动与停放制动： 按空气制动与停放制动全部切除操作的 1 ~ 6 步进行
2	恢复空气制动供风： 恢复切除空气制动时操作过的元件（车厢控制面板上的制动开关或 B15 截断阀）
3	前方站停车检查： 制动切除恢复运行后，随车机械师按规定申请到前方站停车检查，对制动切除车厢制动盘进行点温，重点检查是否存在抱闸现象

2.3.6　重联解编及救援

1. CRH₃C 型动车组开闭机构的手动打开操作

CRH₃C 型动车组开闭机构的手动打开操作如表 2 – 20 所示。

表 2 – 20　CRH₃C 型动车组开闭机构的手动打开操作

步骤	处理过程
1	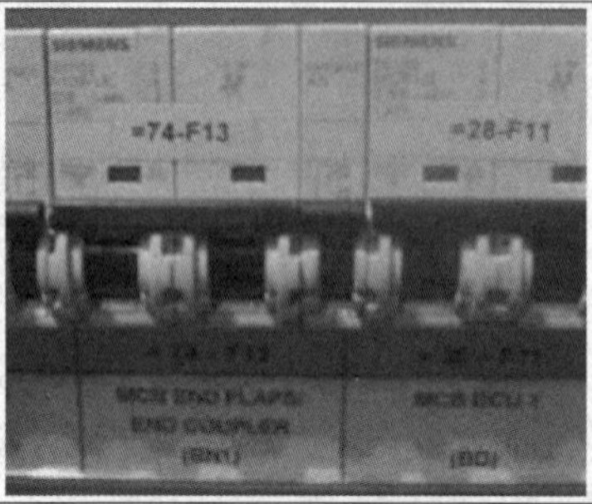 断开前车钩开闭机构电源（74 – F13）
2	 打开左侧的总风管截断阀盖板
3	 关闭压缩空气供给阀 Z07/2，关闭自动压缩空气供给。 注：此状态为"开"，与管路垂直方向为"关"
4	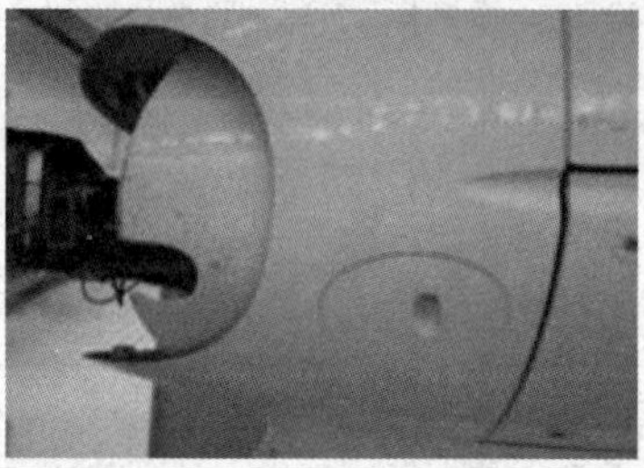 用 16 mm 扳手横向旋转六角螺栓直至锁杆完全向内旋转，将前车钩开闭机构解锁。手动开启已解锁前车钩开闭机构：首先将前车钩开闭机构后端向内旋转大约 2°，然后小心开启前车钩开闭机构，同时确保向内旋转的前车钩开闭机构与前鼻之间保持充分的距离
5	按照同样方法解锁并开启另一侧前车钩导流罩
6	 将抗旋转杆向上抬起 90°，锁闭开闭机构导流罩，防止其关闭
7	开闭机构手动开启完毕

2. CRH380B 型动车组开闭机构的手动打开操作

CRH380B 型动车组开闭机构的手动打开操作如表 2 – 21 所示。

表 2 – 21   CRH380B 型动车组开闭机构的手动打开操作

步骤	处理过程	
1		操作 "MCB END FLAPS/END COUPLER" 开关（74 – F13）断开前车钩开闭机构电源
2		打开左侧的总风管截断阀盖板
3		关闭压缩空气供给阀，关闭自动压缩空气供给；注：此状态为 "开"，与管路垂直方向为 "关"
4		如果由于操作空间原因无法接触开闭机构压缩空气供给阀：操作右侧附加控制阀组（左图所示位置）

续表

步骤	处理过程	
5		将弯曲六角扳手置于侧面锁定装置的六角头旋转杆上
6		沿着头罩打开的方向将扳手旋转 120°，将头罩锁闭装置解锁
7		手动打开两侧头罩，舱门自动锁紧
8		如果有一侧不方便进行解锁操作，使用解锁拉杆，解锁该侧的锁定装置，并手动打开该侧头罩。直到遇到限位挡块，舱门自动锁紧

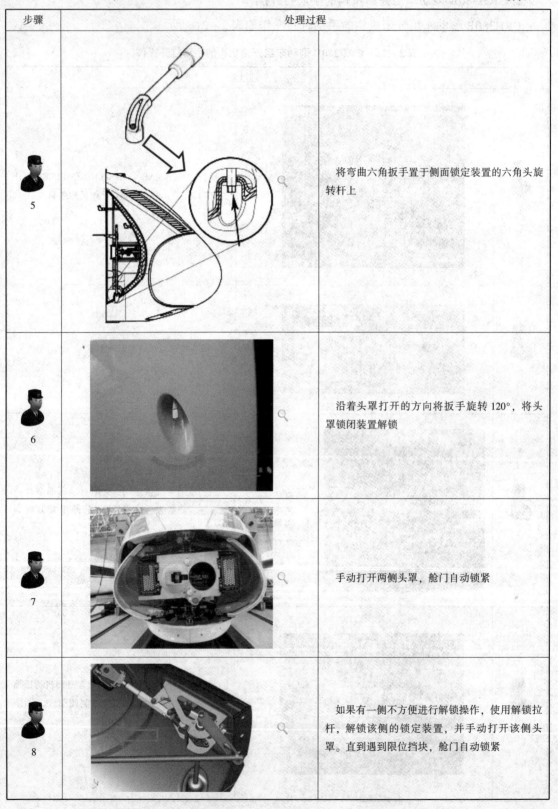

3. CRH380BL 型动车组开闭机构的手动打开操作

CRH380BL 型动车组开闭机构的手动打开操作如表 2 – 22 所示。

表 2 – 22　CRH380BL 型动车组开闭机构的手动打开操作

步骤	处理过程
1	将弯曲六角扳手置于侧面锁定装置的六角头旋转杆上
2	沿着头罩打开的方向将扳手旋转 120°，将头罩侧部锁闭装置解锁
3	将弯曲六角扳手置于底部锁定装置的六角头旋转杆，并向前鼻方向旋转

步骤	处理过程	
4		手动打开两侧头罩
5		如果有一侧不方便进行解锁操作，使用解锁拉杆，解锁该侧的锁定装置，并手动打开该侧头罩
6		通过向下按压然后转动锁定销将锁定销从固定位置取下
7		将锁定销插入对准的孔中，向下按压然后转动它从而锁定
8		用同样办法锁闭另一侧头罩

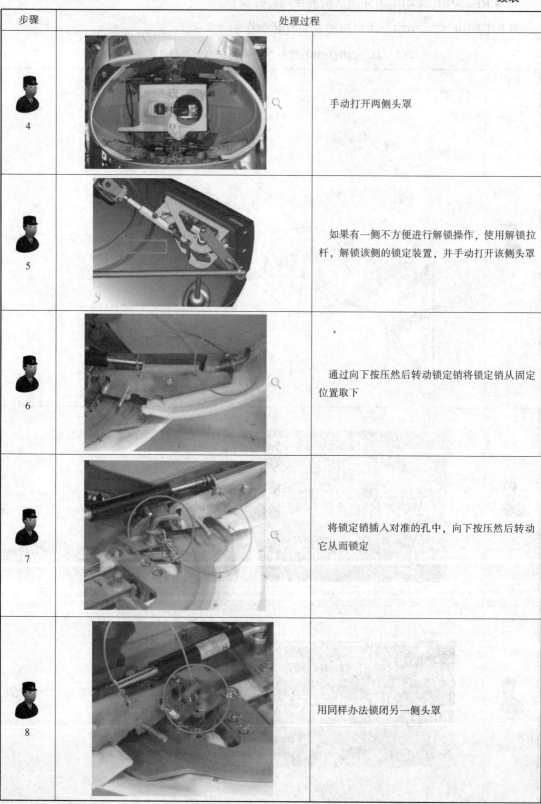

步骤	处理过程	
9	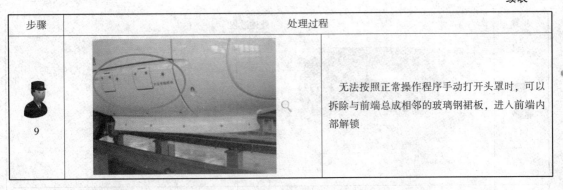	无法按照正常操作程序手动打开头罩时，可以拆除与前端总成相邻的玻璃钢裙板，进入前端内部解锁

4. CRH380B 型动车组国产车钩开闭机构的手动打开操作

CRH380B 型动车组国产车钩开闭机构的手动打开操作如表 2 – 23 所示。

表 2 – 23　CRH380B 型动车组国产车钩开闭机构的手动打开操作

步骤	处理过程	
1		操作司机室左侧开关柜中的"MCB END FLAPS/END COUPLER"开关（74 – F13）断开前车钩开闭机构电源
2		打开左侧的总风管截断阀盖板
3	压缩空气供给阀	关闭压缩空气供给阀 Z07/2，关闭自动压缩空气供给。 注：左图所示状态为"开"，与管路垂直方向为"关"

续表

步骤	处理过程	
4	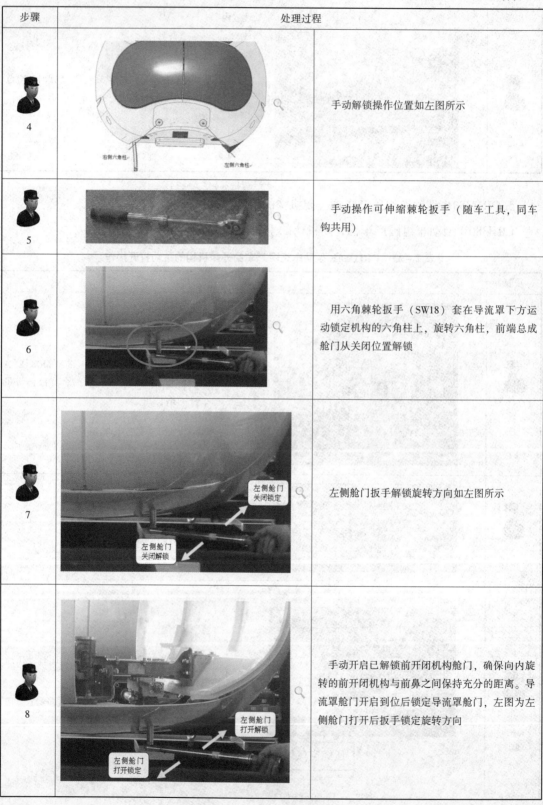	手动解锁操作位置如左图所示
5		手动操作可伸缩棘轮扳手（随车工具，同车钩共用）
6		用六角棘轮扳手（SW18）套在导流罩下方运动锁定机构的六角柱上，旋转六角柱，前端总成舱门从关闭位置解锁
7		左侧舱门扳手解锁旋转方向如左图所示
8		手动开启已解锁前开闭机构舱门，确保向内旋转的前开闭机构与前鼻之间保持充分的距离。导流罩舱门开启到位后锁定导流罩舱门，左图为左侧舱门打开后扳手锁定旋转方向

续表

步骤	处理过程
9	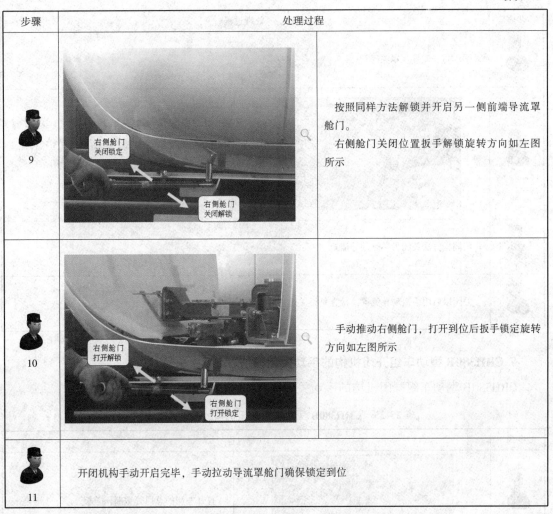按照同样方法解锁并开启另一侧前端导流罩舱门。 右侧舱门关闭位置扳手解锁旋转方向如左图所示
10	手动推动右侧舱门，打开到位后扳手锁定旋转方向如左图所示
11	开闭机构手动开启完毕，手动拉动导流罩舱门确保锁定到位

5. CRH₃C 型动车组开闭机构的手动关闭操作

CRH$_3$C 型动车组开闭机构的手动关闭操作如表 2 –24 所示。

表 2 –24　CRH$_3$C 型动车组开闭机构的手动关闭操作

步骤	处理过程
1	放下抗旋转杆

步骤	处理过程
2	手动将一侧导流罩关闭
3	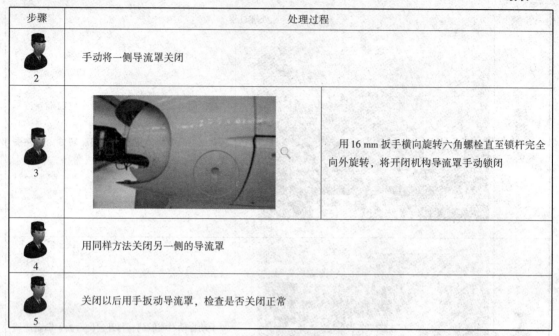 用 16 mm 扳手横向旋转六角螺栓直至锁杆完全向外旋转，将开闭机构导流罩手动锁闭
4	用同样方法关闭另一侧的导流罩
5	关闭以后用手扳动导流罩，检查是否关闭正常

6. CRH380B 型动车组开闭机构的手动关闭操作

CRH380B 型动车组开闭机构的手动关闭操作如表 2 – 25 所示。

表 2 – 25　CRH380B 型动车组开闭机构的手动关闭操作

步骤	处理过程
1	打开左侧的总风管截断阀盖板
2	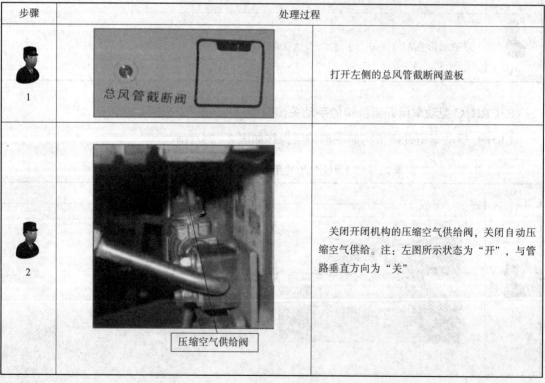 关闭开闭机构的压缩空气供给阀，关闭自动压缩空气供给。注：左图所示状态为"开"，与管路垂直方向为"关"

步骤	处理过程	
3	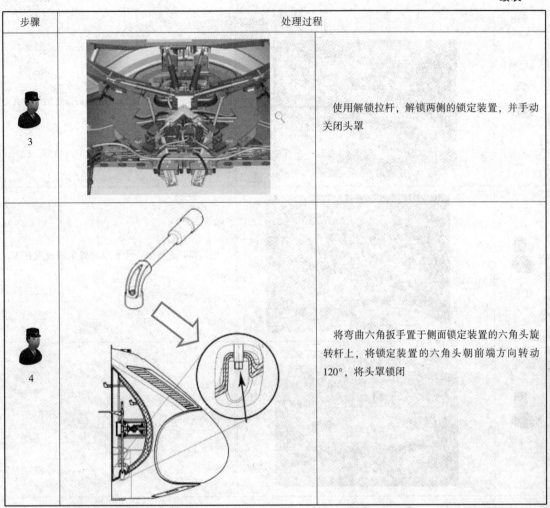	使用解锁拉杆，解锁两侧的锁定装置，并手动关闭头罩
4		将弯曲六角扳手置于侧面锁定装置的六角头旋转杆上，将锁定装置的六角头朝前端方向转动120°，将头罩锁闭

7. CRH380BL 型动车组开闭机构的手动关闭操作

CRH380BL 型动车组开闭机构的手动关闭操作如表 2 – 26 所示。

表 2 – 26　CRH380BL 型动车组开闭机构的手动关闭操作

步骤	处理过程	
1	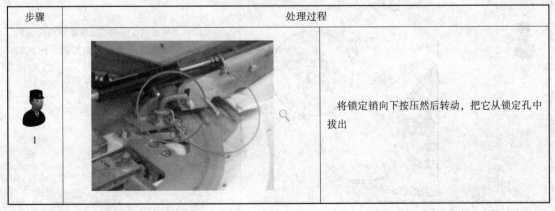	将锁定销向下按压然后转动，把它从锁定孔中拔出

续表

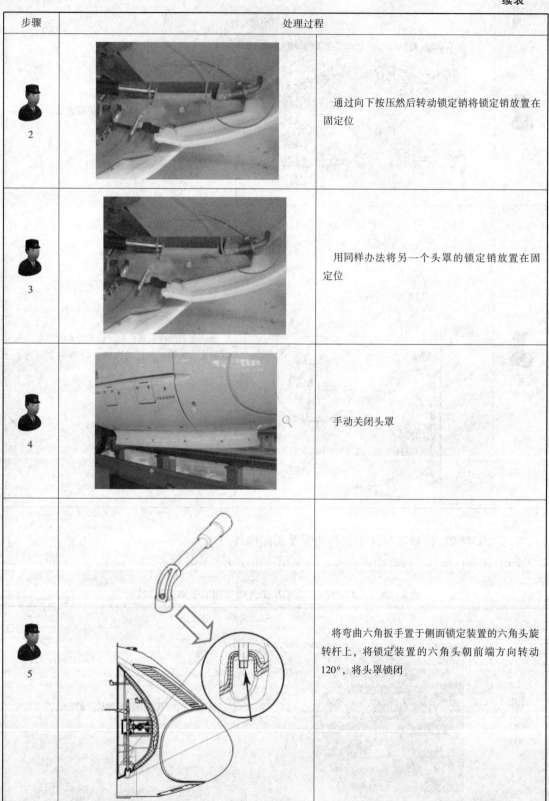

步骤	处理过程
2	通过向下按压然后转动锁定销将锁定销放置在固定位
3	用同样办法将另一个头罩的锁定销放置在固定位
4	手动关闭头罩
5	将弯曲六角扳手置于侧面锁定装置的六角头旋转杆上，将锁定装置的六角头朝前端方向转动120°，将头罩锁闭

8. CRH380B 型动车组国产车钩开闭机构的手动关闭操作

CRH380B 型动车组国产车钩开闭机构的手动关闭操作如表 2 – 27 所示。

表 2 – 27　CRH380B 型动车组国产车钩开闭机构的手动关闭操作

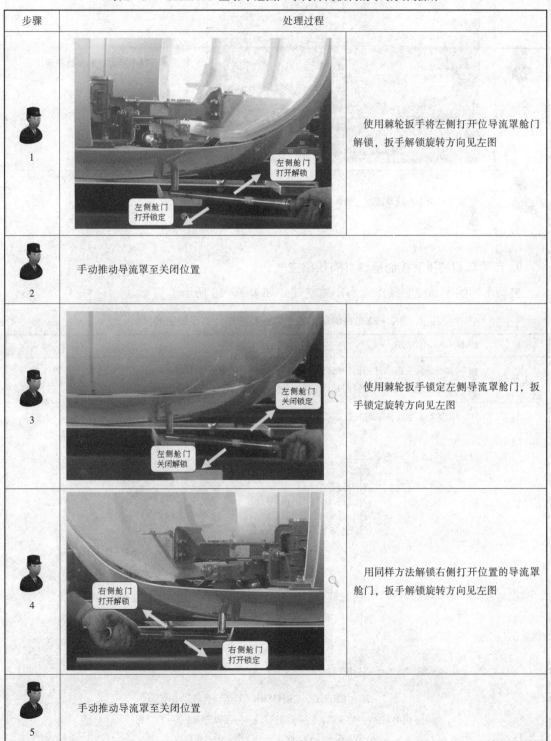

步骤	处理过程
1	使用棘轮扳手将左侧打开位导流罩舱门解锁，扳手解锁旋转方向见左图
2	手动推动导流罩至关闭位置
3	使用棘轮扳手锁定左侧导流罩舱门，扳手锁定旋转方向见左图
4	用同样方法解锁右侧打开位置的导流罩舱门，扳手解锁旋转方向见左图
5	手动推动导流罩至关闭位置

续表

步骤	处理过程	
6	（图）	使用棘轮扳手锁定右侧导流罩舱门，扳手锁定旋转方向见左图
7	关闭以后用手扳动导流罩，确认是否关闭正常	

9. 自动车钩的手动控制操作（有压缩空气）

自动车钩的手动控制操作（有压缩空气）如表 2 – 28 所示。

表 2 – 28　自动车钩的手动控制操作（有压缩空气）

车种	CRH₃C、CRH380B
注意	（1）前提条件：前端开闭机构已打开并锁闭良好，总风管压力（MRP）> 650 kPa。 （2）操作自动车钩对中控制阀时，车钩可能突然摆动

CRH₃C、CRH380B 型动车组自动车钩如图 2 – 20 所示。

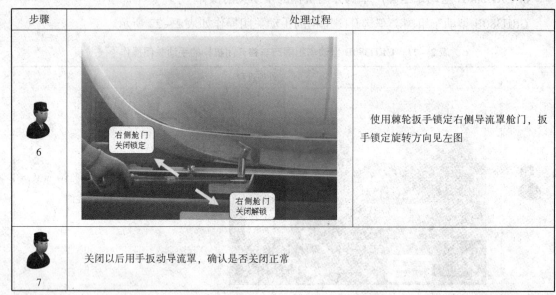

图 2 – 20　CRH₃C、CRH380B 型动车组自动车钩

1—阀单元；2—防尘塞；3—末端接口；4—手动气泵；5—自动钳；
6—V1 阀；7—V2 阀；8—V3 阀；9—V4 阀

续表

步骤	处理过程
1	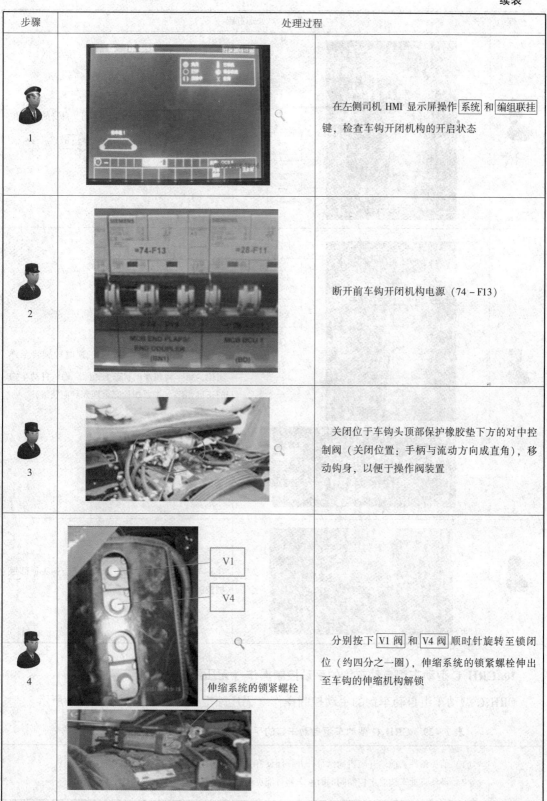在左侧司机 HMI 显示屏操作 系统 和 编组联挂 键，检查车钩开闭机构的开启状态
2	断开前车钩开闭机构电源（74 - F13）
3	关闭位于车钩头顶部保护橡胶垫下方的对中控制阀（关闭位置：手柄与流动方向成直角），移动钩身，以便于操作阀装置
4	分别按下 V1 阀 和 V4 阀 顺时针旋转至锁闭位（约四分之一圈），伸缩系统的锁紧螺栓伸出至车钩的伸缩机构解锁

动车组运用（M⁺Book 版）

续表

步骤	处理过程
5	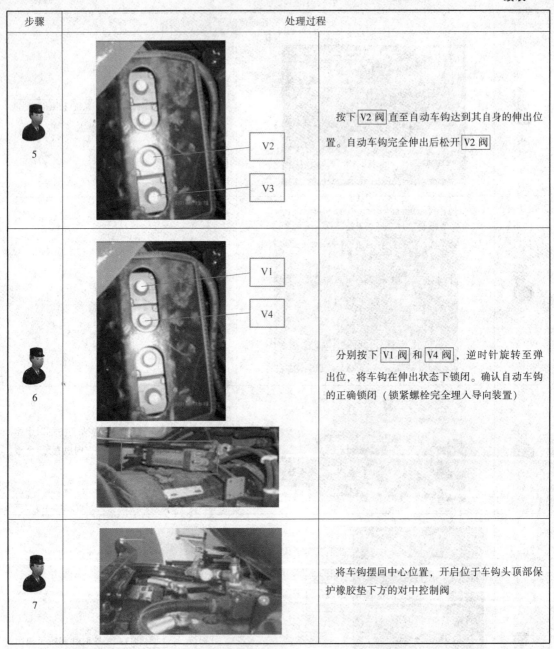 按下 V2 阀 直至自动车钩达到其自身的伸出位置。自动车钩完全伸出后松开 V2 阀
6	分别按下 V1 阀 和 V4 阀，逆时针旋转至弹出位，将车钩在伸出状态下锁闭。确认自动车钩的正确锁闭（锁紧螺栓完全埋入导向装置）
7	将车钩摆回中心位置，开启位于车钩头顶部保护橡胶垫下方的对中控制阀

10. CRH₃C 型动车组自动车钩的手动控制操作（无压缩空气情况下）

CRH₃C 型动车组自动车钩的手动控制操作（无压缩空气情况下）如表 2 – 29 所示。

表 2 – 29　CRH₃C 型动车组自动车钩的手动控制操作（无压缩空气情况下）

注意	（1）前提条件：前端开闭机构已打开并锁闭良好，总风管压力（MRP）>650 kPa。 （2）操作自动车钩对中控制阀的时候车钩可能突然摆动

步骤	处理过程	
1	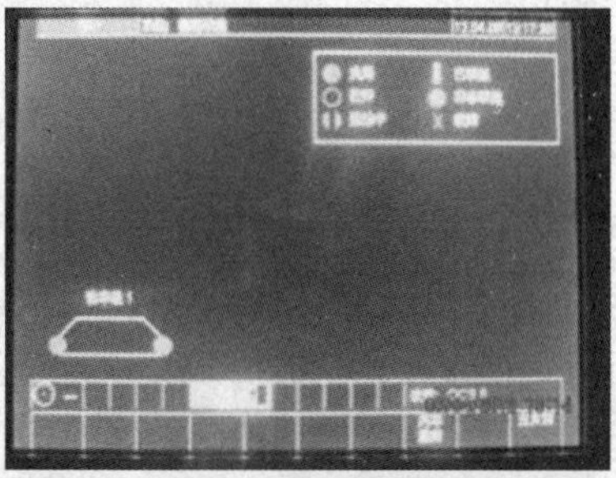	在左侧司机 HMI 显示屏操作 系统 和 编组联挂 软键，检查车钩开闭机构的开启状态
2	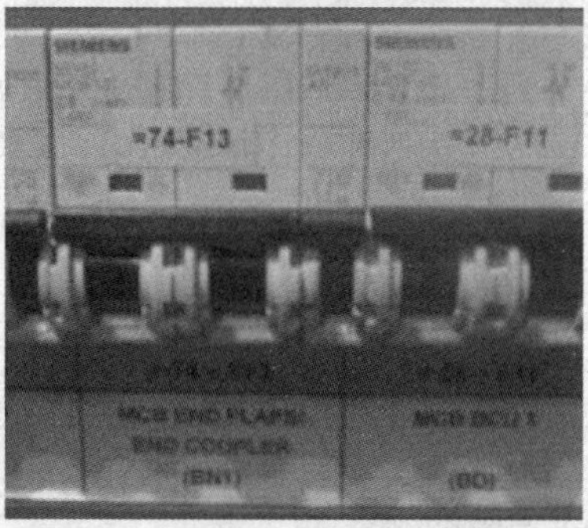	断开前车钩开闭机构电源（74 – F13）
3		关闭位于车钩头顶部保护橡胶垫下方的对中控制阀（关闭位置：手柄与流动方向成直角），移动钩身，以便于操作阀装置
4	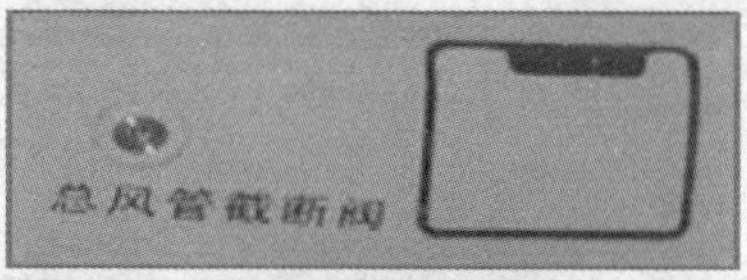	打开左侧的总风管截断阀盖板
5		关闭压缩空气供给阀 Z07/1，关闭自动压缩空气供给（与管路垂直方向为"关"）
6	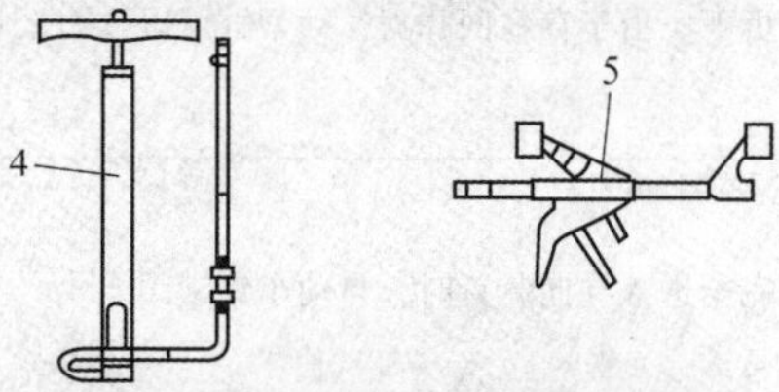	如图 2 – 20 和左图所示，取出气动脚踏泵（4）和自动钳（5）
7		如图 2 – 20 和左图所示，在阀装置（1）的末端接口（3）处打开防尘塞（2）

步骤	处理过程
8	将气动脚踏泵连接至末端接口
9	分别按下 V1 阀、V4 阀和 V2 阀顺时针旋转至锁闭位（约四分之一圈），这样锁紧缸可在两侧气动释放，并且压缩空气能够充入钩身
10	将自动钳放置在锁紧缸的销上，从而自动钳可与锁紧缸平行
11	通过操作自动钳的大手柄并向外推动锁紧缸（注：自动钳的小手柄用于释放）
12	将自动车钩旋入中心位置
13	启动气动脚踏泵直至自动车钩已达到其自身的延长位置
14	使用小手柄松开自动夹，并将其从车钩上拆下。由于存在回弹力，锁紧缸可以收缩
15	检查自动车钩的锁闭是否正确。锁紧螺栓完全进入导向装置时，自动车钩锁闭
16	拆下气动脚踏泵

续表

步骤	处理过程	
17		在阀装置的末端接口处重新装配防尘塞
18		通过向左旋转来释放 $\boxed{V1\ 阀}$ 、 $\boxed{V4\ 阀}$ 和 $\boxed{V2\ 阀}$ 。这样就满足了采用充足压缩空气进行自动连接的前提条件
19		将气动脚踏泵和自动钳放回存储位置
20		打开压缩空气供给阀 $\boxed{Z07/1}$ ，开启自动压缩空气供给（与管路平行方向为"开"）
21		开启位于车钩头顶部保护橡胶垫下方的对中控制阀，使车钩对中

11. CRH380B 型动车组全自动车钩的手动伸出操作（无风）

CRH380B 型动车组全自动车钩的手动伸出操作（无风）如表 2 - 30 所示。

表 2 - 30　CRH380B 型动车组全自动车钩的手动伸出操作（无风）

步骤	处理过程	
1	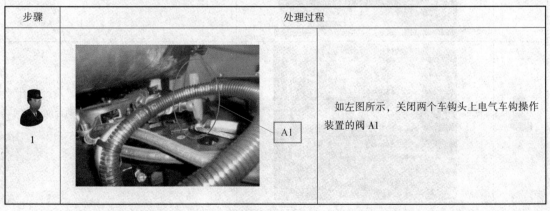	如左图所示，关闭两个车钩头上电气车钩操作装置的阀 A1

续表

步骤	处理过程
 2	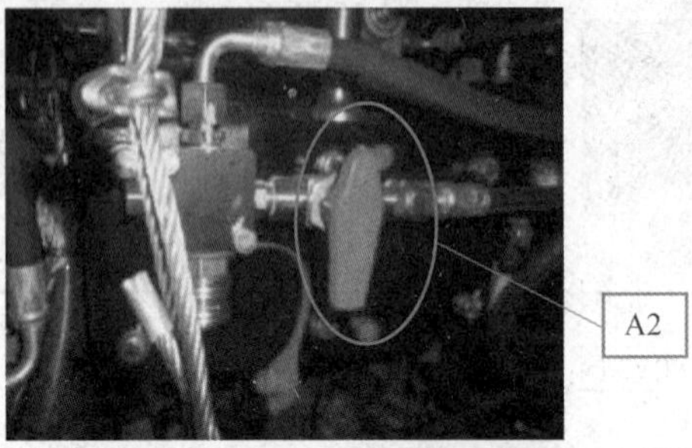 如左图所示，关闭用于钩身伸缩气缸的自动压缩空气供给阀 A2
 3	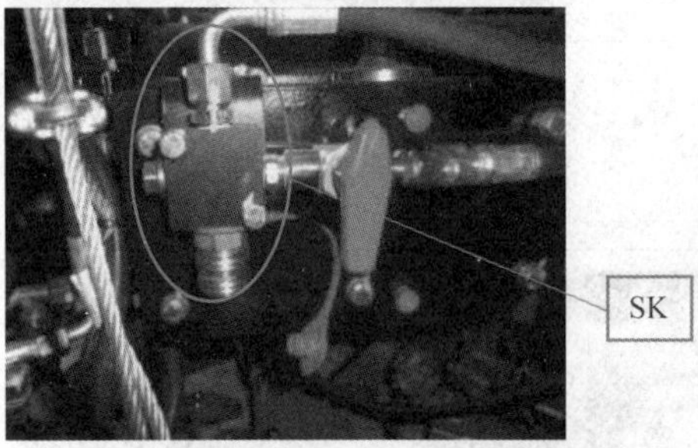 将手动气泵连接至快速连接器（SK），操作充气泵，直至伸缩装置完全伸出
 4	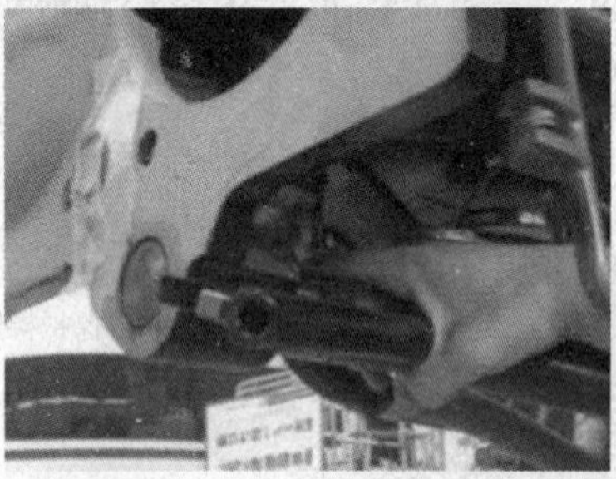 取下钩头后面导向杆
 5	 将导向杆从前面插入车钩头
 6	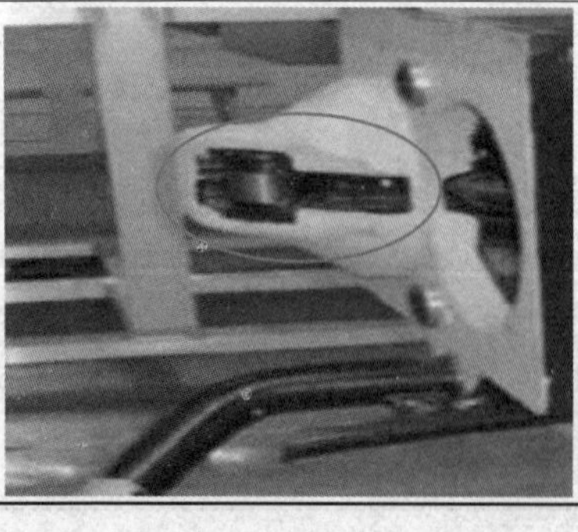 确认车钩处于准备联挂状态，即钩舌位于缩回位置

12. CRH380BL 型动车组半自动车钩的手动伸出操作

CRH380BL 型动车组半自动车钩的手动伸出操作如表 2 – 31 所示。

表 2 – 31　CRH380BL 型动车组半自动车钩的手动伸出操作

步骤	处理过程	
1		取下开口销
2		将棘轮手柄的开关调到 "下" 的位置，反复向上推手柄，将车钩向前驱动
3		当弹簧圆柱销位于指示针正上方时，钩身即到达伸出位置并且锁紧（必须确保钩身锁紧到位，否则拖拽时会损伤车钩）
4		将导向杆从车钩头拆下
5		将导向杆从前面插入车钩头

步骤	处理过程	
6	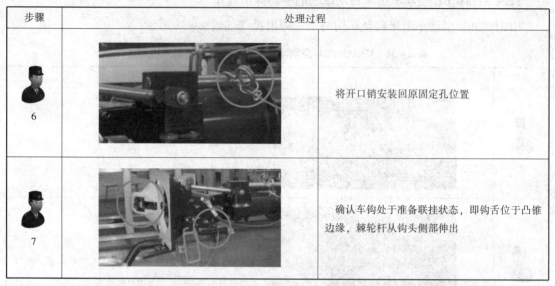	将开口销安装回原固定孔位置
7		确认车钩处于准备联挂状态，即钩舌位于凸锥边缘，棘轮杆从钩头侧部伸出

13. CRH380B（高寒）型动车组全自动车钩的手动缩回操作（不能通过司机室控制车钩缩回时）

　　CRH380B（高寒）型动车组全自动车钩的手动缩回操作（不能通过司机室控制车钩缩回时）如表2-32所示。

表2-32　CRH380B（高寒）型动车组全自动车钩的手动缩回操作（不能通过司机室控制车钩缩回时）

步骤	处理过程	
1		车钩手动缩回前提为车钩处于供风状态。 车钩控制阀组从前往后（左图中右侧为前，左侧为后）依次为V1、V2、V3。每个阀都有两个位置0/1。V1用于锁闭/解锁车钩的伸缩功能，V2用于伸出车钩，V3用于缩回车钩
2		操作步骤如下： （1）将V1阀黄色旋钮旋至位置1，解锁车钩伸缩功能； （2）将V3阀黄色旋钮旋至位置1，缩回车钩（注意：车钩缩回过程可能会对人造成伤害，请保持安全距离）； （3）将V1阀黄色旋钮旋至位置0，锁闭车钩伸缩功能； （4）将V3阀黄色旋钮旋至位置0，排出阀内空气

步骤		处理过程
3		将导向杆从车钩头拆下
4	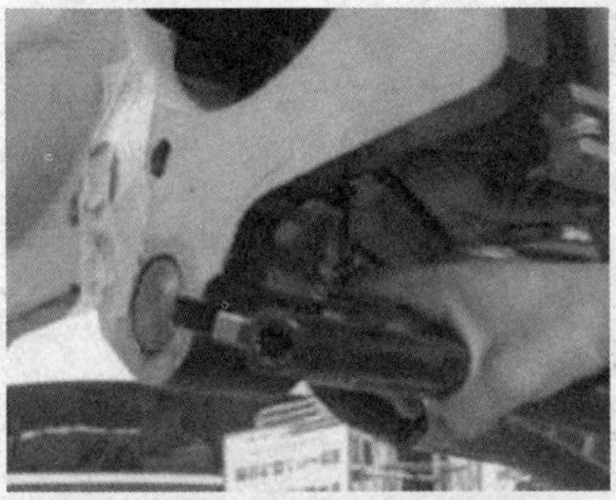	从里面插入导向杆
5		将解锁手柄放进弹簧夹内固定

14. CRH380BL 型动车组半自动车钩的手动缩回操作

CRH380BL 型动车组半自动车钩的手动缩回操作如表 2 – 33 所示。

表 2 – 33　CRH380BL 型动车组半自动车钩的手动缩回操作

步骤	处理过程	
1		取下开口销

续表

步骤	处理过程	
2		拉动解锁手柄并保持住，此时钩身解锁，弹簧圆柱销偏离指示针正上方
3		将棘轮手柄的开关调到"上"的位置，反复向下拉手柄，来驱动钩身的锁紧装置，将钩身锁紧
4		将导向杆从车钩头拆下
5		从里面插入导向杆
6		将手柄放置于车钩头的轴承处，并将解锁手柄放进弹簧夹内固定

15. CRH380B 型动车组全自动车钩的完全手动控制操作（国产车钩）

CRH380B 型动车组全自动车钩的完全手动控制操作（国产车钩）如表 2 – 34 所示。

表 2 – 34　CRH380B 型动车组全自动车钩的完全手动控制操作（国产车钩）

注意	前端开闭机构已打开并锁闭良好； 车钩总风管压力（MRP）> 650 kPa 或无压缩空气； 车钩在无电、无压缩空气状态下，只能进行人工操作； 车辆处于待挂状态，车钩处于伸出状态
步骤	处理过程
1	在左侧司机 HMI 显示屏操作 系统 和 编组联挂 软键，检查车钩开闭机构的开启状态
2	断开前车钩开闭机构电源空气开关（74 – F13）
3	准备好带套筒的棘轮扳手（随车工具，同开闭机构共用）
4	拉出手动解锁手柄或推动手动解锁杠杆，使伸缩装置解锁

步骤	处理过程	

5	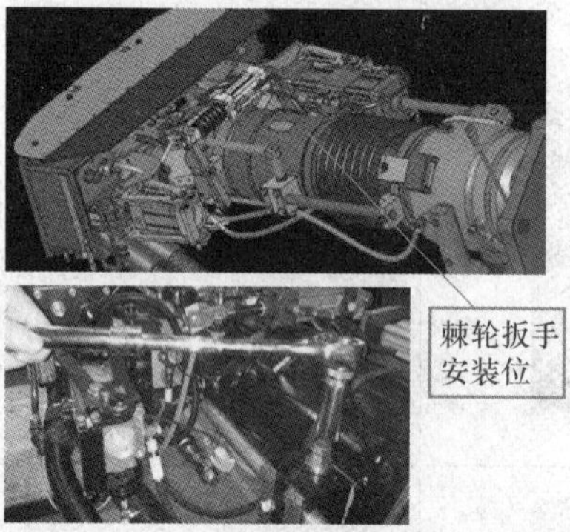 棘轮扳手安装位	将棘轮扳手套在齿轮装置的六角柱上
6		顺时针旋转六角棘轮扳手，车钩在齿轮作用下伸出并锁定（应注意调节棘轮方向）
7	 锁定气缸活塞杆伸出 锁定状态	如左图所示，检查自动车钩的正确锁定，即锁定气缸活塞杆伸出

16. 过渡车钩安装操作

过渡车钩安装操作如表 2 – 35 所示。

表 2 – 35 过渡车钩安装操作

车种	CRH₃C、CRH380B(L)	
注意	在安装过渡车钩前，将自动车钩风管防尘罩去除。 10 型车钩挂钩故障导致无法联挂时，可将挂钩拆除后再进行联挂	
步骤	处理过程	
1		从 CRH₃C（05 车）、CRH380B（04 车）、CRH380BL（04 车或 13 车）设备舱内取出过渡车钩所有部件
2		取下过渡车钩钩头的保护盖和风管接头的保护盖
3		使用四角钥匙打开玻璃钢裙板上的盖板，关闭总风管截断阀和列车管截断阀
4		将 10 型车钩挂在半自动车钩上，在拉动解钩绳的同时，向下压 10 型车钩

135

续表

步骤	处理过程	
5		安装转接器过渡车钩并固定
6		安装 AAR 过渡车钩并固定
7		与机车联挂试拉，确认过渡车钩联挂可靠后，连接制动风管，并打开列车管截断阀
8		使用四角钥匙关闭并锁上玻璃钢裙板上的盖板

17. 统型动车组过渡车钩安装操作

统型动车组过渡车钩安装操作如表 2 - 36 所示。

表 2 - 36　统型动车组过渡车钩安装操作

车种	CRH₃C 统型、CRH380B 统型
注意	前端开闭机构已打开并锁闭良好；车钩总风管压力（MRP）> 650 kPa 或无压缩空气。 车辆处于待挂状态，车钩处于伸出状态

步骤	处理过程	
1	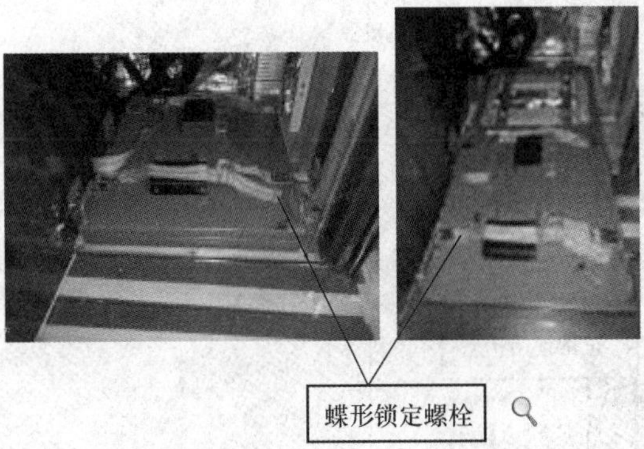 蝶形锁定螺栓	扭开过渡车钩箱上的蝶形锁定螺栓，手动使过渡车钩箱从下托架上滑出
2	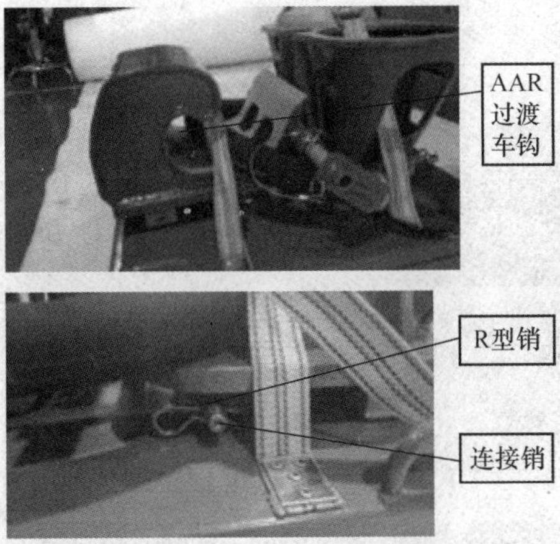 AAR 过渡车钩 R 型销 连接销	分别松开过渡车钩上的捆扎带，拔出 R 型销，抽出连接销
3	 连接销	依次取出 13 号过渡车钩和 10 型过渡车钩模块
4		取下过渡车钩风管接头的保护盖

步骤	处理过程	
5		旋转辅助挂钩至正常使用状态，用辅助挂钩距过渡车钩中心线较低一侧
6		使用四角钥匙打开玻璃钢裙板上的盖板，关闭总风管截断阀和列车管截断阀
7		将 10 型车钩挂在自动车钩上，在拉动解钩绳的同时，向下压 10 型车钩，观察过渡车钩联挂到位指示是否对齐
8		（1）机车救援时，则安装 AAR 过渡车钩并固定。 （2）动车组救援，则根据救援车型情况安装相应的车钩模块

步骤	处理过程	
9	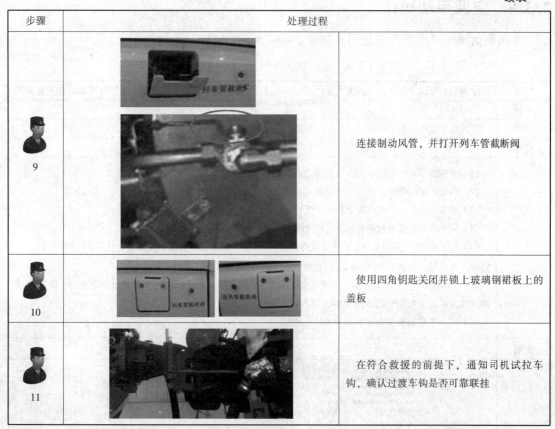	连接制动风管，并打开列车管截断阀
10		使用四角钥匙关闭并锁上玻璃钢裙板上的盖板
11		在符合救援的前提下，通知司机试拉车钩，确认过渡车钩是否可靠联挂

2.3.7 车门隔离操作

车门隔离操作如表 2 – 37 所示。

表 2 –37　车门隔离操作

车种	CRH₃C、CRH380B(L)	
步骤	处理过程	
		（1）手动关门到位后，用四角钥匙操作门扇上的隔离锁将车门可靠隔离。 （2）门扇上的隔离锁隔离到位与否的识别标准：锁芯上的标记线应位于水平方向

2.3.8 空调手动操作

空调手动操作（应急开关使用）如表 2 – 38 所示。

表 2 – 38　空调手动操作（应急开关使用）

现象	空调控制器发生故障，空调无法自动运行，需要通过应急开关强行启动空调，以暂时满足车内环境需要
车种	CRH₃C、CRH380B（L）
原因	空调板卡故障或通信故障，无法使空调自动运行
行车	维持运行
注意	（1）空调控制器正常时，不允许将应急开关置于非自动位。 （2）供电系统故障时，不允许将应急开关置于非自动位。 （3）列车无电时，不允许将应急开关置于非自动位。 （4）同一牵引单元不允许有两个或两个以上的应急开关同时置于非自动位。 （5）对于 CRH₃C 型动车组，在手动全冷模式下开启 15 分钟左右，在半冷模式下开启 30 分钟左右，须转换一次通风（每次约 10 分钟），防止空调机组结冰。 对于 CRH380B（L）型动车组，空调在全冷或半冷手动工况下的工作时间不能超过半个小时，并且需要测量客室温度，当低于 22 摄氏度时，空调应该置于自动位。 （6）列车断电前需要恢复手动开关到自动位。

步骤		处理过程
1		当空调控制器出现故障，需要通过应急开关强行启动空调时，要首先确认 ACU 是否正常工作
2		如左图所示，当所有 ACU 均正常工作时，允许通过应急开关启动空调
3		打开空调控制柜外面的木门，可在空调控制柜上看到应急开关

步骤	处理过程
4	在启动应急开关之前，需要先确认本牵引单元其他车的空调应急开关在 AUTO 位
5	待确认完毕并符合启动应急开关的条件后，操作应急开关，强行启动空调。该开关可使空调工作在以下 5 种模式。 100C：全冷。 50C：半冷。 50H：半暖。 100H：全暖。 AUTO：自动，开关在该位置时，空调控制器起作用，应急开关无作用
6	强行启动空调后，待车内环境达到要求或不需要再强行启动空调，以及列车断电后或将要退出运营时，需要工作人员及时将应急开关置于 AUTO 位

2.3.9　车外异响检查操作

车外异响检查操作如表 2－39 所示。

表 2－39　车外异响检查操作

现象	车下设备松动、风机振动、车下悬挂异物、转向架异响、车顶设备异常
原因	设备紧固件松动开裂，风扇松动、积灰，异物，车轮踏面擦伤，车顶设备异常放电
行车	停车检查
步骤	处理过程
1	司机、随车机械师接到车外异响情况报告或听到车外异响时，立即停车

步骤	处理过程
2	司机报告列车调度员：停车地点、时间、原因
3	按规定程序下车检查车辆两侧。 （1）检查相关车下裙板、底板有无异常，车下有无异物悬挂。 （2）检查头罩、排障器有无击打等异常，走行部各部件有无异常，车轮踏面有无擦伤、剥离等问题。 （3）检查牵引电机通风机、变压器、变流器、空调、换气装置等旋转部件有无异响等异常现象，若有异常现象，打开活动门检查确认。 （4）检查车顶设备有无异常放电现象、有无异物等。 （5）检查完毕，通知司机
4	（1）若无异常，正常运行。 （2）如果有异常，按相关规定处理

任务实施与评价

1. 教师下发任务单，学生明确学习任务、学习内容、知识目标、能力目标、素质目标要求。

2. 学生按任务单要求制订学习计划，完成预习任务及相关知识准备。

3. 小组内通过角色扮演的形式，查看并解释 HMI 显示屏所显示的各种故障，填写"动车组故障交接记录单"（"辆动 – 181"）。

4. 小组内通过角色扮演的形式，进行各种复位操作并指出其适用范围及是否停车。

5. 小组内通过角色扮演的形式，进行开闭机构手动开启、关闭及自动车钩的手动控制操作，并制作 PPT，指出 CRH_3C/CRH380B（L）系列各型动车组在重联解编及救援操作上的异同。

6. 学生进行自我评价及小组成员互评；教师进行学生学习评价，检查任务完成情况。

任务 4　CRH380CL 型动车组故障处理基本操作

📋 任务单

任务名称	CRH380CL 型动车组故障处理基本操作					
任务描述	学习 CRH380CL 型动车组各种故障处理基本操作方法					
任务分析	从如何查看故障信息及提示、紧急驱动模式行车、复位操作、车厢制动切除操作、重联解编及救援、车门隔离操作、客室空调手动操作、司机室空调手动操作、司机 HMI 显示屏上解除当前限速操作和车外异响检查操作来学习 CRH380CL 型动车组故障处理基本操作					
学习任务	【子任务 1】小组内通过角色扮演的形式，进行各种复位操作并指出其适用范围及是否停车。 【子任务 2】小组内通过角色扮演的形式，进行制动关门车操作。 【子任务 3】小组内通过角色扮演的形式，进行重联解编及救援操作。 【子任务 4】小组制作 PPT，指出 CRH380CL 型动车组在故障处理基本操作方面与 CRH₃C、CRH380B(L) 型动车组有何异同					
劳动组合	各组长分配小组成员角色，进行模拟作业并留下影像记录，制作介绍 CRH380CL 型动车组与 CRH₃C、CRH380B(L) 型动车组在故障处理基本操作方面异同的 PPT。 各组评判小组成员学习情况，做出小组评价					
成果展示	(1) 模拟作业的照片或视频。 (2) 制作出 CRH380CL 型动车组与 CRH₃C、CRH380B(L) 型动车组在故障处理基本操作方面异同的 PPT					
学习小结						
自我评价	项目	A—优	B—良	C—中	D—及格	E—不及格	综合
	安全纪律 (15%)					
	学习态度 (15%)					
	专业知识 (30%)					
	专业技能 (30%)					
	团队合作 (10%)					
教师评价	简要评价					
	教师签名					

学习引导文

2.4.1 如何查看故障信息及提示

　　CRH380CL 型动车组的诊断系统将故障信息集成在动车组的 5 个显示屏上（4 个司机室 HMI 显示屏，1 个乘务员 HMI 显示屏）。发生故障时，司机及随车机械师可到两端的司机室 HMI 显示屏查看故障记录并采取相应解决办法，随车机械师也可在 BC09 车乘务员室的网络 HMI 显示屏上查看故障记录并采取相应解决办法。故障排除后，该故障信息不再显示。

　　图 2－21 所示为头车左 HMI 显示屏上的主界面，此时点击左上角的"异常"显示当前出现的故障。

　　图 2－22 所示为故障信息界面，默认是按照故障发生的时间进行排序的。最上面的一条故障信息是最新发生的。如果要按照"优先顺序→故障等级→故障代码"进行故障的排序，司机或机械师也可以点击图 2－22 中的 优先排序 。

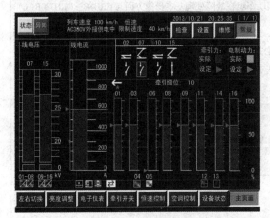

图 2－21　头车左 HMI 显示屏上的主界面

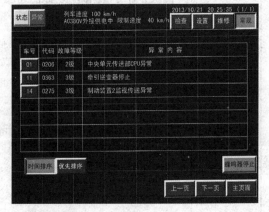

图 2－22　故障信息界面

　　对于每个故障，除显示车号和故障代码外，还显示故障的内容。点击某个故障对应的车号（图 2－22 中的蓝色的车号按键），可以查看发生该故障的原因及相应的处理提示信息，具体界面如图 2－23 所示。

　　对于 09 车乘务员室网络 HMI 显示屏主界面（见图 2－24），如果需要查看当前正在发生的故障，可以在主界面上点击"异常一览"。

图 2－23　故障处理提示

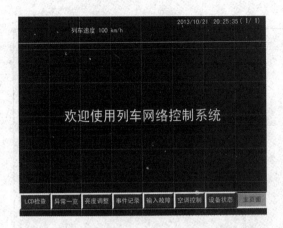

图 2 –24　09 车乘务员室的网络
HMI 显示屏主界面

图 2 –25　09 车乘务员室的网络
HMI 显示屏的异常一览界面

图 2 –25 所示为 09 车乘务员室的网络 HMI 显示屏的异常一览界面，按照"优先顺序→故障等级→故障代码"的顺序进行故障的排序。

对于每个故障，除显示车号和故障代码外，还显示故障的内容。点击某个故障对应的车号（图 2 –25 中蓝色的车号按键），可以查看发生该故障的原因及相应的处理提示信息，具体界面如图 2 –26 所示。

图 2 –26　故障处理提示界面

2.4.2　紧急驱动模式行车

紧急驱动模式行车操作如表 2 –40 所示。

表 2 –40　紧急驱动模式行车操作

注意	(1) 过分相时需要手动断开主断路器并降弓。 (2) 紧急驱动模式下，动车组运行时，ASD 装置仍然需要一直操作。 (3) 紧急驱动模式下，只要主断路器闭合，升弓数量不受限制。 (4) 紧急驱动模式主要适用于网络瘫痪工况下

动车组运用（M⁺Book版）

续表

步骤	处理过程
1	停车，施加停放制动。 在占用端司机室断开主断路器并降弓。 操作方向开关设定在非"0"位
2	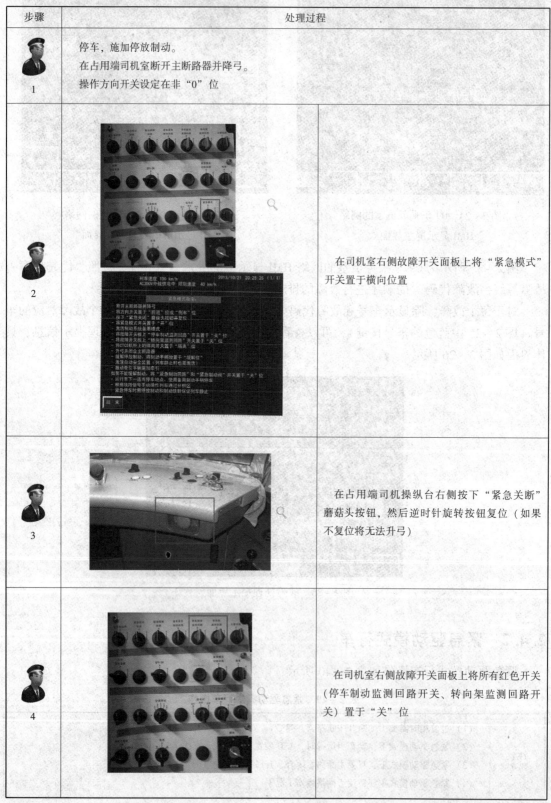在司机室右侧故障开关面板上将"紧急模式"开关置于横向位置
3	在占用端司机操纵台右侧按下"紧急关断"蘑菇头按钮，然后逆时针旋转按钮复位（如果不复位将无法升弓）
4	在司机室右侧故障开关面板上将所有红色开关（停车制动监测回路开关、转向架监测回路开关）置于"关"位

146

步骤	处理过程	
 5		在占用端司机操纵台右下角打开 C14 阀，启用备用制动（C14 阀横向为打开位置）
 6	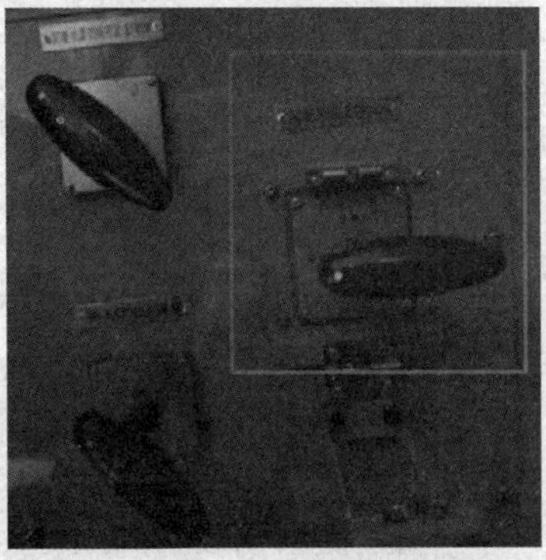	将 CTCS 机柜上的隔离开关置于"隔离"位
 7	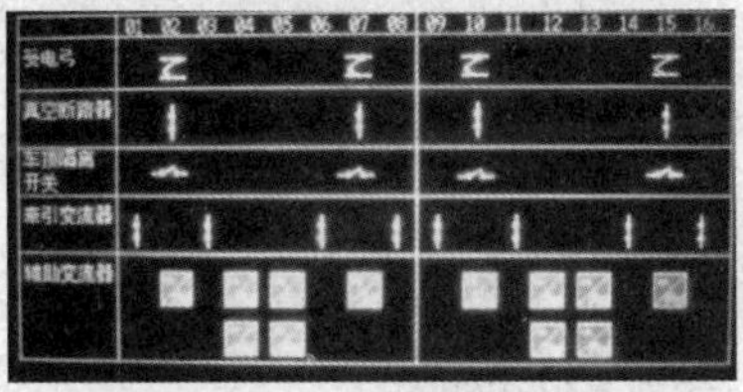	升弓，合主断路器（此时车顶隔离开关断开，正常情况下 4 个受电弓全部升起）
 8		将司机操纵台上制动手柄置于"REL"位置，使用备用制动手柄充风，然后缓解停放制动，推动牵引手柄运行

2.4.3 复位操作

1. 断电池复位操作

断电池复位操作如表 2 – 41 所示。

表 2 – 41　断电池复位操作

注意	（1）在进行断电池复位操作时，动车组必须处于停车状态。 （2）动车组在途中进行断电池复位操作时，全列车门处于"释放"状态，此时可手动紧急解锁开门，需要列车长组织工作人员对车门进行看护。 （3）进行断电池复位后，全列制动有效率丢失，需重新做简略制动试验（试验项点仅需进行 1、2、5 项）	
步骤	处理过程	
1	司机通知列车长，列车长安排工作人员对车门进行看护，司机断主断路器并降弓，方向开关置于"0"位，司机台钥匙保持激活状态	
2		将蓄电池开关置于"关"位，等待 HMI 显示屏断电后，再重新开启蓄电池。将方向开关置于非"0"位，然后进行正常操作，对 ATP、CIR 重新设置，并在占用端司机室重新进行简略制动试验（试验项点仅需进行 1、2、5 项），确认制动有效率恢复至断电前的状态

2. 牵引/辅助复位操作

牵引/辅助复位操作如表 2 – 42 所示。

表 2 – 42　牵引/辅助复位操作

注意	牵引/辅助复位操作在车辆运行过程中也可以进行	
步骤	处理过程	
1		确认司机钥匙激活，方向开关置于非"0"位

续表

步骤	处理过程
2	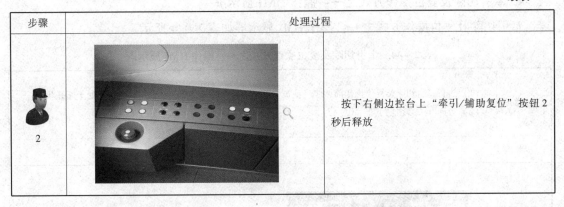 按下右侧边控台上"牵引/辅助复位"按钮2秒后释放

3. 网络复位操作

网络复位操作如表 2-43 所示。

表 2-43 网络复位操作

注意	(1) 在进行网络复位操作时，动车组必须处于停车状态。 (2) 动车组在途中进行网络复位操作时，全列车门处于"释放"状态，此时可手动紧急解锁开门，需要列车长组织工作人员对车门进行看护
步骤	处理过程
1	确认司机钥匙激活，方向开关置于"0"位，主断路器断开，受电弓降下，停放制动已经施加
2	按下右侧边控台上"网络复位"按钮3秒后释放。当HMI显示屏上显示出牵引主界面与制动主界面时，将方向开关置于非"0"位
3	网络复位操作后，若HMI显示屏上4个受电弓同时报"受电弓严重故障"（代码1940），按照"受电弓严重故障应急处理办法"执行

动车组运用（M⁺Book版）

4. 牵引切除及复位操作方式之一：操作 HMI 显示屏

牵引切除及复位操作方式之一：操作 HMI 显示屏如表 2 - 44 所示。

表 2 - 44 牵引切除及复位操作方式之一：操作 HMI 显示屏

注意	（1）进行牵引切除及复位操作前，应确认被切除牵引所在的 8 节车的 2 个主断路器已处于断开状态。 （2）方向开关必须置于非 "0" 位
步骤	处理过程
 1	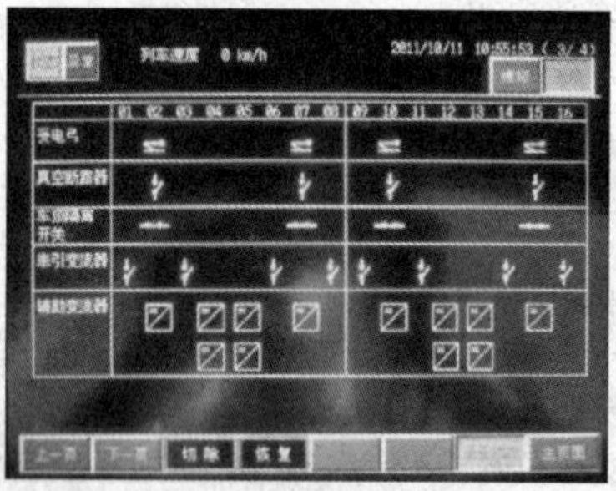 在牵引界面下方选择 "牵引开关" 键，进入左图显示的界面
 2	 牵引切除操作：触摸选择目标牵引变流器，再按下 HMI 显示屏上 "切除" 键，待此牵引变流器上显示红叉即表示此牵引变流器已切除
 3	 牵引恢复操作：触摸选择已经显示红叉的牵引变流器，按下 HMI 显示屏上 "恢复" 键，待红叉消失即表示已恢复

5. 牵引切除及复位操作方式之二：操作"牵引变流器切除"开关

牵引切除及复位操作方式之二：操作"牵引变流器切除"开关如表 2 -45 所示。

表 2 -45 牵引切除及复位操作方式之二：操作"牵引变流器切除"开关

注意	(1) 进行牵引切除及复位操作时，被切除牵引所在的 8 节车的 2 个主断路器都必须处于断开状态。 (2) 方向开关必须置于非"0"位
步骤	处理过程
 1	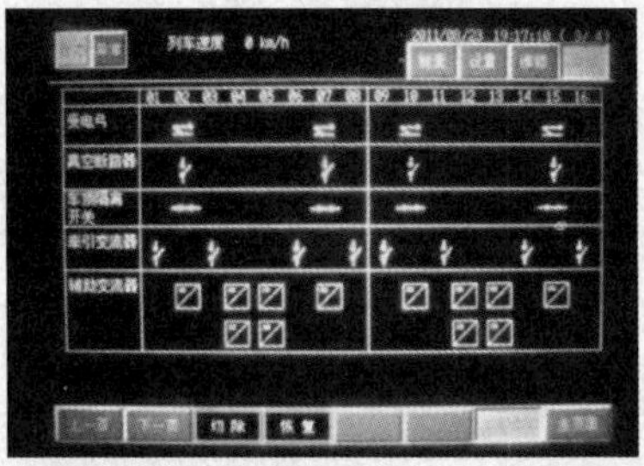 在牵引界面下方选择"牵引开关"键，进入左图显示的界面
  2	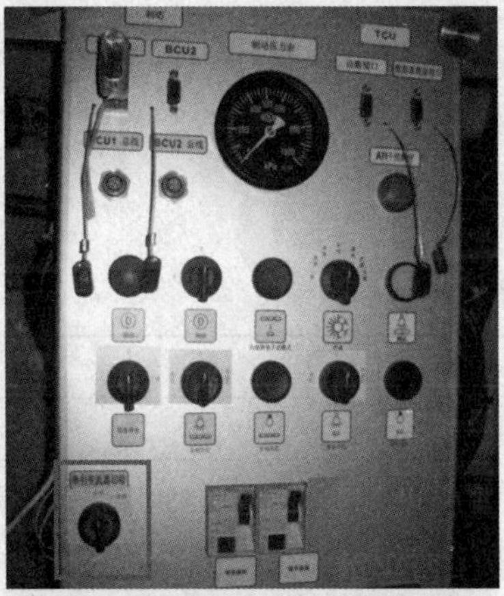  牵引切除操作：在动车的电气柜控制面板上操作"牵引变流器切除"开关至"隔离"位，此时相应牵引变流器应显示红叉

步骤	处理过程
  3	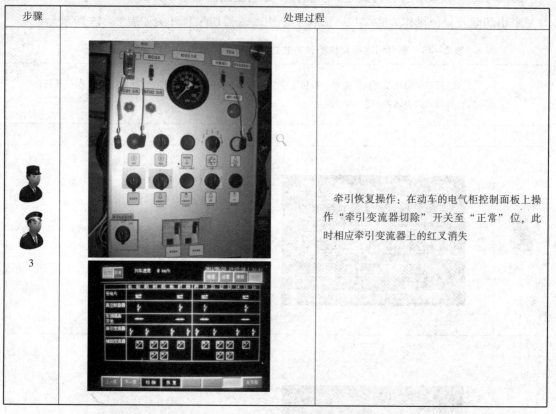 牵引恢复操作：在动车的电气柜控制面板上操作"牵引变流器切除"开关至"正常"位，此时相应牵引变流器上的红叉消失

6. 分相区内闭合主断路器操作

分相区内闭合主断路器操作如表2-46所示。

表2-46　分相区内闭合主断路器操作

现象	分相区停车
行车	立即停车
注意	如果列车在分相区内，手动过分相按钮蓝色指示灯点亮时，车辆无法自动闭合主断路器，在确认网压恢复后，需手动操作主断路器闭合开关
步骤	处理过程
1	司机向列车调度员请求换弓验电（允许单弓驶出分相区，驶出分相区后，需恢复正常行车方式）
2	机械师下车检查受电弓在分相区的位置，如果至少有一个弓在无电区前的有电区，则通知司机按步骤3执行，否则按步骤4执行

步骤	处理过程	
 3	 主断路器合　主断路器断　手动过分相	将牵引手柄置于"0"位,升起在无电区前的受电弓,确认网压正常并持续3秒后,手动闭合主断路器,"手动过分相区"背光按钮指示灯熄灭。操作牵引手柄驶出分相区。动车组驶出分相区后,报告列车调度员
 4	 主断路器合　主断路器断　手动过分相	司机降下受电弓,申请跨区供电。确认跨区供电完成后,将牵引手柄置"0"位,升正常配置的受电弓,确认网压正常并持续3秒后,手动闭合主断路器,"手动过分相区"背光按钮指示灯熄灭。操作牵引手柄驶出分相区。动车组驶出分相区后,报告列车调度员

2.4.4　车厢制动切除操作

车厢制动切除操作同 2.3.5 车厢制动切除操作。

2.4.5　重联解编及救援

1. 开闭机构的手动打开操作

开闭机构的手动打开操作如表 2 – 47 所示。

表 2 – 47　开闭机构的手动打开操作

步骤	处理过程	
 1		将弯曲六角扳手置于侧面锁定装置的六角头旋转杆上。 沿着头罩打开的方向将扳手旋转120°,将头罩侧部锁闭装置解锁
 2		将弯曲六角扳手置于底部锁定装置的六角头旋转杆,并向前鼻方向旋转

步骤	处理过程	
3		手动打开两侧头罩
4		如果有一侧不方便进行解锁操作，使用解锁拉杆，解锁该侧的锁定装置，并手动打开该侧头罩
5		通过向下按压然后转动锁定销将锁定销从固定位置取下
6		将锁定销插入对准的孔中，向下按压然后转动，从而锁定
7		用同样办法锁闭另一侧头罩

步骤	处理过程
8	 无法按照正常操作程序手动打开头罩时，可以拆除与前端总成相邻的玻璃钢裙板，进入前端内部解锁

2. 开闭机构的手动关闭操作

开闭机构的手动关闭操作如表 2 - 48 所示。

表 2 - 48　开闭机构的手动关闭操作

步骤	处理过程
1	将锁定销向下按压然后转动，把它从锁定孔中拔出
2	通过向下按压然后转动锁定销将锁定销放置在固定位
3	用同样办法将另一个头罩的锁定销放置在固定位

步骤	处理过程	
4		手动关闭头罩
5		将弯曲六角扳手置于侧面锁定装置的六角头旋转杆上，将锁定装置的六角头朝前端方向转动120°，将头罩锁闭

3. 半自动车钩的手动伸出操作

半自动车钩的手动伸出操作如表 2–49 所示。

表 2–49　半自动车钩的手动伸出操作

步骤	处理过程	
1		取下开口销
2		将棘轮手柄的开关调到"向下"的位置，反复向上推手柄，将车钩向前驱动

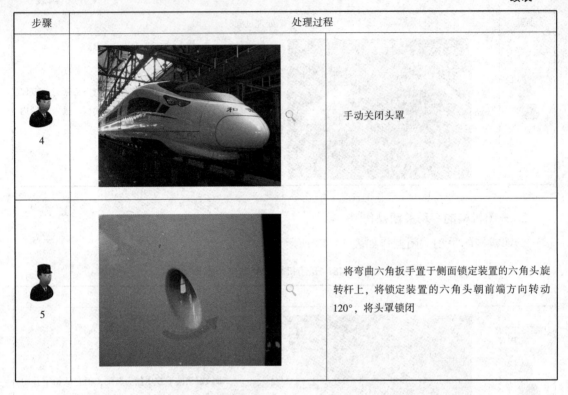

步骤	处理过程	
3		当弹簧圆柱销位于指示针正上方时，钩身即到达伸出位置并且锁紧（必须确保钩身锁紧到位，否则拖拽时会损伤车钩）
4		将导向杆从车钩头拆下
5		将导向杆从前面插入车钩头
6		将开口销安装回原固定孔位置
7		确认车钩处于准备联挂状态，即钩舌位于凸锥边缘，棘轮杆从钩头侧部伸出

4. 半自动车钩的手动缩回操作

半自动车钩的手动缩回操作如表 2 – 50 所示。

表 2 – 50　半自动车钩的手动缩回操作

步骤	处理过程	
1		取下开口销
2		拉动解锁手柄并保持住，此时钩身解锁，弹簧圆柱销偏离指示针正上方
3		将棘轮手柄的开关调到"向上"的位置，反复向下拉手柄来驱动钩身的锁紧装置，将钩身锁紧
4		将导向杆从车钩头拆下

步骤	处理过程	
 5		从里面插入导向杆
 6		将手柄放置于车钩头的轴承处，并将解锁手柄放进弹簧夹内固定

5. 过渡车钩安装操作

过渡车钩安装操作如表 2 – 51 所示。

表 2 – 51　过渡车钩安装操作

步骤	处理过程	
 1	 	从 04 车或 13 车设备舱内取出过渡车钩所有部件
 2	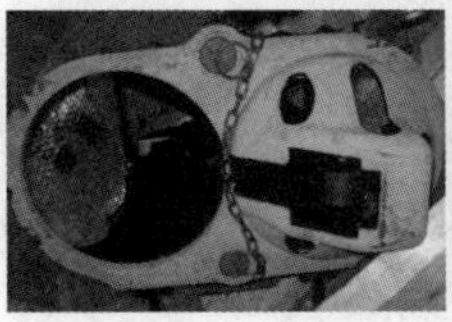 	取下过渡车钩钩头的保护盖和风管接头的保护盖

续表

步骤	处理过程	
3		使用四角钥匙打开玻璃钢裙板上的盖板，关闭总风管截断阀和列车管截断阀
4		将 10 型车钩挂在半自动车钩上，在拉动解钩绳的同时，向下压 10 型车钩
5		安装转接器过渡车钩并固定
6		安装 AAR 过渡车钩并固定
7		连接制动风管并打开列车管截断阀
8		使用四角钥匙关闭并锁上玻璃钢裙板上的盖板

续表

步骤	处理过程	
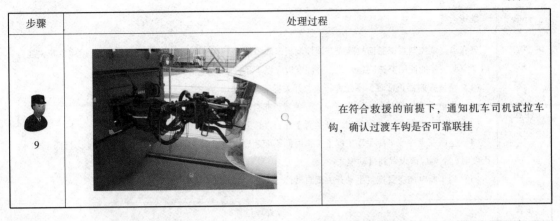9		在符合救援的前提下，通知机车司机试拉车钩，确认过渡车钩是否可靠联挂

2.4.6　车门隔离操作

车门隔离操作如表 2－52 所示。

表 2－52　车门隔离操作

步骤	处理过程	
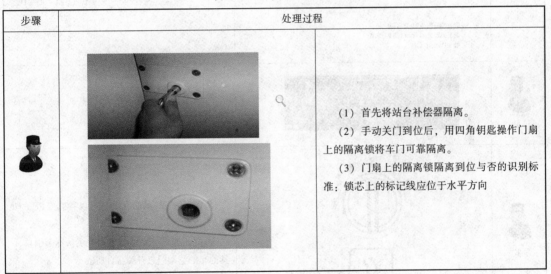		（1）首先将站台补偿器隔离。 （2）手动关门到位后，用四角钥匙操作门扇上的隔离锁将车门可靠隔离。 （3）门扇上的隔离锁隔离到位与否的识别标准：锁芯上的标记线应位于水平方向

2.4.7　客室空调手动操作

客室空调手动操作（应急开关使用）如表 2－53 所示。

表 2－53　客室空调手动操作（应急开关使用）

注意	空调控制器发生故障，空调无法自动运行或自动运行时无法满足旅客舒适性需求
原因	空调板卡故障或通信故障，无法使空调自动运行

续表

行车	维持运行
注意	只有当空调控制系统通信故障或空调控制板卡故障情况下，空调无法自动运行，需要通过应急开关强行启动空调，才能使用空调应急开关，并注意遵守以下条件。 （1）空调控制器正常时，不允许将应急开关置于非自动位。 （2）供电系统故障时，不允许将应急开关置于非自动位。 （3）列车无电时，不允许将应急开关置于非自动位。 （4）空调在全冷或半冷手动工况下工作时间不能超过半个小时，并且需要测量客室温度，当低于 22 摄氏度时，空调应该设置到自动模式。 （5）列车断电前需要恢复手动开关到自动位。
步骤	处理过程
 1	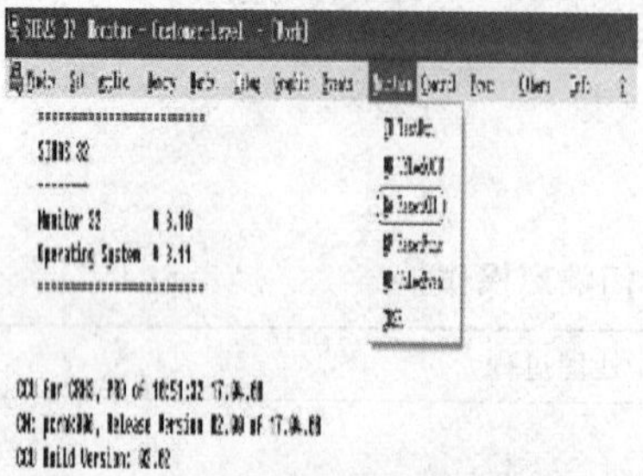 当空调控制器出现故障，需要通过应急开关强行启动空调时，要首先确认 ACU 是否正常工作
 2	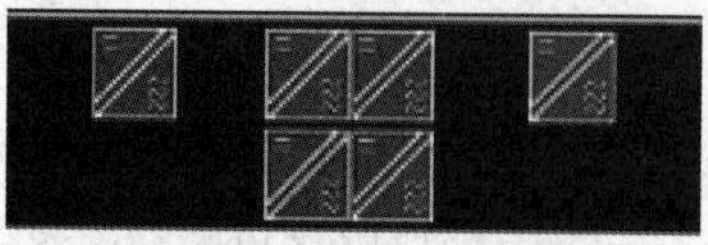 如左图所示，当所有 ACU 均正常工作时，允许通过应急开关启动空调
 3	 打开车辆控制盘的木门，可以看到空调手动开关。 在启动应急开关之前，需要先确认本牵引单元其他车的空调应急开关在自动位
 4	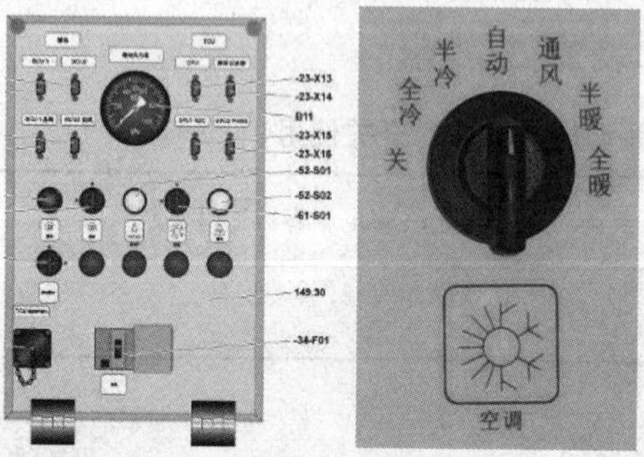 待确认完毕并符合启动应急开关的条件后，可操作应急开关，强行启动空调。该开关可使空调工作在以下 5 种模式：全冷、半冷、半暖、全暖、自动（开关在该位置时，空调控制器起作用，应急开关无作用）

续表

步骤	处理过程	
5	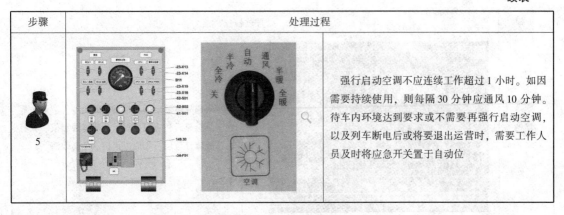	强行启动空调不应连续工作超过 1 小时。如因需要持续使用，则每隔 30 分钟应通风 10 分钟。待车内环境达到要求或不需要再强行启动空调，以及列车断电后或将要退出运营时，需要工作人员及时将应急开关置于自动位

2.4.8　司机室空调手动操作

司机室空调手动操作（应急开关使用）如表 2-54 所示。

表 2-54　司机室空调手动操作（应急开关使用）

注意	只有当空调控制系统通信故障或空调控制板卡故障情况下，才能使用此开关	
注意事项	手动强行开启空调，不应持续工作超过 1 小时。如确实需要，则每隔 30 分钟应通风 10 分钟	
步骤	处理过程	
1	开启手动强制按钮时，应首先确定故障是由空调控制器故障或网络通信故障引起的	
2		打开司机室内的右侧隔离开关柜，将柜内控制板上的空调按钮置于对应的位置（全冷、通风、半暖或全暖），使空调系统在设定的模式运行（注意：此模式下需监控车内的温度，以便及时调整运行模式和开关空调系统）。司机室空调手动旋钮置于"关"位时，仅开启通风功能

2.4.9　司机 HMI 显示屏上解除当前限速操作

司机 HMI 显示屏上解除当前限速操作如表 2-55 所示。

表 2-55　司机 HMI 显示屏上解除当前限速操作

注意	仅在确认当前限速故障发生的原因为误报警后，才可以通过 HMI 显示屏操作解除限速
注意事项	当 HMI 显示屏上提示限制速度×× km/h 的信息后，若列车速度高于×× km/h，那么 CCU 将自动施加最大常用制动，速度降至×× km/h 后，最大常用制动可通过制动手柄取消或随限速条件自动取消

动车组运用（M⁺Book 版）

步骤	处理过程
1	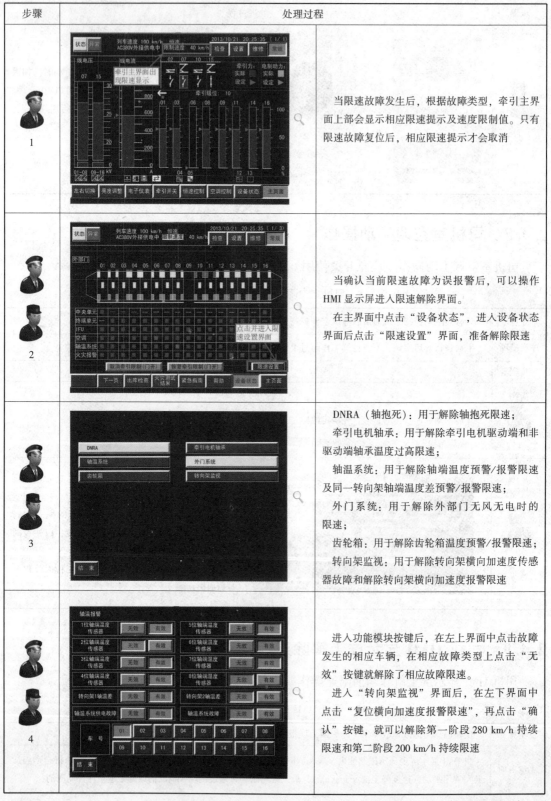 当限速故障发生后，根据故障类型，牵引主界面上部会显示相应限速提示及速度限制值。只有限速故障复位后，相应限速提示才会取消
2	当确认当前限速故障为误报警后，可以操作 HMI 显示屏进入限速解除界面。 在主界面中点击"设备状态"，进入设备状态界面后点击"限速设置"界面，准备解除限速
3	DNRA（轴抱死）：用于解除轴抱死限速； 牵引电机轴承：用于解除牵引电机驱动端和非驱动端轴承温度过高限速； 轴温系统：用于解除轴端温度预警/报警限速及同一转向架轴端温度差预警/报警限速； 外门系统：用于解除外部门无风无电时的限速； 齿轮箱：用于解除齿轮箱温度预警/报警限速； 转向架监视：用于解除转向架横向加速度传感器故障和解除转向架横向加速度报警限速
4	进入功能模块按键后，在左上界面中点击故障发生的相应车辆，在相应故障类型上点击"无效"按键就解除了相应故障限速。 进入"转向架监视"界面后，在左下界面中点击"复位横向加速度报警限速"，再点击"确认"按键，就可以解除第一阶段 280 km/h 持续限速和第二阶段 200 km/h 持续限速

164

步骤	处理过程
	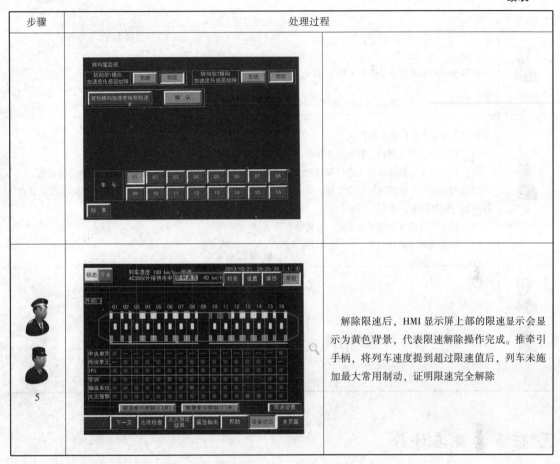
5	解除限速后，HMI 显示屏上部的限速显示会显示为黄色背景，代表限速解除操作完成。推牵引手柄，将列车速度提到超过限速值后，列车未施加最大常用制动，证明限速完全解除

2.4.10　车外异响检查操作

车外异响检查操作如表 2-56 所示。

表 2-56　车外异响检查操作

现象	车下设备松动、风机振动、车下悬挂异物、转向架异响、车顶设备异常
原因	设备紧固件松动开裂，风扇松动、积灰，异物，车轮踏面擦伤，车顶设备异常放电
行车	停车检查
步骤	处理过程
1	司机、随车机械师接到车外异响的报告或发现车外异响时，立即停车

动车组运用（M⁺Book 版）

续表

步骤	处理过程
2	司机报告列车调度员：停车地点、时间、原因
3	按规定程序下车检查车辆两侧。 （1）检查相关车下裙板、底板有无异常，车下有无异物悬挂。 （2）检查头罩、排障器有无击打等异常，走行部各部件有无异常，车轮踏面有无擦伤、剥离等问题。 （3）检查牵引电机通风机、变压器、变流器、空调、换气装置等旋转部件有无异振、异响。若有异常打开活门检查确认。 （4）检查车顶设备有无异常放电、异物等。 （5）检查完毕，通知司机
4	（1）若无异常，正常运行。 （2）如果有异常，按相关规定处理

任务实施与评价

1. 教师下发任务单，学生明确学习任务、学习内容、知识目标、能力目标、素质目标要求。

2. 学生按任务单要求制订学习计划，完成预习任务及相关知识准备。

3. 小组内通过角色扮演的形式，进行各种复位操作并指出其适用范围及是否停车。

4. 小组内通过角色扮演的形式，进行车门隔离操作。

5. 小组内通过角色扮演的形式，进行重联解编及救援操作。

6. 小组制作 PPT，指出 CRH380CL 型动车组在故障处理基本操作方面与 CRH_3C、CRH380B（L）型动车组有何异同。

7. 学生进行自我评价及小组成员互评；教师进行学生学习评价，检查任务完成情况。

任务 5　CRH₅ 型动车组故障处理基本操作

任务单

任务名称	CRH₅ 型动车组故障处理基本操作
任务描述	学习 CRH₅ 型动车组各种故障处理基本操作方法
任务分析	从小复位、大复位、断蓄电池复位、车厢制动切除操作、救援联挂、塞拉门紧急解锁、换端保持、动车组断电程序、动车组供电程序、空调系统使用、重联及解编作业和车外异响检查操作来学习 CRH₅ 型动车组故障处理基本操作
学习任务	【子任务1】小组内通过角色扮演的形式，进行各种复位操作并指出其适用范围及是否停车。 【子任务2】小组内通过角色扮演的形式，进行制动关门车作业。 【子任务3】小组内通过角色扮演的形式，进行重联及解编作业
劳动组合	各组长分配小组成员角色，进行模拟作业并留下影像记录。 各组评判小组成员学习情况，做出小组评价
成果展示	模拟作业的照片或视频
学习小结	

自我评价	项目	A—优	B—良	C—中	D—及格	E—不及格	综合
	安全纪律（15%）						
	学习态度（15%）						
	专业知识（30%）						
	专业技能（30%）						
	团队合作（10%）						

教师评价	简要评价	
	教师签名	

📕学习引导文

2.5.1　小复位

（1）如图 2 - 27 所示，动车组在运行或停车状态下，确认主控钥匙在"1"位，主指令开关在"1"位，主手柄在"0"位。

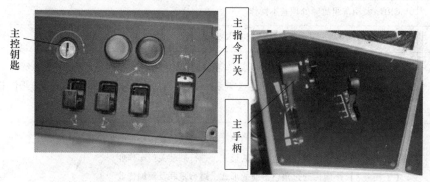

图 2 - 27　主控钥匙与主手柄（小复位）

（2）断开主断路器，降下受电弓，确认网压为零。

（3）按住主断路器断开按钮（见图 2 - 28）直至操纵台指示灯出现警告标识（见图 2 - 29），系统进行重新配置。

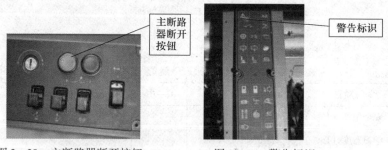

图 2 - 28　主断路器断开按钮　　　　图 2 - 29　警告标识

（4）警告标识消失后，确认 DJ1 闭合显示（见图 2 - 30）。

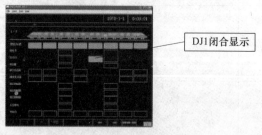

图 2 - 30　DJ1 闭合显示

（5）进行升弓操作，确认网压上升并稳定。

（6）网压稳定后闭合主断路器。

（7）确认辅助变流器工作正常后，可以操作主控手柄。

2.5.2　大复位

（1）如图 2-31 所示，动车组必须在停车状态下，确认主控钥匙在"1"位，主手柄和换向手柄均在"0"位。

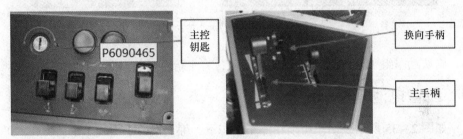

图 2-31　主控钥匙与主手柄和换向手柄（大复位）

（2）如图 2-32 所示，断开主断路器，降下受电弓，确认网压为零。

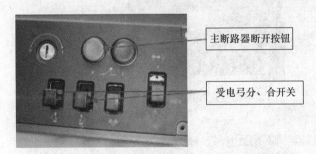

图 2-32　主断路器断开按钮与受电弓分、合开关

（3）如图 2-33 所示，将主指令开关置于"0"位，此时列车紧急制动。

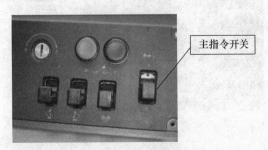

图 2-33　主指令开关

（4）按下左后侧 QCA 电器柜"RESET"按钮（见图 2-34），对 TCMS 进行复位操作。

图 2-34　QCA 电器柜"RESET"按钮

（5）确认动车组 TD/TS 显示屏重新启动后，将主指令开关拨至"1"位。

2.5.3　断蓄电池复位

（1）如图 2-35 所示，动车组须在停车状态下，确认换向手柄和主手柄均在"0"位。

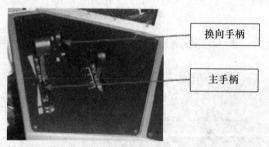

图 2-35　换向手柄和主手柄（断蓄电池复位）

（2）断开主断路器，降下受电弓，确认网压为零。

（3）如图 2-36 所示，将主指令开关置于"0"位，此时列车紧急制动。

图 2-36　主指令开关

（4）如图 2-37 所示，将主控钥匙置于"0"位。

图 2-37 主控钥匙

（5）按下左后侧 QCA 电器柜 "OFF" 按钮（见图 2-38），断开蓄电池。

图 2-38 QCA 电器柜 "OFF" 按钮

（6）等待 30 秒钟后，按下左后侧 QCA 电器柜 "ON" 按钮（见图 2-39），闭合蓄电池。

图 2-39 QCA 电器柜 "ON" 按钮

（7）将主控钥匙置于 "1" 位。

（8）确认动车组 TD/TS 显示屏重新启动后，将主指令开关拨至 "1" 位。

2.5.4 车厢制动切除操作

1. 空气制动切除操作

空气制动切除操作如表 2-57 所示。

表 2 – 57　空气制动切除操作

车种	CRH₅A、CRH₅G	
步骤	处理过程	
1	车内空气制动隔离按钮	切除空气制动： 　打开裙板，截断 B22 模块内 B22.02、B22.03 阀。 　CRH₅G 型动车组在有蓄电池供电时可直接在车内按下空气制动隔离按钮 30S06 切除空气制动（头车按钮位于 QCA 柜中，其他车位于 QRK 柜中），无须在车下操作截断阀
2	CRH₅A 型动车组空气制动隔离确认 CRH₅G 型动车组车空气制动隔离确认	后续操作： 　操作车下截断阀时，需恢复裙板并确认其锁闭良好。 　在 TD 显示屏第 3 页（CRH₅G 型动车组在第 2 页）对空气制动隔离状态进行确认

步骤	处理过程
3	人工滚动试验确认： 制动切除完毕后，随车机械师通知司机操纵动车组以不高于 5 km/h 的速度运行约 20 m，检查动车组轮对是否出现抱死、异音等
4	前方站停车检查： 制动切除恢复运行后，随车机械师按规定申请到前方站停车检查，对制动切除车厢制动盘进行点温，重点检查是否存在抱闸现象

2. 空气制动与停放制动全部切除操作

空气制动与停放制动全部切除操作如表 2 – 58 所示。

表 2 – 58　空气制动与停放制动全部切除操作

车种	CRH$_5$A、CRH$_5$G
注意	CRH$_5$A 型动车组停放制动夹钳设置于除 5 车外的所有车厢；CRH$_5$G 型动车组停放制动夹钳设置于除 01、05、08 车外的所有车厢
步骤	处理过程
1	 车内空气制动隔离按钮 切断空气制动： 打开裙板，截断 B22 模块内 B22.02、B22.03 阀。 CRH$_5$G 型动车组在有蓄电池供电时，可直接在车内按下空气制动隔离按钮 30S06 切除空气制动（头车按钮位于 QCA 柜中，其他车位于 QRK 柜），无须在车下操作截断阀

步骤	处理过程	
2		切断停放制动供风： 打开制动单元柜门，截断 H01 模块内 H01.07 阀。 恢复柜门、裙板并确认其锁闭良好。 CRH₅G 型动车组在有蓄电池供电时，可直接在车内通过按下 QRK 柜中停放制动隔离按钮 30S07 切除（需持续按下约 1 s）
3		空气制动排风完成后拉动停放制动紧急手缓装置： 待空气制动无排风声（切除空气制动后约 2 min）后拉动紧急手缓装置。打开安全锁扣，用力向外拉 2、7 位轴箱上方处红色手柄，行程 15～20 mm，紧急手缓停放制动。操作成功时可感觉到高能弹簧释放的声音和振动。操作成功后重新安装安全锁扣
4	手拉制动夹钳确认闸盘已缓解： 手拉制动夹钳，确认各制动夹钳已全部缓解	
5	CRH₅A型动车组空气制动隔离	紧急手缓后进行控制系统确认操作： 通知司机通过显示屏确认切除信息

步骤	处理过程
	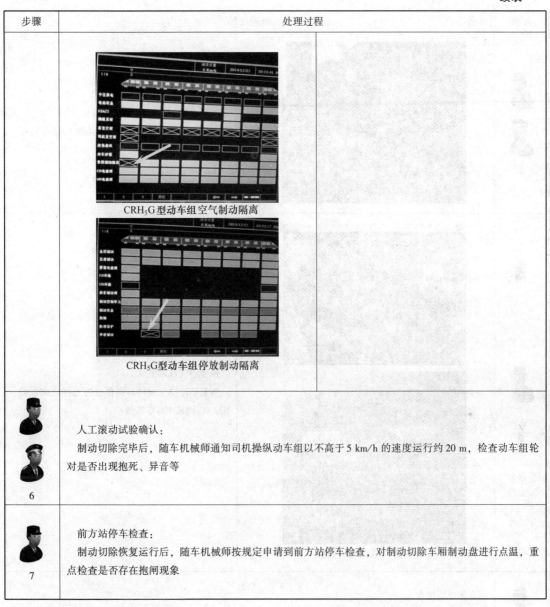 CRH₅G型动车组空气制动隔离 CRH₅G型动车组停放制动隔离
6	人工滚动试验确认： 　制动切除完毕后，随车机械师通知司机操纵动车组以不高于 5 km/h 的速度运行约 20 m，检查动车组轮对是否出现抱死、异音等
7	前方站停车检查： 　制动切除恢复运行后，随车机械师按规定申请到前方站停车检查，对制动切除车厢制动盘进行点温，重点检查是否存在抱闸现象

3. 停放制动切除操作

停放制动切除操作如表 2 – 59 所示。

表 2 – 59　停放制动切除操作

车种	CRH₅A、CRH₅G
注意	停放制动切除时为避免来自空气制动的压力经双向止回阀加载于停放制动缸，应先切除空气制动供风，完成停放制动紧急手缓后再恢复

动车组运用（M⁺Book 版）

续表

步骤	处理过程	
  1	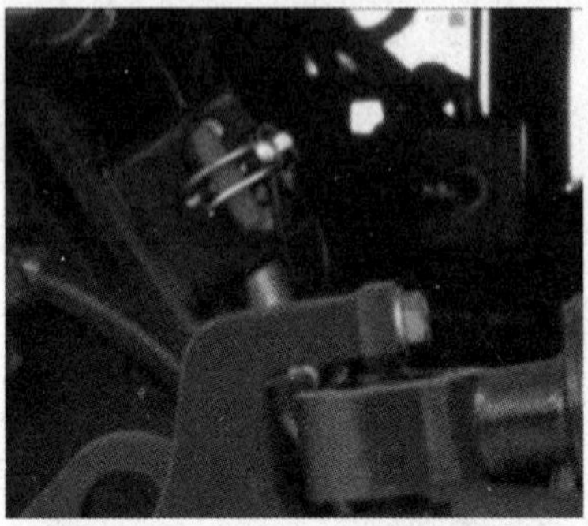	切除空气制动与停放制动： 按空气制动与停放制动全部切除 1~6 步进行
 2	 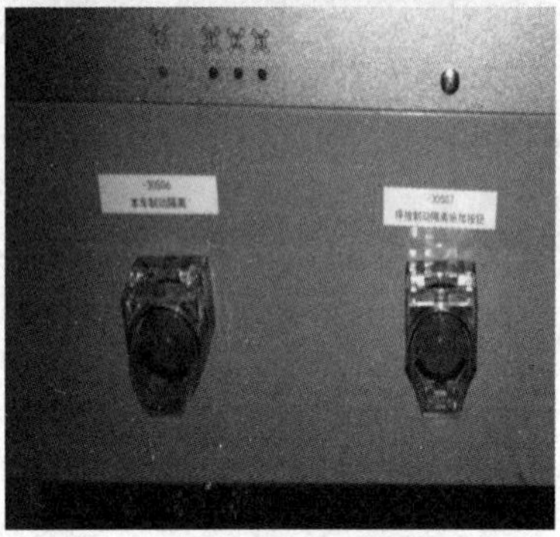 车内空气制动隔离按钮	恢复空气制动供风： 恢复切除空气制动时操作过的元件（B22.02、B22.03 阀或 30S06 按钮）
 3	前方站停车检查： 　　制动切除恢复运行后，随车机械师按规定申请到前方站停车检查，对制动切除车厢制动盘进行点温，重点检查是否存在抱闸现象	

2.5.5　救援联挂

1）有电救援（短时间运行，蓄电池电压不低于 20 V）

（1）如图 2－40、图 4－41 所示，确认动车组的主控钥匙在"1"位，主指令开关在"1"位，主手柄、换向手柄在"0"位，备用制动手柄在中立位，停放制动施加，断开主控端 QEL 柜中 30Q12 空气开关。

176

图 2-40   主控钥匙和主指令开关（有电救援）

图 2-41   主手柄和换向手柄（有电救援）

（2）如图 2-42 所示，将 ATP 的隔离开关置于"隔离"位，LKJ 的隔离开关转至"隔离"位。

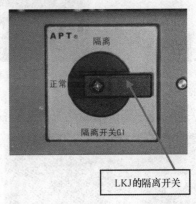

ATP的隔离开关

LKJ的隔离开关

图 2-42   ATP、LKJ 的隔离开关（有电救援）

（3）打开前开闭机构。

（4）打开过渡车钩箱，取出过渡车钩，安装过渡车钩。

（5）随车机械师检查连接状态，检查制动软管状态。

（6）联挂准备完毕后，通知司机。

（7）机车司机操纵机车以 5 km/h 以下的速度与动车组进行联挂。

（8）机车司机操纵机车试拉，随车机械师检查机车车钩、过渡车钩、动车组密接钩联挂状态，确认车钩连接正常后，装好防跳止挡，按规定连接制动软管。

（9）打开联挂端动力学车头前端导流罩左侧的砂箱检查门。如图 2-43 所示，打开 Z30

阀（使动车组的列车管与总风管相贯通），正常状态时手柄与管路垂直，打开后，Z30 阀手柄应与管路平行。

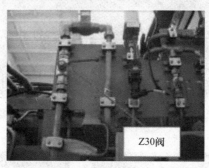

图 2-43　Z30 阀

（10）打开联挂端动力学车头前端导流罩右侧的砂箱检查门。如图 2-44 所示，打开 Z06 阀（正常状态时手柄与管路垂直，打开后，Z06 阀手柄应与管路平行），然后打开机车折角塞门，确认列车管路连接状态良好。

图 2-44　Z06 阀

（11）关闭动车组车头前端导流罩左、右侧的砂箱检查门（见图 2-45）。

图 2-45　砂箱检查门（车头前端）

（12）动车组司机缓解停放制动，利用救援机车进行制动试验（减压 50 kPa，动车组应产生制动，1 分钟之内不得自缓），检查各车制动、缓解状态，正常后开车。

（13）救援完毕后，需进行如下操作。

①动车组司机施加停放制动，关闭机车折角塞门。

②打开联挂端车头前端导流罩右侧的砂箱检查门，关闭 Z06 阀。

③排风完毕后，解开机车与动车组间的风管（从连接处分解）。

④拉开自动车钩手动解钩拉手，救援机车分钩。

⑤拆下过渡车钩，放置在过渡车钩存放箱内，并做好固定。

⑥关闭前开闭机构。

⑦打开联挂端车头前端导流罩左侧的砂箱检查门，关闭 Z30 阀。

⑧将 ATP、LKJ 的隔离开关置于"正常"位。

⑨操作完毕后，关闭并锁紧各裙板。

2）无电救援（长时间运行，蓄电池电压低于 20 V）

（1）施加停放制动，关闭 ATP、LKJ 的电源和列车负载。

（2）打开前开闭机构。

（3）打开过渡车钩箱，取出过渡车钩，安装过渡车钩。

（4）随车机械师检查连接状态，检查制动软管状态。

（5）联挂准备完毕后，通知司机。

（6）机车司机操纵机车以 5 km/h 以下的速度与动车组进行联挂。

（7）机车司机操纵机车试拉，随车机械师检查机车车钩、过渡车钩、动车组密接车钩联挂状态，确认车钩连接正常后，安装防跳装置，按规定连接制动软管。

（8）打开联挂端车头前端导流罩左侧的砂箱检查门，打开 Z30 阀（使动车组的列车管与总风管相贯通），正常状态时手柄与管路垂直，打开后，Z30 阀手柄应与管路平行。

（9）打开两端头车导流罩右侧的砂箱检查门。如图 2 - 46 所示，将 N02、N07 阀置于关闭位（N02 阀正常位手柄位置为偏左 45°角，关闭时将红色长条手柄逆时针扳动 90°即可。N07 阀正常位手柄位置与阀体平行，关闭时将蝶形手柄转至与阀体垂直即可）。

图 2 - 46 N02、N07 阀

（10）打开联挂端车头前端导流罩右侧的砂箱检查门。如图 2 - 47 所示，打开 Z06 阀，正常状态时手柄与管路垂直，打开后，Z06 阀手柄应与管路平行，然后打开机车折角塞门，确认列车管路连接状态良好。

（11）关闭动车组车头前端导流罩左、右侧的砂箱检查门。

（12）打开各车制动单元裙板和制动单元罩板。

（13）关闭 B22.02、B22.03 阀（见图 2 - 48），缓解空气制动。关闭 H01.07 阀（见图 2 - 49）。如图 2 - 50 所示，打开安全锁扣，拉动转向架上的红色缓解手柄（手柄安装在

2、7 位轴箱上方），手动缓解停放制动，停放制动缓解显示器应显示红色，确认停放制动缓解后，再打开 B22.03 阀。

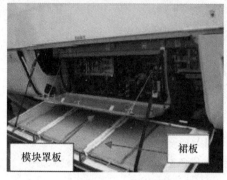

图 2-47 砂箱检查门（联挂端）

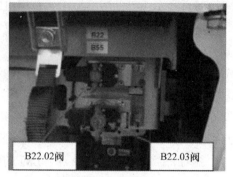

图 2-48 B22.02、B22.03 阀

图 2-49 H01.07 阀

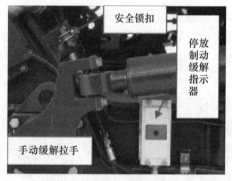

图 2-50 制动缓解示意图

（14）05（T2）车没有停放制动，不用进行隔离停放制动的操作。

（15）关闭各车的制动单元罩板和制动单元裙板。

（16）动车组司机缓解停放制动，利用救援机车进行制动试验（减压 50 kPa，动车组应产生制动，1 分钟之内不得自缓），检查各车制动、缓解状态，正常后开车。

（17）救援完毕后，需进行如下操作：

①闭合蓄电池；

②将 H01.07 阀恢复到正常位置；

③动车组司机施加停放制动，关闭机车折角塞门；

④打开联挂端车头前端导流罩右侧的砂箱检查门，关闭 Z06 阀；

⑤排风完毕后，解开机车与动车组间的风管（从连接处分解）；

⑥拉开自动车钩手动解钩拉手，救援机车分钩；

⑦拆下过渡车钩，放置在过渡车钩存放箱内，并做好固定；

⑧关闭前开闭机构；

⑨打开联挂端车头前端导流罩左侧的砂箱检查门，关闭 Z30 阀；

⑩将 B22.02、N02、N07 阀恢复到正常位置；

⑪将 ATP、LKJ 的隔离开关置于"正常"位；

⑫操作完毕后，关闭并锁紧各裙板。

2.5.6 塞拉门紧急解锁

（1）紧急开门只能在速度小于 15 km/h 时方可实现。如图 2-51（a）所示，列车工作人员首先确认车门隔离锁处于打开位置后，可通过用三角钥匙操作紧急电气开关来释放车门锁闭的状态（车门有电情况下），再通过手拉车门机械手柄，打开车门。

（2）如果操作完电气紧急开关后，蜂鸣器发出蜂鸣声，拉动机械手柄没反应时，应检查紧急开门电磁阀是否故障或开门钢丝拉绳是否断开，如果有其中一个故障时，可手扳主门锁旁边的紧急开门锁，打开车门。

（3）如图 2-51（b）所示，在外部操作紧急开门手柄后，必须将手柄归位。

（4）操作完内外紧急解锁后，需用三角钥匙进行复位操作。

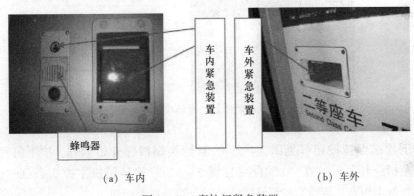

（a）车内 　　　　　　　　　　（b）车外

图 2-51 塞拉门紧急装置

2.5.7 换端保持

（1）如图 2-52 所示，确认总风管压力不小于 700 kPa，施加停放制动车辆不少于 6 辆，5 个以上充电机工作。

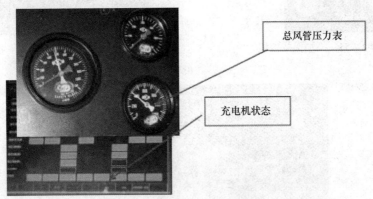

图 2-52 总风管压力表和充电机状态指示（换端保持）

（2）如图2-53所示，确认换向手柄和主手柄均在"0"位。

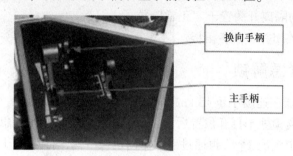

图2-53 换向手柄和主手柄（换端保持）

（3）如图2-54所示，操作停放制动按钮，施加停放制动。

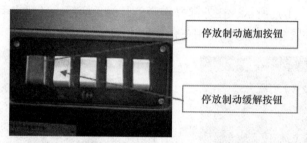

图2-54 停放制动施加、缓解按钮（换端保持）

（4）按下换端保持按钮（见图2-55），直到换端按钮开始闪烁，按下升弓按钮（见图2-56）。主指令开关保持在"1"位（见图2-57）、旋转司机主控钥匙到"0"位（见图2-58），并取出钥匙。待换端按钮灯持续亮时，松开换端按钮。

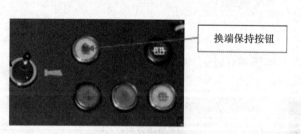

图2-55 换端保持按钮

图2-56 升弓按钮（换端保持）

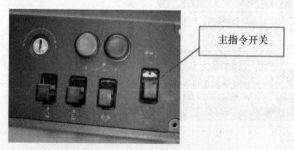

图2-57 主指令开关（换端保持）

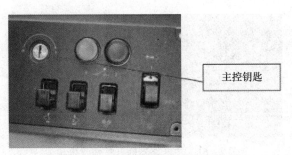

图 2 - 58　主控钥匙（换端保持）

（5）如图 2 - 59 所示，在 TD 显示屏上确认主断路器闭合状态正常。

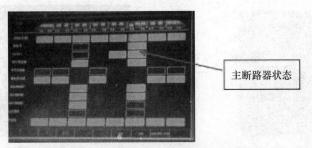

图 2 - 59　TD 显示屏上的主断路器状态界面

（6）在动车组另一端按住换端按钮，插上主控钥匙并旋转到"1"位、将主指令开关拨至"1"位、扳起已升起受电弓对应的开关，待换端按钮开始闪烁后，松开按钮。

（7）观察动车组状态是否正常。

2.5.8　动车组断电程序

（1）如图 2 - 60 所示，操作停放制动施加按钮，施加停放制动，主手柄、换向手柄置于"0"位。

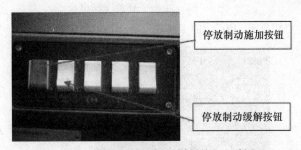

图 2 - 60　停放制动施加、缓解按钮（断电）

（2）如图 2 - 61 所示，按下主断路器断开按钮，断开主断路器。此时在 TD 显示屏第一页上看到相应的主断路器断开。

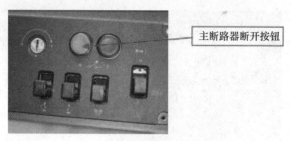

图 2 - 61　主断路器断开按钮（断电）

（3）如图 2 - 62 所示，扳下升弓按钮，此时可以在 TD 显示屏上看到相应的受电弓已降下，并且 TS 显示屏上电压表显示当前网压降为零（见图 2 - 63）。

图 2 - 62　升弓按钮（断电）

图 2 - 63　网压表（断电）

（4）扳动主指令开关到"0"位（见图 2 - 64）。此时可以在 TD 显示屏上看到列车全部未激活。

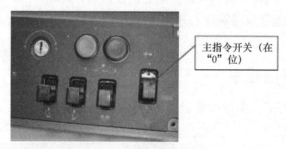

图 2 - 64　主指令开关（断电）

（5）旋转司机主控钥匙到"0"位（见图 2 - 65），并取出钥匙。

图 2 - 65　主控钥匙（断电）

（6）集控关闭动车组照明灯。

（7）如图 2-66 所示，按下 QCA 柜面板上蓄电池"OFF"按钮，断蓄电池。动车组断电完毕。

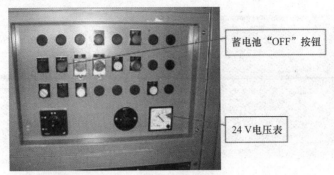

图 2-66 QCA 柜面板上蓄电池"OFF"按钮

2.5.9 动车组供电程序

（1）如图 2-67 所示，按下 QCA 柜面板上蓄电池"ON"按钮，查看 QCA 柜面板上电压表的电压，如果电压在 18 V 以上可以正常启动车辆，如果电压在 18 V 以下应申请外接电源供电。

图 2-67 QCA 柜面板上蓄电池"ON"按钮和电压表

（2）插入主控钥匙，并置于"1"位，占用主控司机室。在 TD 显示屏上可以看到被占用主控司机室车的上面有一个"＊"号。

（3）扳动主指令开关到"1"位，使全列车激活。此时可以在 TD 显示屏第一页上看到列车全部使能激活，并且在第一页上看到 DJ1 已闭合（见图 2-68）。

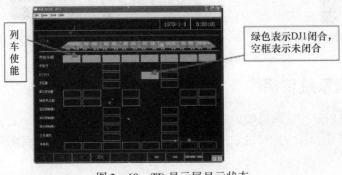

图 2-68 TD 显示屏显示状态

（4）如图 2 -69 所示，向上扳动升弓按钮（前弓或后弓），此时可以在 TD 显示屏上看到相应的受电弓已升起（见图 2 -70），并且 TS 显示屏上电压表显示当前网压（见图 2 -71）。

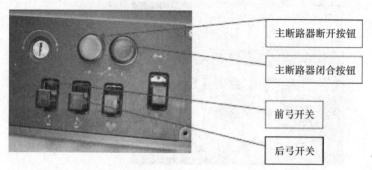

主断路器断开按钮

主断路器闭合按钮

前弓开关

后弓开关

图 2 -69   升弓按钮（供电）

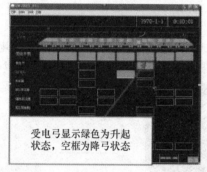

受电弓显示绿色为升起
状态，空框为降弓状态

图 2 -70   TD 显示屏受电弓显示状态（供电）

TS 显示屏显示网压

图 2 -71   TS 显示屏显示网压（供电）

（5）如图 2 -72 所示，按下主断路器闭合按钮直到指示灯板上的主断断开指示灯熄灭后，再松开按钮，确认 TD 显示屏主断路器闭合，辅助变流器工作（见图 2 -73）。

主断
路器
断开
指示
灯

图 2 -72   主断路器断开指示灯

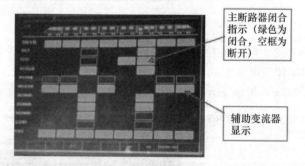

主断路器闭合
指示（绿色为
闭合，空框为
断开）

辅助变流器
显示

图 2 -73   TD 显示屏主断路器闭合指示和辅助变流器显示

2.5.10   空调系统使用

1）动车组整列集控空调启动

如图 2 -74 所示，在主控司机室司机操作台上，将空调控制 S5 选择器开关旋转至工作位，激活客室空调。

图 2 – 74　司机操作台空调控制 S5 选择器开关

2）单车空调启动

（1）客室空调。

如图 2 – 75 所示，将 S1 开关（下方左侧）由关闭位旋转至自动位 Auto，空调将根据车内外温度情况自动工作。如果需要进行手动通风、半冷和半暖，请旋转至相应位置。

图 2 – 75　客室空调控制选择开关

温度调节：选择 S2 开关（下方右侧）可以对客室进行温度调节。

如图 2 – 76 所示，启动操作前，需确定控制柜的状态，接通电气柜面板上的空气开关：35Q01、35Q02、35Q03、35Q04。

图 2 – 76　控制柜面板

如图 2 – 77 所示，接通电气柜内的接触器：旋转开关 Q1。

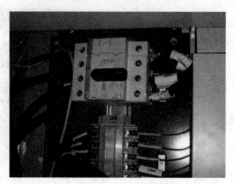

图2-77 空调控制柜

客室电气柜空气开关名称及功能如表2-60所示。

表2-60 客室电气柜空气开关名称及功能

空气开关	F1	F2	F3	F4	F5	F6	F7
功能	S压缩机1	S压缩机2	冷凝风机	PCB24V控制电源	通风机1/M4S	通风机2/M5S	S一级加热
空气开关	F8	F9	F10	F11	F12	F13	F14
功能	S二级加热	S客室加热1	S客室加热2	废排	变压器相序检测	C客室加热	变压器与通风机电源
空气开关	F15	F16	F17	F18			
功能	CAB压缩机与冷凝风机	C电热	通过台电热	厕所电热			

客室电气柜继电器名称及功能如表2-61所示。

表2-61 客室电气柜继电器名称及功能

继电器	K1	K2	K3	K4	K5	K6	K7
功能	S压缩机1	S压缩机2	冷凝风机/低速	冷凝风机/低速	通风机1/M4S	紧急通风50%/M4S	通风机2/M5S
继电器	K8	K9	K10	K11	K12	K13	K14
功能	S一级加热	S二级加热	S客室加热1	S客室加热2	废排	司机室操作台电热	C客室加热
继电器	K15	K16	K17	K18	K20	K21	K22
功能	C通风风机/高速	C通风风机/低速	C冷凝风机	电热	通过台电热1	通过台电热2	WC1电热1

续表

继电器	K23	K24	K25	K26	K27	K28	K29
功能	WC1 电热 2	冷凝风机	ON/OFF 信号	应急通风 50%	压缩机 1 授权信号	压缩机 2 授权信号	Y5S 液路电磁阀
继电器	K30	K31	K32	K33	K35	K36	K37
功能	风压开关触动/为电热压缩机启动准备 S	电热 90 度保护/电热准备	冷凝风机高/低速切换	Y3S 液路电磁阀	风压开关触动/为 C 电热压缩机启动准备 S	C 通风机高/低速切换	控制面板辅助触点吸合,与 K35 配合,电热供电,另一触点为半热/全热准备

（2）司机室空调。

司机操作台空调指令板如图 2 -78 所示。

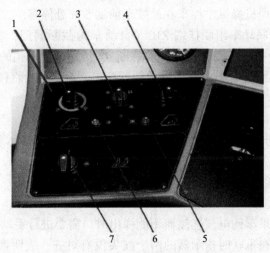

图 2 -78　司机操作台空调指令板

1—司机室指令板；2—S4 选择器开关；3—S3 选择器开关；4—S6 选择器开关；

5—红色指示灯；6—绿色指示灯；7—S5 选择器开关

S3 选择器开关（序号 3）：按顺时针方向旋转，可用于选择以下运行模式：①仅通风；②冬季（供热）；③春秋季节；④夏季（制冷）。

S4 选择器开关（序号 2）：用于选择温度设定点。可在 18 ~ 30 ℃ 间进行调节。

S5 选择器开关（序号 7）。

用于启动所有车厢内的客室 HVAC 系统，该开关包括以下模式：① "ON"（开）模式；② "OFF"（关）模式。

S6 选择器开关（序号 4）。用于启动司机室地板加热器。2 个控制灯可指示系统状态，该灯的作用如下：①绿灯（序号 6）指示系统运行；②红灯（序号 5）指示系统故障。

2.5.11 重联及解编作业办法

1. 总体要求

（1）重联解编作业应在站、场内进行，对于必须在线路上进行的作业，要按规定进行安全防护。

（2）作业过程中按规定做好动车组的防溜保护。

（3）联挂端开闭机构的打开及关闭操作由司机在司机室内完成，随车机械师下车确认。对于不能由司机自动完成上述操作的情况，由随车机械师在车下手动完成操作，司机在车上配合。

2. 重联操作作业办法

（1）确认两列重联动车组处于正常运用状态。

（2）确认动车组联挂端正确。

（3）在被控车联挂端进行作业，插上主控钥匙，按程序进行升弓供电操作，通过头罩控制旋钮打开联挂端头罩，司机操作动车组处于换端模式状态，并确认升起受电弓位置。

（4）在主控车联挂端进行作业，按"前前弓，后后弓"原则升弓供电，通过头罩控制旋钮打开联挂端头罩。司机操纵主控车在被控车前端 5 m 处停车。

（5）分别确认两重联动车组联挂端 Z10（自动车钩截断塞门，在司机室操作台左下柜内）、Z05（总风管截断塞门）、Z06（列车管截断塞门）、电气车钩的气路阀于打开位。

（6）确认两列动车组自动车钩（若锁紧装置探出，需要手动将锁紧装置恢复原位）、电气车钩状态。

（7）司机以 2～5 km/h 速度进行联挂。

（8）通过 TD 显示屏确认联挂状态，重联动车组 TD 显示屏显示状态正常。

（9）确认自动车钩及指示器、电气车钩联挂状态良好。

（10）分别锁闭各检查门，确认状态良好，重联作业结束。

（11）作业中的注意事项。

①在重联状态时如果车钩电气连接器不能弹出时，需要进行手动调节。

②如果两列动车组在重联时指示器的两个红尖没有对齐，表明两列车重联联挂不正常，需解编后重新以规定的速度进行联挂，如果经过几次联挂仍不能对齐，需要检查手动解钩装置是否损坏，必要时更换。

③如果需要重联操作后动车组保持高压不断电，需要被控车进入换端模式。

3. 解编操作作业办法

（1）正常解编操作。

（2）确定主控车组，确认主控车前进方向有 5 m 以上安全距离。

（3）将重联动车组操作处于换端模式。

（4）在主控车联挂端将主控钥匙插入解编钥匙孔，旋转至 1 位，确认 TD 显示屏仅显示本列动车组状态。

（5）随车机械师在车下确认电气车钩分解状态良好。

（6）司机到主控车非重联端操纵动车组以 2～5 km/h 的速度前进，在距离不小于 5 m 处停车。

（7）分别将主控车、被控车的 Z05、Z06 阀关闭，锁闭各检查门，确认状态良好。

（8）分别关闭主控车、被控车头罩，解编作业结束。

（9）作业中的注意事项。

①当正常解编时出现主控钥匙置于 1 位后电气车钩又自动连接，此状态为解编过程失败，反复几次之后仍然不能顺利完成解编时，需要到联挂端进行手动分离电气连接器的相关作业。

②如果需要解编操作后动车组保持高压不断电，需要重联动车组进入换端模式。

③如果两列动车组均没有蓄电池供电，则自动解编操作不能进行，需要进行手动解编。

④如果在解编时只有一列动车组有蓄电池供电，则可以在该动车组上进行解编操作。

4. 手动解钩操作

（1）将气动单元上的手柄转至关闭位置。

（2）拆下电气车钩激活装置上的螺钉和垫圈。

（3）转动控制轴，操作气缸缩回，将相啮合的电气车钩分开。

（4）将电气车钩手动推至完全缩回位置。

（5）转动控制轴，将操作气缸移回原位。

（6）安装并拧紧电气车钩激活装置上的螺钉和垫圈。

（7）将气动单元上的手柄转至开启位，为避免电气车钩立即伸出，应从司机室给出解钩指令，以使气动系统复位。

（8）确认电气车钩已经正确解钩。

（9）拉动机械车钩侧面的红色手动解钩手柄。

（10）检查指示器，以确认解钩机构的位置。

（11）使动车组以 2 ~ 5 km/h 的速度退行至少 5 m。

（12）作业中的注意事项。

①升弓供电时不能手动解钩。

②自动车钩手动解钩时，车钩连接面分开 3 ~ 5 mm，车钩就已经解钩，拉动解钩装置时不能用力过大，以免造成手动解钩装置损坏。

2.5.12　车外异响检查操作

1. 现象

车下设备松动、风机振动、车下悬挂异物、转向架异响、车顶设备异常。

2. 原因

设备紧固件松动开裂，风扇松动、积灰，异物，车轮踏面擦伤，车顶设备异常放电。

3. 处理过程

（1）司机、随车机械师接到车外异响报告或发现车外异响时，立即停车。

（2）司机报告列车调度员：停车地点、时间、原因。

（3）按规定程序下车检查车辆。

①检查相关车下裙板、底板有无异常，车下有无异物悬挂。

②检查头罩、排障器有无击打等异常，走行部各部件有无异常，车轮踏面有无擦伤、剥离等问题。

③检查牵引电机通风机、万向轴、齿轮箱、变压器、变流器等旋转部件有无异振、异响，若有异常，打开相应的裙板、盖板检查确认。

④检查车顶设备有无异常放电、异物等。

⑤检查完毕，通知司机以 5 km/h 的速度运行约 20 m，随车机械师在故障车中动态检查各部位是否存在异常。

（4）若无异常，正常运行，若有异常，按相关规定处理。

任务实施与评价

1. 教师下发任务单，学生明确学习任务、学习内容、知识目标、能力目标、素质目标要求。

2. 学生按任务单要求制订学习计划，完成预习任务及相关知识准备。

3. 小组内通过角色扮演的形式，进行各种复位操作并指出其适用范围及是否停车。

4. 小组内通过角色扮演的形式，进行塞拉门紧急解锁操作。

5. 小组内通过角色扮演的形式，进行重联及解编作业。

6. 学生进行自我评价及小组成员互评；教师进行学生学习评价，检查任务完成情况。

项目 3　应急故障处理

项目描述

　　途中故障应急处理是随车机械师工作的主要内容之一，也是本书的重点。项目 3 所设置的任务，多为依托实训设备，模拟进行应急故障处理作业，旨在使学生掌握重点故障的应急处理流程，同时牢固树立安全正点意识，不臆测行车、盲目带车。

　　本项目任务：

　　任务 1　CRH_1 型动车组应急故障处理；

　　任务 2　CRH_2/CRH380A(L) 型动车组应急故障处理；

　　任务 3　CRH_3C/CRH380B(L) 型动车组应急故障处理；

　　任务 4　CRH380CL 型动车组应急故障处理；

　　任务 5　CRH_5 型动车组应急故障处理。

教学目标

1. 知识目标

　　(1) 掌握 CRH 各型动车组重点故障应急处理方法。

　　(2) 熟悉 CRH 各型动车组在故障情况下的限速表、故障代码、牵引切除后的最高运行速度和制动切除后允许的最高运行速度。

2. 能力目标

　　(1) 模拟进行 CRH 各型动车组重点故障应急处理。

　　(2) 进行针对 CRH 各型动车组在故障情况下的限速表、故障代码、牵引切除后的最高运行速度和制动切除后允许的最高运行速度的知识竞赛。

3. 素质目标

　　(1) 使学生牢固树立安全正点意识，在动车组突发故障时，能够沉着冷静的按照规定进行应急处理。

　　(2) 在项目学习过程中培养学生的团队协作能力。

　　(3) 能客观、公正地进行学习效果的自我评价及对小组成员的评价。

任务 1　CRH₁ 型动车组应急故障处理

📋 任务单

任务名称	CRH₁ 型动车组应急故障处理
任务描述	学习 CRH₁ 型动车组重点故障途中应急处理办法
任务分析	学习 CRH₁ 型动车组主断路器不按指令闭合、主断路器不按指令断开、受电弓、IDU 显示屏报被检测轮对不旋转、IDU 显示屏报"×轴×侧轴温超温"、IDU 显示屏报"×轴×侧轴温传感器故障"、IDU 显示屏报"×轴×侧热轴预警"、全列车空调故障、单车空调故障、IDU 显示屏显示外门故障、某一外门门页上的按钮指示正常但无法开门、外门不能集控释放和外门无法集控关闭等应急处理办法，同时学习 CRH₁ 型动车组在故障情况下的限速表、CRH₁A、CRH₁B 和 CRH₁E 动车组牵引切除后的最高运行速度、CRH₁A（时速 200 km）动车组和 CRH₁A（时速 250 km）、CRH₁B、CRH₁E 动车组制动切除后允许的最高运行速度
学习任务	【子任务 1】小组内通过角色扮演的形式，模拟进行受电弓故障应急处理。 　　【子任务 2】小组内通过角色扮演的形式，模拟进行 IDU 显示屏报"X 轴 X 侧轴温超温"故障应急处理。 　　【子任务 3】小组内通过角色扮演的形式，模拟进行单车空调故障应急处理。 　　【子任务 4】以小组为单位参加针对 CRH₁ 型动车组在故障情况下的限速表、牵引切除后的最高运行速度和制动切除后允许的最高运行速度的知识竞赛，小组成绩计入小组成员个人平时成绩
劳动组合	各组长分配小组成员角色，进行模拟作业并留下影像记录，全员参与知识竞赛。 　　各组评判小组成员学习情况，做出小组评价
成果展示	应急故障处理作业的照片或视频
学习小结	

自我评价	项目	A—优	B—良	C—中	D—及格	E—不及格	综合
	安全纪律（15%）						
	学习态度（15%）						
	专业知识（30%）						
	专业技能（30%）						
	团队合作（10%）						

教师评价	简要评价	
	教师签名	

📘学习引导文

3.1.1　主断路器不按指令闭合

个别主断路器不按指令闭合的处理操作如表 3 – 1 所示。

表 3 – 1　个别主断路器不按指令闭合的处理操作

名称	个别主断路器不按指令闭合
现象	动车组在正常运行过程中，IDU 显示屏报个别主断路器不按指令闭合，故障代码：3201、3301、3401、3206、3406。故障主断路器显示红色边框后变绿色边框，升弓按钮闪烁，部分单元动力丢失
车种	CRH₁A，CRH₁B，CRH₁E
原因	主断路器内部故障、控制线路故障
行车	维持运行
步骤	处理过程
	(1) 在升弓按钮闪烁的情况下，按"升弓"按钮尝试闭合故障主断路器。 (2) 如果尝试 3 次按"升弓"按钮后主断路器仍不能闭合，切除故障主断路器，继续使用剩余动力维持运行

3.1.2　主断路器不按指令断开

主断路器不按指令断开的处理操作如表 3 – 2 所示。

表 3 – 2　主断路器不按指令断开的处理操作

名称	主断路器不按指令断开
现象	动车组在正常运行过程中，IDU 显示屏报个别主断路器不按指令断开，故障代码 3200、3300、3400、3205、3405。IDU 显示屏显示故障主断路器全红色，相邻的 LCBB 和受电弓被自动封锁
车种	CRH₁A，CRH₁B，CRH₁E
原因	多为主断路器内部故障引起
行车	立即停车或维持至前方站处理
步骤	处理过程
	(1) 如果受电弓未降下，使用剩余动力维持运行。 (2) 如果受电弓已降下，重新升另一个受电弓，使用剩余动力维持运行

3.1.3　受电弓故障

受电弓故障的处理操作如表 3 – 3 所示。

表 3 – 3　受电弓故障的处理操作

名称	受电弓故障
现象	动车组在正常运行过程中，突然断开主断路器，自动降弓，IDU 显示屏报受电弓故障，故障代码 3210，3410
车种	CRH_1A、CRH_1B、CRH_1E
原因	碳滑板、供风管路有泄漏或碳滑板监控装置的压力开关故障、外物破坏、弓网故障等
行车	停车
注意	受电弓故障的处理时间一般较长，司机要加强对蓄电池电压的监控，防止死车
步骤	处理过程
1	司机立即降弓停车，报告列车调度员，通知随车机械师按规定下车检查受电弓
2	（1）随车机械师下车目视检查故障弓技术状态，确认弓已降下；如果受电弓漏风、无机械损坏，通知司机换弓运行。 （2）如果两个受电弓都发生漏风故障且无机械损坏，可以关闭受电弓滑板检测装置（CRH_1A、CRH_1B – Tp：P1.K1.75；CRH_1E、CRH_1B 卧改座 – Tp：P1.J.5）的滑板监控塞门（塞门手柄为蓝色）进一步检查，升弓时随车机械师需观察升弓状态，确认受电弓无明显的机械故障、滑板厚度正常并无裂纹。如正常可继续运行，中途停站随车机械师必须下车观察受电弓外观、密切监控滑板

3.1.4　IDU 显示屏报被检测轮对不旋转

IDU 显示屏报被检测轮对不旋转的处理操作如表 3 –4 所示。

表 3 –4　IDU 显示屏报被检测轮对不旋转的处理操作

名称	IDU 显示屏报 × 车 × 轴轮对不旋转
现象	IDU 显示屏报 " × （ × =0 ~15）车的轮对不旋转"（A 类报警），故障代码 6 × ×1（ × × =00，10，20，30，40，50，60，31，32，41，42，43，44，51，52，53，54）和 " × （ × =0 ~15）车 × （ × = 1，2，3，4）轴的轮对不旋转" 故障，可能同时报 " × （ × =0 ~15）车 × （ × =1，2，3，4）轴的 DNRA 速度传感器故障" 等
车种	CRH_1A – 250、CRH_1B、CRH_1E
原因	被监测车辆的轮对制动未缓解，车轴被抱死；DNRA 速度传感器信号受到干扰、DNRA 速度传感器故障
行车	停车处理
步骤	处理过程
1	如果 IDU 显示屏报 " × （ × =0 ~15）车的轮对不旋转"（A 类报警）故障，立即停车，并通知随车机械师下车检查

步骤	处理过程
2	（1）下车检查被监控车辆上有无抱死车轴，制动盘及闸片有无异常，车轮踏面有无异常，制动盘有无过热迹象，点温确认轴箱温度是否异常。 （2）如果检查状态均无异常，继续行车。 （3）如果检查状态有异常，切除被监控车辆的全部制动。确认完毕后，通知司机继续运行

3.1.5　IDU 显示屏报"×轴×侧轴温超温"

措施：立即停车，下车点温。

确认为报警：限速 40 km/h 运行至就近车站更换车底。

确认为误报警：首先随车机械师进行复位，若复位后轴温正常，继续运行。若复位无效，对于有红外线设备的线路，由司机联系列车调度员，安排地面红外线设备加强监控，每个办客站由随车机械师下车点温，维持运行至具备更换车底条件的车站换车。对于无红外线设备的线路，每个办客站由随车机械师下车点温，若相邻两个办客站点温时间间隔超过 1 小时，由司机联系列车调度员，安排在预设点温车站停车点温（故障轴位应在非站台侧），维持运行至具备更换车底条件的车站换车，途中随车机械师加强在误报警车厢监控振动或异音，如出现异常振动或异音，应立即通知司机停车，下车检查。

IDU 显示屏报"×轴×侧轴温超温"的处理操作如表 3 – 5 所示。

表 3 – 5　IDU 显示屏报"×轴×侧轴温超温"的处理操作

名称	IDU 显示屏报"×轴×侧轴温超温"	
现象	司机室操纵台 IDU 显示屏主菜单跳出或闪报"×轴×侧轴温超温"，故障代码 2206 ~ 2229。包括随后又报"×轴×侧轴温传感器故障"，故障代码 2230 ~ 2253	
车种	CRH$_1$A，CRH$_1$B，CRH$_1$E	
原因	轴温系统检测到轴承温度异常（或轴温超温后，又发生传感器故障）	
行车	立即停车	
注意	下车前必须通过司机向列车调度员汇报，待列车调度员同意后方可下车作业，确保人身安全！ 当发生轴温超温 A 类报警后，TCMS 将在 A 类报警发生后 30 秒自动施加 7 级制动停车。制动联锁的解除方法请参见项目 2 学习引导文"2.1.5 轴温超温后导致的制动联锁解除方法"	
步骤	处理过程	
1		立即停车并通知随车机械师
2	从 IDU 显示屏轴温界面点击报警车辆，确认轴温是否过高。TCMS 对轴温超高的判断标准： （1）环境温度小于 – 10 ℃，且轴温大于 50 ℃时，该轴温超高； （2）环境温度大于 – 10 ℃且小于 30 ℃，轴温比环境温度高 60 ℃时，该轴温超高； （3）环境温度大于 30 ℃，且轴温大于 90 ℃时，该轴温超高； （4）轴温大于 50 ℃，同时比同列车上相同 MVB 的状态良好的轴温平均温度高 50 ℃时，该轴温超高	

步骤	处理过程
3	随车机械师下车使用红外线点温计测量故障轴位实际温度，并与同侧其他轴位进行对比。 若实际轴温值与其他轴位温度相比超过 30 ℃，检查转向架轴箱情况，根据检查结果按照 CRH₁ 型动车组在故障情况下的限速表限速运行至就近车站更换车底或请求救援，途中注意监控轴温变化，若轴温急剧升高，立即停车
4	（1）若实际轴温值与其他轴位温度相比未超过 30 ℃，检查转向架轴箱正常。确认为误报，随车机械师在司机手账签认运行要求。 （2）对于有红外线设备的线路，由司机联系列车调度员，安排地面红外线设备加强监控，每个办客站由随车机械师下车点温（故障轴位应在非站台侧），维持运行至具备更换车底条件的车站换车。 （3）对于无红外线设备的线路，每个办客站由随车机械师下车点温，若相邻两个办客站点温时间间隔超过 1 小时，由司机联系列车调度员，安排在预设点温车站停车点温（故障轴位应在非站台侧），维持运行至具备更换车底条件的车站换车，途中随车机械师加强在误报警车厢监控振动或异音，如出现异常振动或异音，应立即通知司机停车，下车检查

3.1.6 IDU 显示屏报 "×轴×侧轴温传感器故障"

IDU 显示屏报 "×轴×侧轴温传感器故障" 的处理操作如表 3 –6 所示。

表 3 –6　IDU 显示屏报 "×轴×侧轴温传感器故障" 的处理操作

名称	IDU 显示屏报 "×轴×侧轴温传感器故障"
现象	IDU 显示屏报 "×轴×侧轴温传感器故障"，故障代码 2230 ~ 2253
车种	CRH₁A，CRH₁B，CRH₁E
原因	轴温传感器系统故障导致
行车	继续运行、前方就近车站停车点温
注意	是否之前发生过 "×轴×侧轴温超温" 报警。 下车前必须通过司机向列车调度员汇报，待列车调度员同意后方可下车作业，确保人身安全
步骤	处理过程
1	（1）司机、随车机械师共同确认 IDU 显示屏报警信息。 （2）如先前或同时伴随 "×轴×侧轴温超温" 报警，应立即停车，按照本部分 3.1.5 条 IDU 显示屏报 "×轴×侧轴温超温" 进行处理。 （3）如果仅发生 "×轴×侧轴温传感器故障"（A 类报警），司机继续行车并汇报列车调度员，安排在前方就近车站停车点温
2	按照 3.1.5 IDU 显示屏报 "×轴×侧轴温超温" 的第 3、4 条步骤处理

3.1.7 IDU 显示屏报 "×轴×侧热轴预警"

IDU 显示屏报 "×轴×侧热轴预警" 的处理操作如表 3 – 7 所示。

表 3 – 7 IDU 显示屏报 "×轴×侧热轴预警" 的处理操作

名称	IDU 显示屏报 "×轴×侧热轴预警"
现象	IDU 显示屏报 "×轴（×=1，2，3，4）×侧热轴预警" A 类报警，故障代码：2254 ~ 2277
车种	CRH$_1$A，CRH$_1$B，CRH$_1$E
原因	轴温系统检测到轴温异常
行车	继续运行或停车
步骤	处理过程
1	继续行车，并立即通知随车机械师
2	从 IDU 显示屏轴温界面点击报警车辆，确认轴温是否过高。TCMS 对轴温预报警的判断标准（在目前轴温超温报警温度的基础上，降低 10 ℃，作为轴温预报警的温度）： （1）环境温度小于 – 10 ℃，且轴温大于 40 ℃时，该轴温超高； （2）环境温度大于 – 10 ℃且小于 30 ℃，轴温比环境温度高 50 ℃时，该轴温超高； （3）环境温度大于 30 ℃，且轴温大于 80 ℃时，该轴温超高； （4）轴温大于 50 ℃，同时比同列车上相同 MVB 的状态良好的轴温平均温度高 40 ℃时，该轴温超高
3	司机进入 IDU 显示屏轴温界面，密切关注异常轴温的变化趋势。必要时减速控制轴温不超过报警温度，继续运行至下一车站。当轴温出现突然快速上升、接近报警温度或轴温显示异常时，司机应立即施加制动停车。途中随车机械师要重点巡视预警车厢，对故障车辆的振动和运行声音进行监控，如出现异常振动或异音，应立即通知司机停车，下车检查
4	到站停车后，随车机械师检查故障轴箱外观情况，并使用红外线点温计确认轴温。如果是轴温传感器测量故障导致误预警时，司机继续行车，停站点温，或到达具备换车条件的车站换车运行，故障动车组回库处理。如果轴箱确实达到或超过预报警温度，则通知司机向调度报告并按规定限速

3.1.8 全列车空调故障

全列车空调故障的处理操作如表 3 – 8 所示。

表 3 – 8　全列车空调故障的处理操作

名称	全列车空调故障
现象	全列车空调故障，无送风/制冷/制热，只有紧急通风
车种	CRH₁A，CRH₁B，CRH₁E
原因	MVB 通信故障、FPC24（MVB 卡）硬件故障
行车	继续运行或就近停站处理
步骤	处理过程
	（1）随车机械师检查 IDU 显示屏上的"舒适度"界面，确认没有启动"火灾模式"（"火灾模式"启动时显示黄色）。 （2）如故障仍未消除，停车后，做主控复位。 （3）如果依然无效，将全列空调设置为"手动半冷"模式

3.1.9　单车空调故障

单车空调故障的处理操作如表 3 – 9 所示。

表 3 – 9　单车空调故障的处理操作

名称	单车空调故障
现象	单车空调故障，无送风/制冷/制热，只有紧急通风
车种	CRH₁A，CRH₁B，CRH₁E
原因	空调系统故障、MVB 通信故障
行车	维持运行
步骤	处理过程
1	在 IDU 显示屏上对该空调进行切出/切入复位
 2 空调转换开关	（1）如果无效，检查该车空调配电柜 FPC24 电源是否有电，如无电则检查故障车组 110V 配电柜内的 .19 断路器是否跳闸。如果有电则通常为 FPC24 故障，尝试通过空调配电柜内的模式转换开关（左图）进行复位，如复位不成功则置于"手动（通风）"位。 （2）如果断路器跳闸，或者空调电器柜内的 QF14 跳闸，并且无法合闸，则可能是 DIO8 模块故障，此时可以拔下 DIO8 的 X6 和 X7 插头，再重新合闸，维持空调工作

3.1.10 IDU 显示屏显示外门故障

IDU 显示屏显示外门故障的处理操作如表 3 – 10 所示。

表 3 – 10 **IDU 显示屏显示外门故障的处理操作**

名称	IDU 显示屏显示外门故障
现象	在 IDU 显示屏上查看外门状态时，外门显示故障
车种	CRH$_1$A，CRH$_1$B，CRH$_1$E
原因	EDCU 通信故障、外门故障
行车	维持运行
步骤	处理过程
1	通知随车机械师
2	（1）确认脚踏已收回，使用三角钥匙隔离该故障门，然后通知司机查看牵引安全回路的状态，如果安全回路形成则继续行车。 （2）否则，将故障门的 EDCU 控制盒的供电插头拔掉或断开 EDCU 电源开关，安全回路形成后行车。 （3）在合适的机会，恢复 EDCU 电源，对该门尝试复位操作

3.1.11 某一外门门页上的按钮指示正常，但无法开门

某一外门门页上的按钮指示正常，但无法开门的处理操作如表 3 – 11 所示。

表 3 –11 **某一外门门页上的按钮指示正常，但无法开门的处理操作**

名称	集控开门时，某一外门门页上的按钮指示正常，已释放但无法开门
现象	集控开门时，某一外门门页上的按钮指示正常，已释放但无法开门
车种	CRH$_1$A，CRH$_1$B
原因	EDCU 给 MADD 模块供电的电源线故障
行车	停车
步骤	处理过程
1	通知随车机械师及列车长
2	（1）如果门页上的开门按钮已变绿，则直接按下，手动开门。 （2）检查 EDCU 给 MADD 模块供电的电源线是否松脱，如无异常则暂时隔离此门

3.1.12 外门不能集控释放

外门不能集控释放的处理操作如表 3 – 12 所示。

表 3 – 12 外门不能集控释放的处理操作

名称	外门不能集控释放
现象	IDU 显示屏显示外门正常，但到站时整列不能释放
车种	CRH_1E，CRH_1B（1076B ~ 1080B）
原因	释放按钮、释放继电器故障
行车	停车
注意	如果采用紧急开门，必须将手柄复位，否则该门无法集控
步骤	处理过程
1	通知列车长和随车机械师采用本地方式或紧急开门方式完成上下客，详见 2.1.4 手动开关门操作
2	如果停站时间允许，尝试以 C.A1.1.1.28 或 C.A1.1.1.29 继电器替换 C.A1.1.1.23 外门释放继电器，然后试验集控释放

3.1.13 外门无法集控关闭

外门无法集控关闭的处理操作如表 3 – 13 所示。

表 3 – 13 外门无法集控关闭的处理操作

名称	外门无法集控关闭
现象	外门无法集控关闭，牵引安全回路不能形成，无法牵引
车种	CRH_1A，CRH_1B，CRH_1E
原因	司机室集控关门按钮故障
行车	停车
步骤	处理过程
	CRH_1A – 200、CRH_1B、CRH_1E：将主控钥匙置于停放位，等外门关闭后，再重新置于激活位。 CRH_1A – 250：按下断蓄电池按钮，断电后重新激活

3.1.14 CRH_1 型动车组在故障情况下的限速表

CRH_1 型动车组在故障情况下的限速表如表 3 – 14 所示。

表 3 – 14　CRH₁ 型动车组在故障情况下的限速表

故 障 描 述		最高限制速度
车轮擦伤	长度大于等于 60 mm	≤120 km/h 运行至前方站后停运，有动力回所
	长度大于 30 mm 小于 60 mm	≤200 km/h 完成本次运营后处理
	长度小于等于 30 mm	不限速，完成本天运营后处理
车轮剥离： 一处长度 ≤20 mm（或两处每处长度 ≤10 mm），面积 ≤100 mm²，深度 ≤1.5 mm	三个标准均超限时	≤40 km/h 完成本次运营后处理
	三个标准未同时超限时	不限速，完成本天运营后视情况处理
空气弹簧泄漏、爆裂或切除		≤160 km/h 完成本次运营后处理
车窗玻璃破损失效	穿透导致密封失效	≤160 km/h 完成本次运营后处理
轴温（点温） 超温报警值 T0，环境温度（T），轴温（Ta） T≤ –10　　　T0 = 50 –10 < T≤30　T0 = T + 60 T > 30　　　T0 = 90 Ta > 50　　　T0 = 50 + 同一 MVB 单元正常轴温平均值	Ta ≤ T0 + 20	≤80 km/h 运行
	Ta > T0 + 20	≤40 km/h 运行至前方站后停运，有动力回所
空调故障开门运行		60 km/h（高站台 40 km/h）
轴箱弹簧断裂		不限速。（内圈断：不限速，继续完成当天交路后，回库后更换。外圈断：不限速，完成本次交路后，退出运行回库更换。）
轴箱定位装置明显损坏		20 km/h
轴箱定位装置零部件缺失		20 km/h
高度控制阀 L15 或（和）高度调节杆故障		≤160 km/h 完成本次运营后处理
抗侧滚扭杆损坏或连杆螺栓（螺纹）连接损坏		≤10 km/h
抗蛇行油压减振器失效		170 km/h
抗蛇行油压减振器连接螺栓缺失或松动		170 km/h
横向止挡损坏或缺失		30 km/h
机车救援 CRH₁ 动车组	有外接电源，蓄电池打开，常用制动、紧急制动有效	120 km/h
	无外接电源，蓄电池打开，常用制动、紧急制动有效	120 km/h
	无外接电源，蓄电池关闭，常用制动、紧急制动无效	5 km/h
CRH₁A 型动车组救援 CRH₁A 型动车组	有外接电源，蓄电池打开，紧急制动有效	140 km/h
	无外接电源，蓄电池打开，紧急制动有效	140 km/h
	无外接电源、蓄电池关闭，常用制动、紧急制动无效	40 km/h

3.1.15 CRH₁A、CRH₁B 和 CRH₁E 动车组牵引切除后的最高运行速度

CRH₁A、CRH₁B 和 CRH₁E 动车组牵引切除后的最高运行速度如表 3–15 所示。

表 3–15　CRH₁A、CRH₁B 和 CRH₁E 动车组牵引切除后的最高运行速度　　　（km/h）

CRH₁A–200 单组动车组	MCM 剩余 8/10 以上	200
	MCM 剩余（6~7）/10	180
	MCM 剩余 5/10	140
	MCM 剩余 4/10	120
	MCM 剩余（1~3）/10	100
	MCM 剩余 0	救援
CRH₁A–200 重联动车组	MCM 剩余 15/20 以上	200
	MCM 剩余（12~14）/20	180
	MCM 剩余（9~11）/20	140
	MCM 剩余（7~8）/20	120
	MCM 剩余（1~6）/20	100
	MCM 剩余 0	救援
CRH₁A–250 单组动车组	MCM 剩余 9/10 以上	250
	MCM 剩余 8/10	230
	MCM 剩余 7/10	220
	MCM 剩余 6/10	200
	MCM 剩余 5/10	180
	MCM 剩余 4/10	170
	MCM 剩余 3/10	145
	MCM 剩余 2/10	120
	MCM 剩余 1/10	80
	MCM 剩余 0	救援
CRH₁A–250 重联动车组	MCM 剩余 18/20 以上	250
	MCM 剩余（16~17）/20	230
	MCM 剩余（14~15）/20	220
	MCM 剩余（12~13）/20	200
	MCM 剩余（10~11）/20	180
	MCM 剩余（8~9）/20	170
	MCM 剩余（6~7）/20	145
	MCM 剩余（4~5）/20	120
	MCM 剩余（1~3）/20	80
	MCM 剩余 0	救援

	MCM 剩余 19/20 以上	250
	MCM 剩余（17～18）/20	240
	MCM 剩余（15～16）/20	230
	MCM 剩余（13～14）/20	215
	MCM 剩余（11～12）/20	200
CRH$_1$B、 CRH$_1$E 动车组	MCM 剩余（9～10）/20	185
	MCM 剩余（7～8）/20	170
	MCM 剩余（5～6）/20	145
	MCM 剩余（3～4）/20	120
	MCM 剩余 2/20	80
	MCM 剩余 1/20 以下	救援

3.1.16　CRH$_1$A（时速 200 km）动车组制动切除后允许的最高运行速度

CRH$_1$A（时速 200 km）动车组制动切除后允许的最高运行速度如表 3–16 所示。

表 3–16　CRH$_1$A（时速 200 km）动车组制动切除后允许的最高运行速度　　　　（km/h）

制动切除比例	列控系统顶棚速度			
1/16	200	200	160	120
2/16（1/8）	180	180	140	100
3/16	180	180	140	100
4/16（2/8）	160	160	140	100
5/16	160	160	120	90
6/16（3/8）	140	140	120	90
7/16	140	140	100	90
8/16（4/8）	120	120	100	80

定义：制动切除比例中分子为累计切除换算的单车制动数量。

注：切除 8/16（4/8）以上时以 80 km/h 运行到前方站进行换乘处理。若重联动车组其中一整列无制动力，则按动车组相互救援规定执行。

3.1.17　CRH$_1$A（时速 250 km）、CRH$_1$B、CRH$_1$E 动车组制动切除后允许的最高运行速度

CRH$_1$A（时速 250 km）、CRH$_1$B、CRH$_1$E 动车组制动切除后允许的最高运行速度如表 3–17 所示。

表 3–17 CRH₁A（时速 250 km）、CRH₁B、CRH₁E 动车组制动切除后允许的最高运行速度（km/h）

制动切除比例	列控系统顶棚速度			
1/16	250	200	160	120
2/16（1/8）	210	180	150	100
3/16	180	160	120	100
4/16（2/8）	160	160	120	100
5/16	160	160	120	90
6/16（3/8）	140	120	120	90
7/16	140	120	100	90
8/16（4/8）	140	120	100	80

定义：制动切除比例中分子为累计切除换算的单车制动数量。

注：切除 8/16（4/8）以上时以 80 km/h 运行到前方站进行换乘处理。若重联动车组其中一整列无制动力，则按动车组相互救援规定执行。

任务实施与评价

1. 教师下发任务单，学生明确学习任务、学习内容、知识目标、能力目标、素质目标要求。

2. 学生按任务单要求制订学习计划，完成预习任务及相关知识准备。

3. 小组内通过角色扮演的形式，模拟进行受电弓故障应急处理。

4. 小组内通过角色扮演的形式，模拟进行 IDU 显示屏报 "×轴×侧轴温超温" 故障应急处理。

5. 小组内通过角色扮演的形式，模拟进行单车空调故障的应急处理。

6. 以小组为单位参加针对 CRH₁ 型动车组在故障情况下的限速表、牵引切除后的最高运行速度和制动切除后允许的最高运行速度的知识竞赛，小组成绩计入小组成员个人平时成绩。

7. 学生进行自我评价及小组成员互评；教师进行学生学习评价，检查任务完成情况。

任务 2 CRH₂、CRH380A（L）型动车组应急故障处理

任务单

任务名称	CRH₂、CRH380A（L）型动车组应急故障处理
任务描述	学习 CRH₂、CRH380A（L）型动车组重点故障途中应急处理办法

续表

<table>
<tr><td>任务分析</td><td colspan="7">学习 CRH_2/CRH380A(L) 型动车组受电弓无法升起（Ⅰ）故障、受电弓无法升起（Ⅱ）故障、受电弓正常升起但 MON 显示屏未显示故障、受电弓升起无法降下故障、受电弓自动降下或挂有异物故障、单车 VCB 不能闭合故障、牵引变流器故障 1、牵引变流器故障 2、牵引电机通风机停止故障、牵引变流器故障、主变压器一次侧过电流故障、主变压器三次侧过电流故障、主变压器三次侧接地故障、主变压器油泵停止故障、制动控制装置故障、制动控制装置速度发电机断线故障、制动力不足故障、抱死故障、制动不缓解故障、轴温故障、车轮踏面擦伤剥离故障和车门关闭故障等应急处理办法，同时学习 CRH_2、CRH380A(L) 型动车组在故障情况下的限速表、牵引切除后的最高运行速度、制动切除后允许的最高运行速度和故障编码名称对照表</td></tr>
<tr><td>学习任务</td><td colspan="7">【子任务 1】小组内通过角色扮演的形式，模拟进行牵引变流器故障应急处理。
【子任务 2】小组内通过角色扮演的形式，模拟进行制动不足故障应急处理。
【子任务 3】小组内通过角色扮演的形式，模拟进行车门关闭故障应急处理。
【子任务 4】以小组为单位参加针对 CRH_2/CRH380A(L) 型动车组在故障情况下的限速表、牵引切除后的最高运行速度、制动切除后允许的最高运行速度和故障编码名称对照表的知识竞赛，小组成绩计入小组成员个人平时成绩</td></tr>
<tr><td>劳动组合</td><td colspan="7">各组长分配小组成员角色，进行模拟作业并留下影像记录，全员参与知识竞赛。
各组评判小组成员学习情况，做出小组评价</td></tr>
<tr><td>成果展示</td><td colspan="7">应急故障处理作业的照片或视频</td></tr>
<tr><td>学习小结</td><td colspan="7"></td></tr>
<tr><td rowspan="6">自我评价</td><td>项目</td><td>A—优</td><td>B—良</td><td>C—中</td><td>D—及格</td><td>E—不及格</td><td>综合</td></tr>
<tr><td>安全纪律（15%）</td><td></td><td></td><td></td><td></td><td></td><td rowspan="5"></td></tr>
<tr><td>学习态度（15%）</td><td></td><td></td><td></td><td></td><td></td></tr>
<tr><td>专业知识（30%）</td><td></td><td></td><td></td><td></td><td></td></tr>
<tr><td>专业技能（30%）</td><td></td><td></td><td></td><td></td><td></td></tr>
<tr><td>团队合作（10%）</td><td></td><td></td><td></td><td></td><td></td></tr>
<tr><td rowspan="2">教师评价</td><td>简要评价</td><td colspan="5"></td><td rowspan="2"></td></tr>
<tr><td>教师签名</td><td colspan="5"></td></tr>
</table>

学习引导文

3.2.1 受电弓无法升起（Ⅰ）

受电弓无法升起（Ⅰ）的处理操作如表 3 – 18 所示。

表 3 – 18 受电弓无法升起（Ⅰ）的处理操作

现象	MON 显示屏显示受电弓未升起，网压表无显示
车种	CRH₂A、CRH₂B、CRH₂C、CRH₂E、CRH380A(L)
原因	(1) 两端司机室配电盘中的【受电弓·VCB】断路器处于断开位。 (2) 辅助风缸压力过低。 (3) 保护接地开关处于闭合状态。 (4) VCB 处于闭合状态。 (5) 04、06 车（CRH₂A、CRH₂C、CRH380A）/04、13 车（CRH₂B、CRH₂E）/05、13 车（CRH380AL）配电盘中的【升弓】断路器处于断开位。 (6) CRH380AL 型动车组 05、13 车组合配电盘中的【阀板电源 1、2】断路器处于断开位
行车	故障处理后正常运行
步骤	处理过程

		(1) 确认主控端司机室配电盘【受电弓·VCB】断路器是否处于闭合状态，若断开，则闭合
1		(2) 确认"准备未完"显示灯是否熄灭，若灯亮，则右旋【辅助空气压缩机控制】旋钮保持 3 s，启动辅助空气压缩机打风，直到"准备未完"显示灯灭
		(3) 确认保护接地开关是否处于断开状态，若闭合，则闭合主控端司机室【保护接地】断路器，右旋【保护接地切除】旋钮开关保持 3 s，断开保护接地开关后，再将【保护接地】断路器断开

步骤	处理过程
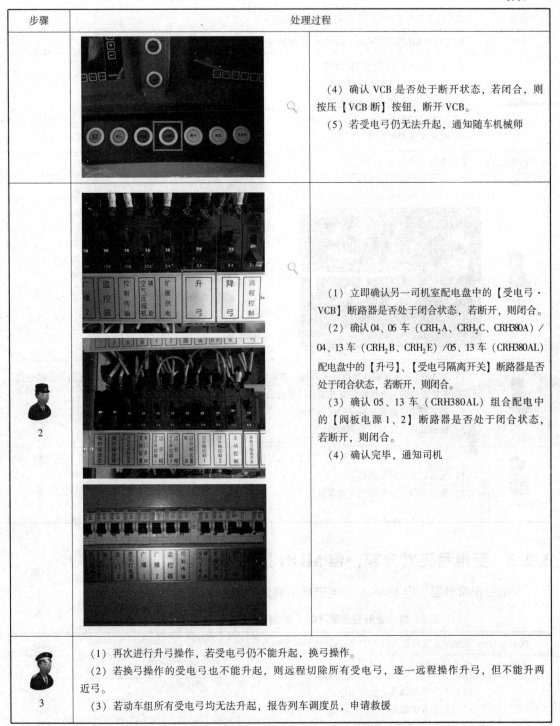	（4）确认 VCB 是否处于断开状态，若闭合，则按压【VCB 断】按钮，断开 VCB。 （5）若受电弓仍无法升起，通知随车机械师
2	（1）立即确认另一司机室配电盘中的【受电弓·VCB】断路器是否处于闭合状态，若断开，则闭合。 （2）确认 04、06 车（CRH$_2$A、CRH$_2$C、CRH380A）/04、13 车（CRH$_2$B、CRH$_2$E）/05、13 车（CRH380AL）配电盘中的【升弓】、【受电弓隔离开关】断路器是否处于闭合状态，若断开，则闭合。 （3）确认 05、13 车（CRH380AL）组合配电中的【阀板电源 1、2】断路器是否处于闭合状态，若断开，则闭合。 （4）确认完毕，通知司机
3	（1）再次进行升弓操作，若受电弓仍不能升起，换弓操作。 （2）若换弓操作的受电弓也不能升起，则远程切除所有受电弓，逐一远程操作升弓，但不能升两近弓。 （3）若动车组所有受电弓均无法升起，报告列车调度员，申请救援

3.2.2 受电弓无法升起（Ⅱ）

受电弓无法升起（Ⅱ）的处理操作如表 3 - 19 所示。

表 3－19　受电弓无法升起（Ⅱ）的处理操作

现象	MON 显示屏显示受电弓未升起，网压表无显示
车种	CRH₂A、CRH₂B、CRH₂C、CRH₂E、CRH380A(L)
原因	(1) 受电弓本身的压力风管漏风。 (2) 连接受电弓的白色风管漏风。 (3) 受电弓控制阀板上的风管漏风。 (4) 受电弓气囊损坏。 (5) 受电弓碳滑板漏风
行车	停车处理
步骤	处理过程
1	(1) 右旋司机室配电盘【受电弓升起】旋钮保持 3 s 后，MON 显示屏显示受电弓升起。 (2) 通知随车机械师
2	(1) 在 MON 显示屏确认受电弓未升起，按规定程序下车，目视检查受电弓外观状态。（装有受电弓视频监控装置的车辆，可在监控室视频监控界面确认车顶受电弓外观状态） (2) 若需登顶，按规定程序登车顶处理。 (3) 检查处理完毕后，通知司机
3	(1) 远程切除故障受电弓。 (2) 换弓运行，并报告列车调度员

3.2.3　受电弓正常升起，但 MON 显示屏未显示

受电弓正常升起，但 MON 显示屏未显示的处理操作如表 3－20 所示。

表 3－20　受电弓正常升起，但 MON 显示屏未显示的处理操作

现象	受电弓正常升起，但 MON 显示屏未显示受电弓升起
车种	CRH₂A、CRH₂B、CRH₂C、CRH₂E、CRH380A(L)
原因	(1) 压力传感器无法正常工作。 (2) 压力开关故障。 (3)【显示灯电源】断路器断开
行车	维持运行

续表

步骤	处理过程
1	（1）确认网压正常，且 MON 显示屏未显示受电弓升起。 （2）通知随车机械师检查处理
2	（1）立即到问题受电弓所在车，确认配电盘中【显示灯电源】断路器是否处于闭合状态：若断开，则闭合；若闭合，则断开 15 s 后再投入。 （2）确认完毕，通知司机
3	确认 MON 显示屏是否显示受电弓升起：若显示升起，正常运行；若仍未显示升起，按相关规定换弓运行
4	（1）到达前方停车站，目视检查问题受电弓外观状态。（装有受电弓视频监控装置的车辆，可在监控室视频监控界面确认车顶受电弓外观状态） （2）检查完毕，通知司机

3.2.4　受电弓升起无法降下

受电弓升起无法降下的处理操作如表 3-21 所示。

表 3-21　受电弓升起无法降下的处理操作

现象	降弓操作后 MON 显示屏显示受电弓未降下
车种	CRH$_2$A、CRH$_2$B、CRH$_2$C、CRH$_2$E、CRH380A(L)
原因	（1）升弓继电器触头粘连。 （2）受电弓机械卡滞
行车	停车处理
步骤	处理过程
1	立即停车，通过 MON 显示屏远程切除故障受电弓，若降下，换弓运行，后续运行途中如需降弓，通过远程切除受电弓完成。 若未降下，通知随车机械师
2	按规定程序下车检查受电弓外观可见部分无明显异常或超限，确认受电弓状态： 若已降下，通知司机升弓维持运行。 若未降下，截止受电弓车阀板压力调节阀，下车确认受电弓降下后换弓运行。 若仍未降下，则申请救援，按规定程序登顶检查处理

3.2.5 受电弓自动降下或挂有异物

受电弓自动降下或挂有异物的处理操作如表 3－22 所示。

表 3－22　受电弓自动降下或挂有异物的处理操作

现象	运行途中受电弓自动降下或受电弓上挂有异物
车种	CRH₂A、CRH₂B、CRH₂C、CRH₂E、CRH380A(L)
原因	(1) 运行途中受电弓遭受异物打击。 (2) 其他原因导致受电弓自动降下
行车	停车处理
步骤	处理过程
1	(1) 立即停车，远程切除故障受电弓。 (2) 通知随车机械师
2	(1) 按规定程序下车，检查受电弓外观可见部分有无明显异常或超限，通知司机换弓运行，前方站停车，按照相关规定检查，若受电弓硬件损坏，按规定申请登顶处理。 (2) 检查处理完毕后，通知司机
3	换弓维持运行

3.2.6 单车 VCB 不能闭合

单车 VCB 不能闭合的处理操作如表 3－23 所示。

表 3－23　单车 VCB 不能闭合的处理操作

现象	(1) 按压【VCB 合】按钮或过分相后，单车 VCB 不能闭合。 (2) 车辆运行中，02、04 车或 12、14 车 VCB 无法正常闭合，准备未完灯亮，总风压力正常（780～880 kPa）
车种	CRH₂A、CRH₂B、CRH₂C、CRH₂E、CRH380A(L)
原因	(1) VCB 被远程切除。 (2) 该单元牵引变流器内主接触器 K 处于闭合位。 (3) 发生一次侧过电流、三次侧接地、三次侧过电流等故障，变压器保护后，故障未排除或未进行 RS 复位。 (4) 总风源给 VCB 气路阀门被关闭。在过分相区时，由于 VCB 合、断用气路来实现，在多次过分相后，由于气压不足，导致 VCB 自动断开。 (5) 13 车辅助空压机调压器发生故障（CRH380AL）
行车	维持运行

步骤	处理过程	
1		（1）确认"准备未完"显示灯是否熄灭，若灯亮，则右旋【辅助空气压缩机控制】旋钮保持 3 s，启动辅助空气压缩机打风，直到"准备未完"显示灯灭。 （2）通过 MON 显示屏确认故障 VCB 是否远程切除，若切除，则恢复。 （3）通过 MON 显示屏检查相应车"配电盘信息"有无发生"主电路接地""CI 故障""MTr 油流""三次侧接地""三次侧过电流"，若发生，则进行 RS 复位。 （4）按压【VCB 合】按钮，若 VCB 仍不能闭合，通知随车机械师
2		（1）立即确认故障 VCB 对应车配电盘中的【牵引变压器油流】、【辅助电路过电流】、【牵引变压器过电流】、【真空断路器】、【扩展供电】断路器是否处于闭合状态，若断开，则闭合。 （2）确认故障 VCB 对应单元的各 M 车配电盘中的【牵引变流器 1】断路器是否处于闭合状态，若断开，则闭合。 （3）确认完毕，通知司机

213

步骤	处理过程
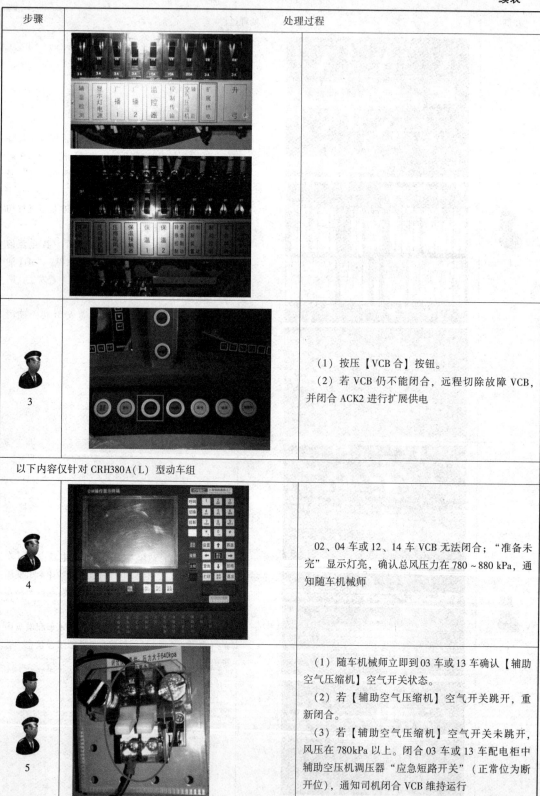 3	（1）按压【VCB 合】按钮。 （2）若 VCB 仍不能闭合，远程切除故障 VCB，并闭合 ACK2 进行扩展供电
以下内容仅针对 CRH380A（L）型动车组	
4	02、04 车或 12、14 车 VCB 无法闭合；"准备未完"显示灯亮，确认总风压力在 780～880 kPa，通知随车机械师
5	（1）随车机械师立即到 03 车或 13 车确认【辅助空气压缩机】空气开关状态。 （2）若【辅助空气压缩机】空气开关跳开，重新闭合。 （3）若【辅助空气压缩机】空气开关未跳开，风压在 780kPa 以上。闭合 03 车或 13 车配电柜中辅助空压机调压器"应急短路开关"（正常位为断开位），通知司机闭合 VCB 维持运行

续表

步骤	处理过程
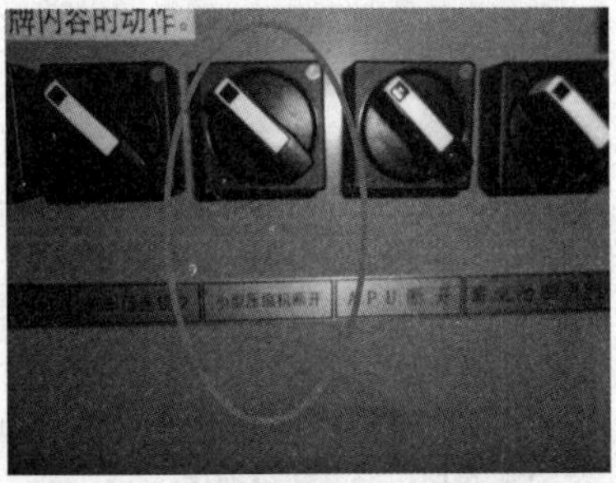	（4）司机运行途中密切监控辅助空压机风压需在 640 kPa 以上
注意	在故障处理完毕后，禁止右旋【辅助空气压缩机控制】旋钮，启动辅助空气压缩机

3.2.7　牵引变流器故障 1

牵引变流器故障 1（故障代码 004）的处理操作如表 3 – 24 所示。

表 3 – 24　牵引变流器故障 1（故障代码 004）的处理操作

现象	接触器 K 断开，此动车无法牵引和再生制动
车种	CRH_2A、CRH_2B、CRH_2C、CRH_2E、$CRH380A(L)$
原因	直流过电压；控制电源异常；牵引电机过电流；牵引电机电流不平衡；PG 异常；主变压器二次侧接地
行车	继续运行
步骤	处理过程
1	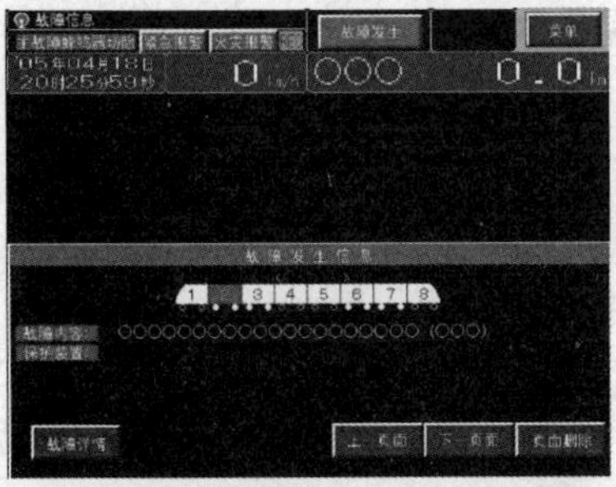 当 MON 显示屏主菜单页面闪现"故障发生信息"提示，并伴有声音报警时，触按左下方【故障详情】键，确认故障情况，并通知随车机械师
2	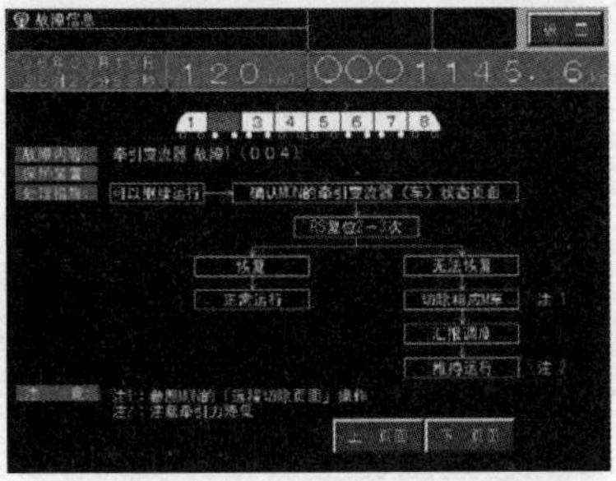 MON 显示屏切换至"牵引变流器故障 1"故障信息页面

续表

步骤	处理过程	
3	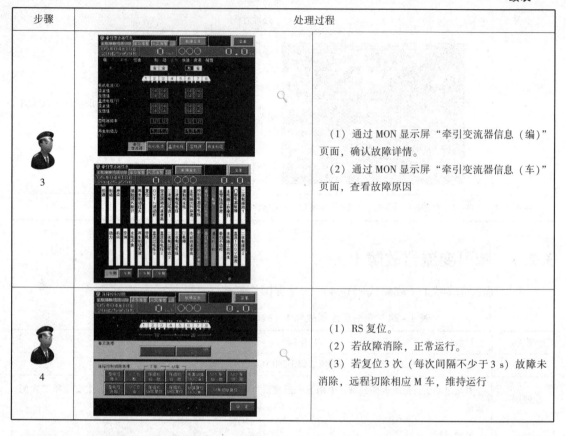	（1）通过 MON 显示屏"牵引变流器信息（编）"页面，确认故障详情。 （2）通过 MON 显示屏"牵引变流器信息（车）"页面，查看故障原因
4	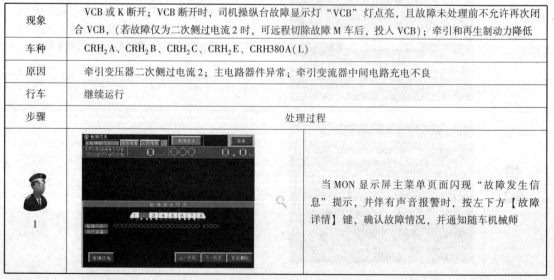	（1）RS 复位。 （2）若故障消除，正常运行。 （3）若复位 3 次（每次间隔不少于 3 s）故障未消除，远程切除相应 M 车，维持运行

3.2.8 牵引变流器故障 2

牵引变流器故障 2（故障代码 005）的处理操作如表 3 - 25 所示。

表 3 - 25 牵引变流器故障 2（故障代码 005）的处理操作

现象	VCB 或 K 断开；VCB 断开时，司机操纵台故障显示灯"VCB"灯点亮，且故障未处理前不允许再次闭合 VCB，（若故障仅为二次侧过电流 2 时，可远程切除故障 M 车后，投入 VCB）；牵引和再生制动力降低	
车种	CRH_2A、CRH_2B、CRH_2C、CRH_2E、$CRH380A(L)$	
原因	牵引变压器二次侧过电流 2；主电路器件异常；牵引变流器中间电路充电不良	
行车	继续运行	
步骤	处理过程	
1		当 MON 显示屏主菜单页面闪现"故障发生信息"提示，并伴有声音报警时，按左下方【故障详情】键，确认故障情况，并通知随车机械师

续表

步骤	处理过程	
2	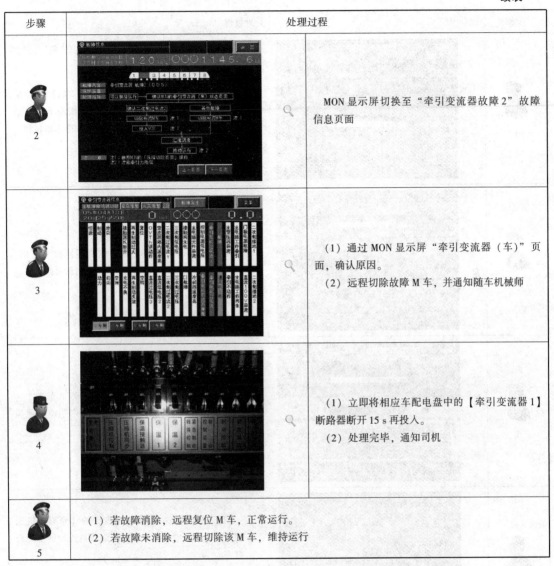	MON 显示屏切换至"牵引变流器故障 2"故障信息页面
3		（1）通过 MON 显示屏"牵引变流器（车）"页面，确认原因。 （2）远程切除故障 M 车，并通知随车机械师
4		（1）立即将相应车配电盘中的【牵引变流器 1】断路器断开 15 s 再投入。 （2）处理完毕，通知司机
5	（1）若故障消除，远程复位 M 车，正常运行。 （2）若故障未消除，远程切除该 M 车，维持运行	

3.2.9　牵引电机通风机停止

牵引电机通风机 1 停止（故障代码 137）、牵引电机通风机 2 停止（故障代码 138）的处理操作如表 3－26 所示。

表 3－26　牵引电机通风机 1 停止（故障代码 137）、牵引电机通风机 2 停止（故障代码 138）的处理操作

现象	司机操纵台故障显示灯"电气设备"灯点亮，为防止牵引电机温度过高，相应 CI 的接触器 K 断开，此动车无法牵引及再生制动
车种	CRH_2A、CRH_2B、CRH_2C、CRH_2E、CRH380A(L)
原因	牵引电机用通风机 1 或通风机 2 故障；继电器 MMBMNR1、MMBMNR2 故障
行车	继续运行

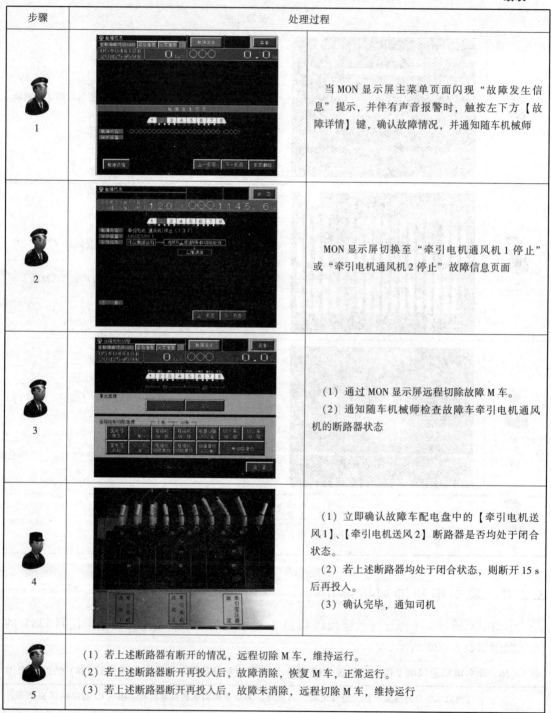

步骤	处理过程
1	当 MON 显示屏主菜单页面闪现"故障发生信息"提示，并伴有声音报警时，触按左下方【故障详情】键，确认故障情况，并通知随车机械师
2	MON 显示屏切换至"牵引电机通风机 1 停止"或"牵引电机通风机 2 停止"故障信息页面
3	（1）通过 MON 显示屏远程切除故障 M 车。 （2）通知随车机械师检查故障车牵引电机通风机的断路器状态
4	（1）立即确认故障车配电盘中的【牵引电机送风 1】、【牵引电机送风 2】断路器是否均处于闭合状态。 （2）若上述断路器均处于闭合状态，则断开 15 s 后再投入。 （3）确认完毕，通知司机
5	（1）若上述断路器有断开的情况，远程切除 M 车，维持运行。 （2）若上述断路器断开再投入后，故障消除，恢复 M 车，正常运行。 （3）若上述断路器断开再投入后，故障未消除，远程切除 M 车，维持运行

3.2.10 牵引变流器故障

牵引变流器故障（故障代码 141）的处理操作如表 3-27 所示。

表 3 – 27　牵引变流器故障（故障代码 141）的处理操作

现象	故障单元 VCB 断开
车种	CRH$_2$A、CRH$_2$B、CRH$_2$C、CRH$_2$E、CRH380A(L)
原因	牵引变压器二次侧过电流2；主电路器件异常
行车	继续运行
步骤	处理过程

步骤		
1	（图）	当 MON 显示屏主菜单页面闪现"故障发生信息"提示，并伴有声音报警时，触按左下方【故障详情】键，确认故障情况，并通知随车机械师
2	（图）	MON 显示屏切换至"牵引变流器故障"故障信息页面
3	（图）	（1）通过 MON 显示屏"牵引变流器（车）"页面，确认原因。 （2）远程切除故障 M 车，并通知随车机械师
4	（图）	（1）立即将相应车配电盘中的【牵引变流器1】断路器断开15 s再投入。 （2）处理完毕，通知司机
5	（图）	（1）若故障消除，远程复位 M 车，正常运行。 （2）若故障未消除，远程切除该 M 车，维持运行

3.2.11 主变压器一次侧过电流

主变压器一次侧过电流（故障代码 162）的处理操作如表 3-28 所示。

表 3-28 主变压器一次侧过电流（故障代码 162）的处理操作

现象	相应动力单元 VCB 跳闸，司机室操纵台故障显示灯"VCB"灯点亮，相应动力单元 CI 停机
车种	CRH$_2$A、CRH$_2$B、CRH$_2$C、CRH$_2$E、CRH380A(L)
原因	ACOCR1、ACOCR2 动作
行车	继续运行
步骤	处理过程
1	当 MON 显示屏主菜单页面闪现"故障发生信息"提示，并伴有声音报警时，触按左下方【故障详情】键，确认故障情况，并通知随车机械师
2	MON 显示屏切换至"主变压器一次侧过电流"故障信息页面
3	(1) 通过 MON 显示屏远程切除相应动力单元 VCB。 (2) 闭合 ACK2 进行扩展供电，维持运行

3.2.12 主变压器三次侧过电流

主变压器三次侧过电流（故障代码 163）的处理操作如表 3-29 所示。

表 3 - 29 主变压器三次侧过电流（故障代码 163）的处理操作

现象	相应动力单元 VCB 跳闸，司机室操纵台故障显示灯 "VCB" 灯点亮，相应动力单元 CI 停机
车种	CRH$_2$A、CRH$_2$B、CRH$_2$C、CRH$_2$E、CRH380A(L)
原因	AOCN 断路器断开；三次侧电路设备故障（空调、换气装置等）
行车	继续运行
步骤	处理过程
1	当 MON 显示屏主菜单页面闪现 "故障发生信息" 提示，并伴有声音报警时，触按左下方【故障详情】键，确认故障情况，并通知随车机械师
2	MON 显示屏切换至 "主变压器三次侧过电流" 故障信息页面
3	（1）立即将故障单元各配电盘中的【司机室制冷】、【辅助电源输入电压】、【辅助变压器】、【牵引变流器 2】、【空调电源 1】、【空调电源 2】、【供排气】、【电茶炉加热电源】［CRH$_2$071C ~ CRH$_2$090C、CRH$_2$C（2091 ~ 2110、2141 ~ 2150）、CRH$_2$A（统型）、CRH380A(L) 动车组］断路器断开

续表

步骤	处理过程	
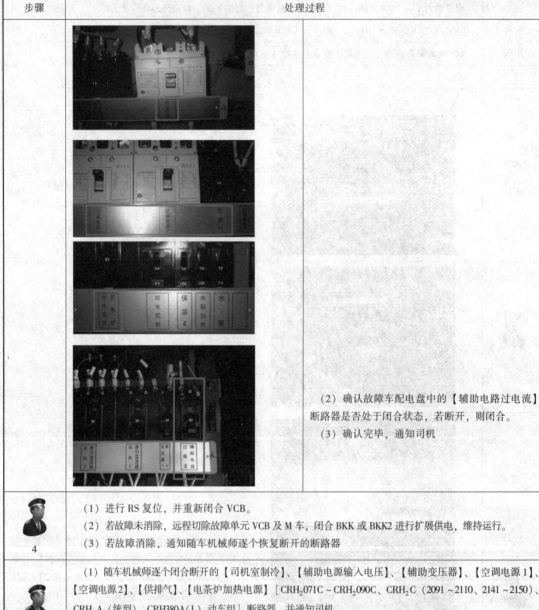		（2）确认故障车配电盘中的【辅助电路过电流】断路器是否处于闭合状态，若断开，则闭合。 （3）确认完毕，通知司机
4	（1）进行 RS 复位，并重新闭合 VCB。 （2）若故障未消除，远程切除故障单元 VCB 及 M 车，闭合 BKK 或 BKK2 进行扩展供电，维持运行。 （3）若故障消除，通知随车机械师逐个恢复断开的断路器	
5	（1）随车机械师逐个闭合断开的【司机室制冷】、【辅助电源输入电压】、【辅助变压器】、【空调电源1】、【空调电源2】、【供排气】、【电茶炉加热电源】［CRH₂071C ~ CRH₂090C、CRH₂C（2091 ~ 2110、2141 ~ 2150）、CRH₂A（统型）、CRH380A（L）动车组］断路器，并通知司机。 （2）若在闭合上述断路器过程中再次出现主变压器三次侧过电流故障，司机通知随车机械师，随车机械师断开相应断路器并通知司机。 （3）司机进行 RS 复位，并重新闭合 VCB，随车机械师继续对未完成的断路器进行闭合操作，直至全部断路器闭合操作完毕。 （4）切除故障负载，维持运行	

3.2.13　主变压器三次侧接地

主变压器三次侧接地（故障代码164）的处理操作如表3 - 30所示。

表 3 – 30　主变压器三次侧接地（故障代码 164）的处理操作

现象	相应动力单元 VCB 跳闸，司机室操纵台故障显示灯 "VCB" 灯点亮，相应动力单元 CI 停机	
车种	CRH$_2$A、CRH$_2$B、CRH$_2$C、CRH$_2$E、CRH380A(L)	
原因	主变压器三次侧电路电缆或相关设备（APU、空调、换气装置等）接地	
行车	继续运行	
步骤	处理过程	
1		当 MON 显示屏主菜单页面闪现"故障发生信息"提示，并伴有声音报警时，触按左下方【故障详情】键，确认故障情况，并通知随车机械师
2		MON 显示屏切换至"主变压器三次侧接地"故障信息页面。确认主变压器三次侧接地，VCB 断开。 （1）进行 RS 复位，重新闭合 VCB。 （2）若故障消除，正常运行。 （3）若故障未消除，通知随车机械师
3		（1）立即将故障单元各配电盘中的【司机室制冷】、【辅助电源输入电压】、【辅助变压器】、【空调电源 1】、【空调电源 2】、【供排气】、【电茶炉加热电源】〔CRH$_2$071C ~ CRH$_2$090C、CRH$_2$C（2091 ~ 2110、2141 ~ 2150）、CRH$_2$A（统型）、CRH380A(L) 动车组〕断路器断开。 （2）处理完毕，通知司机

步骤	处理过程
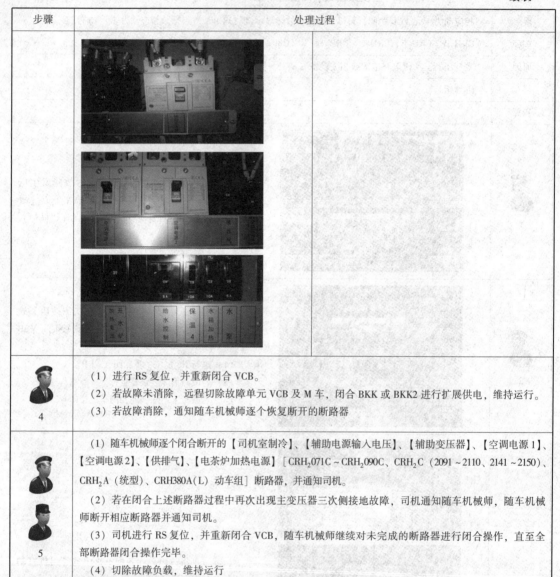	
4	（1）进行 RS 复位，并重新闭合 VCB。 （2）若故障未消除，远程切除故障单元 VCB 及 M 车，闭合 BKK 或 BKK2 进行扩展供电，维持运行。 （3）若故障消除，通知随车机械师逐个恢复断开的断路器
5	（1）随车机械师逐个闭合断开的【司机室制冷】、【辅助电源输入电压】、【辅助变压器】、【空调电源1】、【空调电源2】、【供排气】、【电茶炉加热电源】［CRH₂071C ~ CRH₂090C、CRH₂C（2091 ~ 2110、2141 ~ 2150）、CRH₂A（统型）、CRH380A(L) 动车组］断路器，并通知司机。 （2）若在闭合上述断路器过程中再次出现主变压器三次侧接地故障，司机通知随车机械师，随车机械师断开相应断路器并通知司机。 （3）司机进行 RS 复位，并重新闭合 VCB，随车机械师继续对未完成的断路器进行闭合操作，直至全部断路器闭合操作完毕。 （4）切除故障负载，维持运行

3.2.14 主变压器油泵停止

主变压器油泵停止（故障代码 165）的处理操作如表 3 - 31 所示。

表 3 - 31 主变压器油泵停止（故障代码 165）的处理操作

现象	相应动力单元 VCB 跳闸，司机室操纵台故障显示灯 "VCB" 灯点亮，相应动力单元 CI 停机
车种	CRH₂A、CRH₂B、CRH₂C、CRH₂E、CRH380A(L)
原因	【牵引变压器油流】断路器断开；牵引变压器冷却油泵故障
行车	继续运行

步骤	处理过程	
1		当 MON 显示屏主菜单页面闪现"故障发生信息"提示，并伴有声音报警时，触按左下方【故障详情】键，确认故障情况，并通知随车机械师
2		MON 显示屏切换至"主变压器油泵停止"故障信息页面
3		（1）立即确认故障车配电盘中【牵引变压器油流】断路器是否处于闭合状态。若断开，则闭合；若闭合，则断开 15 s 后再投入。 （2）确认完毕，通知司机
4		（1）若故障消除，重新闭合 VCB，正常运行。 （2）若故障未消除，远程切除故障单元 VCB，闭合 ACK2 进行扩展供电，维持运行

3.2.15　制动控制装置故障

制动控制装置故障（故障代码 059）的处理操作如表 3 - 32 所示。

表 3 - 32　制动控制装置故障（故障代码 059）的处理操作

现象	制动控制装置故障
车种	CRH$_2$A、CRH$_2$B、CRH$_2$C、CRH$_2$E、CRH380A(L)

续表

原因	制动控制装置本身故障	
行车	继续运行	
步骤	处理过程	
1		当 MON 显示屏主菜单页面闪现"故障发生信息"提示，并伴有声音报警时，触按左下方【故障详情】键，确认故障情况，并通知随车机械师
2		MON 显示屏切换至"制动控制装置故障"故障信息页面，按限速要求维持运行
3		（1）前方停车站停车，将故障车配电盘中的【制动控制装置】断路器断开 15 s 再投入。 （2）处理完毕，通知司机
4	（1）通过 MON 显示屏确认故障恢复情况。 （2）若故障消除，正常运行。 （3）若故障未消除，通知随车机械师	
5	（1）对故障车进行关门车操作。 （2）处理完毕，通知司机	
6	（1）进行紧急复位操作，缓解紧急制动。 （2）进行制动缓解试验，确认正常后，按限速要求维持运行	
注意	（1）【制动控制装置】断路器断开，可能导致紧急制动。 （2）该故障会引起列车制动能力下降，注意操作。 （3）在对头车进行关门车处理时参照项目 2 中关门车操作步骤进行	

3.2.16 制动控制装置速度发电机断线

制动控制装置速度发电机断线的处理操作如表3-33所示。

表 3-33 制动控制装置速度发电机断线的处理操作

名称	制动控制装置速度发电机断线1（故障代码060） 制动控制装置速度发电机断线2（故障代码061） 制动控制装置速度发电机断线3（故障代码062） 制动控制装置速度发电机断线4（故障代码063）	
现象	司机操纵台故障显示灯"转向架"灯点亮	
车种	CRH_2A、CRH_2B、CRH_2C、CRH_2E、$CRH380A(L)$	
原因	（1）速度传感器故障。 （2）BCU信号采集板故障。 （3）速度发电机信号馈线断线。 （4）牵引电机故障	
行车	司机快速制动停车	
步骤	处理过程	
1		当MON显示屏主菜单页面闪现"故障发生信息"提示，并伴有声音报警时，触按左下方【故障详情】键，确认故障情况，立即停车，并通知随车机械师
2		MON显示屏切换至"制动控制装置速度发电机断线1、2、3、4"（分别对应1轴、2轴、3轴和4轴）故障信息页面
3		按规定程序下车，对故障车轴箱、齿轮箱、电机点温，并同时检查轮对路面状态及相应电机（轴端）速度传感器及连接插件的状态：若轴箱、齿轮箱、电机温度异常，按照相应规定处置； 若轴箱、齿轮箱、电机、轮对检查正常，通知司机进行低速（不超过5 km/h）运行确认。若无异常，进行关门车操作，处理完毕，通知司机

227

步骤	处理过程
4	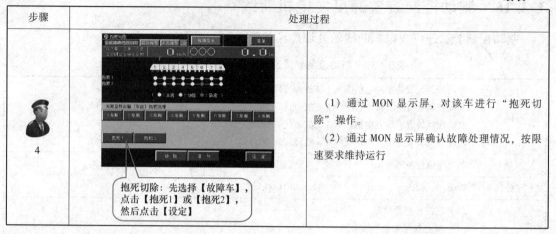（1）通过 MON 显示屏，对该车进行"抱死切除"操作。 （2）通过 MON 显示屏确认故障处理情况，按限速要求维持运行 抱死切除：先选择【故障车】，点击【抱死1】或【抱死2】，然后点击【设定】

3.2.17 制动力不足

制动力不足（故障代码123）的处理操作如表3-34所示。

表3-34 制动力不足（故障代码123）的处理操作

现象	紧急制动动作
车种	CRH_2A、CRH_2B、CRH_2C、CRH_2E、CRH380A(L)
原因	（1）UBTRTD 继电器故障。 （2）电路故障。 （3）制动管系泄漏。 （4）EP 阀故障。 （5）检测传感器故障。 （6）BCU 故障
行车	自动紧急制动停车
步骤	处理过程
1	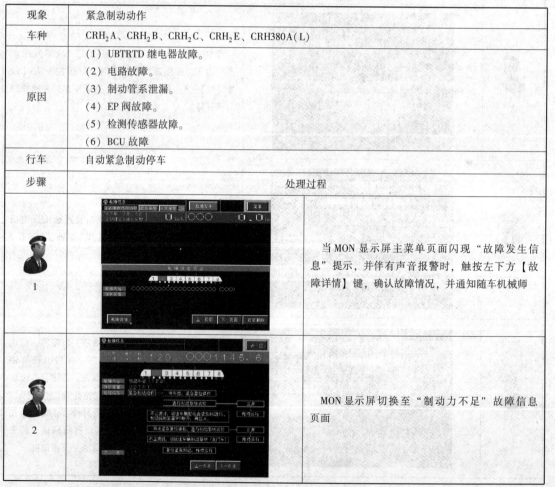当 MON 显示屏主菜单页面闪现"故障发生信息"提示，并伴有声音报警时，触按左下方【故障详情】键，确认故障情况，并通知随车机械师
2	MON 显示屏切换至"制动力不足"故障信息页面

步骤	处理过程
3	（1）进行紧急复位操作。 （2）紧急制动缓解后，进行制动试验。 （3）若制动试验正常，维持运行。 （4）若制动试验不正常，或"制动力不足（123）"故障未消除，通知随车机械师
4	（1）立即将故障车配电盘中的【紧急制动】、【制动控制装置】、【制动控制】断路器断开 15 s 再投入。 （2）处理完毕，通知司机
5	（1）再次进行紧急复位操作。 （2）紧急制动缓解后，进行制动试验。 （3）若制动试验正常，维持运行。 （4）若制动试验不正常，或"制动力不足（123）"故障未消除，通知随车机械师
6	（1）对故障车进行关门车操作。 （2）处理完毕，通知司机按照限速规定维持运行
7	（1）进行紧急复位操作，缓解紧急制动。 （2）进行制动缓解试验，若正常，维持运行

3.2.18　抱死

抱死的处理操作如表 3 - 35 所示。

表 3 - 35　抱死的处理操作

名称	抱死 1（故障代码 151） 抱死 2（故障代码 152）
现象	司机操纵台故障显示灯"转向架"灯点亮

续表

车种	CRH$_2$A、CRH$_2$B、CRH$_2$C、CRH$_2$E、CRH380A（L）
原因	（1）速度传感器断线。 （2）防滑阀故障。 （3）CI 与 BCU 信息传输故障导致再生制动与空气制动同时发生。 （4）BCU 内部滑行、抱死检测控制错误输出
行车	司机快速制动停车
步骤	处理过程
 1	 当 MON 显示屏主菜单页面闪现"故障发生信息"提示，并伴有声音报警时，触按左下方【故障详情】键，确认故障情况，立即停车，并通知随车机械师
2	MON 显示屏切换至"抱死 1"或"抱死 2"故障信息页面
3	（1）随车机械师通过 MON 显示屏确认故障信息，对故障车进行关门车处理。 （2）随车机械师按规定程序下车，检查抱死车轮踏面、轴端速度传感器及插件连接状态，确认完毕通知司机。 （3）司机缓解制动，随车机械师确认制动夹钳处于缓解状态，然后动车组以不高于 5 km/h 速度运行，随车机械师检查该走行部是否出现真正抱死及异常响声。 （4）若走行部未抱死，司机通过 MON 显示屏，对该车进行"抱死切除"操作，维持运行。 （5）若走行部抱死，司机报告列车调度员，并申请救援

3.2.19 制动不缓解

制动不缓解（故障代码 153）的处理操作如表 3 – 36 所示。

表 3 – 36 制动不缓解（故障代码 153）的处理操作

现象	缓解列车制动时，BC 压力残留 40 kPa 以上
车种	CRH$_2$A、CRH$_2$B、CRH$_2$C、CRH$_2$E、CRH380A（L）
原因	BCU 故障；中继阀、EP 阀故障；传感器故障
行车	停车处理

步骤	处理过程	
1	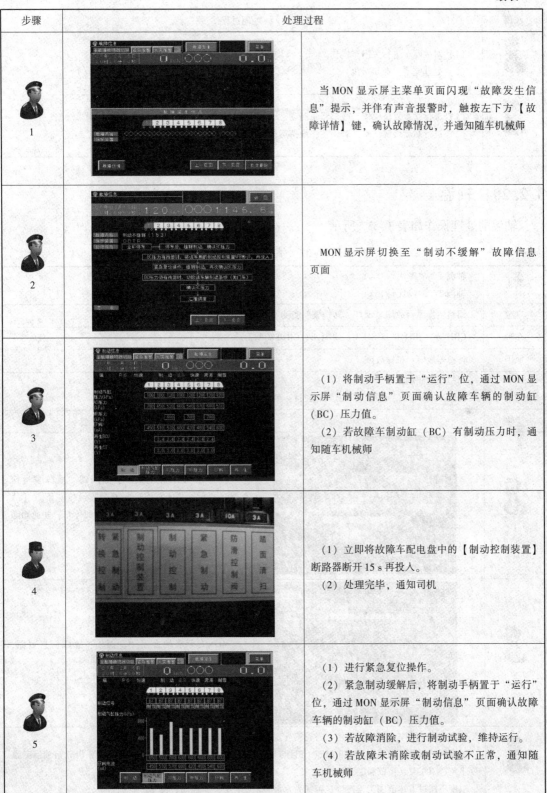	当 MON 显示屏主菜单页面闪现"故障发生信息"提示，并伴有声音报警时，触按左下方【故障详情】键，确认故障情况，并通知随车机械师
2		MON 显示屏切换至"制动不缓解"故障信息页面
3		（1）将制动手柄置于"运行"位，通过 MON 显示屏"制动信息"页面确认故障车辆的制动缸（BC）压力值。 （2）若故障车制动缸（BC）有制动压力时，通知随车机械师
4		（1）立即将故障车配电盘中的【制动控制装置】断路器断开 15 s 再投入。 （2）处理完毕，通知司机
5		（1）进行紧急复位操作。 （2）紧急制动缓解后，将制动手柄置于"运行"位，通过 MON 显示屏"制动信息"页面确认故障车辆的制动缸（BC）压力值。 （3）若故障消除，进行制动试验，维持运行。 （4）若故障未消除或制动试验不正常，通知随车机械师

续表

步骤	处理过程
6	（1）对故障车进行关门车操作。 （2）处理完毕，通知司机
7	（1）进行紧急复位操作，缓解紧急制动。 （2）进行制动缓解试验，若正常，维持运行

3.2.20 轴温

轴温的处理操作如表 3-37 所示。

表 3-37 轴温的处理操作

名称	轴温 1（故障代码 154） 轴温 2（故障代码 155）
现象	司机室操纵台故障显示灯"转向架"灯点亮
车种	CRH₂A、CRH₂B、CRH₂C、CRH₂E、CRH380A(L)
原因	传感器故障；机械故障
行车	司机快速制动停车 CRH₂A（统型）、CRH₂A（2194-2211）和 CRH380A（统型）列车自动制动停车
步骤	处理过程
1	当 MON 显示屏主菜单页面闪现"故障发生信息"提示，并伴有声音报警时，触按左下方【故障详情】键，确认故障情况，立即停车，并通知随车机械师
2	MON 显示屏切换至"轴温 1"故障信息页面，确认故障位置并通知随车机械师
3	按规定程序下车，检查轴箱体、齿轮箱外观状态，对相应轴箱、齿轮箱点温。 温度判断标准：轴箱温度不超过 80 ℃且与相邻车辆正常轴箱温差应在 20 ℃范围内；齿轮箱轴承座温度不超过 100 ℃且箱壁温度不超过 90 ℃。 温度不超过上述范围为误报警，否则为真报警。检查完毕，通知司机

续表

步骤	处理过程
4	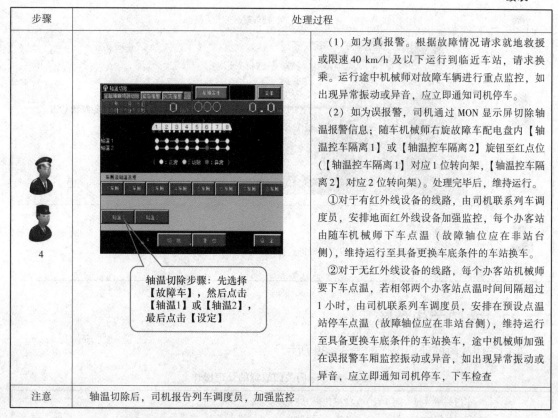 轴温切除步骤：先选择【故障车】，然后点击【轴温1】或【轴温2】，最后点击【设定】	（1）如为真报警。根据故障情况请求就地救援或限速 40 km/h 及以下运行到临近车站，请求换乘。运行途中机械师对故障车辆进行重点监控，如出现异常振动或异音，应立即通知司机停车。 （2）如为误报警，司机通过 MON 显示屏切除轴温报警信息；随车机械师右旋故障车配电盘内【轴温控车隔离1】或【轴温控车隔离2】旋钮至红点位（【轴温控车隔离1】对应 1 位转向架，【轴温控车隔离2】对应 2 位转向架）。处理完毕后，维持运行。 ①对于有红外线设备的线路，由司机联系列车调度员，安排地面红外线设备加强监控，每个办客站由随车机械师下车点温（故障轴位应在非站台侧），维持运行至具备更换车底条件的车站换车。 ②对于无红外线设备的线路，每个办客站机械师要下车点温，若相邻两个办客站点温时间间隔超过 1 小时，由司机联系列车调度员，安排在预设点温站停车点温（故障轴位应在非站台侧），维持运行至具备更换车底条件的车站换车，途中机械师加强在误报警车厢监控振动或异音，如出现异常振动或异音，应立即通知司机停车，下车检查

注意	轴温切除后，司机报告列车调度员，加强监控

3.2.21 车轮踏面擦伤、剥离

车轮踏面擦伤、剥离的处理操作如表 3 - 38 所示。

表 3 - 38 车轮踏面擦伤、剥离的处理操作

现象	车轮踏面出现擦伤或者剥离
车种	CRH_2A、CRH_2B、CRH_2C、CRH_2E、$CRH380A(L)$
原因	除车辆系统外，线路、轨道状态、轮轨匹配、驾驶操作及天气环境因素等均有影响
行车	停车

步骤	处理过程
1	接到或发现车辆运行异常时，通知司机停车
2	报告列车调度员：停车地点、时间、原因

续表

步骤	处理过程	
3		（1）按规定程序下车，检查车轮踏面状态。 （2）检查完毕，通知司机
4	（1）若踏面无异常，正常运行。 （2）如果踏面剥离或擦轮，按规定限速运行	

3.2.22 车门关闭故障

车门关闭故障的处理操作如表3-39所示。

表3-39 车门关闭故障的处理操作

名称	车门关闭故障（第1位）（故障代码108） 车门关闭故障（第2位）（故障代码109） 车门关闭故障（第3位）（故障代码110） 车门关闭故障（第4位）（故障代码111）
现象	车侧显示灯亮、司机操纵台"关门"显示灯灭，动车无法启动或失去牵引力
车种	CRH_2A、CRH_2B、CRH_2C、CRH_2E、CRH380A(L)
原因	（1）门运动空间存在障碍物，关门不到位，CRH_2A（统型）和CRH380A（统型）则会触发障碍返回功能。 关门不到位　　　　　　　　关门到位开关 （2）关门到位开关接线松脱。 （3）关门到位开关内部故障。 （4）监控电路故障
行车	停车处理

续表

步骤	处理过程	
1		当 MON 显示屏主菜单页面闪现"故障发生信息"提示，并伴有声音报警时，触按左下方【故障详情】键，确认故障情况，并通知随车机械师
2		MON 显示屏切换至"车门关闭故障"故障信息页面。 再次操作关门按钮，故障消除，正常运行，否则，通知机械师
3	 普通车门隔离锁 普通车门隔离锁　　　单控门隔离锁 	（1）检查、清理故障车门滑道异物。 （2）通知司机再次操作关门按钮： 若故障消除，正常运行；否则，将该车厢故障侧的所有车门锁闭隔离，闭合故障车配电盘中的【关车门连锁1】或【关车门连锁2】开关，并断开故障车配电盘中的【关门1】或【关门2】断路器。 注： 1、3 位门对应【关车门连锁1】和【关门1】； 2、4 位门对应【关车门连锁2】和【关门2】
4	司机通过 MON 显示屏确认故障车门情况，维持运行	

3.2.23 CRH₂型动车组在故障情况下的限速表

CRH₂型动车组在故障情况下的限速表如表 3-40 所示。

表 3-40　CRH₂型动车组在故障情况下的限速表

故 障 描 述		最高限制速度
车轮擦伤	长度大于或等于 60 mm	按≤120 km/h 运行至前方站后停运，有动力回所后处理
	长度大于 30 mm 小于 60 mm	限速 200 km/h，完成本次运营后处理
	长度小于或等于 30 mm	不限速，完成本天运营后处理
车轮剥离：一处长度≤20 mm（或两处每处长度≤10 mm），面积≤100 mm²，深度≤1.5 mm	三个标准均超限时	按照≤40 km/h 完成本次运营后处理
	三个标准未同时超限时	不限速，完成本天运营后视情况安排处理
空气弹簧泄漏、爆裂或切除		120 km/h，完成本次运营后处理
车窗玻璃破损导致车辆密封失效		160 km/h，完成本次运营后处理
轴温	轴温报警后，确认轴箱温度（点温）>80 ℃，或与相邻正常轴箱温度差>20 ℃	切除该车动力后，以≤20 km/h 运行至前方站后停运，回所后处理
轴箱弹簧断裂		30 km/h
轴箱定位装置明显损坏		10 km/h
轴箱定位装置零部件缺失		30 km/h
高度控制阀或（和）高度调节杆故障		120 km/h
抗蛇行油压减振器失效		160 km/h
抗蛇行油压减振器连接螺栓缺失或松动		10 km/h
横向止挡损坏或缺失		30 km/h
空调故障开门运行		60 km/h（高站台 40 km/h）
超员 20% 以上		疏散

3.2.24 CRH₂型动车组牵引切除后的最高运行速度

CRH₂型动车组牵引切除后的最高运行速度如表 3-41 所示。

表 3-41　CRH₂型动车组牵引切除后的最高运行速度

牵引能力		牵引能力最高运行速度/（km/h）
CRH₂A 单列动车组	牵引剩余 3/4	220
	牵引剩余 2/4	170
	牵引剩余 1/4	100

续表

牵引能力		牵引能力最高运行速度/(km/h)
CRH₂A 重联动车组 CRH₂B CRH₂E	牵引剩余 7/8	230
	牵引剩余 6/8	220
	牵引剩余 5/8	200
	牵引剩余 4/8	170
	牵引剩余 3/8	150
	牵引剩余 2/8	100
	牵引剩余 1/8	无法启动
CRH₂C 一阶段 单列动车组	牵引剩余 5/6	290
	牵引剩余 4/6	260
	牵引剩余 3/6	220
	牵引剩余 2/6	180
	牵引剩余 1/6	110
CRH₂C 一阶段 重联动车组	牵引剩余 11/12	300
	牵引剩余 10/12	290
	牵引剩余 9/12	270
	牵引剩余 8/12	260
	牵引剩余 7/12	240
	牵引剩余 6/12	220
	牵引剩余 5/12	200
	牵引剩余 4/12	180
	牵引剩余 3/12	150
	牵引剩余 2/12	110
	牵引剩余 1/12	无法启动
CRH₂C 二阶段 单列动车组	牵引剩余 5/6	300
	牵引剩余 4/6	270
	牵引剩余 3/6	240
	牵引剩余 2/6	190
	牵引剩余 1/6	90
CRH₂C 二阶段 重联动车组	牵引剩余 11/12	320
	牵引剩余 10/12	300
	牵引剩余 9/12	290
	牵引剩余 8/12	270
	牵引剩余 7/12	250
	牵引剩余 6/12	240
	牵引剩余 5/12	220

牵引能力		牵引能力最高运行速度/(km/h)
CRH₂C 二阶段重联动车组	牵引剩余 4/12	190
	牵引剩余 3/12	170
	牵引剩余 2/12	90
	牵引剩余 1/12	无法启动
动车组被救援	常用制动、紧急制动有效	120
	常用制动、紧急制动无效	5

3.2.25　CRH₂A、CRH₂B、CRH₂E、CRH₂A 统型动车组制动切除后允许的最高运行速度

CRH₂A、CRH₂B、CRH₂E、CRH₂A 统型动车组制动切除后允许的最高运行速度如表 3 – 42 所示。

表 3 – 42　CRH₂A、CRH₂B、CRH₂E、CRH₂A 统型动车组
制动切除后允许的最高运行速度　　　　　　　　（km/h）

制动切除比例	列控系统顶棚速度			
1/16	250	200	160	120
2/16（1/8）	200	180	160	120
3/16	180	180	160	110
4/16（2/8）	160	160	150	110
5/16	150	150	150	100
6/16（3/8）	140	140	140	100
7/16	130	130	130	90
8/16（4/8）	120	120	120	90

定义：制动切除比例中分子为累计切除换算的单车制动数量。

注：切除 8/16（4/8）以上时以 80 km/h 运行到前方站进行换乘处理。若重联动车组其中一整列无制动力，则按动车组相互救援规定执行。

3.2.26　CRH₂C 一阶段（2061~2090）动车组制动切除后允许的最高运行速度

CRH₂C 一阶段（2061~2090）动车组制动切除后允许的最高运行速度如表 3 – 43 所示。

表 3 – 43　CRH₂C 一阶段（2061~2090）动车组制动切除后允许的最高运行速度　　（km/h）

制动切除比例	列控系统顶棚速度			
1/16	300	250	200	160	120
2/16（1/8）	275	235	200	160	120

制动切除比例	列控系统顶棚速度				
3/16	270	230	180	150	110
4/16（2/8）	260	230	180	150	110
5/16	230	210	180	140	100
6/16（3/8）	200	200	160	140	100
7/16	180	180	160	120	90
8/16（4/8）	160	160	160	120	90

定义：制动切除比例中分子为累计切除换算的单车制动数量。

注：切除 8/16（4/8）以上时以 80 km/h 运行到前方站进行换乘处理。若重联动车组其中一整列无制动力，则按动车组相互救援规定执行。

3.2.27 CRH$_2$C 二阶段（2091～2110、2141～2150）动车组制动切除后允许的最高运行速度

CRH$_2$C 二阶段（2091～2110、2141～2150）动车组制动切除后允许的最高运行速度如表 3－44 所示。

表 3－44 CRH$_2$C 二阶段（2091～2110、2141～2150）动车组
制动切除后允许的最高运行速度　　　　　　　　　　　　（km/h）

制动切除比例	列控系统顶棚速度					
1/16	350	280	450250	200	160	120
2/16（1/8）	350	280	250	200	160	120
3/16	320	260	230	180	150	110
4/16（2/8）	320	260	230	180	150	110
5/16	300	240	220	180	140	100
6/16（3/8）	300	240	210	160	140	100
7/16	280	220	200	160	120	90
8/16（4/8）	160	160	160	160	120	90

定义：制动切除比例中分子为累计切除换算的单车制动数量。

注：切除 8/16（4/8）以上时以 80 km/h 运行到前方站进行换乘处理。若重联动车组其中一整列无制动力，则按动车组相互救援规定执行。

3.2.28 CRH380A（L）型动车组在故障情况下的限速表

CRH380A（L）型动车组在故障情况下的限速表如表 3－45 所示。

表 3 – 45　CRH380A（L）型动车组在故障情况下的限速表

故　障　描　述		最高限制速度
车轮擦伤	长度大于或等于 60 mm	按≤120 km/h 运行至前方站后停运，有动力回所后处理
	长度大于 30 mm 小于 60 mm	限速 200 km/h，完成本次运营后处理
	长度小于或等于 30 mm	不限速，完成本天运营后处理
车轮剥离：一处长度≤20 mm（或两处每处长度≤10 mm），面积≤100 mm²，深度≤1.5 mm	三个标准均超限时	按照≤40 km/h 完成本次运营后处理
	三个标准未同时超限时	不限速，完成本天运营后视情况安排处理
空气弹簧泄漏、爆裂或切除		120 km/h，完成本次运营后处理
车窗玻璃破损导致车辆密封失效		160 km/h，完成本次运营后处理
轴温	轴温报警后，确认轴箱温度（点温）>80 ℃，或与相邻正常轴箱温度差>20 ℃	切除该车动力后，以≤20 km/h 运行至前方站后停运，回所后处理
轴箱弹簧断裂		30 km/h
轴箱定位装置明显损坏		10 km/h
轴箱定位装置零部件缺失		30 km/h
高度控制阀或（和）高度调节杆故障		120 km/h
抗蛇行油压减振器失效		160 km/h
抗蛇行油压减振器连接螺栓缺失或松动		10 km/h
横向止挡损坏或缺失		30 km/h
抗侧滚扭杆损坏或连杆螺栓（螺纹）连接损坏		200 km/h（风速不超过 25 m/s 时）
		30 km/h（风速 25～30 m/s 时）
空调故障开门运行		60 km/h（高站台 40 km/h）
超员 20% 以上		疏散

3.2.29　CRH380A（L）型动车组牵引切除后的最高运行速度

CRH380A（L）型动车组牵引切除后的最高运行速度如表 3 – 46 所示。

表 3 – 46　CRH380A（L）型动车组牵引切除后的最高运行速度

牵引能力		牵引能力最高运行速度/（km/h）
CRH380A 单列动车组	牵引剩余 5/6	300
	牵引剩余 4/6	270
	牵引剩余 3/6	240
	牵引剩余 2/6	190
	牵引剩余 1/6	90

续表

牵引能力		牵引能力最高运行速度/(km/h)
CRH380A 重联动车组	牵引剩余 11/12	320
	牵引剩余 10/12	300
	牵引剩余 9/12	290
	牵引剩余 8/12	270
	牵引剩余 7/12	250
	牵引剩余 6/12	240
	牵引剩余 5/12	220
	牵引剩余 4/12	190
	牵引剩余 3/12	170
	牵引剩余 2/12	90
	牵引剩余 1/12	救援
CRH380AL	牵引剩余 13/14	350
	牵引剩余 12/14	340
	牵引剩余 11/14	330
	牵引剩余 10/14	310
	牵引剩余 9/14	300
	牵引剩余 8/14	280
	牵引剩余 7/14	260
	牵引剩余 6/14	240
	牵引剩余 5/14	220
	牵引剩余 4/14	200
	牵引剩余 3/14	170
	牵引剩余 2/14	100
	牵引剩余 1/14	救援
动车组被救援	常用制动、紧急制动有效	120
	常用制动、紧急制动无效	5

3.2.30　CRH380A(L) 动车组制动切除后允许的最高运行速度

CRH380A(L) 动车组制动切除后允许的最高运行速度如表 3-47 所示。

表 3-47　CRH380A(L) 动车组制动切除后允许的最高运行速度　　　　　(km/h)

制动切除比例	列控系统顶棚速度					
1/16	350	280	250	200	160	120

续表

制动切除比例	列控系统顶棚速度					
2/16（1/8）	350	280	250	200	160	120
3/16	320	260	230	180	150	110
4/16（2/8）	320	260	230	180	150	110
5/16	300	240	220	180	140	100
6/16（3/8）	300	240	210	160	140	100
7/16	280	220	200	160	120	90
8/16（4/8）	160	160	160	160	120	90

定义：制动切除比例中分子为累计切除换算的单车制动数量。

注：切除 8/16（4/8）以上时以 80 km/h 运行到前方站进行换乘处理。若重联动车组其中一整列无制动力，则按动车组相互救援规定执行。

3.2.31 故障编码名称对照表

故障编码名称对照表如表 3 - 48 所示。

表 3 - 48　故障编码名称对照表

故障编码	故障名称
194	受电弓上升位置异常
002	牵引变流器传输不良
004	牵引变流器故障 1
005	牵引变流器故障 2
134	牵引变流器通风机停止
137	牵引电机通风机 1 停止
138	牵引电机通风机 2 停止
139	牵引变流器微机故障
141	牵引变流器故障
142	主电路接地
162	主变压器一次侧过电流
163	主变压器三次侧过电流
164	主变压器三次侧接地
165	主变压器油泵停止
135	辅助电源装置故障
143	辅助电源装置通风机停止
144	辅助电源装置 ARfN2 跳闸
146	辅助电源装置 ACVN1 跳闸
147	辅助电源装置 ACVN2 跳闸

故障编码	故障名称
148	辅助电源装置 ATN 跳闸
166	辅助电源装置 VDTN 跳闸
170	ACK1 接通不良
204	辅助电源装置传输不良
682	分相区信号处理装置重故障
661	距离传感器 1 传输不良
657	距离传感器 2 传输不良
665	距离传感器 1 异常
666	距离传感器 2 异常
695、696	车上检查开关"开"
826	编组间传输不良
830、832、850、852	监控器传输不良（中央1）
831、833、851、853	监控器传输不良（中央2）
834－841，854－861	监控器传输不良（终端）
517	TBDR 装置故障
590	WTD 无线装置传输不良
052	制动控制装置传输不良
059	制动控制装置故障
060	制动控制装置速度发电机断线 1
061	制动控制装置速度发电机断线 2
062	制动控制装置速度发电机断线 3
063	制动控制装置速度发电机断线 4
123	制动力不足
151	抱死 1
152	抱死 2
153	制动不缓解
154	轴温 1
155	轴温 2
586	转向架异常
490	BIDS 转向架异常 1 位转向架 1 轴
491	BIDS 转向架异常 1 位转向架 2 轴
492	BIDS 转向架异常 2 位转向架 1 轴
493	BIDS 转向架异常 2 位转向架 2 轴
496	BIDS 内部故障
497	BIDS 传感器异常

故障编码	故障名称
580	转向架失稳检测装置传输不良
114	空调装置1通风机异常
115	空调装置2通风机异常
116	空调装置1压缩机异常
117	空调装置2压缩机异常
118	空调装置1高压开关动作
119	空调装置2高压开关动作
120	空调装置1加热器异常
121	空调装置2加热器异常
122	空调装置1斩波器异常
124	空调装置2斩波器异常
125	空调装置1VVVF异常
126	空调装置2VVVF异常
127	空调装置1CVCF异常
128	空调装置2CVCF异常
302	空调装置传输不良
308	空调装置1逆变器传输不良
309	空调装置2逆变器传输不良
362	空调装置1排水泵异常
363	空调装置2排水泵异常
611	乘客信息显示器1传输不良
619	乘客信息显示器2传输不良
617	乘客信息显示器1故障
625	乘客信息显示器2故障
631	目的地显示器1故障
632	目的地显示器2故障
641	自动广播装置传输不良
646	自动广播装置故障
570	烟火探测控制器传输不良
401－424	XX感烟探头火灾报警
633	显示备份控制器传输不良（CRH380A(L)）
638	显示备份控制器故障（CRH380A(L)）
108	车门关闭故障（第1位）
109	车门关闭故障（第2位）
110	车门关闭故障（第3位）

故障编码	故障名称
111	车门关闭故障（第4位）
924	水箱0%
192	卫生间异常
197	污物箱80%
196	污物箱满100%
925	管路泄漏报警

任务实施与评价

1. 教师下发任务单，学生明确学习任务、学习内容、知识目标、能力目标、素质目标要求。

2. 学生按任务单要求制订学习计划，完成预习任务及相关知识准备。

3. 小组内通过角色扮演的形式，模拟进行牵引变流器故障（004、005、141）应急处理。

4. 小组内通过角色扮演的形式，模拟进行制动力不足故障应急处理。

5. 小组内通过角色扮演的形式，模拟进行车门关闭故障的应急处理。

6. 以小组为单位参加针对 CRH$_2$、CRH380A(L) 型动车组在故障情况下的限速表、牵引切除后的最高运行速度、制动切除后允许的最高运行速度和故障编码名称对照表的知识竞赛，小组成绩计入小组成员个人平时成绩。

7. 学生进行自我评价及小组成员互评；教师进行学生学习评价，检查任务完成情况。

任务3 CRH$_3$C、CRH380B(L) 型动车组应急故障处理

任务单

任务名称	CRH$_3$C、CRH380B(L) 型动车组应急故障处理
任务描述	学习 CRH$_3$C、CRH380B(L) 型动车组重点故障途中应急处理办法
任务分析	学习 CRH$_3$C、CRH380B(L) 型动车组受电弓无法升起、受电弓故障、主断路器无法闭合、主断路器锁闭、车顶隔离开关锁闭、牵引电机轴承过热、停放制动无法缓解、紧急制动不缓解、全列常用制动不缓解、摩擦制动未缓解、异常紧急制动故障、轴不旋转、防滑器速度传感器故障、转向架横向加速度传感器故障、转向架横向加速度监控报警、热轴预警、热轴报警、至少一个轮对轴承温度传感器故障、空调系统故障、集控关门时车门未关闭、集控关门按钮失效和车门集控开门时不能打开等应急处理办法，同时学习 CRH$_3$C、CRH380B(L) 型动车组在故障情况下的限速表、制动切除后允许的最高运行速度和故障代码

续表

学习任务	【子任务1】小组内通过角色扮演的形式，模拟进行主断路器无法闭合故障应急处理。
	【子任务2】小组内通过角色扮演的形式，模拟进行紧急制动不缓解故障应急处理。
	【子任务3】小组内通过角色扮演的形式，模拟进行轴不旋转故障应急处理。
	【子任务4】以小组为单位参加针对 CRH_3C、$CRH380B(L)$ 型动车组在故障情况下的限速表、制动切除后允许的最高运行速度和故障代码的知识竞赛，小组成绩计入小组成员个人平时成绩
劳动组合	各组长分配小组成员角色，进行模拟作业并留下影像记录，全员参与知识竞赛。 各组评判小组成员学习情况，做出小组评价
成果展示	应急故障处理作业的照片或视频
学习小结	

自我评价	项目	A—优	B—良	C—中	D—及格	E—不及格	综合
	安全纪律（15%）						
	学习态度（15%）						
	专业知识（30%）						
	专业技能（30%）						
	团队合作（10%）						
教师评价	简要评价						
	教师签名						

学习引导文

3.3.1 受电弓无法升起

受电弓无法升起的处理操作如表3-49所示。

表3-49 受电弓无法升起的处理操作

现象	升弓操作时，受电弓无法升起
车种	CRH_3C、$CRH380B(L)$
故障原因	软件保护或控制回路故障
行车	维持运行

续表

注意	（1）运行中换弓操作时，速度应在 200 km/h 以下。 （2）CRH380BL 型动车组（CRH380B‒6201L～CRH380B‒6245L）如在运行过程中操作闭合 21‒F98 和 21‒F99 空气开关，一定要在车组回到动车所后断开 21‒F98 和 21‒F99 空气开关，并重新施加铅封。 （3）如果 HMI 显示屏提示故障代码 63C6（辅助供风压力不足，充风时间约 7 分钟）时，待故障代码消失后，再次进行升弓操作
步骤	处理过程
1	司机在 HM 显示屏上锁闭故障受电弓，进行换弓操作，换弓正常后，正常运行
2	如果受电弓显示锁闭并且在 HMI 显示屏上无法解锁，首先在 HMI 显示屏确认维护模式已经开启，进行三键复位操作
3	如果复位不成功，则使用 Monitor 软件连接锁闭的受电弓所在牵引单元司机室的主控 CCU，显示正确连接
4	在 Maintain 软件下拉菜单中选择 "RA ResetAll" 选项，回车对本牵引单元进行复位
5	如果受电弓不能解锁，在 Power 下拉菜单中选择 "R HVS Reset" 选项，回车

步骤	处理过程
6	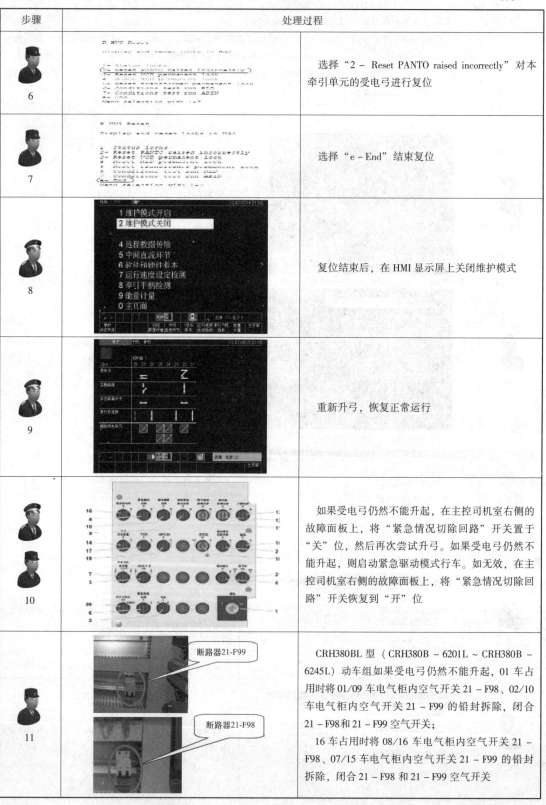 选择"2 – Reset PANTO raised incorrectly"对本牵引单元的受电弓进行复位
7	选择"e – End"结束复位
8	复位结束后，在HMI显示屏上关闭维护模式
9	重新升弓，恢复正常运行
10	如果受电弓仍然不能升起，在主控司机室右侧的故障面板上，将"紧急情况切除回路"开关置于"关"位，然后再次尝试升弓。如果受电弓仍然不能升起，则启动紧急驱动模式行车。如无效，在主控司机室右侧的故障面板上，将"紧急情况切除回路"开关恢复到"开"位
11	断路器21-F99　断路器21-F98　CRH380BL型（CRH380B – 6201L ~ CRH380B – 6245L）动车组如果受电弓仍然不能升起，01车占用时将01/09车电气柜内空气开关21 – F98、02/10车电气柜内空气开关21 – F99的铅封拆除，闭合21 – F98和21 – F99空气开关； 16车占用时将08/16车电气柜内空气开关21 – F98、07/15车电气柜内空气开关21 – F99的铅封拆除，闭合21 – F98和21 – F99空气开关

续表

步骤	处理过程
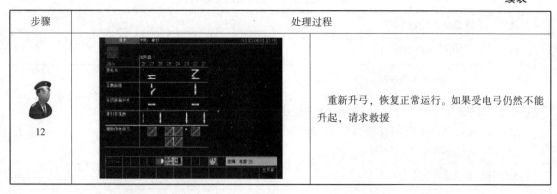　12	重新升弓，恢复正常运行。如果受电弓仍然不能升起，请求救援

3.3.2　受电弓故障

受电弓故障的处理操作如表3-50所示。

表3-50　受电弓故障的处理操作

现象	受电弓自动降弓，HMI显示屏报故障代码：63C2
车种	CRH$_3$C、CRH380B(L)
故障原因	受电弓硬件故障或者风管损坏
行车	立即停车
步骤	处理过程
1	停车，司机报告列车调度员，并通知随车机械师
2	随车机械师按规定申请下车，确认车顶受电弓故障情况： （1）受电弓外观可见部分无明显异常或超限，通知司机切除故障受电弓，换弓运行。限速160 km/h运行至前方站停车，按照相关规定检查处理； （2）如果受电弓硬件损坏，按规定处理
3	对于装有受电弓视频监控装置的动车组，利用受电弓视频监控装置对受电弓外观状态进行确认： （1）受电弓外观可见部分无明显异常或超限，通知司机切除故障受电弓，换弓运行； （2）如果受电弓硬件损坏，根据检查情况，按照规定处理

3.3.3　主断路器无法闭合

主断路器无法闭合的处理操作如表3-51所示。

表 3-51　主断路器无法闭合的处理操作

现象	主断路器无法闭合
车种	CRH$_3$C、CRH380B（L）
故障原因	（1）牵引变流器故障。 （2）主变压器故障，如原边过流、次边过流、电流差动保护、瓦斯报警、电流检测故障（6CA3、6CA4、6CA5、6CA6）、主变压器冷却故障等。 （3）车顶高压部件故障，如网侧电流过流、车顶电缆差动电流保护（6CA7、6CA8）。 （4）其他牵引系统故障
行车	维持运行
注意	（1）主断路器无法闭合期间，要检查总风管压力。当总风管压力低于 700 kPa 时，单个受电弓 10 分钟内升弓操作不得大于 3 次，否则会触发软件保护而锁闭受电弓。一旦锁闭，90 分钟后才能解锁。 （2）在切除车顶隔离开关时，司机应注意分相区位置，避免动车组停在分相区内。 （3）运行中换弓操作时，速度应在 200 km/h 以下
步骤	处理过程
1	查看 HMI 显示屏，若有牵引变流器故障，但变流器未自动切除时，先切除故障牵引变流器，闭合主断路器继续运行。如切除故障牵引变流器后，主断路器仍不能闭合，从步骤 3 开始执行。 　　若有牵引变流器故障，且变流器自动切除时，闭合主断路器继续运行
2	若 HMI 显示屏上显示（2）（3）（4）类故障时，需切除故障牵引单元的受电弓、车顶隔离开关、主断路器、牵引变流器，隔离故障牵引单元
3	在主页面选择"开关"

续表

步骤	处理过程	
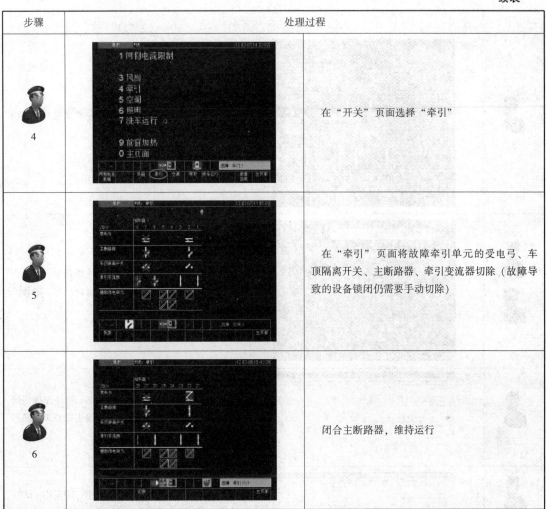 4		在"开关"页面选择"牵引"
5		在"牵引"页面将故障牵引单元的受电弓、车顶隔离开关、主断路器、牵引变流器切除（故障导致的设备锁闭仍需要手动切除）
6		闭合主断路器，维持运行

3.3.4 主断路器锁闭

主断路器锁闭的处理操作如表3-52所示。

表3-52 主断路器锁闭的处理操作

现象	主断路器锁闭
车种	CRH$_3$C、CRH380B(L)
故障原因	软件保护
行车	维持运行
注意	（1）主断路器无法闭合期间，要检查总风管压力。当总风管压力低于700 kPa时，单个受电弓10分钟内升弓操作不得大于3次，否则会触发软件保护而锁闭受电弓。一旦锁闭，90分钟后才能解锁。 （2）运行中升弓操作时，速度应在200 km/h以下

续表

步骤	处理过程
1	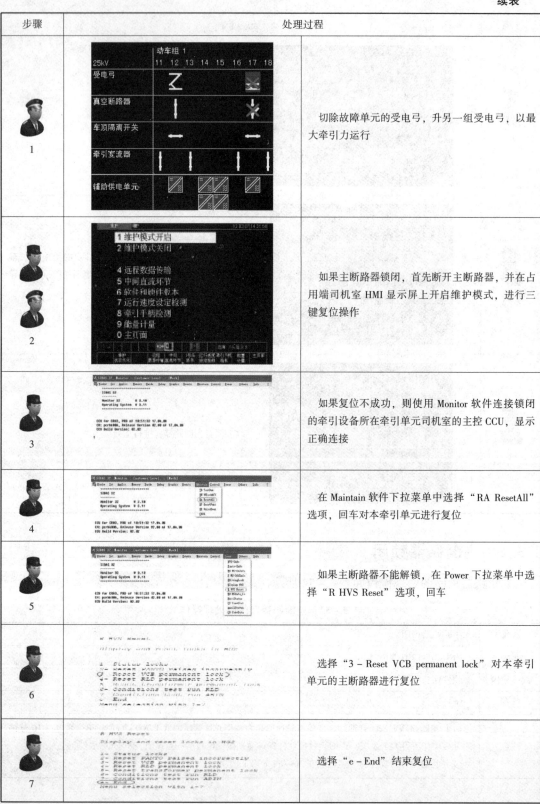 切除故障单元的受电弓，升另一组受电弓，以最大牵引力运行
2	如果主断路器锁闭，首先断开主断路器，并在占用端司机室 HMI 显示屏上开启维护模式，进行三键复位操作
3	如果复位不成功，则使用 Monitor 软件连接锁闭的牵引设备所在牵引单元司机室的主控 CCU，显示正确连接
4	在 Maintain 软件下拉菜单中选择"RA ResetAll"选项，回车对本牵引单元进行复位
5	如果主断路器不能解锁，在 Power 下拉菜单中选择"R HVS Reset"选项，回车
6	选择"3 – Reset VCB permanent lock"对本牵引单元的主断路器进行复位
7	选择"e – End"结束复位

步骤	处理过程	
8	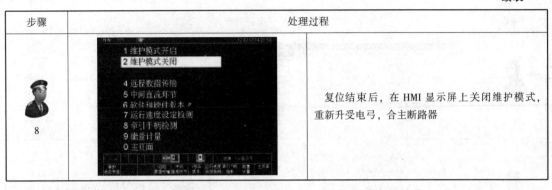	复位结束后，在 HMI 显示屏上关闭维护模式，重新升受电弓，合主断路器

3.3.5 车顶隔离开关锁闭

车顶隔离开关锁闭的处理操作如表 3 – 53 所示。

表 3 – 53 车顶隔离开关锁闭的处理操作

现象	车顶隔离开关锁闭	
车种	CRH_3C、$CRH380B(L)$	
故障原因	软件保护	
行车	维持运行	
注意	(1) 出现网流或变压器过流的故障不允许复位。 (2) 复位车顶隔离开关时必须降弓。 (3) 运行中升弓操作时，速度应在 200 km/h 以下	
步骤	处理过程	
1		首先司机降弓，在占用端司机室 HMI 显示屏上开启维护模式，进行三键复位操作
2		如果复位不成功，则使用 Monitor 软件连接锁闭的牵引设备所在牵引单元司机室的主控 CCU，显示正确连接
3		在 Maintain 软件下拉菜单中选择"RA ResetAll"选项，回车对本牵引单元进行复位

续表

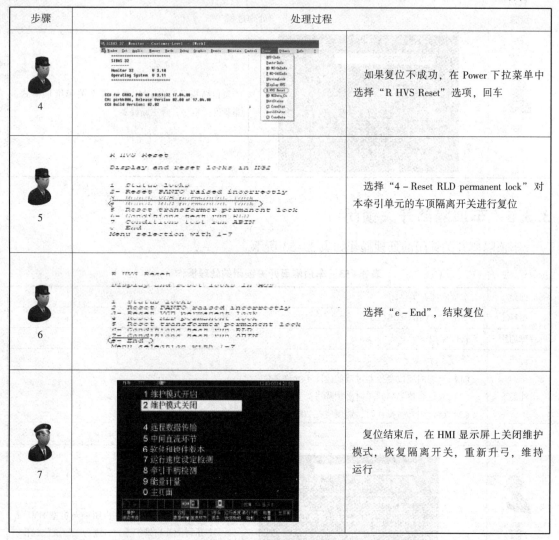

步骤	处理过程
4	如果复位不成功，在 Power 下拉菜单中选择"R HVS Reset"选项，回车
5	选择"4 – Reset RLD permanent lock"对本牵引单元的车顶隔离开关进行复位
6	选择"e – End"，结束复位
7	复位结束后，在 HMI 显示屏上关闭维护模式，恢复隔离开关，重新升弓，维持运行

3.3.6 牵引电机轴承过热

牵引电机轴承过热（故障代码 2678、2679）的处理操作如表 3 – 54 所示。

表 3 – 54 牵引电机轴承过热（故障代码 2678、2679）的处理操作

现象	牵引丢失
车种	CRH₃C、CRH380B(L)
故障原因	牵引电机轴承温度过高或误报过高
行车	立即停车
注意	"最大速度 Vmax 级别 3 被要求"（限速 40 km/h）为本车 TCU 报出，"同列相邻车最大速度 Vmax 级别 3 被要求"（限速 40 km/h）为在本车 TCU 被切除后，相同牵引单元相邻 TCU 报出

步骤	处理过程	
 1	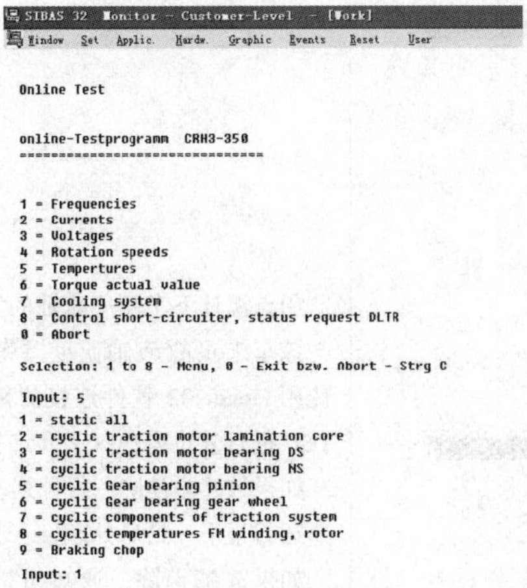	如果 HMI 显示屏上显示故障代码 2679 或 2678，同时还存在故障代码 19DX（轴不旋转故障），或者有 2904 或 290F 提示限速 40km/h 时，应立即停车，下车检查；如果只存在故障代码 2679 或 2678 时，则根据故障提示，司机通知随车机械师前往故障车确认处理。 随车机械师使用 Monitor32 软件监视故障车，在故障车的 TCU 内监控牵引电机温度值。TCU 监控牵引电机轴承温度方法如下：使用 User 下拉菜单选择 online test 回车，选择 5，temperatures，回车，然后选择 3（DS 驱动端）和 4（NS 非驱动端），回车
 2	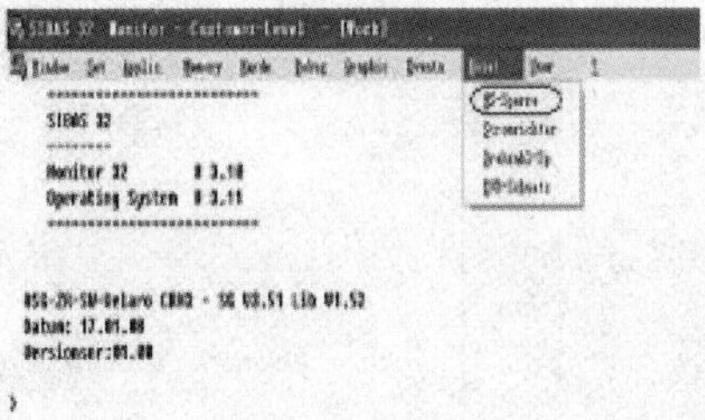	监控温度中至少有一个牵引电机的温度与其他的温度差超过 20 ℃： 如果该牵引电机的监控温度出现 5 ℃以上的波动跳变，则本车 TCU 进行复位操作（只允许复位一次）。 如果故障未消除，报告列车调度员，维持限速运行至下一站后处理。 如果故障消除，通知司机正常行车。开车后，使用 Monitor32 软件实时监视故障车，在故障车的 TCU 内监控电机温度值，及时与列车调度员联系。 如果该牵引电机的监控温度没有出现 5 ℃以上的波动跳变，温度平稳上升，则通知司机立即停车
 3	 	司机接到通知后立即停车，报告列车调度员。按规定程序通知机械师下车检查牵引电机外观并点温。下车点温位置如左图所示

步骤	处理过程	
4	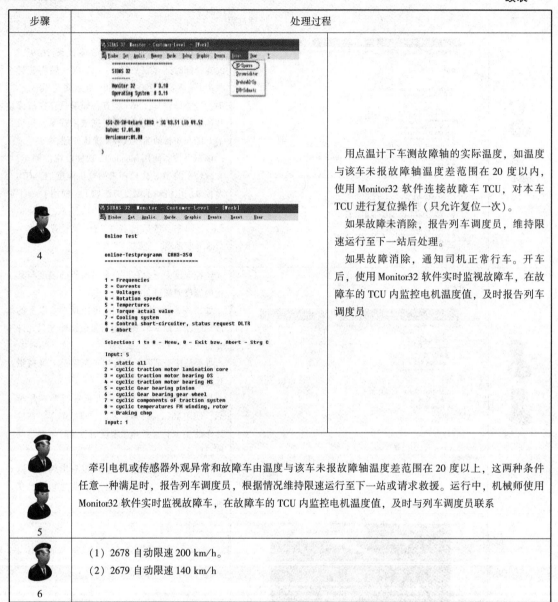	用点温计下车测故障轴的实际温度，如温度与该车未报故障轴温度差范围在 20 度以内，使用 Monitor32 软件连接故障车 TCU，对本车 TCU 进行复位操作（只允许复位一次）。 如果故障未消除，报告列车调度员，维持限速运行至下一站后处理。 如果故障消除，通知司机正常行车。开车后，使用 Monitor32 软件实时监视故障车，在故障车的 TCU 内监控电机温度值，及时报告列车调度员
5	牵引电机或传感器外观异常和故障车由温度与该车未报故障轴温度差范围在 20 度以上，这两种条件任意一种满足时，报告列车调度员，根据情况维持限速运行至下一站或请求救援。运行中，机械师使用 Monitor32 软件实时监视故障车，在故障车的 TCU 内监控电机温度值，及时与列车调度员联系	
6	（1）2678 自动限速 200 km/h。 （2）2679 自动限速 140 km/h	

3.3.7　停放制动无法缓解

停放制动无法缓解的处理操作如表 3 - 55 所示。

表 3 - 55　停放制动无法缓解的处理操作

现象	停放制动无法缓解
车种	CRH₃C、CRH380B(L)
故障原因	停放制动控制单元、部件故障或软管断裂
行车	立即停车

注意	复位 BCU 时，先断 28 – F12，再断 28 – F11；闭合时先合 28 – F11，再合 28 – F12
步骤	处理过程
 1	立即停车，报告列车调度员。施加并缓解一次停放制动，如果故障消失则正常行车。如果停放制动仍未缓解，则根据 HMI 显示屏故障提示，通知随车机械师到停放制动不能缓解的故障车
 2	在故障车电气柜对 BCU 进行复位。若停放制动不缓解故障消除，则通知司机行车。若故障不消除，则进行下一步操作
 3	根据相关规定下车，对故障车进行停放制动切除操作。完成后通知司机
 4	按制动有效率限速运行

3.3.8　紧急制动不缓解

紧急制动不缓解的处理操作如表 3 – 56 所示。

表 3 – 56　紧急制动不缓解的处理操作

现象	紧急制动不缓解
车种	CRH$_3$C、CRH380B(L)
故障原因	故障原因需根据处理过程逐一判断
行车	立即停车
步骤	处理过程
 1	立即停车，通知随车机械师，并报告列车调度员

步骤	处理过程
2	确认 HMI 显示屏是否报出故障代码，若报出故障代码 66DB 或 66DC，则按照"3.3.11 异常紧急制动故障"进行操作；若没有，则执行下一步
3	将 ATP 的隔离开关置"隔离"位。若列车管压力恢复正常，则正常行车，若无效，确认为 ATP 故障，报告列车调度员；否则，将 ATP 的隔离开关置"运行"位
4	在 HMI 显示屏上检查是否报出故障代码 66D5：通过紧急按钮请求紧急制动，或故障代码 66D6：通过制动控制器请求紧急制动，若报出以上代码，则将紧急制动红色蘑菇头或制动手柄恢复，若为非占用端故障，则通知机械师进行恢复。若没有报出故障代码 66D5 或 66D6，则执行下一步
5	检查 HMI 显示屏上是否报出紧急制动回路（EBL）、停放制动监控回路（PBML）、转向架监控回路（BML）故障，若报出回路故障，则切除相关安全回路故障开关。若没有报出安全回路故障，则执行下一步

步骤	处理过程	
6	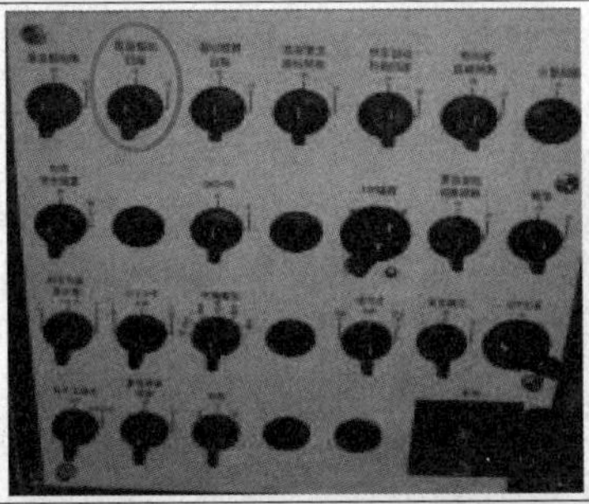	将紧急制动回路开关置于"关"位。若列车管压力恢复正常，则在没有紧急制动回路功能的情况下继续运行
7	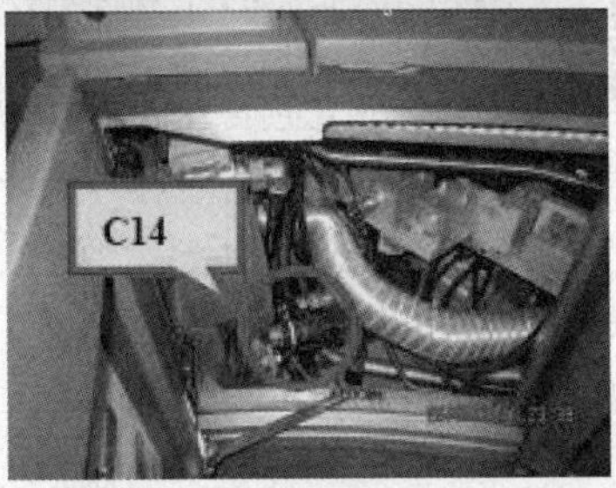 C14	若隔离紧急制动回路后，紧急制动仍无法缓解，则恢复紧急制动回路故障开关，采用备用制动行车，限速 120 km/h。若采用备用制动依然无法缓解，则请求救援

3.3.9　全列常用制动不缓解

全列常用制动不缓解的处理操作如表 3 – 57 所示。

表 3 – 57　全列常用制动不缓解的处理操作

现象	全列常用制动不缓解	
车种	CRH₃C、CRH380B(L)	
故障原因	BCU 故障	
行车	立即停车	
步骤	处理过程	
1	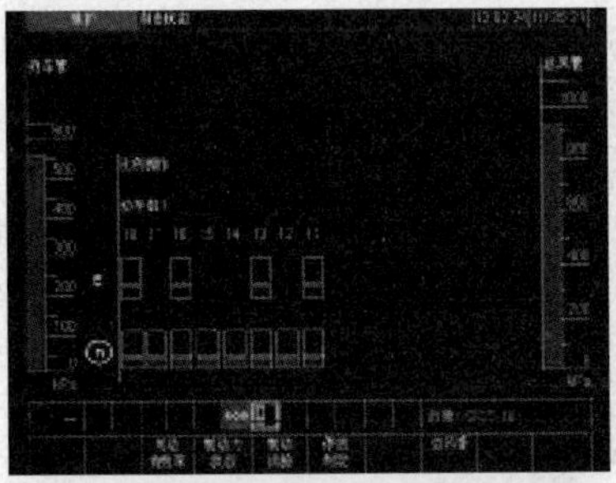	立即停车，在司机室 HMI 显示屏上确认故障为单车制动不缓解还是全列制动不缓解
2	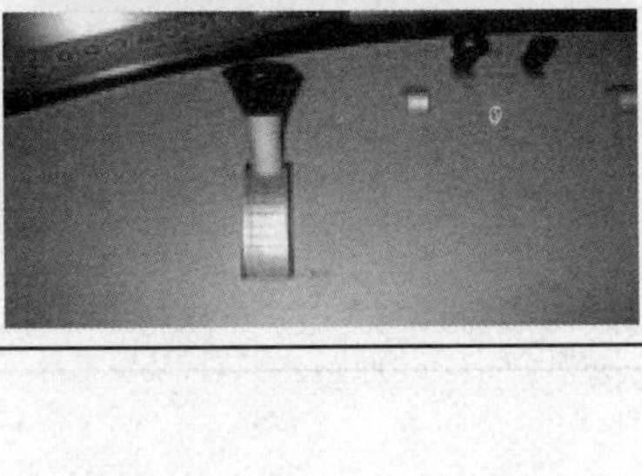	将制动手柄推至 REL 位缓解

259

步骤	处理过程
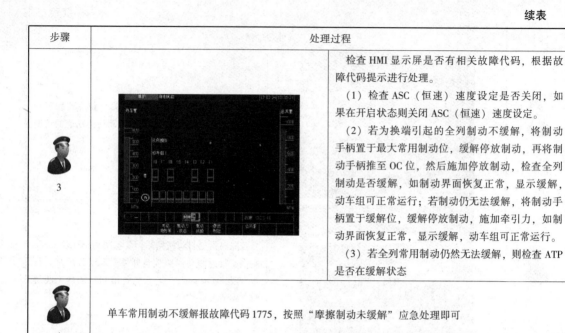3	检查 HMI 显示屏是否有相关故障代码，根据故障代码提示进行处理。 （1）检查 ASC（恒速）速度设定是否关闭，如果在开启状态则关闭 ASC（恒速）速度设定。 （2）若为换端引起的全列制动不缓解，将制动手柄置于最大常用制动位，缓解停放制动，再将制动手柄推至 OC 位，然后施加停放制动，检查全列制动是否缓解，如制动界面恢复正常，显示缓解，动车组可正常运行；若制动仍无法缓解，将制动手柄置于缓解位，缓解停放制动，施加牵引力，如制动界面恢复正常，显示缓解，动车组可正常运行。 （3）若全列常用制动仍然无法缓解，则检查 ATP 是否在缓解状态
4	单车常用制动不缓解报故障代码 1775，按照"摩擦制动未缓解"应急处理即可

3.3.10 "摩擦制动未缓解"

摩擦制动未缓解（故障代码 1775）的处理操作如表 3 - 58 所示。

表 3 - 58 摩擦制动未缓解（故障代码 1775）的处理操作

现象	HMI 显示屏上显示故障代码为 1775，故障描述为：摩擦制动未缓解
车种	CRH₃C、CRH380B（L）
行车	维持运行
步骤	处理过程
1	司机在制动手柄处于"REL"缓解位置时，按下制动手柄上的按钮实施雪天模式制动。按下按钮保持 10 秒，释放制动手柄上的按钮缓解雪天模式制动。观察 HMI 显示屏显示的所有制动的施加和缓解功能是否正常
2	如果制动的施加和缓解功能正常，则按制动有效率运行。 如果制动的施加和缓解功能不正常则立即施加常用制动。通知随车机械师对故障车进行切除空气制动操作。司机按规定限速运行

3.3.11　异常紧急制动故障

异常紧急制动（故障代码 66DB、66DC）故障的处理操作如表 3－59 所示。

表 3－59　异常紧急制动（故障代码 66DB、66DC）故障的处理操作

现象	列车运行时突然施加紧急制动
车种	CRH₃C、CRH380B(L)
故障原因	紧急制动请求继电器（43－K33、43－K34）被异常断开
行车	停车
步骤	处理过程
1	制动手柄置于"OC"（过充）位。如果紧急制动缓解，维持运行；如果紧急制动不能缓解，待停车后处理，进行第 2 步
2	把制动手柄置于紧急制动位置，过 5 秒后再置于"OC"（过充）位。 若紧急制动缓解，进行第 8 步
3	若紧急制动不能缓解，把司机室右侧故障面板的"紧急制动阀"和"紧急制动回路"故障开关设为"关"位，紧急制动缓解。 把司机室右侧故障面板的"紧急制动阀"和"紧急制动回路"故障开关设为"开"位 若紧急制动再次施加，进行第 4 步。 若没有再次施加紧急制动，列车状态正常，进行第 8 步
4	紧急制动再次施加，把司机室右侧故障面板的"紧急制动阀"和"紧急制动回路"故障开关设为"关"位。紧急制动缓解
5	将故障面板上的紧急制动阀故障开关置于"开"位（将开关置于竖直位）。 将故障面板上的 ATP 的隔离开关置于"隔离"位，10 秒后重新将开关置于"运行"位，ATP 重新启动
6	若紧急制动再次施加无法缓解，进行第 7 步。 若 ATP 工作正常，没有紧急制动异常发生，进行第 8 步

步骤	处理过程
7	将故障面板上的 ATP 的隔离开关置于"隔离"位，紧急制动阀故障开关置于"关"位。报告列车调度员，限速运行
8	通过制动手柄施加紧急制动，5 秒后制动手柄置于"OC"位。制动缓解后正常行车

3.3.12 轴不旋转

轴不旋转的处理操作如表 3-60 所示。

表 3-60 轴不旋转的处理操作

名称	轴不旋转
现象	轴不旋转触发的最大常用制动
车种	CRH_3C、CRH380B(L)
故障原因	速度传感器故障或轴不旋转
行车	维持运行
注意	在进行自动滚动试验测试时，司机禁止施加制动
步骤	处理过程
1	动车组 HMI 显示屏出现故障代码 68C8 时，列车将自动施加最大常用制动。 如果 HMI 显示屏出现故障代码 6B0E 时，列车进行自动滚动试验（此时司机禁止施加制动，司机通知随车机械师故障状况），并执行第 2、3 步
2	当 HMI 显示屏上出现故障代码 6B12（自动滚动试验成功完成），限速图标消失和制动缓解，则司机可以继续按照正常速度行车
3	如果滚动测试不成功，HMI 显示屏上显示故障代码 6B0C（运行初动测试），司机施加最大常用制动停车。列车停车后按照提示执行如下测试： （1）司机重新启动列车，加速至 35~40 km/h 速度范围内维持运行，开始第二次自动滚动试验测试，司机禁止施加制动。 （2）如果测试成功，HMI 显示屏上出现故障代码 6B12（自动滚动试验成功完成），则司机可以继续按照正常速度行车
4	如果未出现滚动测试，或者 HMI 显示屏上出现故障代码 68C8，19D×（×可为 01、02、03、04、05、06、07、08 车），2F8×（×可为转向架的 1 轴、2 轴、3 轴、4 轴），列车会自动停车。报告列车调度员，按相关规定通知随车机械师下车检查

续表

步骤	处理过程	
5	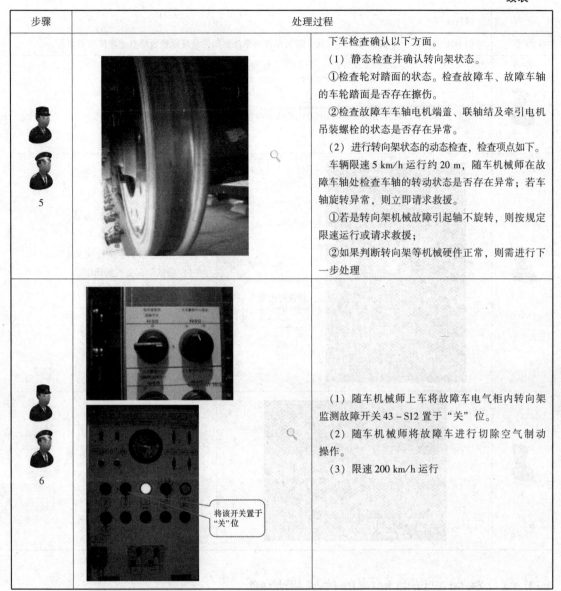	下车检查确认以下方面。 （1）静态检查并确认转向架状态。 ①检查轮对踏面的状态。检查故障车、故障车轴的车轮踏面是否存在擦伤。 ②检查故障车车轴电机端盖、联轴结及牵引电机吊装螺栓的状态是否存在异常。 （2）进行转向架状态的动态检查，检查项点如下。 车辆限速 5 km/h 运行约 20 m，随车机械师在故障车轴处检查车轴的转动状态是否存在异常；若车轴旋转异常，则立即请求救援。 ①若是转向架机械故障引起轴不旋转，则按规定限速运行或请求救援； ②如果判断转向架等机械硬件正常，则需进行下一步处理
6	将该开关置于"关"位	（1）随车机械师上车将故障车电气柜内转向架监测故障开关 43 - S12 置于"关"位。 （2）随车机械师将故障车进行切除空气制动操作。 （3）限速 200 km/h 运行

3.3.13   防滑器速度传感器故障

防滑器速度传感器故障的处理操作如表 3 - 61 所示。

表 3 - 61   防滑器速度传感器故障的处理操作

现象	（1）HMI 显示屏显示故障代码 1736，故障描述为：至少一个 WSP 速度传感器信号故障； （2）BCU 中存在单轴速度传感器故障记录
车种	CRH_3C、CRH380B(L)
故障原因	速度传感器损坏

行车	维持运行
注意	如 HMI 显示屏上显示故障代码 1736，但列车没有意外制动，到终到站后检查速度传感器状态
步骤	处理过程

1	根据故障提示，通知随车机械师在 HMI 显示屏确认故障

2	将该开关置于"关"位	确认故障位置后，进行以下处理： （1）将故障车空气制动切除； （2）通知司机，处理完毕

3		司机按规定限速运行

3.3.14 转向架横向加速度传感器故障

转向架横向加速度传感器故障的处理操作如表 3-62 所示。

表 3-62 转向架横向加速度传感器故障的处理操作

现象	横向加速度传感器监控失效
车种	CRH₃C、CRH380B(L)
故障原因	转向架横向加速度传感器故障
行车	维持运行
注意	司机须在 5 分钟内降速到 220 km/h，否则列车将施加最大常用制动

续表

步骤	处理过程
1	根据故障提示，通知随车机械师在 HMI 显示屏上确认故障
2	限速 220 km/h 运行

3.3.15　转向架横向加速度监控报警

转向架横向加速度监控报警的处理操作如表 3 – 63 所示。

表 3 – 63　转向架横向加速度监控报警的处理操作

现象	HMI 显示屏显示故障代码 6B1A、6B1E、6B22、68C9，横向加速度监控报警，触发常用制动
车种	CRH$_3$C、CRH380B(L)
故障原因	横向加速度超限故障如下。 <table><tr><td>故障代码</td><td>故障内容</td></tr><tr><td>6B1A</td><td>带临时限速的横向加速度第一次报警</td></tr><tr><td>6B1E</td><td>带限速的横向加速度报警第一阶段</td></tr><tr><td>6B22</td><td>带限速的横向加速度报警第二阶段</td></tr></table>
行车	维持运行
注意	当速度降至 HMI 显示屏提示限制速度以下后，司机将制动手柄置于"OC"位，缓解制动
步骤	处理过程
1	HMI 显示屏上显示故障代码 68C9。 若第一次发生横向加速度报警，车组报 6B1A，最高速度将临时限制在 280 km/h 达 120 秒； 若在 300 km 内发生两次横向加速度报警，故障代码变为 6B1E，最高速度将一直被限制在 280 km/h； 如果最高速度持续被限制在 280 km/h 后，300 km 之内又发生 2 次新的横向加速度报警，故障代码变为 6B22，那么最高速度将一直被限制在 200 km/h
2	如果确认为线路原因引起的横向加速度报警，驶出该区段后，在 HMI 显示屏紧急页面，复位横向加速度报警（限速 200 km/h 时，不能复位），解除限速。如不是线路问题，维持运行

3.3.16 热轴预警

热轴预警的处理操作如表 3 - 64 所示。

表 3 - 64 热轴预警的处理操作

现象	HMI 显示屏提示限速 250 km/h 且显示相应故障代码,故障代码描述为××车××轴×侧热轴预警
车种	CRH₃C、CRH380B(L)
故障原因	检测到轮对轴承温度过高或轴温传感器故障导致
行车	司机按提示维持运行,根据处理情况恢复常速或维持限速

| 注意 | 热轴预警故障代码与轴位对应关系如下。 |

	1 轴	2 轴	3 轴	4 轴
左	6AA0	6AA4	6AB0	6AB4
右	6AA8	6AAC	6AB8	6ABC

发生此故障后需按照下列步骤进行处理,同时动车组运行过程中随车机械师还应在车内转向架故障轴位上方加强巡视,若发现明显的异常振动、异音等情况,应立即通知司机停车检查,并及时向列车调度员汇报

步骤	处理过程
1	立即通知随车机械师,动车组限速 250 km/h 运行
2	接司机通知后确认故障代码,在 HMI 显示屏的"系统"界面选择"4 轮轴温度"菜单
3	确认故障车轴轴位,并观察其轴温值。 如果温度超过 120 ℃但小于 140 ℃或与其他轴位温度相比超过 50 ℃,则继续限速 250 km/h 运行(保证轴温不继续升高)。 如果温度未超过 120 ℃或与其他轴位温度相比未超过 50 ℃,则按步骤 4 进行软件复位

步骤	处理过程
4	使用笔记本电脑连接占用端司机室的主控 CCU。 使用 Monitor 软件进行复位的方法： （1）通知司机断主断路器。 （2）在占用司机室 HMI 显示屏上开启维护模式，确认 Monitor 软件与主控 CCU 连接正确，在 Maintain 软件下拉菜单中选择"RA ResetAll"选项，回车进行复位。 （3）复位结束后，通知司机关闭维护模式，重新合上主断路器
5	（1）复位结束后如故障消除，允许按常速运行。 （2）复位结束后如故障仍然存在或再次出现，不允许再次复位，维持限速 250 km/h 运行
6	发生此类故障后，须保持使用软件（软件监控方法见步骤 8）或在 HMI 显示屏中系统菜单下的轴温界面监测轴温状况，并确认轴温已因运行速度降低而下降并可持续保持稳定状态至少 5 分钟，列车到下一停车站检测轴温，报告列车调度员。 如发现限速后轴温有上升的趋势，则通知司机停车，下车检测轴温
7	根据实际情况进行处置。 （1）若实际轴温值与其他轴位温度相比超过 30 ℃，检查转向架轴箱，根据检查情况按规定限速运行或请求救援。 （2）若实际轴温值与其他轴位温度相比未超过 30 ℃，检查转向架轴箱正常。确认为误报后使用 Monitor 软件进行复位

使用 Monitor 软件监测故障轴位 AB 两个通道的轴温值。

监测轴温信道代码表如下。

轴位	左		右	
	A 信道	B 信道	A 信道	B 信道
1 轴	$E \times A0T00$	$E \times B0T00$	$E \times A0T02$	$E \times B0T02$
2 轴	$E \times A0T01$	$E \times B0T01$	$E \times A0T03$	$E \times B0T03$
3 轴	$E \times A0T04$	$E \times B0T04$	$E \times A0T06$	$E \times B0T06$
4 轴	$E \times A0T05$	$E \times B0T05$	$E \times A0T07$	$E \times B0T07$

备注："×"代表数字 1~4，其中

1：01 车或 08 车

2：02 车或 07 车

3：03 车或 06 车

4：04 车或 05 车

3.3.17 热轴报警

热轴报警的处理操作如表 3－65 所示。

表 3－65 热轴报警的处理操作

现象	列车出现强制制动且 HMI 显示屏显示相应故障代码并自动限速 40 km/h，故障代码描述为×× 车×× 轴×侧热轴报警
车种	CRH₃C、CRH380B（L）
故障原因	检测到轮对轴承温度过高或轴温传感器故障
行车	立即停车检查，根据检查情况进行处理

<table>
<tr><td rowspan="5">注意</td><td colspan="5">热轴报警故障代码与轴位对应关系如下。</td></tr>
</table>

	1 轴	2 轴	3 轴	4 轴
左	6AC0	6AC4	6AD0	6AD4
右	6AC8	6ACC	6AD8	6ADC

发生此故障后需按照下列步骤进行处理，同时动车组运行过程中随车机械师还应在车内转向架故障轴位上方加强巡视，若发现明显的异常振动、异音等情况，应立即通知司机停车检查，并及时向列车调度员汇报

步骤	处理过程
1	立即停车，并通知随车机械师
2	接司机通知后到司机室确认故障代码，在 HMI 显示屏的"系统页面"选择"4 轮轴温度"菜单
3	确认故障车轴轴位，并观察其轴温值 温度超过 140 ℃或与其他轴位温度相比超过 65 ℃。 随车机械师下车点温检查

续表

步骤	处理过程
4	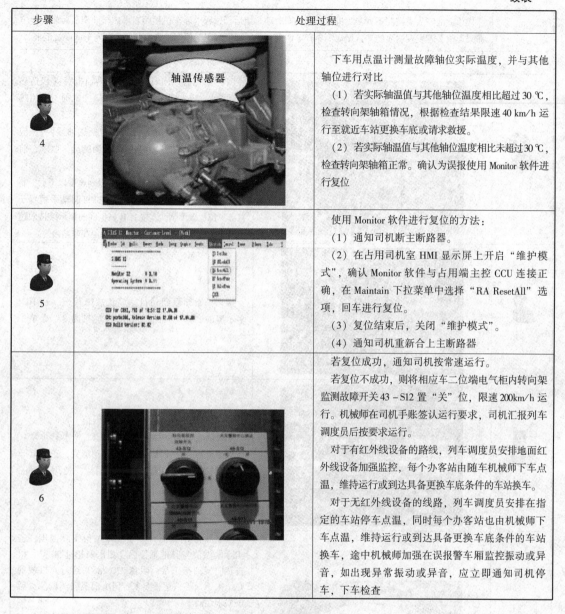下车用点温计测量故障轴位实际温度，并与其他轴位进行对比 （1）若实际轴温值与其他轴位温度相比超过 30 ℃，检查转向架轴箱情况，根据检查结果限速 40 km/h 运行至就近车站更换车底或请求救援。 （2）若实际轴温值与其他轴位温度相比未超过 30 ℃，检查转向架轴箱正常。确认为误报使用 Monitor 软件进行复位
5	使用 Monitor 软件进行复位的方法： （1）通知司机断主断路器。 （2）在占用司机室 HMI 显示屏上开启"维护模式"，确认 Monitor 软件与占用端主控 CCU 连接正确，在 Maintain 下拉菜单中选择"RA ResetAll"选项，回车进行复位。 （3）复位结束后，关闭"维护模式"。 （4）通知司机重新合上主断路器
6	若复位成功，通知司机按常速运行。 若复位不成功，则将相应车二位端电气柜内转向架监测故障开关 43 – S12 置"关"位，限速 200 km/h 运行。机械师在司机手账签认运行要求，司机汇报列车调度员后按要求运行。 对于有红外线设备的路线，列车调度员安排地面红外线设备加强监控，每个办客站由随车机械师下车点温，维持运行或到达具备更换车底条件的车站换车。 对于无红外线设备的线路，列车调度员安排在指定的车站停车点温，同时每个办客站也由机械师下车点温，维持运行或到达具备更换车底条件的车站换车，途中机械师加强在误报警车厢监控振动或异音，如出现异常振动或异音，应立即通知司机停车，下车检查

3.3.18　至少一个轮对轴承温度传感器故障

至少一个轮对轴承温度传感器故障的处理操作如表 3 – 66 所示。

表 3 – 66　至少一个轮对轴承温度传感器故障的处理操作

现象	HMI 显示屏显示故障代码为 68C4，并出现限速 220 km/h 的提示信息，司机如果 5 分钟内没有将速度降到 220 km/h，将触发制动，列车自动限速 220 km/h
车种	CRH_3C、CRH380B(L)
行车	限速 220 km/h 运行
故障原因	至少一个轮对轴承温度传感器故障

注意	发生此故障后需按照下列步骤进行处理，同时动车组运行过程中随车机械师在车内转向架故障轴位上方加强巡视，若发现明显的异常振动、异音等情况，应立即通知司机停车检查，并及时向列车调度员汇报
步骤	处理过程
1	（1）如先前或同时伴随发生热轴报警（包括热轴预警），应立即停车并通知随车机械师，按照热轴报警处理措施进行处理。 （2）如未曾发生热轴报警（包括热轴预警），应立即通知随车机械师并报告列车调度员，要求在前方就近车站停车点温。 当速度降至HMI显示屏提示的限制速度以下后，制动应自动缓解，如果未缓解，司机将制动手柄置于"OC"位，缓解制动，按HMI显示屏的提示维持限速运行至前方就近站停车（故障轴位在非站台侧）
2	接司机通知后到司机室确认故障代码，在HMI显示屏的"系统页面"选择"4轮轴温度"菜单
3	确认故障车轴轴位，观察其轴温值 如果轴温无显示或温度值为−40 ℃，则执行步骤4 如果轴温显示正常，故障应自动消失，正常运行 如果轴温显示正常，故障未消除，使用Monitor软件进行复位
4	（1）下车用点温计测量故障轴位实际温度，若实际轴温值与其他轴位温度相比未超过30 ℃，检查转向架轴箱正常，限速220 km/h 运行。机械师在司机手账签认运行要求，司机汇报列车调度员后按要求运行。 对于有红外线设备的线路，列车调度员安排地面红外线设备加强监控，每个办客站由随车机械师下车点温（故障轴位应在非站台侧），维持运行或到达具备更换车底条件的车站换车。 对于无红外线设备的线路，列车调度员安排在指定的车站停车点温，同时每个办客站也由机械师下车点温（故障轴位应在非站台侧），维持运行或到达具备更换车底条件的车站换车，途中机械师加强在误报警车厢监控振动或异音，如出现异常振动或异音，应立即通知司机停车，下车检查。 （2）若实际轴温值与其他轴位温度相比超过30 ℃，按照热轴报警处理办法办理

轴温传感器

3.3.19　空调系统故障

空调系统故障的处理操作如表 3 – 67 所示。

表 3 – 67　空调系统故障的处理操作

名称	空调通风系统故障
现象	某节车出现空调机组不启动或不制冷/不制热故障
车种	CRH$_3$C
原因	空调控制系统通信故障或工作状态不稳定或控制板卡故障
行车	维持运行
注意事项	(1) 每次空调复位后须等待 6 分钟观察空调是否启动，禁止短时间内频繁复位； (2) 空调手动模式时，需要定期监控，不能长期开启。在手动全冷模式下开启 15 分钟左右，在半冷模式下开启 30 分钟左右，须转换一次通风（每次约 10 分钟），防止空调机组结冰
步骤	处理过程
1	在乘务员室 HMI 显示屏关闭故障车空调，再重新开启故障车空调
2	如果 6 分钟后空调依然无法启动，随车机械师断开电气控制柜内的两个空气开关 "CONVERTER"（–61 – F16）和 "HVAC CTRL"（–61 – F30），再恢复这两个空气开关，之后通知司机打开故障车空调
3	如果 6 分钟后空调仍然无法启动，随车机械师断开空调控制面板内所有空气开关后再闭合
4	如果 6 分钟后空调仍无法启动，执行空调应急开关操作

名称	客室空调系统故障
现象	出现空调不启动或不制冷、不加热的故障现象
车种	CRH380B（L）
原因	控制板卡故障或制冷系统故障
行车	维持运行
步骤	处理过程

步骤		处理过程
1		在司机室或乘务员/机械师室的主界面选择进入空调页面，在页面上关闭故障车的空调。再重新开启该故障车空调
2		如果 6 分钟后，空调未自动开启，可通过该车控制面板空调旋转开关（61 - S01）置于"关"位。再次将此旋转开关置于"自动"位。然后通知司机开启空调或在乘务员/机械师室的 HMI 显示屏开启该车空调
3		如果 6 分钟后，空调系统仍无法开启，断开电气柜内的两个空气开关：61 - F16 和 61 - F30。待 5 秒钟后再次恢复这两个空气开关。 通知司机开启该车空调或在乘务员/机械师室的 HMI 显示屏开启该车空调
4	如果 6 分钟后，空调系统仍无法开启，或制冷效果不好，检查辅助供电设备是否有故障，使空调自动减载。若是系统考虑安全性而自动减载，则无须其他操作	
5		若辅助供电无故障，则可按照以下三步骤执行： 第一，开启手动半冷、半暖模式。如仍不能满足要求，则继续第二步。 第二，HMI 显示屏显示空调网络故障或空调控制柜内中间继电器 K43 得电吸合。可直接根据需要，选择手动通风、半冷、全冷、半暖、全暖模式。 第三，在控制面板上先将控制旋钮置于"关"位后，再置于"全冷"位

步骤	处理过程
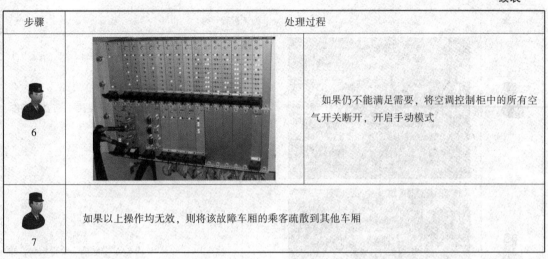6	如果仍不能满足需要，将空调控制柜中的所有空气开关断开，开启手动模式
7	如果以上操作均无效，则将该故障车厢的乘客疏散到其他车厢

3.3.20　集控关门时车门未关闭

集控关门时车门未关闭的处理操作如表 3 - 68 所示。

表 3 - 68　集控关门时车门未关闭的处理操作

现象	集控关门时个别车门未关闭、HMI 显示屏的门状态界面出现红色的故障标记"xy"或未报故障代码
车种	CRH_3C、CRH380B(L)
故障原因	电气/机械故障
行车	立即停车

步骤	处理过程
1	集控关门过程中司机发现 HMI 显示屏显示某车门未关闭，司机再次操作关门按钮一次。如果关门不成功，司机将故障车门的位置立即通知随车机械师，随车机械师前往故障车门进行故障排查
2	(1) 随车机械师必须立即查看车门关闭有无异常并处理。 (2) 尝试用本地关门按钮关门

步骤	处理过程	
3	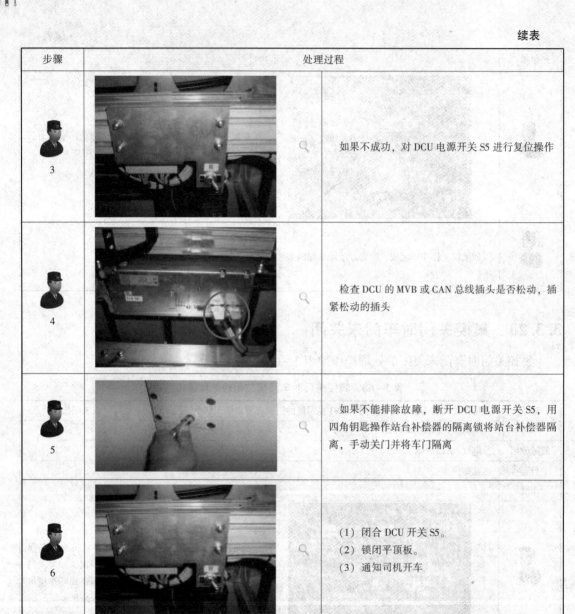	如果不成功，对 DCU 电源开关 S5 进行复位操作
4		检查 DCU 的 MVB 或 CAN 总线插头是否松动，插紧松动的插头
5		如果不能排除故障，断开 DCU 电源开关 S5，用四角钥匙操作站台补偿器的隔离锁将站台补偿器隔离，手动关门并将车门隔离
6		（1）闭合 DCU 开关 S5。 （2）锁闭平顶板。 （3）通知司机开车
7	司机接到随车机械师通知后，在 HMI 显示屏上看到该门位置出现隔离显示"$\overline{xy}$"，满足行车条件后行车	

3.3.21 集控关门按钮失效

集控关门按钮失效的处理操作如表 3-69 所示。

表 3-69 集控关门按钮失效的处理操作

现象	操作外门集控关门按钮，全列车门无法关闭
车种	CRH₃C、CRH380B（L）

故障原因	集控关门按钮故障	
步骤	处理过程	
1		通知机械师远程关门操作。 在车门打开侧任意一扇车门操作面板上，用四角钥匙操作远程关门开关，四角钥匙顺时针旋转，此时除本车门外，其他车门均关闭，再按本地关门按钮，本车门关闭
2	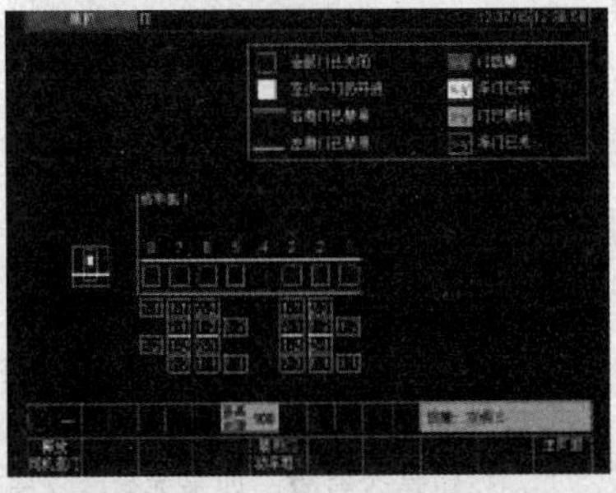	通知司机确认全列车门已正常关闭，正常行车

3.3.22 车门集控开门时不能打开

车门集控开门时不能打开的处理操作如表 3 – 70 所示。

表 3 – 70 车门集控开门时不能打开的处理操作

现象	执行集控开门操作后，HMI 显示屏显示某门未打开故障	
车种	CRH₃C、CRH380B(L)	
故障原因	电气/机械故障	
行车	立即停车	
步骤	处理过程	
1	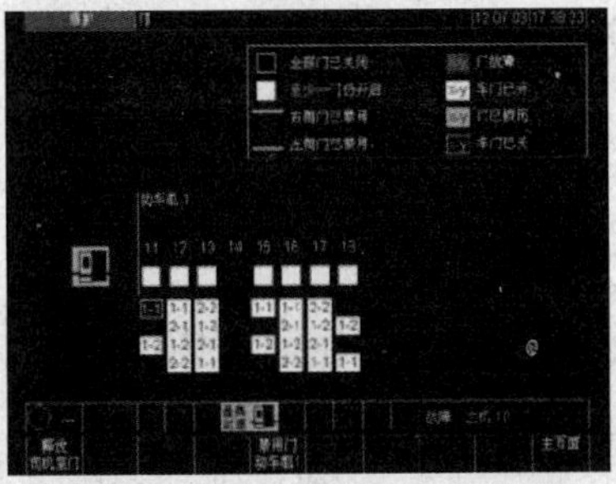	集控开门过程中司机发现 HMI 显示屏显示某车门未打开故障，司机再次操作开门按钮开门

续表

步骤	处理过程
2	如门未打开，司机通知随车机械师到故障车门处检查该车门是否正确打开，尝试用本地开门按钮开门
3	如本地开门开关无效，则采用操作车内紧急装置，进行开门。乘客乘降完毕后，再次检查本地关门按钮是否有效，如果无效，先将站台补偿器隔离，手动将车门关闭，再将车门隔离
4	隔离完成后，随车机械师通知司机

3.3.23 CRH₃C 型动车组在故障情况下的限速表

CRH₃C 动车组在故障情况下的限速如表 3 - 71 所示。

表 3 - 71 CRH₃C 动车组在故障情况下的限速表

故 障 描 述		最高限制速度	
车轮擦伤	擦伤深度为大于 0.25 mm 小于 0.5 mm	200 km/h	人为限速
	轮对擦伤深度为大于 0.5 mm 小于 1 mm	120 km/h	人为限速
	轮对擦伤深度大于 1 mm	80 km/h	人为限速

续表

故 障 描 述		最高限制速度	
车轮剥离	剥离、凹陷长度≤20 mm; 剥离、凹陷长度深度≤0.5 mm,面积≤200 mm^2; 剥离、凹陷长度深度≤0.75 mm,面积≤150 mm^2; 剥离、凹陷长度深度≤1 mm,面积≤100 mm^2	不影响运营	
空气弹簧泄漏、爆裂或切除		160 km/h	人为限速
车窗玻璃破损导致车辆密封失效		160 km/h	人为限速
轴温	暖轴(120 ℃≤轴温<140 ℃)	250 km/h	自动限速
	热轴(轴温≥140 ℃或同车最大温差≥65 ℃)	40 km/h	自动限速
1 个轴箱弹簧断裂		30 km/h	人为限速
轴箱定位装置明显损坏		10 km/h	人为限速
轴箱定位装置零部件缺失		30 km/h	人为限速
高度控制阀 L15 或(和)高度调节杆故障		160 km/h	人为限速
抗蛇行油压减振器失效		250 km/h	人为限速
抗蛇行油压减振器田连接螺栓缺失或松动		10 km/h	人为限速
横向止挡损坏或缺失		30 km/h	人为限速
抗侧滚扭杆损坏或连杆螺栓(螺纹)连接损坏		10 km/h	人为限速
空调故障开门运行(加防护网)		60 km/h,高站台 40 km/h	人为限速
至少一个轴的速度传感器故障		200 km/h(在强制制动前,须 5 分钟之内减速至 200 km/h)切除故障车制动后,按制动有效率行车	自动限速
监控检测到车轮抱死		40 km/h	自动限速
转向架失稳列车自动停车		215 km/h	自动限速
切除单车转向架监控回路(43 – S12)		200 km/h	自动限速
牵引切除后		按最大剩余动力维持运行	

3.3.24   CRH$_3$C 动车组制动切除后允许的最高运行速度

CRH$_3$C 动车组制动切除后允许的最高运行速度如表 3 – 72 所示。

表 3 – 72   CRH$_3$C 动车组制动切除后允许的最高运行速度   (km/h)

制动切除比例	列控系统顶棚速度					
1/16	330	275	240	190	150	115
2/16(1/8)	320	255	235	185	145	110
3/16	310	245	225	175	140	105
4/16(2/8)	290	235	220	170	135	100

制动切除比例	列控系统顶棚速度					
5/16	280	225	210	160	130	95
6/16（3/8）	270	220	205	155	125	90
7/16	250	210	195	145	115	85
8/16（4/8）	240	200	190	140	110	80

定义：制动切除比例中分子为累计切除换算的单车制动数量。

注：切除 8/16（4/8）以上时以 80 km/h 运行到前方站进行换乘处理。若重联动车组其中一整列无制动力，则按动车组相互救援规定执行。

3.3.25　CRH₃C 型动车组故障代码

CRH₃C 型动车组故障代码如表 3–73 所示。

表 3–73　CRH₃C 型动车组故障代码

代码	描述
63C2	10 – X01：受电弓接触片断裂
6CA3	VCB 被切断：差电流保护响应
6CA4	VCB 被切断：网侧电流仍运行
6CA5	VCB 被切断：主变压器瓦斯报警
6CA6	VCB 被切断：变压器过电压
6CA7	车顶电缆：过电压保护响应
6CA8	车顶电缆：差动保护响应
631F	10 – T01：变压器锁闭，无法重启
634B	10 – T01：变压器 – VCB 关是由于变压器油流故障
635A	由于 3AC 440V 不正常导致 VCB 断开
63E2	CCU（TD）接触网欠压
6307	10 – Q01：VCB 同步闭合，持续 5 分钟
63E4	CCU（TD）接触网过压
6CA0	VCB 被切断：网侧过电流
6CA9	受电弓降下后仍有网侧电流
634E	10 – T01：由于变压器保护启动，输出降低
2679	牵引电机轴承：达到过热限制 2
2904	最大速度 V_{max} 级别 3 被要求
2678	牵引电机轴承：达到过热限制 1
290F	同列相邻车最大速度 V_{max} 级别 3 被要求
2684	齿轮轴承：达到过热限制 2
2685	齿轮轴承：达到过热限制 1

代码	描述
2672	牵引电机：超出允许的最高运行温度
2675	牵引电机：达到过热限制
2687	冷却循环：低温冷却水
2688	冷却循环：最大允许的运行温度超限
2689	冷却循环：达到过热限制
2691	冷却循环：冷却剂压力 > 最大压力 2
2695	冷却循环：压力感应供给线路故障
2716	牵引电机：旋转方向探测故障
2937	叠片牵引电机：温度感应永久故障
2938	叠片牵引电机温度感应故障
24D6	牵引电机风扇：接通状态异常
24D7	驱动电机风扇：高级别故障
268E	冷却循环：冷却剂压力 > 最大压力 1
269B	冷却循环：达到高温限 2
26C0	冷却循环：冷却剂差压 < 最小压力
26C1	冷却循环：冷却剂差压 > 最大压力
2253	IGBT PWMI：超出允许的最大运行电流 1
2533	IGBT PWMI：超出允许的最大运行电流 1
6853	TCU 30 s 内自动切断
25EB	接地故障试验运行
25ED	PWMI/牵引电机接地故障
25EF	接地故障监控起作用
6373	方向开关转换失效
20B6	TCU 模块 SIP1：脉冲锁定
283C	轮直径偏离太高
651D	电池充电器无法启动加载操作
519F	紧急停车回路本地故障
64CB	充电机主接触器 32 – T01/Q01 失效
6506	MCB 32 – F45BN1 的应急控制系统关闭
6042	CCU1 失效
6052	CCU2 失效
170C	低制动率故障
170D	高制动率故障
1610	无论通信面板是否故障 BCU – B01 都能 TBM/SBM
1617	无论制动手柄 < C23 > 的指令信号是否被中断，BCU – B01 都能 TBM

代码	描述
1810	无论通信面板是否被干扰，BCU – B10 都是 TBM/SBM
1817	无论制动手柄 < C23 > 的指令信号是否被干扰，BCU – B10 都是 TBM
6400	BCU 没有施加常用制动
1775	摩擦制动未缓解
1729	直接制动控制故障
66DC	请求紧急制动，43 – K33 和/或 43 – K34 接触器未闭合（司机）
172F	停放制动故障
670F	接触器 43 – K27 状态，PBM 无法环路（司机）
1738	列车已经移动而停放制动未缓解
1747	BCU – B01 的主面板 A5 故障
1748	BCU – B01 的主面板 A4 故障
66D5	通过紧急按钮请求紧急制动
66D6	通过制动控制器请求紧急制动
194D	超过 24 小时未进行制动试验
636B	带制动启动后 FSB
6158	EC：BCUM 的 MV – PD 通信故障
6791	环路启动接触器 43 – K15 无法闭合（司机）
678D	环路启动接触器 43 – K14 无法闭合（司机）
6795	环路启动接触器 43 – K16 无法闭合（司机）
6799	环路启动接触器 43 – K17 无法闭合（司机）
679D	环路供电接触器 43 – K18 无法闭合（司机）
67A1	环路供电接触器 43 – K19 无法闭合（司机）
6746	旁路紧急制动干预接触器 43 – K37 和/或 43 – K38 无法闭合（司机）
6772	BCU 的环路状态故障（司机）
66DB	请求紧急制动，接触器 43 – K24 未闭合（司机）
673B	转向架监控环路状态接触器 43 – K28 无法闭合（司机）
6583	MCB 28 – F11 BCU 或 BCU1 关闭
658A	MCB28 – F19 制动面板断开
1749	BCU – B01 内部通信故障
1768	与 BCU 主面板 – A4 的通信故障
173F	BCU – B01 的通信面板 – A1 故障
176D	与 BCU – B01 通信面板 – A1 之间的通信故障
6156	EC：BCU 11 的 MVB – PD 通信故障
6157	EC：BCU 12 的 MVB – PD 通信故障
6163	TC：BCU 21 的 MVB – PD 通信故障

代码	描述
6171	IC：BCU 31 的 MVB – PD 通信故障
6180	BC/FC：BCU 41 的 MVB – PD 通信故障
1710	控制轴 1 和轴 2 ＜G01/1＞＜G01/2＞的安全阀停止工作
1713	轴 1＜G01/1＞的安全阀电路断开/短路
1723	轴 2＜G01/2＞的安全阀电路断开/短路
1730	控制轴 3 和轴 4 ＜G01/3＞＜G01/4＞的安全阀停止工作
1733	轴 3＜G01/3＞的安全阀电路断开/短路
1743	轴 4＜G01/4＞的安全阀电路断开/短路
19D×	（×可为 01、02、03、04、05、06、07、08 车）轴不旋转
2F8×	（×可为转向架的 1、2、3、4 轴）轮对不旋转
6B0C	运行初动测试
6B0E	自动滚动试验运行
6B12	自动滚动试验成功完成
68C8	列车自动停止 DNRA
1736	至少一个 WSP 速度传感器信号故障
68C5	至少一个车轴的运行稳定性监控故障
6B1A	带临时限速的横向加速度第一次报警
6B1E	带限速的横向加速度报警第 1 阶段
6B22	带限速的横向加速度报警第 2 阶段
68C9	列车自动停止整备操作监控
6AA4	左侧转向架 1 轴 2 热轴预警
6AB4	左侧转向架 2 轴 4 热轴预警
6AB8	右侧转向架 2 轴 3 热轴预警
6ABC	右侧转向架 2 轴 4 热轴预警
6AA0	左侧转向架 1 轴 1 热轴预警
6AA8	右侧转向架 1 轴 1 热轴预警
6AAC	右侧转向架 1 轴 2 热轴预警
6AB0	左侧转向架 2 轴 3 热轴预警
68C7	列车自动停止热轴监控
6AC0	左侧转向架 1 轴 1 热轴警报
6AC4	左侧转向架 1 轴 2 热轴警报
6AC8	右侧转向架 1 轴 1 热轴警报
6ACC	右侧转向架 1 轴 2 热轴警报
6AD0	左侧转向架 2 轴 3 热轴警报
6AD4	左侧转向架 2 轴 4 热轴警报

代码	描 述
6AD8	右侧转向架 2 轴 3 热轴警报
6ADC	右侧转向架 2 轴 4 热轴警报
68C4	至少一个对轮轴承测量温度故障
174E	转向架 1 的空气悬挂压力过低
174F	转向架 2 的空气悬挂压力过低
69BA	通过接近开关的故障反馈关闭车钩/车钩罩（司机）
6A54	由于门打开状态而禁止牵引
6922	灯控制单元 51 – K20 故障

3.3.26　CRH380B（L）型动车组在故障情况下的限速表

CRH380B（L）型动车组在故障情况下的限速表如表 3 – 74 所示的限速值运行。

表 3 – 74　CRH380B（L）型动车组在故障情况下的限速表

故 障 描 述		最高限制速度	
车轮擦伤	擦伤深度为大于 0.25 mm 小于 0.5 mm	200 km/h	人为限速
	轮对擦伤深度为大于 0.5 mm 小于 1 mm	120 km/h	人为限速
	轮对擦伤深度大于 1 mm	80 km/h	人为限速
车轮剥离	剥离、凹陷长度≤20 mm； 剥离、凹陷长度深度≤0.5 mm，面积≤200 mm²； 剥离、凹陷长度深度≤0.75 mm，面积≤150 mm²； 剥离、凹陷长度深度≤1 mm，面积≤100 mm²	不影响运营	
空气弹簧泄漏、爆裂或切除		160 km/h	人为限速
车窗玻璃破损导致车辆密封失效		160 km/h	人为限速
轴温	暖轴（120 ℃≤轴温＜140 ℃）	250 km/h	自动限速
	热轴（轴温≥140 ℃或同车最大温差≥65 ℃）	40 km/h	自动限速
1 个轴箱弹簧断裂		30 km/h	人为限速
轴箱定位装置明显损坏		10 km/h	人为限速
轴箱定位装置零部件缺失		30 km/h	人为限速
高度控制阀 L15 或（和）高度调节杆故障		160 km/h	人为限速
抗蛇行油压减振器失效		250 km/h	人为限速
抗蛇行油压减振器连接螺栓缺失或松动		10 km/h	人为限速
横向止挡损坏或缺失		30 km/h	人为限速
抗侧滚扭杆损坏或连杆螺栓（螺纹）连接损坏		10 km/h	人为限速
空调故障开门运行（加防护网）		60 km/h(高站台40 km/h)	人为限速
至少一个轴的速度传感器故障		200 km/h（在强制制动前，须 5 分钟之内减速至 200 km/h）	自动限速

故障描述	最高限制速度	
监控检测到车轮抱死	40 km/h	自动限速
转向架失稳列车自动停车	215 km/h	自动限速
切除单车转向架监控回路 (43 - S12)	200 km/h	自动限速
牵引切除后	按剩余动力维持运行	

3.3.27　CRH380B(L) 型动车组制动切除后允许的最高运行速度

CRH380B(L) 型动车组制动切除后允许的最高运行速度如表 3 - 75 所示。

表 3 - 75　CRH380B(L) 型动车组制动切除后允许的最高运行速度　　　(km/h)

制动切除比例	列控系统顶棚速度					
1/16	330	275	240	190	150	115
2/16 (1/8)	320	255	230	185	145	110
3/16	310	245	220	175	140	105
4/16 (2/8)	290	235	210	170	135	100
5/16	280	225	200	160	130	95
6/16 (3/8)	260	220	195	155	125	90
7/16	250	210	185	145	115	85
8/16 (4/8)	235	200	170	140	110	80

定义：制动切除比例中分子为累计切除换算的单车制动数量。

注：切除 8/16（4/8）以上时以 80 km/h 运行到前方站进行换乘处理。若重联动车组其中一整列无制动力，则按动车组相互救援规定执行。

3.3.28　CRH380B(L) 型动车组故障代码

CRH380B(L) 型动车组故障代码如表 3 - 76 所示。

表 3 - 76　CRH380B(L) 型动车组故障代码

代码	代码含义
63C6	辅助空气不充足
63C0	10 - X01：受电弓故障继电器跳闸
63C2	10 - X01：受电弓接触片断裂
6CA3	VCB：差电流保护响应
6CA4	VCB 被切断，网侧电流仍运行
6CA5	VCB 被切断，主变压器瓦斯报警
6CA6	VCB 被切断，变压器过电压
635A	由于 3AC440V 不正常导致 VCB 断开

代码	代码含义
634B	10 – T01 变压器 – VCB 关是由于变压器油流故障
631F	10 – T01 变压器锁闭；无法重启
63E2	车辆控制单元 CCU（TD）接触网欠压
63E3	车辆控制单元 CCU（TD）接触网欠压
63E4	车辆控制单元 CCU（TD）接触网过压
6307	10 – Q01 VCB 同步闭合，持续 5 分钟
6CA0	VCB 被切断，网侧过电流
28F7	由于测试，主断路器被断开
634E	10 – T01 由于变压器保护启动，输出降低
2678	牵引电机轴承：达到过热限制第二部分 1
2679	牵引电机轴承：达到过热限制 2
19DX	（X 包括 1/2/3/4/5/6/7/8 分别代表两个转向架的 1/2/3/4 轴）轴不旋转
2F8X	（X 包括 1/2/3/4/5/6/7/8 分别代表两个转向架的 1/2/3/4 轴）轮对不旋转
2904	最大速度 V_{max} 级别 3 被要求（驱动轴监控）
290F	同列相邻车最大速度 V_{max} 级别 3 被要求（驱动轴监控）
2684	齿轮轴承：达到过热限制 2
2685	齿轮轴承：达到过热限制 1
2672	牵引电机超出允许的最高温度
2675	牵引电机：达到过热限制
2687	冷却循环：冷却液温度低
2688	冷却循环：最大允许的运行温度超限
2689	冷却循环：达到过热限制
269B	冷却循环：达到高温限 2
24D6	牵引电机风扇：接通状态 – 监控动作
24D7	牵引电机风扇：高速故障
2691	冷却循环：冷却剂压力 > 最大压力 2
268E	冷却循环：冷却剂压力 > 最大压力 1
26C0	冷却循环：冷却剂压差 < 最小压力
26C1	冷却循环：冷却剂压差 > 最大压力
2695	冷却循环：冷却循环进口压力传感器线路故障
2937	牵引电机：定子温度传感器持续故障
2938	叠片牵引电机温度感应故障
2716	牵引电机：旋转方向检测故障
2253	PWMI：IGBT 超过工作电流限值
25EF	中间直流环节/4QC/主变压器中接地故障

续表

代码	代码含义
6373	方向开关转换失效
20B6	TCU 的 SIP1 信号处理器发出脉冲信号，封锁 4QC
283C	轮直径偏差太高
651D	电池充电器无法启动加载操作
6042	CCU1 失效
6506	MCB 32 – F45 BN1 的应急控制系统关闭
6052	CCU2 失效
66DC	请求紧急制动，43 – K33 和/或 43 – K34 接触器未闭合（司机）
6583	MCB 28 – F11 BCU1 关闭
66D5	通过紧急制动按钮请求紧急制动
173F	BCU – B01 的通信板卡 A1 故障
1749	BCU – B01 内部通信故障
176D	BCU – B01 通信板卡 A1 通信故障
1768	BCU 板卡 A4 的通信故障
68C5	运行稳定监控时，至少一个车轴故障
6157	EC：BCU12 的 MVB – PD 通信故障
6163	TC：BCU21 的 MVB – PD 通信故障
6171	IC：BCU31 的 MVB – PD 通信故障
6180	BC/FC：BCU41 的 MVB – PD 通信故障
1710	控制轴 1 和轴 2 的安全阀 < G01/1，G01/2 > 响应超时
1713	轴 1 的安全阀 < G01/1 > 电路断开/短路
1723	轴 2 的安全阀 < G01/2 > 电路断开/短路
1733	轴 3 的安全阀 < G01/3 > 电路断开/短路
1743	轴 4 的安全阀 < G01/4 > 电路断开/短路
170C	低制动率故障
170D	高制动率故障
1610	无论通信板卡是否故障 BCU – B01 都是 TBM/SBM
1810	无论通信板卡是否故障 BCU – B01 都是 TBM/SBM
1617	无论制动手柄 < C23 > 的指令信号是否中断，BCU – B01 都是 TBM
1817	无论制动手柄 < C23 > 的指令信号是否中断，BCU – B01 都是 TBM
6400	BCU 没有施加常用制动
1775	摩擦制动未缓解
1729	直接制动控制故障
172F	停放制动故障
670F	接触器 43 – K27 状态：PBM 无法环路（司机）

代码	代码含义
1738	列车已经移动而停放制动未缓解
1747	BCU－B01 的板卡－A5 故障
1748	BCU－B01 的板卡－A4 故障
194D	超过 24 小时未进行制动试验
636B	待制动启动后 FSB

任务实施与评价

1. 教师下发任务单，学生明确学习任务、学习内容、知识目标、能力目标、素质目标要求。

2. 学生按任务单要求制订学习计划，完成预习任务及相关知识准备。

3. 小组内通过角色扮演的形式，模拟进行主断路器无法闭合故障应急处理。

4. 小组内通过角色扮演的形式，模拟进行紧急制动不缓解故障应急处理。

5. 小组内通过角色扮演的形式，模拟进行轴不旋转故障应急处理。

6. 以小组为单位参加针对 CRH₃C、CRH380B（L）型动车组在故障情况下的限速表、制动切除后允许的最高运行速度和故障代码的知识竞赛，小组成绩计入小组成员个人平时成绩。

7. 学生进行自我评价及小组成员互评；教师进行学生学习评价，检查任务完成情况。

任务 4 CRH380CL 型动车组应急故障处理

任务单

任务名称	CRH380CL 型动车组应急故障处理
任务描述	学习 CRH380CL 型动车组重点故障途中应急处理办法
任务分析	学习 CRH380CL 型动车组受电弓故障，受电弓严重故障，受电弓硬件故障，主断路器无法闭合，牵引电机轴承过热故障，停放制动无法缓解，紧急制动不缓解，常用制动不缓解，摩擦制动未缓解，轴不旋转，防滑器速度传感器故障，转向架横向加速度传感器故障，转向架横向加速度监控报警故障，轴温监测装置 1 供电故障，轴温监测装置 1 外部通信故障，轴温监测系统故障、轴温监测装置 1 外部通信故障和轴温监测装置 2 外部通信故障同时发生，轴端温度传感器 1、2 均故障或无法获得轴端温度传感器的状态，齿轮箱温度传感器故障，轴端温度传感器预警及同一转向架轴温差预警，轴端温度传感器报警及同一转向架轴温差报警、齿轮箱温度传感器预警、齿轮箱温度传感器报警，紧急模式下轴端或齿轮箱内温度传感报警，空调通风系统故障，车门不受集控或本地关门操作失效，集控关门按钮失效、车门集控开门时不能打开故障的应急处理办法，同时学习 CRH380CL 型动车组在故障情况下的限速表、制动切除后允许的最高运行速度和故障代码

续表

学习任务	【子任务 1】小组内通过角色扮演的形式，模拟进行牵引电机轴承过热故障应急处理。 【子任务 2】小组内通过角色扮演的形式，模拟进行车门不受集控或本地关门操作失效故障应急处理。 【子任务 3】小组制作 PPT，指出 CRH380CL 型动车组与 CRH$_3$C、CRH380B(L) 型动车组在 5 个以上故障应急处理上的异同
劳动组合	各组长分配小组成员角色，进行模拟作业并留下影像记录，制作 PPT。 各组评判小组成员学习情况，做出小组评价
成果展示	(1) 应急故障处理作业的照片或视频。 (2) CRH380CL 型动车组与 CRH$_3$C、CRH380B(L) 型动车组应急故障处理异同 PPT
学习小结	

自我评价	项目	A—优	B—良	C—中	D—及格	E—不及格	综合
	安全纪律（15%）						
	学习态度（15%）						
	专业知识（30%）						
	专业技能（30%）						
	团队合作（10%）						

教师评价	简要评价	
	教师签名	

学习引导文

3.4.1 受电弓故障

受电弓故障的处理操作如表 3 – 77 所示。

表 3 – 77 受电弓故障的处理操作

现象	受电弓降弓，报故障代码 1953
故障原因	紧急断电环路异常，受电弓降下，主断路器断开
行车	维持运行

注意	运行中换弓操作时，速度应在 200 km/h 以下
步骤	处理过程

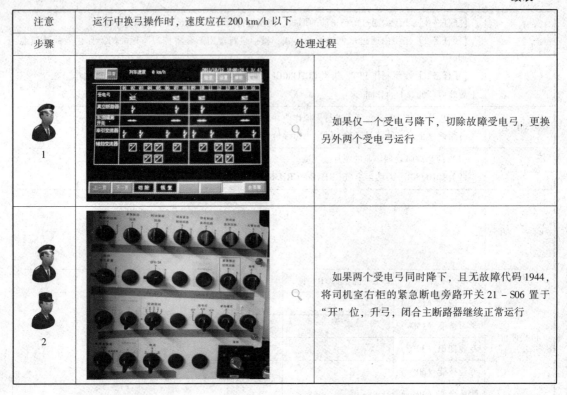

1		如果仅一个受电弓降下，切除故障受电弓，更换另外两个受电弓运行
2		如果两个受电弓同时降下，且无故障代码 1944，将司机室右柜的紧急断电旁路开关 21 – S06 置于"开"位，升弓，闭合主断路器继续正常运行

3.4.2　受电弓严重故障

受电弓严重故障的处理操作如表 3 – 78 所示。

表 3 – 78　受电弓严重故障的处理操作

现象	受电弓严重故障，无法升弓，涉及的故障代码 1934、1935、1936、1937、1938、1939、1940、1941
故障原因	受电弓控制系统故障
行车	停车
注意	进行网络复位操作后，由于 4 个车受电弓控制器与 TCMS 网络系统通信中断，将导致 4 个车同时报受电弓严重故障，因此必须按此操作办法执行才可以升起受电弓
步骤	处理过程
1	将升降弓手柄置于"降弓位。"点击异常进入异常处理界面

步骤	处理过程	
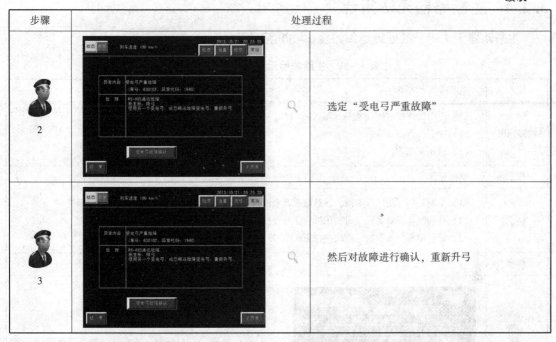2		选定"受电弓严重故障"
3		然后对故障进行确认，重新升弓

3.4.3　受电弓硬件故障

受电弓硬件故障的处理操作如表 3 – 79 所示。

表 3 – 79　受电弓硬件故障的处理操作

现象	受电弓无法升起或自动降弓
故障原因	受电弓硬件故障或者风管损坏
行车	立即停车
注意	涉及故障代码 1944

步骤	处理过程	
1	停车并通知随车机械师	
2		随车机械师按规定申请下车，确认车顶受电弓故障情况： （1）受电弓外观可见部分无明显异常或超限，通知司机切除故障受电弓，换弓运行。限速 160 km/h 运行至前方站停车，按照相关规定检查处理。 （2）如果受电弓硬件损坏，按规定申请登顶，对损坏部位进行绑扎处理

3.4.4 主断路器无法闭合

主断路器无法闭合的处理操作如表 3 – 80 所示。

表 3 – 80　主断路器无法闭合的处理操作

现象	主断路器无法闭合
故障原因	(1) 牵引变流器故障（包括故障代码 0371、0372）。 (2) 牵引变压器故障。 (3) 网压不正常
行车	维持运行
注意	(1) 主断路器无法闭合期间，注意监视蓄电池状态，以避免电压过低不能启动辅助空压机。 (2) 在切除车顶隔离开关时，司机应注意分相区位置，避免动车组停在分相区内。 (3) 运行中换弓操作时，速度应在 200 km/h 以下
步骤	处理过程
1	查看 HMI 显示屏，若有牵引变流器故障时，先切除故障牵引变流器，闭合主断路器继续运行
2	查看 HMI 显示屏显示如故障代码为 2522、2528、2531，按"由主变压器故障引起受电弓降下或无法升起"进行处理
3	(1) 若全列无网压需立即停车，通知地面确认接触网供电情况，并按规定处置。网压正常后，闭合主断路器。 (2) 如仅半列无网压，需检查 22 – T01 状态。处理情况按"主断路器 1 个可以闭合，另一个无法闭合"执行

3.4.5 牵引电机轴承过热故障

牵引电机轴承过热故障的处理操作如表 3 – 81 所示。

表 3 – 81　牵引电机轴承过热故障的处理操作

现象	牵引丢失，涉及故障代码 1324 ~ 1339	
故障原因	牵引电机轴承温度过高	
行车	维持运行或立即停车	
步骤	处理过程	
1	(1) 1324 ~ 1331：司机室显示屏提示限速 250 km/h 维持运行。 (2) 1332 ~ 1339：司机室显示屏提示限速 160 km/h 维持运行	
2	牵引/辅助复位	(1) 提示限速 250 km/h 时，可以通过 HMI 显示屏观察轴承温度超温的电机温度，若轴承温度降到 115 ℃ 以下时，可通过占用司机室的牵引/辅助复位按钮复位该故障（只允许复位一次）。 (2) 故障再次发生，则限速运行。如果故障未消除，维持限速运行至下一站后处理。如果故障消除，通知司机正常行车。开车后，通过 HMI 显示屏监视故障车轴承温度
3	若提示限速 160 km/h 时，立即停车，报告列车调度员。通知随车机械师下车检查	
4	(1) 检查牵引电机或传感器外观是否异常。 (2) 检查故障车轴温与其他未报故障车轴温相差范围是否在 20 摄氏度以上。 (3) 及时报告列车调度员，若异常则根据情况维持限速运行至下一站或请求救援	

3.4.6　停放制动无法缓解

停放制动无法缓解的处理操作如表 3 – 82 所示。

表 3 – 82　停放制动无法缓解的处理操作

现象	停放制动无法缓解
故障原因	停放制动控制单元、部件故障或软管断裂
行车	立即停车
注意	复位 BCU 时，先断 28 – F12，再断 28 – F11；闭合时先合 28 – F11，再合 28 – F12

续表

步骤	处理过程	
1	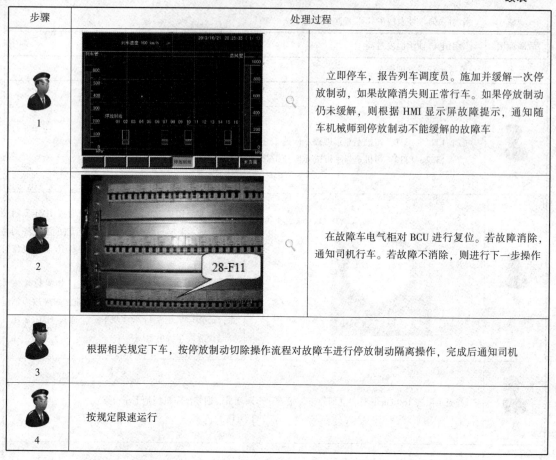	立即停车，报告列车调度员。施加并缓解一次停放制动，如果故障消失则正常行车。如果停放制动仍未缓解，则根据 HMI 显示屏故障提示，通知随车机械师到停放制动不能缓解的故障车
2		在故障车电气柜对 BCU 进行复位。若故障消除，通知司机行车。若故障不消除，则进行下一步操作
3	根据相关规定下车，按停放制动切除操作流程对故障车进行停放制动隔离操作，完成后通知司机	
4	按规定限速运行	

3.4.7　紧急制动不缓解

紧急制动不缓解的处理操作如表 3-83 所示。

表 3-83　紧急制动不缓解的处理操作

现象	紧急制动不缓解
故障原因	故障原因须根据处理过程逐一判断
行车	立即停车
注意	列车在紧急制动阀隔离开关置于"关"位维持运行的情况下需要注意：当 ATP 重启或司机室换端后，需要先将紧急制动阀隔离开关转置于"开"位，待 ATP 制动试验测试成功后，再将紧急制动阀隔离开关置于"关"位
步骤	处理过程
1	立即停车，报告列车调度员

步骤	处理过程	
2		（1）将头车客室二位端 ATP 控制柜打开，把 ATP 的隔离开关置于"隔离"位。若列车管压力恢复正常，则判断故障原因为 ATP 故障，司机立即通知列车调度员；在没有 ATP 控车的情况下运行；否则，将 ATP 的隔离开关置于"正常"位。 （2）在 HMI 显示屏上检查是否有故障代码 2315～2318、2326 报出，若存在上述一个以上的故障代码，则将转向架监测回路开关置于"关"位。若列车管压力恢复正常，司机通知随车机械师检查轴温及转向架状态，如无异常，则在没有转向架监控回路的情况下运行；否则，将转向架监测回路开关置于"开"位。 （3）在 HMI 显示屏上检查是否报出故障代码 2305、2325，若存在上述一个以上的故障代码，则将停车制动监测回路开关置于"关"位。若列车管压力恢复正常，则按停放制动不缓解故障处理；否则，将停车制动监测回路开关置于"开"位
3		在 HMI 显示屏上检查是否报出故障代码 2334、2335，若存在上述一个以上的故障代码，则将紧急制动回路开关置于"关"位。若列车管压力恢复正常，则在没有紧急制动回路功能的情况下继续运行；否则，将紧急制动阀开关置于"关"位。若列车管压力恢复正常，则在无紧急制动回路功能和禁用紧急制动阀的情况下继续运行；否则，将紧急制动回路开关和紧急制动阀开关置于"开"位
4		确认非占用端司机室红色蘑菇形按钮在正常（未按下）位置和制动手柄不在紧急制动位，故障开关面板上的开关都在正确位置，通知司机
5		将非占用端紧急制动阀开关置于"关"位。若列车管压力恢复正常，则在禁用紧急制动阀的情况下继续运行；否则，将非占用端紧急制动阀置于"开"位

续表

步骤	处理过程
6	在占用端司机室内，对网络系统进行复位操作。若列车管压力恢复正常，且不再产生紧急制动，则可继续行车
7	若故障仍未消除，采用备用制动行车，限速 80 km/h。若采用备用制动依然无法缓解，则请求救援

3.4.8 常用制动不缓解

常用制动不缓解的处理操作如表 3 – 84 所示。

表 3 – 84　常用制动不缓解的处理操作

现象	常用制动不缓解
故障原因	BCU 故障
行车	立即停车
注意	若由于换端引起，那么将制动手柄置于"OC"位，把 ATP 调成调车模式，待制动缓解后，恢复 ATP 设置。如果制动无法缓解，按照下述步骤操作

步骤	处理过程
1	若运行中某几个车空气制动不缓解，首先将牵引手柄归零，再将制动手柄置于 5 级常用制动位 5 秒后再放置在缓解位，反复几次后，观察故障车辆空气制动能否缓解。 若仍不能缓解必须立即停车，报告列车调度员。在司机室 HMI 显示屏上确认是否存在其他故障，按照相关处理提示进行操作
2	停车后，将制动手柄置于 REL 位，如果 ATP 触发了防溜制动或最大常用制动，可以将 ATP 设置为调车模式，检查是否因 ATP 故障导致空气制动无法缓解

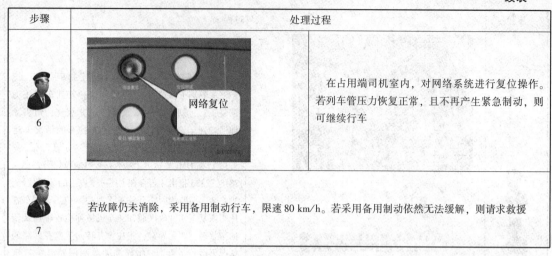

步骤	处理过程	
3		检查 HMI 显示屏是否有相关故障代码，根据故障代码提示进行判断处理。 若为换端引起的全列制动不缓解，将制动手柄置于"OC"位缓解最大常用制动，若制动仍不缓解，将制动手柄置于最大常用制动位，缓解停放制动，再将制动手柄置于"OC"位，然后施加停放制动，检查全列制动是否缓解，如制动界面恢复正常，显示缓解，动车组可正常运行；若制动仍无法缓解，将制动手柄置于缓解位，缓解停放制动，施加牵引力，如制动界面恢复正常，显示缓解，动车组可正常运行
4		视情况可在时间允许的情况下操作网络复位
5		单车常用制动不缓解报故障代码 4422，按照"摩擦制动未缓解"进行应急处理

3.4.9　摩擦制动未缓解

摩擦制动未缓解的处理操作如表 3 – 85 所示。

表 3 – 85　摩擦制动未缓解的处理操作

现象	摩擦制动未缓解，HMI 显示屏上显示故障代码 4422	
车种	CRH380CL	
行车	维持运行	
步骤	处理过程	
1		司机在制动手柄处于 REL 位置时，按下制动手柄上的按钮实施雪天模式制动。按下按钮保持 10 秒，释放制动手柄上的按钮缓解雪天模式制动。观察 HMI 显示屏显示的所有制动的施加和缓解功能是否正常

续表

步骤	处理过程	
2	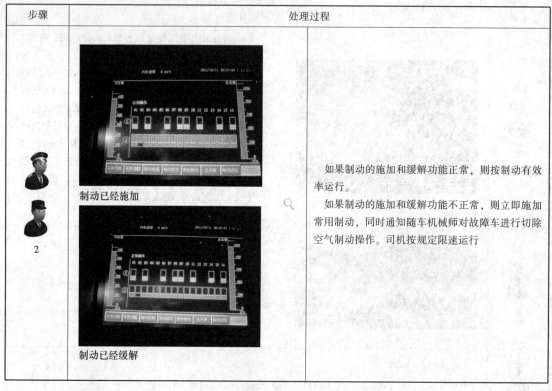 制动已经施加 制动已经缓解	如果制动的施加和缓解功能正常，则按制动有效率运行。 　　如果制动的施加和缓解功能不正常，则立即施加常用制动，同时通知随车机械师对故障车进行切除空气制动操作。司机按规定限速运行

3.4.10　轴不旋转

　　轴不旋转的处理操作如表 3 – 86 所示。

表 3 – 86　轴不旋转的处理操作

现象	轴不旋转触发的自动停车，故障代码 4352、4359、4375、4390、4447、4457、4459、4462、0350、0351、0352、0353
故障原因	轴不旋转或速度传感器故障
行车	停车检查
步骤	处理过程
1	停车后，根据故障提示，通知机械师下车检查该故障点状况，并确认故障

步骤	处理过程	
2		下车检查确认（在非会车侧线路）： （1）静态检查并确认转向架状态。 ①检查轮对踏面的状态。检查故障车、故障车轴的车轮踏面是否存在擦伤。 ②检查故障车车轴电机端盖、联轴结及牵引电机吊装螺栓的状态是否存在异常。 （2）进行转向架状态的动态检查，检查项点如下。 车辆以 5 km/h 运行约 20 m，随车机械师在故障车轴处检查车轴的转动状态是否存在异常，若车轴旋转异常，则立即请求救援。若是转向架机械故障引起轴不旋转，则按规定限速运行或请求救援；如果判断转向架等机械硬件正常，则需进行以下处理
3		随车机械师上车将故障车辆的电气柜内转向架监测故障开关 43 – S12 置于"关"位。司机根据 HMI 显示屏上提示的限速 200 km/h 运行的信息驾驶列车，5 分钟过后若速度仍高于 200 km/h，列车将自动施加最大常用制动。 随车机械师将故障车进行切除空气制动操作

3.4.11　防滑器速度传感器故障

防滑器速度传感器故障的处理操作如表 3 – 87 所示。

表 3 – 87　防滑器速度传感器故障的处理操作

现象	（1）HMI 屏司机提示故障代码 4379，故障描述为：至少一个 WSP 速度传感器信号故障。 （2）维修界面中提示故障代码 4460，故障描述为：至少一个 DNRA 速度传感器信号故障。 （3）故障代码 4351、4358、4374、4389、4446、4456、4458、4461，故障描述为：单轴速度传感器故障

续表

故障原因	速度传感器损坏
行车	维持运行
注意	如 HMI 显示屏上显示故障代码4379，但列车没有意外制动，到终到站后检查速度传感器状态
步骤	处理过程
1	根据故障提示，通知随车机械师在 HMI 显示屏上确认故障
2	制动隔离开关 需参照司机提示故障代码4379，以及维修界面中的故障代码 4460、4351、4358、4374、4389、4446、4456、4458、4461，确认故障位置后，进行以下处理。 （1）将故障车进行切除空气制动操作。 （2）通知司机，处理完毕
3	司机按规定限速运行。如果速度传感器故障消除，则可恢复故障车的空气制动

3.4.12　转向架横向加速度传感器故障

转向架横向加速度传感器故障的处理操作如表3－88所示。

表3－88　转向架横向加速度传感器故障的处理操作

现象	横向加速度传感器信号超出范围，HMI 显示屏显示故障代码4377、4378
故障原因	转向架横向加速度传感器故障
行车	维持运行
注意	司机须在 5 分钟内降速到 220 km/h 以下，否则列车将施加最大常用制动
步骤	处理过程
	根据故障提示，通知随车机械师在 HMI 显示屏上确认故障。限速 220 km/h 运行

3.4.13 转向架横向加速度监控报警

转向架横向加速度监控报警的处理操作如表 3-89 所示。

表 3-89 转向架横向加速度监控报警的处理操作

现象	横向加速度监控报警，触发最大常用制动，HMI 显示屏显示故障代码 4386、4387、4309、4310
故障原因	转向架横向加速度超限故障如下。 | 故障代码	故障内容 | |---|---|
4384、4385	带临时限速的横向加速度第一次预警
4386、4387	带限速的横向加速度报警第一阶段
4309、4310	带限速的横向加速度报警第二阶段	
行车	维持运行
注意	当速度降至 HMI 显示屏提示的限制速度以下后，将制动手柄持续置于"OC"位，缓解最大常用制动
步骤	处理过程
1	若第一次发生横向加速度报警，最高速度将临时限制在 280 km/h 达 120 秒。 若在 300 km 内发生两次横向加速度警报，最高速度将一直被限制在 280 km/h。 如果最高速度持续被限制在 280 km/h 后，300 km 之内又发生 2 次新的横向加速度警报，那么最高速度将一直被限制在 200 km/h
2	横向加速度传感器 通知司机将速度降至 220 km/h，通知随车机械师赶到故障车辆。若故障车辆运行平稳，则通知司机施加牵引加速，以 240 km/h、260 km/h、280 km/h、300 km/h 逐级提速，每个速度级运行 1 分钟，并确认各速度级故障车辆运行平稳。 若故障车辆运行平稳性较差，则通知司机将速度降至车辆能够平稳运行为止。至下一车站停车，随车人员检查车下转向架状态
3	司机 HMI 显示屏每报 1 起转向架横向加速度报警（故障代码 4309 或 4310），均需按照步骤 2 执行应急处理

续表

步骤	处理过程
4	第二阶段报警列车持续限速 200 km/h 后，随车机械师必须密切注意故障车辆转向架平稳性
5	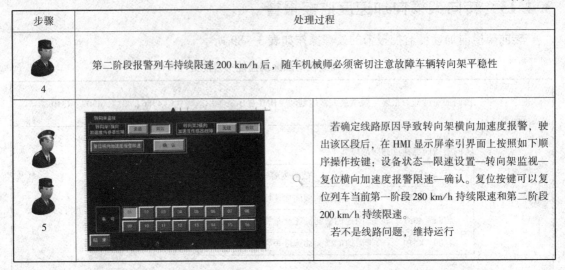 若确定线路原因导致转向架横向加速度报警，驶出该区段后，在 HMI 显示屏牵引界面上按照如下顺序操作按键：设备状态—限速设置—转向架监视—复位横向加速度报警限速—确认。复位按键可以复位列车当前第一阶段 280 km/h 持续限速和第二阶段 200 km/h 持续限速。 若不是线路问题，维持运行

3.4.14 轴温监测装置 1 供电故障、轴温监测装置 1 外部通信故障

轴温监测装置 1 供电故障、轴温监测装置 1 外部通信故障的处理操作如表 3 - 90 所示。

表 3 - 90 轴温监测装置 1 供电故障、轴温监测装置 1 外部通信故障的处理操作

现象	如故障车辆为动车则牵引变流器断开，牵引丢失，故障车辆轴温系统状态显示红色，故障提示界面弹出。 如故障车为拖车则故障车辆轴温系统状态显示红色，故障提示界面弹出
故障原因	轴温监测装置 1 供电故障是轴温监测装置 1 供电故障或者轴温监测装置 1 故障，故障代码 0900、0905。 轴温监测装置 1 外部通信故障是轴温监测装置 1 外部通信模块故障，故障代码 0285、0910
行车	维持运行
步骤	处理过程
1	（1）司机确认故障，通知随车机械师故障发生的车号。 （2）机械师检查故障车辆电气柜内 36 - F01 状态，断开此空气开关 5 s 后再次闭合。闭合后通知司机
2	如果故障消除，牵引变流器自动恢复，继续运行

续表

步骤	处理过程
3	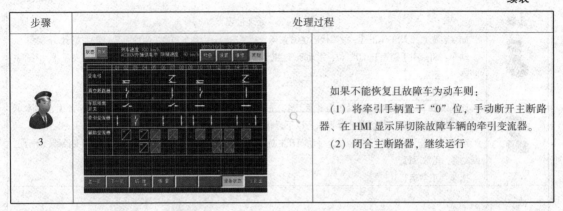 如果不能恢复且故障车为动车则： （1）将牵引手柄置于"0"位，手动断开主断路器、在 HMI 显示屏切除故障车辆的牵引变流器。 （2）闭合主断路器，继续运行

3.4.15　轴温监测系统故障、轴温监测装置 1 外部通信故障、轴温监测装置 2 外部通信故障同时发生

轴温监测系统故障、轴温监测装置 1 外部通信故障、轴温监测装置 2 外部通信故障同时发生的处理操作如表 3 – 91 所示。

表 3 – 91　轴温监测系统故障、轴温监测装置 1 外部通信故障、轴温监测装置 2 外部
通信故障同时发生的处理操作

现象	动车：牵引变流器断开，牵引丢失，故障车辆轴温系统状态显示红色或"?"，故障提示界面弹出。 拖车：故障车辆轴温系统状态显示红色或"?"，故障提示界面弹出
故障原因	轴温监测系统故障（故障代码 0903）或轴温监测装置 1 外部通信故障（故障代码 0285、0910）、轴温监测装置 2 外部通信故障（故障代码 0286、0912）同时发生。轴温监测装置 1 和装置 2 均故障或者轴温监测装置 1 和 2 的外部通信模块均故障
行车	维持运行

步骤	处理过程
1	按照故障界面提示操作 （1）在 5 分钟内将速度降为 200 km/h 以下，否则 TCMS 自动施加最大常用制动。 （2）若故障车为动车，则将牵引手柄置于"0"位，手动断开主断路器、在 HMI 显示屏上切除故障车辆的牵引变流器。 （3）闭合主断路器，限速 220 km/h 运行
2	（1）结束故障界面，司机通知随车机械师故障发生的车号。 （2）机械师检查故障车辆电气柜内 36 – F01、36 – F02 状态，分别断开两个空气开关 5 s 后再次闭合。闭合后，将装置 1、2 的工作状态通知司机

步骤	处理过程
3	如果装置1、2均工作正常，故障代码0903解除，故障车辆分为动车和拖车两种情况，分别执行以下操作。 动车：将牵引手柄置于"0"位，手动断开主断路器、在HMI显示屏上恢复故障车辆的牵引变流器，闭合主断路器，正常运行。 拖车：正常运行
4	如果装置1工作正常，装置2仍不能工作。故障代码0903解除，故障代码0901、0906产生，故障车辆分为动车和拖车两种情况，分别执行以下操作。 动车：将牵引手柄置于"0"位，手动断开主断路器、在HMI显示屏上恢复故障车辆的牵引变流器，闭合主断路器，正常运行。 拖车：正常运行
5	如果装置1仍不能工作，装置2工作正常，则正常运行
6	如果装置1、2均不能正常工作，故障车辆分为动车和拖车两种情况，分别执行以下操作。 动车：保持故障车辆牵引变流器切除，限速220 km/h运行。 拖车：限速220 km/h运行

3.4.16　轴端温度传感器1、2均故障或无法获得轴端温度传感器的状态

轴端温度传感器1、2均故障或无法获得轴端温度传感器的状态的处理操作如表3-92所示。

表3-92　轴端温度传感器1、2均故障或无法获得轴端温度传感器的状态的处理操作

现象	故障车辆轴温系统状态显示红色，故障提示界面弹出
故障原因	（1）×位轴端内传感器1和传感器2均故障。 （2）装置1不能正常工作时，装置2监测的任一轴端温度传感器发生故障（故障代码0917、0920、0923、0926、0929、0932、0935、0938）。 （3）装置2不能正常工作时，装置1监测的任一轴端温度传感器发生故障（故障代码0916、0919、0922、0925、0928、0931、0934、0937）。
行车	维持运行，办客站点温
步骤	处理过程
	按照弹出界面提示操作。 （1）在5分钟内将速度降为200 km/h以下，否则TCMS自动施加最大常用制动。 （2）限速220 km/h运行。 （3）对于有红外线设备的线路，由司机联系列车调度员，安排地面红外线设备加强监控，每个办客站由随车机械师下车点温，维持运行至具备更换车底条件的车站换车。对于无红外线设备的线路，每个办客站由机械师下车点温，若相邻两个办客站点温时间间隔超过1小时，由司机联系列车调度员，安排在预设点温车站停车点温，维持运行至具备更换车底条件的车站换车，途中机械师加强在误报警车厢监控振动或异音，如出现异常振动或异音，应立即通知司机停车，下车检查

3.4.17 齿轮箱温度传感器故障

齿轮箱温度传感器故障的处理操作如表 3 - 93 所示。

表 3 - 93 齿轮箱温度传感器故障的处理操作

现象	故障车辆牵引变流器断开，牵引丢失，故障车辆轴温系统状态显示红色，故障提示界面弹出
故障原因	齿轮箱内大、小齿轮温度传感器故障，故障代码 0940 ~ 0947
行车	维持运行，办客站点温
注意	仅适用于动车（1、3、6、8、9、11、14、16）
步骤	处理过程

按照弹出界面提示操作。

（1）将牵引手柄置于"0"位，手动断开主断路器、在 HMI 显示屏上切除故障车辆的牵引变流器。

（2）闭合主断路器，继续运行，办客站点温。

（3）对于有红外线设备的线路，由司机联系列车调度员，安排地面红外线设备加强监控，每个办客站由随车机械师下车点温，维持运行至具备更换车底条件的车站换车。对于无红外线设备的线路，每个办客站由机械师下车点温，若相邻两个办客站点温时间间隔超过 1 小时，由司机联系列车调度员，安排在预设点温车站停车点温，维持运行至具备更换车底条件的车站换车，途中机械师加强在误报警车厢监控振动或异音，如出现异常振动或异音，应立即通知司机停车，下车检查

3.4.18 轴端温度传感器预警及同一转向架轴温差预警

轴端温度传感器预警及同一转向架轴温差预警的处理操作如表 3 - 94 所示。

表 3 - 94 轴端温度传感器预警及同一转向架轴温差预警的处理操作

现象	故障车辆轴温系统状态显示黄色，故障提示界面弹出
行车	维持运行，根据处理情况恢复常速或限速运行
故障原因	轴端温度传感器预警（故障代码 0956 ~ 0979），轴端温度传感器温度达到或超过 120 ℃。 同一转向架轴温差预警（故障代码 0988、0989），同一转向架轴温差达到 40 ℃
注意	发生此故障后需按照下列步骤进行处理，同时动车组运行过程中随车机械师还应在车内转向架故障轴位上方加强巡视，若发现明显的异常振动、异音等情况，应立即通知司机停车检查，并及时汇报

步骤	处理过程
1	立即通知随车机械师，动车组限速 250 km/h 运行
2	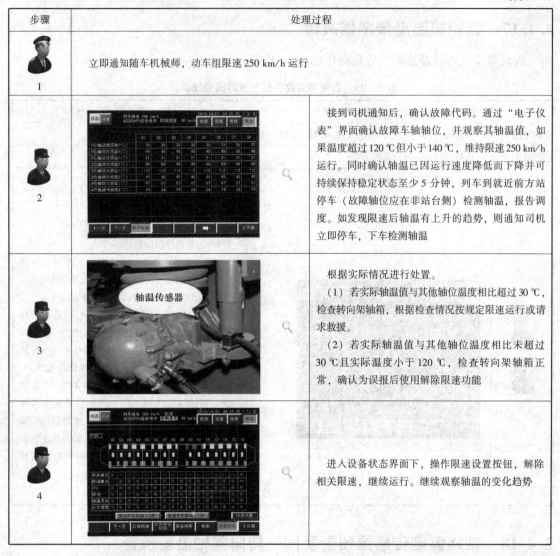接到司机通知后，确认故障代码。通过"电子仪表"界面确认故障车轴轴位，并观察其轴温值，如果温度超过 120 ℃但小于 140 ℃，维持限速 250 km/h 运行。同时确认轴温已因运行速度降低而下降并可持续保持稳定状态至少 5 分钟，列车到就近前方站停车（故障轴位应在非站台侧）检测轴温，报告调度。如发现限速后轴温有上升的趋势，则通知司机立即停车，下车检测轴温
3	轴温传感器。根据实际情况进行处置。（1）若实际轴温值与其他轴位温度相比超过 30 ℃，检查转向架轴箱，根据检查情况按规定限速运行或请求救援。（2）若实际轴温值与其他轴位温度相比未超过 30 ℃且实际温度小于 120 ℃，检查转向架轴箱正常，确认为误报后使用解除限速功能
4	进入设备状态界面下，操作限速设置按钮，解除相关限速，继续运行。继续观察轴温的变化趋势

3.4.19 轴端温度传感器报警及同一转向架轴温差报警

轴端温度传感器报警及同一转向架轴温差报警的处理操作如表 3 –95 所示。

表 3 –95 轴端温度传感器报警及同一转向架轴温差报警的处理操作

现象	自动施加最大常用制动，故障车辆轴温系统状态显示红色，故障提示界面弹出
行车	立即停车
故障原因	轴端温度传感器报警（故障代码 0998 ~ 1021），轴端温度传感器温度达到或超过 140 ℃。同一转向架轴温差报警（故障代码 1030、1031），同一转向架轴温差达到 65 ℃
注意	发生此故障后需按照下列步骤进行处理，同时动车组运行过程中随车机械师还应在车内转向架故障轴位上方加强巡视，若发现明显的异常振动、异音等情况，应立即通知司机停车检查，并及时汇报

步骤	处理过程
 1	立即停车，并通知随车机械师
 2	接司机通知后到司机室确认故障代码，在常规界面下，选择"电子仪表"界面
 3	接到司机通知后，确认故障代码。通过"电子仪表"界面确认故障车轴轴位，并观察其轴温值，下车检测轴温
 4	根据实际情况进行处置。 （1）若实际轴温值与其他轴位温度相比超过 30 ℃，检查转向架轴箱，根据检查情况限速 40 km/h 运行至就近车站更换车体或请求救援。 （2）若实际轴温值与其他轴位温度相比未超过 30 ℃，则分以下两种情况处理： ①实际温度大于 120 ℃小于 140 ℃，检查转向架轴箱正常，限速 250 km/h 运行； ②实际温度小于 120 ℃，检查转向架轴箱正常，确认为误报后使用解除限速功能
 5	进入设备状态界面，操作限速设置按钮，解除相关限速，继续运行。 对于有红外线设备的线路，由司机联系列车调度员，安排地面红外线设备加强监控，每个办客站由随车机械师下车点温（故障轴位应在非站台侧），维持运行至具备更换车底条件的车站换车。 对于无红外线设备的线路，每个办客站由机械师下车点温，若相邻两个办客站点温时间间隔超过 1 小时，由司机联系列车调度员，安排在预设点温车站停车点温（故障轴位应在非站台侧），维持运行至具备更换车底条件的车站换车，途中机械师加强在误报警车厢监控振动或异音，如出现异常振动或异音，应立即通知司机停车，下车检查

3.4.20　齿轮箱温度传感器预警、齿轮箱温度传感器报警

齿轮箱温度传感器预警、齿轮箱温度传感器报警的处理操作如表 3－96 所示。

表 3－96　齿轮箱温度传感器预警、齿轮箱温度传感器报警的处理操作

现象	故障车辆牵引变流器断开，牵引丢失，故障车辆轴温系统状态显示黄色，故障提示界面弹出
故障原因	齿轮箱温度传感器预警（故障代码 0980～0987）为齿轮箱内大、小齿轮温度传感器达到或超过 120 ℃。 齿轮箱温度传感器预警（故障代码 1022～1029）为齿轮箱内大、小齿轮温度传感器达到或超过 140 ℃
行车	立即停车
注意	仅适用于动车（1、3、6、8、9、11、14、16）
步骤	处理过程
1	按照弹出界面提示操作。 如果 HMI 显示屏上显示故障代码 0980～0987 或 1022～1029，齿轮轴承温度过高，应立即停车，并申请下车进行检查；根据故障提示，司机通知随车机械师前往故障车进行故障确认。 随车机械师在 HMI 显示屏幕上监控齿轮箱温度
2	故障确认完毕后，机械师下车检查、点温，检查故障齿轮箱和与转向架相关连接部件状态。下车点温位置如左图所示。如果齿轮箱温度异常且外观检查发现： ①齿轮箱表面有明显油膜、油滴现象，或可见部分有部件损伤、窜出或丢失现象，则动车组限速 40 km/h 运行至邻近站换车； ②齿轮箱表面有轻微油迹，但无明显油膜、油滴，且可见部分无部件损伤、窜出或丢失现象，则动车组限速 80 km/h 运行至邻近站换车，远程温度监控需特别关注； 若齿轮箱温度异常但无其他故障现象，则动车组限速 200 km/h（故障代码 0980～0987）或 140 km/h（故障代码 1022～1029）运行，远程温度监控需特别关注
3	若齿轮箱温度无异常，则对故障车 TCU 进行复位操作，故障消除后正常行车；若故障无法消除或相同部位再次发生相同故障，维持限速运行

3.4.21 紧急模式下轴端或齿轮箱内温度传感器报警

紧急模式下轴端或齿轮箱内温度传感器报警的处理操作如表 3 – 97 所示。

表 3 – 97 紧急模式下轴端或齿轮箱内温度传感器报警的处理操作

现象	紧急制动施加	
故障原因	轴端或齿轮箱内大、小齿轮温度传感器达到或超过 140 ℃ 导致安全环路断开	
行车	立即停车	
步骤	处理过程	
1	(1) 检查每个车辆电气柜内轴温监测装置的状态指示灯，如果报警指示灯亮，则确定为轴端或齿轮箱内大、小齿轮温度传感器报警； (2) 通知司机	
2		(1) 在司机室右侧故障开关面板上将"紧急制动环路"旁路开关置于"开"位。 (2) 限速 40 km/h，继续行车

3.4.22 空调通风系统故障

空调通风系统故障的处理操作如表 3 – 98 所示。

表 3 – 98 空调通风系统故障的处理操作

现象	出现空调不启动或不制冷、不加热的故障现象
原因	控制板卡故障或制冷系统故障
行车	维持运行
注意	(1) 每次空调复位后须等待 6 分钟观察空调是否启动，禁止短时间内频繁复位。 (2) 如果需要在任一车厢控制面板上操作手动制冷，需先将控制面板上的空调顺序启动（手动）按钮按下。(司机室空调手动启动除外)

步骤	处理过程
1	在司机室或乘务员室的主界面选择空调界面，在界面上关闭故障车的空调，再重新开启该故障车空调
2	如果 6 分钟后，空调未自动开启，可通过将各车控制面板空调旋转开关（61 - S01）置于"关"位。之后再将此旋转开关置于"自动"位。然后通知司机开启空调或在乘务员室的 HMI 显示屏上开启该车空调
3	如果 6 分钟后，空调系统仍无法开启，断开电气控制柜内的两个空气开关：61 - F16 和 61 - F30。待 5 秒钟后再次恢复这两个空气开关。 通知司机开启该车空调或在乘务员室的 HMI 显示屏上开启该车空调
4	如果 6 分钟后，空调系统仍无法开启，或制冷效果不好，检查辅助供电设备是否有故障，使空调自动减载。若是系统考虑安全性而自动减载，则无须其他操作
5	若辅助供电无故障，则可按照以下三步骤执行： （1）开启手动半冷、半暖模式。如仍不能满足要求，则继续第二步。 （2）HMI 显示屏显示空调网络故障或空调控制柜内中间继电器 K43 得电吸合。可直接根据需要，选择手动通风、半冷、全冷、半暖、全暖模式。 （3）在控制面板上将空调置于"关"位后，开启全冷模式

步骤	处理过程	
6		如仍不能满足需要,则强制开启手动功能:断开空调控制柜中的空气开关 F1,然后根据需要在控制面板上开启空调手动模式:半冷、全冷或半暖、全暖模式。 此操作仅适用于除 EC01/16 以外的客室空调系统。对于 EC01/16 车的空调,断开 F1 以后,司机室也需要开启手动模式
7	如果以上操作均无效,则将该故障车厢的乘客疏散到其他车厢。 如使用手动加热或制冷模型,需要至少每小时开启通风 10 分钟左右,以防止机组过热(冬季)或结冰(夏季),导致机组功能失效或损坏	

3.4.23　车门不受集控或本地关门操作失效

车门不受集控或本地关门操作失效的处理操作如表 3 – 99 所示。

表 3 – 99　车门不受集控或本地关门操作失效的处理操作

现象	车门不受集控、HMI 显示屏的门状态界面出现红色的故障标记或某车门没有关闭或不能正常进行关门操作	
故障原因	电气/机械故障	
行车	立即停车	
步骤	处理过程	
1		集控关门过程中司机发现 HMI 显示屏显示某车门未关闭,司机再次操作关门按钮一次,如果关门不成功,司机将故障车门的位置立即通知随车机械师,随车机械师前往故障车门进行故障排查

动车组运用（M⁺Book 版）

续表

步骤	处理过程	
2		（1）随车机械师必须立即查看相应车门的故障情况，并根据情况立即处理。 （2）尝试用本地关门按钮关门
3		若不成功，对 DCU 电源开关 S5 进行复位操作
4		检查 DCU 的 RS485 或 CAN 总线插头是否松动，插紧松动的插头
5		如果不能排除故障，断开 DCU 电源开关 S5，用四角钥匙操作站台补偿器的隔离锁，将站台补偿器隔离，手动关门并将车门隔离
6		（1）闭合 DCU 开关 S5。 （2）锁闭平顶板。 （3）通知司机开车
7		司机接到随车机械师行车的指令后，在 HMI 显示屏上看到该门位置出现白色隔离显示，满足行车条件后行车

3.4.24　集控关门按钮失效

集控关门按钮失效的处理操作如表 3 - 100 所示。

表 3 - 100　集控关门按钮失效的处理操作

现象	操作外门集控关门按钮，全列车门无法关闭
故障原因	集控关门按钮故障
步骤	处理过程

1	通知机械师进行远程关门操作。 　在车门打开侧任意一扇车门操作面板上，用四角钥匙操作远程关门开关，四角钥匙顺时针旋转，此时除本车门外，其他车门均关闭，再按本地关门按钮，本车门关闭
2	通知司机确认全列车门已正常关闭，可以正常行车

3.4.25　车门集控开门时不能打开

车门集控开门时不能打开的处理操作如表 3 - 101 所示。

表 3 - 101　车门集控开门时不能打开的处理操作

现象	执行集控开门操作后，HMI 显示屏显示某个门故障（显示红色）或没有打开（显示绿色）
故障原因	通信/机械故障
行车	立即停车

步骤	处理过程	
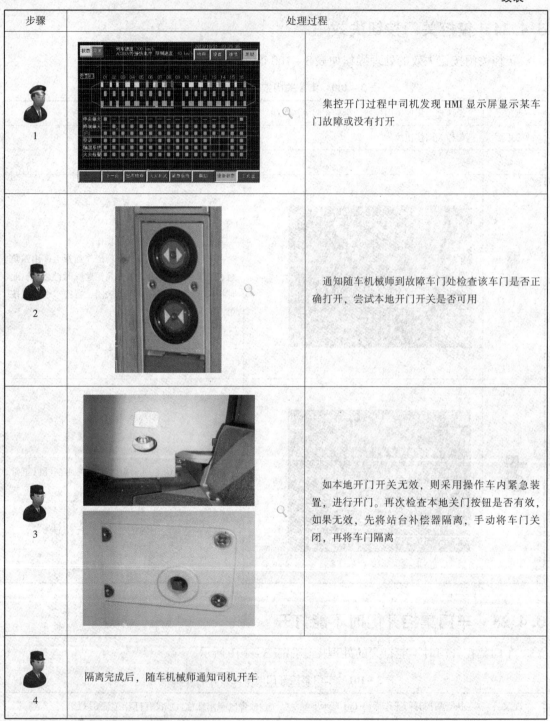 1		集控开门过程中司机发现 HMI 显示屏显示某车门故障或没有打开
2		通知随车机械师到故障车门处检查该车门是否正确打开，尝试本地开门开关是否可用
3		如本地开门开关无效，则采用操作车内紧急装置，进行开门。再次检查本地关门按钮是否有效，如果无效，先将站台补偿器隔离，手动将车门关闭，再将车门隔离
4	隔离完成后，随车机械师通知司机开车	

3.4.26　CRH380CL 型动车组在故障情况下的限速表

CRH380CL 型动车组在故障情况下的限速表如表 3 – 102 所示。

表 3 – 102   CRH380CL 型动车组在故障情况下的限速表

故 障 描 述		最高限制速度	
车轮擦伤	擦伤深度为大于 0.25 mm 小于 0.5 mm	200 km/h	人为限速
	轮对擦伤深度为大于 0.5 mm 小于 1 mm	120 km/h	人为限速
	轮对擦伤深度大于 1 mm	80 km/h	人为限速
车轮剥离	剥离、凹陷长度≤20 mm； 剥离、凹陷长度深度≤0.5 mm，面积≤200 mm²； 剥离、凹陷长度深度≤0.75 mm，面积≤150 mm²； 剥离、凹陷长度深度≤1 mm，面积≤100 mm²	不影响运营	
空气弹簧泄漏、爆裂或切除		160 km/h	人为限速
车窗玻璃破损导致车辆密封失效		160 km/h	人为限速
轴温	暖轴（120 ℃≤轴温＜140 ℃）	250 km/h	自动限速
	热轴（轴温≥140 ℃或同车最大温差≥65 ℃）	40 km/h	自动限速
1 个轴箱弹簧断裂		30 km/h	人为限速
轴箱定位装置明显损坏		10 km/h	人为限速
轴箱定位装置零部件缺失		30 km/h	人为限速
高度控制阀 L15 或（和）高度调节杆故障		160 km/h	人为限速
抗蛇行油压减振器失效		250 km/h	人为限速
抗蛇行油压减振器连接螺栓缺失或松动		10 km/h	人为限速
横向止挡损坏或缺失		30 km/h	人为限速
抗侧滚扭杆损坏或连杆螺栓（螺纹）连接损坏		10 km/h	人为限速
空调故障开门运行（加防护网）		60 km/h(高站台40 km/h)	人为限速
超员 20% 以上		疏散	人为限速
转向架横向加速度信号监控失效或报警		220 km/h	自动限速
至少一个轮对轴承测量温度故障		220 km/h（在强制制动前，须 5 分钟之内减速至 220 km/h 以下）	自动限速
至少一个轴的速度传感器故障		200 km/h（在强制制动前，须 5 分钟之内减速至 200 km/h）	自动限速
监控检测到车轮抱死		40 km/h	自动限速
转向架失稳列车自动停车		215 km/h	自动限速
转向架监控回路故障		200 km/h	自动限速
牵引切除后		按剩余动力维持运行	人为限速
机车救援动车组限速		120 km/h	人为限速

3.4.27 CRH380CL 型动车组制动切除后允许的最高运行速度

CRH380CL 型动车组制动切除后允许的最高运行速度如表 3 –103 所示。

表 3 –103　CRH380CL 型动车组制动切除后允许的最高运行速度　　　（km/h）

制动切除比例	列控系统顶棚速度					
1/16	330	275	240	190	150	115
2/16（1/8）	320	255	230	185	145	110
3/16	310	245	220	175	140	105
4/16（2/8）	290	235	210	170	135	100
5/16	280	225	200	160	130	95
6/16（3/8）	260	220	195	155	125	90
7/16	250	210	185	145	115	85
8/16（4/8）	235	200	170	140	110	80

定义：制动切除比例中分子为累计切除换算的单车制动数量。

注：切除 8/16（4/8）以上时以 80 km/h 运行到前方站进行换乘处理。若重联动车组其中一整列无制动力，则按动车组相互救援规定执行。

3.4.28 CRH380CL 型动车组故障代码

CRH380CL 型动车组故障代码如表 3 –104 所示。

表 3 –104　CRH380CL 型动车组故障代码

代码	描述
1953	受电弓降弓
1934 ~ 1941	受电弓严重故障
1944	受电弓严重故障
2522、2528、2531	主断路器断开
0277	受电弓传送异常
0371	牵引变流器 TCU 检测到异常
0372	牵引变流器 TCU 供电故障
2516 ~ 2519	变压器故障
1324 ~ 1339	牵引电机驱动端/非驱动端轴承温度过高
1320 ~ 1323	牵引电机定子温度过高
0309、0316 ~ 0318	VCB 断开
0340、0341、0345	VCB 断开
0300、0307	牵引功率降低

续表

代码	描述
0302、0310、0313、0315、0337、0346 ~ 0349、0358 ~ 0365	牵引逆变器停止
0304、0305、0306	整流器及牵引逆变器停止
0308、0311	整流器及牵引逆变器停止 AuxK 断开
0312、0314、0319 ~ 0322、0324、0331 ~ 0336、0338、0339、0342 ~ 0344	牵引变流器停止 AuxK、K1、K2 断开
0323、0325 ~ 0330	牵引逆变器关闭
0350 ~ 0353	TCU 检测到轴抱死
0366	牵引变流器被切除
0380	电气制动不可用
3300	过流继电器动作
3301	过流继电器动作
2100 ~ 2107	线电流采集发生故障
2108	牵引变压器原边发生漏电保护
2214	牵引级位信息异常
0378	牵引控制供电空气开关 23 – F01 断开
5332、5337	牵引失效
5338	牵引失效
1119	多个故障锁定了充电机
0202	终端单元两系传送异常
0201	中央单元两系传送异常
4300	BCU 供电空气开关 28 – F11 或 28 – F12 断开
4301	制动设备板供电空气开关 28 – F19 断开
4388	(M) BCUx. 1 通信板 – A2 受到干扰
4395	(M) BCUx. 1 与通信板 – A2 的 CAN 总线通信受到干扰
4394	(M) BCUx. 1 主板 – A15 受到干扰
4409	(M) BCUx. 1 与主板 – A15 的 CAN 总线通信受到干扰
4350	轴 1 和轴 2 的排风阀超时
4353	轴 1 抱死
4360	轴 2 的排风阀中断/短路
4373	轴 3 和轴 4 的排风阀超时
4376	轴 3 的排风阀中断/短路
4391	轴 4 的排风阀中断/短路
4348	高/低制动比率干扰
4323、4476	列车范围内 MVB 通信受到干扰

代码	描述
4329、4480	制动手柄（C23）指令信号受到干扰
4422	摩擦制动未缓解
4366	（M）BCUx.1 直接制动控制受到干扰
4512	识别到制动管路降到紧急制动水平
4372	停放制动干扰
2305	停放制动环路断开，触发紧急制动
2325	转向架监控环路断开，触发紧急制动
4381	当列车移动时停放制动没有缓解
4393	（M）BCUx.1 主板（MB03B）－A6 受到干扰
4394	（M）BCUx.1 主板（MB03B）－A15 受到干扰
4352、4359、4375、4390、4447、4457、4459、4462、0350、0351、0352、0353	轴抱死
4351、4358、4374、4389、4446、4456、4458、4461	单轴速度传感器故障
4379	至少一个 WSP 速度传感器信号故障
4460	至少一个 DNRA 速度传感器信号故障
4377	转向架 1 的传感器信号 G06/1 超出范围
4378	转向架 2 的传感器信号 G06/2 超出范围
4386、4387、4309、4310	转向架 1/2 横向加速度报警
4400、4401	转向架 1/2 的空气弹簧压力过低
0287	门系统中 MDCU 传送异常
1435、1495、1555、1615	门无压力供应
0900	36－A01 供电故障
0905	36－A01 故障
0285、0910	轴温监测装置 1 外部通信故障
0903	轴温监测系统供电故障
0286、0912	轴温监测装置 2 外部通信故障
0908	36－A01 和 36－A01 故障
0906	36－A02 故障
0903	轴温监测系统供电故障
0901	36－A02 供电故障
0918、0921、0924、0927、0930、0933、0936、0939	轴端温度传感器均故障
0916、0917、0919、0920、0922、0923、0925、0926、0928、0929、0931、0932、0934、0935、0937、0938	轴端温度传感器 1 或 2 故障
0940～0947	齿轮箱大/小齿轮温度传感器故障
0956～0979	轴端温度传感器预警

代码	描述
0988、0989	同一转向架轴温差预警
0998~1021	轴端温度传感器报警
1030、1031	同一转向架轴温差报警
0980~0987	齿轮箱齿轮温度传感器预警
1022~1029	齿轮箱齿轮温度传感器预警

任务实施与评价

1. 教师下发任务单，学生明确学习任务、学习内容、知识目标、能力目标、素质目标要求。

2. 学生按任务单要求制订学习计划，完成预习任务及相关知识准备。

3. 小组内通过角色扮演的形式，模拟进行主断路器无法闭合故障应急处理。

4. 小组内通过角色扮演的形式，模拟进行紧急制动不缓解故障应急处理。

5. 小组内通过角色扮演的形式，模拟进行轴不旋转故障应急处理。

6. 以小组为单位参加针对 CRH_3C、CRH380B（L）型动车组在故障情况下的限速表、制动切除后允许的最高运行速度和故障代码的知识竞赛，小组成绩计入小组成员个人平时成绩。

7. 学生进行自我评价及小组成员互评；教师进行学生学习评价，检查任务完成情况。

任务5 CRH₅型动车组应急故障处理

任务单

任务名称	CRH₅型动车组应急故障处理
任务描述	学习CRH₅型动车组重点故障途中应急处理办法
任务分析	学习CRH₅型动车组DJ闭合不上或跳开，显示DJ非正常闭合，受电弓不能正常升起，主断路器（DJ或DJ1）烧损或高压供电线路短路，TD显示屏显示受电弓无法降下，途中受电弓机械，雾霾天气下由于过流保护导致主断路器跳开，BCU全列故障、制动不缓解故障、无螺纹管件松脱、总风管列车管连接软管漏风、齿轮箱低油位报警、热轴系统预警、热轴系统报警、全列车空调故障、单车空调故障、某车门无法正常集控打开、某车门无法正常集控关闭和全列车门无法正常集控关闭的应急处理办法，同时学习CRH₅型动车组在故障情况下的限速表和制动切除后允许的最高运行速度
学习任务	【子任务1】小组内通过角色扮演的形式，模拟进行无螺纹管件松脱的应急处理。 【子任务2】小组内通过角色扮演的形式，模拟进行齿轮箱低油位报警的应急处理。 【子任务3】小组内通过角色扮演的形式，模拟进行某车门无法正常集控关闭的应急处理。 【子任务4】以小组为单位参加针对CRH₅型动车组在故障情况下的限速表和制动切除后允许的最高运行速度问题的知识竞赛，小组成绩计入小组成员个人平时成绩

劳动组合	（1）各组长分配小组成员角色，进行模拟作业并留下影像记录，全员参与知识竞赛。 （2）各组评判小组成员学习情况，做出小组评价					
成果展示	应急故障处理作业的照片或视频					
学习小结						
自我评价	项目	A—优	B—良	C—中	D—及格	E—不及格	综合
	安全纪律（15%）						
	学习态度（15%）						
	专业知识（30%）						
	专业技能（30%）						
	团队合作（10%）						
教师评价	简要评价						
	教师签名						

学习引导文

3.5.1　DJ 闭合不上或跳开

DJ 闭合不上或跳开的处理操作如表 3 - 105 所示。

表 3 - 105　DJ 闭合不上或跳开的处理操作

现象	DJ 不能闭合或跳开
原因	（1）牵引系统的故障引起主断路器跳开。 （2）网络系统通信不良引起。 （3）主断路器回路硬线或继电器故障导致主断路器不能闭合。 （4）网压超出规定范围（小于 17 kV 或大于 32 kV）或瞬间波动大，导致主断路器跳开。 （5）过分相系统故障可引起过分相后主断路器不能正常闭合。 （6）主断路器本身故障或主断路器打开失败导致主断路器不能闭合。 （7）KSAZ3 或 KAUX 接触器正在动作中导致主断路器不能闭合。 （8）线电流传感器 TAL 检测过流导致主断路器跳开。 （9）变压器切除而 DJ1 未断开导致主断路器不能闭合。 （10）线电流传感器 TAL 检测电流与两个变压器原边电流传感器检测电流之和相差较大，即 TAL > 1.3（TAP1 + TAP2）或 TAL < 0.3（TAP1 + TAP2）导致主断路器跳开。 （11）列车静止、主断路器闭合，TAL 检测线电流大于 60 A 触发主断路器跳开。 （12）主断路器闭合时所有辅助的 KTLU 未闭合，超过 25 秒触发主断路器跳开

续表

行车	继续运行
步骤	处理过程

1

（1）检查网压是否在 17~32 kV 之间，是否有较大波动，如果网压有波动，尝试换另外一架受电弓运行。

（2）主断路器跳开后有牵引自动切除。这种情况可以重新闭合主断路器，如闭合不成功由随车机械师将故障车牵引手动切除（MC1/MC2 车为 26Q04、26Q05、26Q06，中间车为 26Q02、26Q03、26Q04），做小复位重新闭合。

（3）确认是否在未合主断路器情况下 BPS 显示屏已显示主断路器闭合。若显示闭合参考 "3.5.2 显示 DJ 非正常闭合" 处理操作。

（4）TD 显示屏弹出 "列车静止时由于 TAL 干涉导致主断路器跳开" 时，参考 "3.5.4 主断路器（DJ 或 DJ1）烧损或高压供电线路短路" 处理。

（5）若显示牵引变压器切除且 DJ1 未处于断开状态，通知随车机械师手动断开 DJ1，小复位闭合 DJ

2

若 DJ 仍然不能闭合，则通知随车机械师

继电器安装区域，具体位置见继电器标签

3

司机操作主断路器闭合按钮时，随车机械师观察 03（或 06）车 QEL 柜内 27K09、27K10、27K11 继电器动作顺序（升弓后 27K09 常吸，闭合主断路器按钮按下后 27K11 常吸，27K10 吸合一下后跳开）。若三个继电器动作正常，通知司机降弓，手动强行闭合 27K09、27K11 和 27K10（27K10 闭合 3 秒后释放）继电器，确认 DJ 闭合正常后释放强制吸合（听到主断路器闭合声音可确认主断路器闭合正常），并通知司机做小复位操作

4

小复位后进行 DJ 闭合操作，如本车两个 DJ 均无法闭合：在单组动车组运行情况下，应立即选择合适地点停车，进行大复位、断开蓄电池复位操作。若以上操作无效，申请救援；在两组动车组重联运行情况下，应选择继续利用另一组车的动力维持运行，机械师须在故障车组监控蓄电池电压不能低于 20 V

3.5.2　显示 DJ 非正常闭合

显示 DJ 非正常闭合的处理操作如表 3 - 106 所示。

表 3 –106　显示 DJ 非正常闭合的处理操作

现象	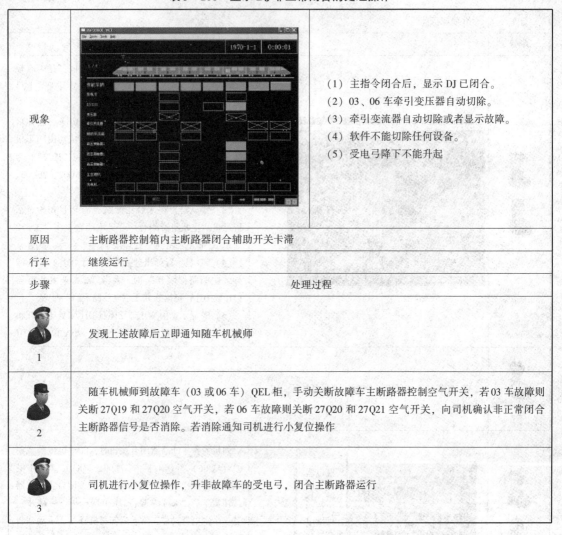（1）主指令闭合后，显示 DJ 已闭合。 （2）03、06 车牵引变压器自动切除。 （3）牵引变流器自动切除或者显示故障。 （4）软件不能切除任何设备。 （5）受电弓降下不能升起
原因	主断路器控制箱内主断路器闭合辅助开关卡滞
行车	继续运行
步骤	处理过程
1	发现上述故障后立即通知随车机械师
2	随车机械师到故障车（03 或 06 车）QEL 柜，手动关断故障车主断路器控制空气开关，若 03 车故障则关断 27Q19 和 27Q20 空气开关，若 06 车故障则关断 27Q20 和 27Q21 空气开关，向司机确认非正常闭合主断路器信号是否消除。若消除通知司机进行小复位操作
3	司机进行小复位操作，升非故障车的受电弓，闭合主断路器运行

3.5.3　受电弓不能正常升起

受电弓不能正常升起的处理操作如表 3 – 107 所示。

表 3 – 107　受电弓不能正常升起的处理操作

现象	受电弓不能正常升起
原因	（1）蓄电池电压低。 （2）升弓压力不足 350 kPa。 （3）网络系统通信故障。 （4）受电弓 ADD 保护功能激活。 （5）03、06 车 17XMB2N 负线端子排及短连片松动
行车	继续运行

步骤	处理过程	
1		从 TD 显示屏上观察到无受电弓升起，车辆使能正常（显示绿色），换升另一架受电弓。 如受电弓升弓开关均处于降弓位时，TD 显示屏仍显示有受电弓升起，按"3.5.5 TD 显示屏显示受电弓无法降下"处理
2	检查司机室 QCA 柜上升前弓、升后弓扳键供电空气开关 27Q110 是否在闭合位置，检查主控司机室 RIOM A 状态及连接器是否正常。检查 03、06 车受电弓控制空气开关 27Q08、27Q09、27Q10 空气开关是否闭合	
3		检查风压，若总风压力不足（小于 350 kPa），随车机械师检查辅助空压机是否自动启动，若辅助空压机没有自动启动，到 03、06 车手动启动相应的辅助空压机
4		检查显示屏网络通信界面各个网络设备是否存在故障
5	（1）随车机械师在确认以上操作完成后，检查给出升弓指令的车辆（03、06 车）QEL 柜继电器 27K01、27K02，27K06 是否吸合，27K05 是否断开。检查另一牵引单元受电弓车 QEL 柜继电器 27K06 是否断开。 （2）如 27K05 吸合，则说明检测到 ADD 自动降弓信号，换升另外一架受电弓。 （3）随车机械师检查 03 车、06 车受电弓气路控制板，检查气体是否存在泄漏，压力是否正常，三通阀位置是否处于隔离位	
6		如上述检查均正常，则随车机械师应检查 03、06 车 17XMB2N 负线端子排及短连片是否松动

步骤	处理过程
 7	在操作其中一架受电弓升弓失败后，运行途中更换另一架受电弓。若另一架受电弓依然不能升起，运行途中执行小复位。如仍未恢复，则在前方站内停车断蓄电池再做大复位，如还是不能恢复，按相关规定请求救援

3.5.4　主断路器（DJ 或 DJ1）烧损或高压供电线路短路

　　主断路器（DJ 或 DJ1）烧损或高压供电线路短路的处理操作如表 3 – 108 所示。

表 3 – 108　主断路器（DJ 或 DJ1）烧损或高压供电线路短路的处理操作

现象	主断路器跳开，网压为"0"
原因	（1）主断路器内部有灰尘或异物，导致元件烧损。 （2）主断路器进水引起元件烧损。 （3）高压供电线路短路
行车	继续运行
步骤	处理过程
 1	降下主断路器故障车辆的受电弓，通知随车机械师
   2	如发现动车组升弓合主断路器后主断路器瞬间跳开，且接触网网压异常变化，TD 显示屏提示"TAL 干预导致主断路器打开"，可判定为主断路器烧损或高压供电线路短路，机械师立即到 03、05、06 车 2 位端检查主断路器下部有无冒烟或异味。 　　（1）如确认 05 车 DJ1 烧损，首先断开 05 车 27Q03、27Q04、27Q05，确认 TD 显示屏显示 DJ1 已经断开，升 03 车或 06 车受电弓，闭合主断路器，维持运行。如果主断路器闭合后均跳开，则为 DJ1 烧损后主触头粘连，此故障为高压干线对地，申请救援。 　　（2）如确认 03 车主断路器烧损，将 05 车 27Q03、27Q04、27Q05 空气开关断开，升 06 车受电弓合主断路器，维持运行。 　　（3）如确认 06 车主断路器烧损，将 05 车 27Q03、27Q04、27Q05 空气开关断开，升 03 车受电弓合主断路器，维持运行。 　　（4）如未发现 DJ 和 DJ1 烧损，将 05 车 27Q03、27Q04、27Q05 空气开关断开，确认 TD 显示屏显示 DJ1 已断开，优先换升另一架受电弓，闭合主断路器，维持运行
 3	以上操作均无效，单组动车组立即申请救援，重联动车组应根据实际情况选择继续利用另一车组的动力维持运行，随车机械师监控故障车组蓄电池电压不能低于 20 V

3.5.5　TD 显示屏显示受电弓无法降下

　　TD 显示屏显示受电弓无法降下的处理操作如表 3 – 109 所示。

表 3 - 109　TD 显示屏显示受电弓无法降下的处理操作

现象	手动降弓但 TD 显示屏显示受电弓为升起状态
原因	网络系统通信不良
行车	立即停车
步骤	处理过程
	（1）将相应受电弓车的 27Q08 空气开关断开，车下确认受电弓是否降下及可视部位状态是否正常。 （2）若受电弓降下，可视部位状态正常，进行小复位操作后，TD 显示屏显示受电弓已降下，换另一架受电弓运行。否则大复位后换升另一架受电弓运行。 （3）若受电弓未降下，可视部位状态正常，截断受电弓风源，换升另一架受电弓运行。 （4）若可视部位状态异常，按"3.5.6 途中受电弓机械故障"处理

3.5.6　途中受电弓机械故障

途中受电弓机械故障的处理操作如表 3 - 110 所示。

表 3 - 110　途中受电弓机械故障的处理操作

现象	运行途中受电弓降下，受电弓机械损坏
原因	外部原因导致刮弓或受电弓机械故障
行车	立即停车
步骤	处理过程
1	停车并通知随车机械师
2	随车机械师按规定申请下车，确认车顶受电弓故障情况。 （1）受电弓外观可见部分无异常，通知司机切除故障受电弓，换弓运行。限速 160 km/h 运行至前方站停车，按照相关规定检查处理。 （2）如果受电弓硬件损坏，按规定申请登顶，对损坏部位进行绑扎处理

3.5.7　雾霾天气下由于过流保护导致主断路器跳开

雾霾天气下由于过流保护导致主断路器跳开的处理操作如表 3 - 111 所示。

表 3 - 111　雾霾天气下由于过流保护导致主断路器跳开的处理操作

现象	雾霾天气下，动车组在运行过程中，由于过流保护导致主断路器跳开
原因	雾霾天气引起的过流保护导致主断路器断开

续表

行车	继续运行
步骤	处理过程
 1	司机降下受电弓，随车机械师断开 05 车 27Q03、27Q04、27Q05 空气开关，确认 TD 显示屏显示 DJ1 已断开
2	升起另一架受电弓，闭合主断路器，若闭合成功，维持运行。如果主断路器闭合后跳开，则申请救援

3.5.8　BCU 全列故障，制动不缓解

BCU 全列故障，制动不缓解的处理操作如表 3 – 112 所示。

表 3 – 112　BCU 全列故障，制动不缓解的处理操作

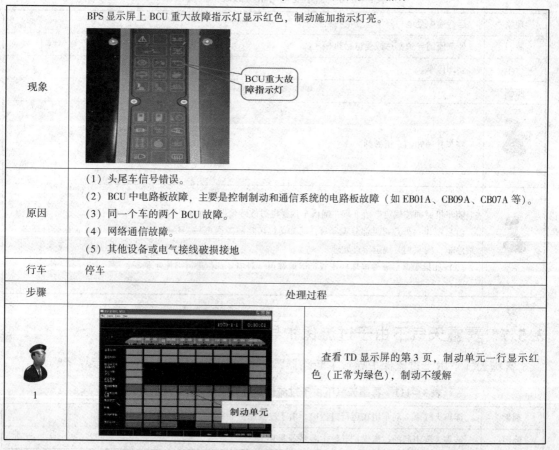

现象	BPS 显示屏上 BCU 重大故障指示灯显示红色，制动施加指示灯亮。
原因	（1）头尾车信号错误。 （2）BCU 中电路板故障，主要是控制制动和通信系统的电路板故障（如 EB01A、CB09A、CB07A 等）。 （3）同一个车的两个 BCU 故障。 （4）网络通信故障。 （5）其他设备或电气接线破损接地
行车	停车
步骤	处理过程

步骤	处理过程
1	查看 TD 显示屏的第 3 页，制动单元一行显示红色（正常为绿色），制动不缓解

步骤	处理过程	
2	 空气开关 车辆号 BCU故障	始发前，司机发现此情况，通知随车机械师，按如下步骤处理： ①进行断蓄电池复位操作，等待 30 秒后，投入主控钥匙进行试车，如恢复正常，继续运行。 ②查看 TD 显示屏是否弹出 BCU 故障信息，如果有，断开故障车 QEL 柜中 30Q02 空气开关，查看 BPS 显示屏上 BCU 重大故障指示灯是否熄灭，如熄灭，TD 显示屏仅显示该车制动控制单元故障，其他车均恢复正常，则继续运行。如重大故障指示灯不熄灭，恢复 30Q02，断开 30Q01，将该车做关门车处理，按相关规定运行。 ③如不能恢复，检查车端电气连接器是否脱落，检查自动车钩电气连接是否正常。 ④如出现其他设备工作不正常，如 TD 显示屏、TS 显示屏、BPS 显示屏无电，检查司机台下 17XMBN 负线接线柱是否存在松动破损现象。 ⑤如果故障车组为重联动车组，将重连车组解编，确认故障车组，解编后无故障车组单组运行，故障车组按照①～⑤条进行处理，如果处理无效，请求救援
3		运行中，查看 TD 显示屏是否弹出 BCU 故障信息，如果有，断开故障车 QEL 柜中 30Q02 空气开关，查看 BPS 显示屏上的 BCU 重大故障指示灯是否熄灭，如熄灭，TD 显示屏仅显示该车制动控制单元故障，其他车均恢复正常，则继续运行。如重大故障指示灯不熄灭，恢复 30Q02，断开 30Q01，将该车做关门车处理，按相关规定运行。 如果故障车组为重联动车组，将两列车解编，确认故障车组，解编后无故障车组单组运行，故障车组如不缓解且安全环路显示闭合正常时，随车机械师将各车制动单元内的 B22.02 阀关闭，司机打开司机室左下方的 D03 阀，启用备用制动，并将备用制动手柄置于缓解位，缓解后，进行备用制动试验，确认正常后，采用备用制动，限速 120 km/h 运行。 如备用制动不能缓解，按照①～⑤条进行处理，如果处理无效，请求救援

3.5.9　无螺纹管件松脱

无螺纹管件松脱的处理操作如表 3 – 113 所示。

表 3 – 113　无螺纹管件松脱的处理操作

现象	动车组在运行过程中，如果有总风表上的指示压力突然低于 7.5 bar（总风管）或列车管压力表压力突然降低
原因	管件松动、损坏，橡胶密封圈破裂等
行车	停车

步骤	处理过程
1	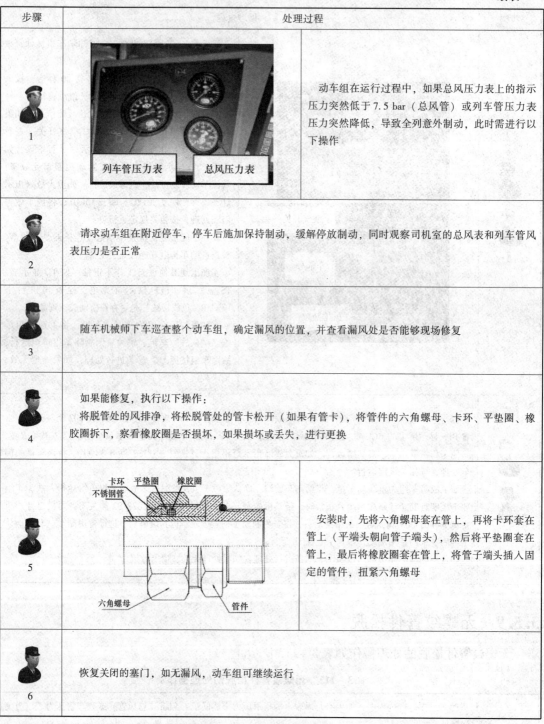　　动车组在运行过程中，如果总风压力表上的指示压力突然低于 7.5 bar（总风管）或列车管压力表压力突然降低，导致全列意外制动，此时需进行以下操作
2	请求动车组在附近停车，停车后施加保持制动，缓解停放制动，同时观察司机室的总风表和列车管风表压力是否正常
3	随车机械师下车巡查整个动车组，确定漏风的位置，并查看漏风处是否能够现场修复
4	如果能修复，执行以下操作： 将脱管处的风排净，将松脱管处的管卡松开（如果有管卡），将管件的六角螺母、卡环、平垫圈、橡胶圈拆下，察看橡胶圈是否损坏，如果损坏或丢失，进行更换
5	安装时，先将六角螺母套在管上，再将卡环套在管上（平端头朝向管子端头），然后将平垫圈套在管上，最后将橡胶圈套在管上，将管子端头插入固定的管件，扭紧六角螺母
6	恢复关闭的塞门，如无漏风，动车组可继续运行

步骤	处理过程
7 总风管截断排风 塞门手柄为黄色	如果不能修复，执行以下操作。 总风主管泄漏，单组运行时： ①如果 01 车或 08 车总风主管泄漏，关闭 02 车或 07 车一位端的总风管截断排风塞门，故障车做制动关门车处理、锁闭卫生间、隔离塞拉门。将整列车 QEL 柜中的 30Q07 空气开关全部断开（如果故障车为主控车，还需打开尾部车司机室 D03 阀，将备用制动手柄置于完全缓解位），观察故障车司机台压力表，待故障车总风管和列车管压力稳定在 600 kPa 时，空气制动应完全缓解，闭合除故障车外所有车的 30Q07 空气开关。限速 160 km/h 运行。 ②如果 02 车、03 车或 06 车、07 车总风主管泄漏，关闭故障车相邻车辆靠近故障车的总风管截断排风塞门，故障车做制动关门车处理。将整列车 QEL 柜中的 30Q07 空气开关全部断开，打开无风源侧头车 Z30 阀（如主控端在无风源侧，还需打开尾部车司机室 D03 阀，将备用制动手柄置于完全缓解位。若故障车为 03 车或 06 车，还需断开相应车辆 QEL 柜 32QM01、32Q01 和 32Q02 空气开关，切断空压机电源，升 06 车或 03 车受电弓运行），并将无风源侧所有车辆的卫生间锁闭、塞拉门隔离、停放制动隔离。观察无风源侧司机台压力表，待总风管和列车管压力稳定在 600 kPa 时，空气制动应完全缓解，闭合有风源侧车辆的 30Q07 空气开关。限速 160 km/h 运行。 ③如果故障车为 04 车或 05 车，即故障车的两侧均有风源，则通知司机进行间断性的强迫泵风。限速 160 km/h 运行。 总风主管泄漏，重联运行时： 如果 01 车或 16 车总风主管泄漏，比照单组总风主管泄漏第 1 条办理。 如重联端两个头车之一总风主管泄漏，若条件允许，进行解编操作，比照单组总风主管泄漏第 1 条处理后，单组运行。若条件不允许，关闭故障车相邻头车 Z05 阀，关闭本组内故障车相邻车辆靠近故障车的总风管截断塞门，故障车做制动关门车处理、锁闭卫生间、隔离塞拉门，断开自动车钩的电气连接。通知司机使用备用制动，限速 120 km/h 继续运行。 如果其他车辆泄漏，按"单组总风主管泄漏第 2 和 3 条"处理

步骤	处理过程
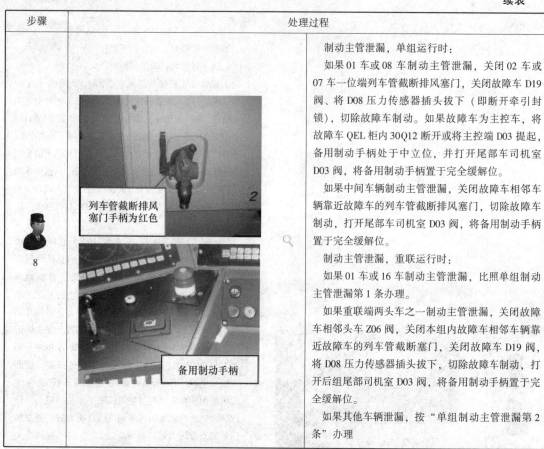8	制动主管泄漏，单组运行时： 　　如果 01 车或 08 车制动主管泄漏，关闭 02 车或 07 车一位端列车管截断排风塞门，关闭故障车 D19 阀、将 D08 压力传感器插头拔下（即断开牵引封锁），切除故障车制动。如果故障车为主控车，将故障车 QEL 柜内 30Q12 断开或将主控端 D03 提起，备用制动手柄处于中立位，并打开尾部车司机室 D03 阀，将备用制动手柄置于完全缓解位。 　　如果中间车辆制动主管泄漏，关闭故障车相邻车辆靠近故障车的列车管截断排风塞门，切除故障车制动，打开尾部司机室 D03 阀，将备用制动手柄置于完全缓解位。 　　制动主管泄漏，重联运行时： 　　如果 01 车或 16 车制动主管泄漏，比照单组制动主管泄漏第 1 条办理。 　　如果重联端两头车之一制动主管泄漏，关闭故障车相邻头车 Z06 阀，关闭本组内故障车相邻车辆靠近故障车的列车管截断塞门，关闭故障车 D19 阀，将 D08 压力传感器插头拔下，切除故障车制动，打开后组尾部司机室 D03 阀，将备用制动手柄置于完全缓解位。 　　如果其他车辆泄漏，按"单组制动主管泄漏第 2 条"办理

图中标注：列车管截断排风塞门手柄为红色；备用制动手柄

3.5.10　总风管、列车管连接软管漏风

总风管、列车管连接软管漏风的处理操作如表 3 - 114 所示。

表 3 - 114　总风管、列车管连接软管漏风的处理操作

现象	在动车组在运行过程中，总风表上的指示压力突然低于 7.5 bar 或列车管压力表压力突然降低
原因	外物击打，橡胶老化
行车	停车
步骤	处理过程
1	申请动车组在附近停车，停车后施加保持制动，缓解停放制动，同时观察司机室的总风表和列车管压力表是否正常
2	随车机械师下车巡查整个动车组，确认总风或列车管车端连接软管漏风的位置。 发现泄漏点，进行如下操作

步骤	处理过程	
3	总风管截断排风塞门手柄为黄色	如果总风管泄漏，将该车和相邻车辆车端的两个总风管截断排风塞门关闭。如果该车两侧均有风源系统，通知司机进行间断性的强迫泵风，以保证整列车（除故障车外）的总风用风。如果该故障车的一侧没有风源，打开位于头车的 Z30 截断排风塞门，查看该侧司机室总风表压力，如为 600 kPa，继续运行，或由随车机械师直接更换故障车的车端连接软管，继续运行
4	列车管截断排风塞门手柄为红色 备用制动手柄	如果是列车管泄漏，将该车每端的两个列车管截断排风塞门关闭，将该车做关门车处理，并打开尾部车司机室的 D03 阀，将尾部车司机室的备用制动手柄置于完全缓解位，继续运行

3.5.11　齿轮箱低油位报警

齿轮箱低油位报警的处理操作如表 3 – 115 所示。

表 3 – 115　齿轮箱低油位报警的处理操作

现象	列车停在平直轨道上后，司机室 BPS 显示屏显示齿轮箱低油位报警
原因	（1）由于油位传感器及连线故障，导致报警。 （2）齿轮箱密封不良，漏油严重。 （3）出现异常情况，齿轮箱损坏
行车	停车

步骤		处理过程
1	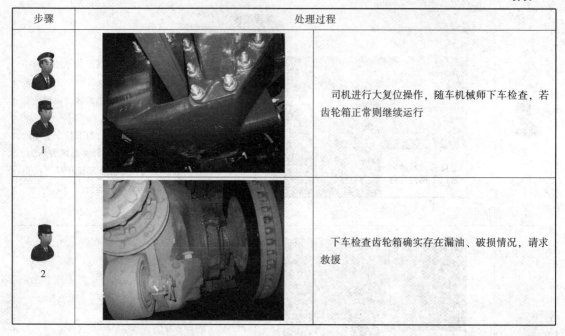	司机进行大复位操作，随车机械师下车检查，若齿轮箱正常则继续运行
2	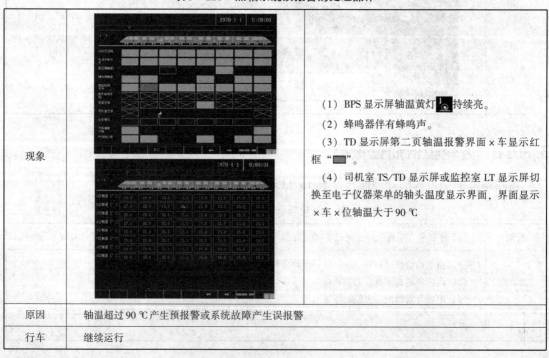	下车检查齿轮箱确实存在漏油、破损情况，请求救援

3.5.12 热轴系统预报警

热轴系统预报警的处理操作如表 3 – 116 所示。

表 3 – 116　热轴系统预报警的处理操作

现象	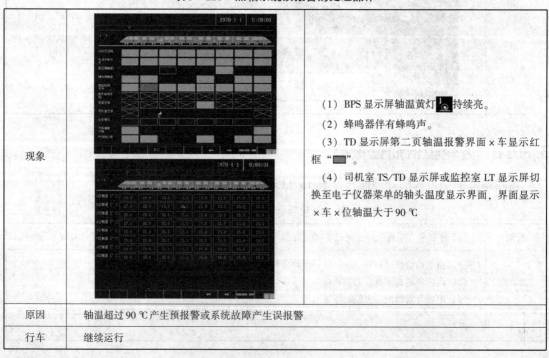	（1）BPS 显示屏轴温黄灯 🔆 持续亮。 （2）蜂鸣器伴有蜂鸣声。 （3）TD 显示屏第二页轴温报警界面 × 车显示红框"▭"。 （4）司机室 TS/TD 显示屏或监控室 LT 显示屏切换至电子仪器菜单的轴头温度显示界面，界面显示 × 车 × 位轴温大于 90 ℃
原因	轴温超过 90 ℃产生预报警或系统故障产生误报警	
行车	继续运行	

步骤	处理过程
1	通知随车机械师×号车热轴预报警，报告列车调度员，对于有红外线设备的线路，由地面红外线系统加强监控
2	机械师在司机手账签认运行要求。 　　密切监视故障车辆轴头温度变化，通知司机按照轴温不继续升高的速度维持运行，每个办客站由机械师下车点温（故障轴位应在非站台侧），或到达具备更换车底的车站换车
3	若轴温继续上升至110 ℃或温度显示为"?"或"-40 ℃"后，立即通知司机采取停车措施，并按照"3.5.13 热轴系统报警"处理

3.5.13　热轴系统报警

热轴系统报警的处理操作如表 3 – 117 所示。

表 3 – 117　热轴系统报警的处理操作

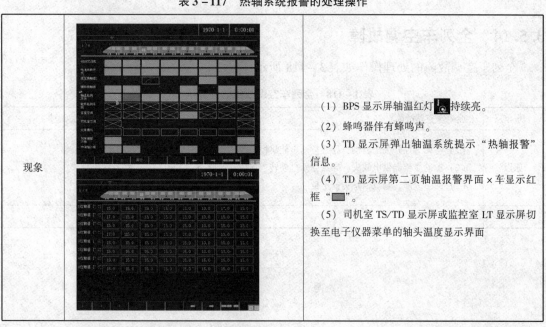

现象	
	（1）BPS 显示屏轴温红灯持续亮。 （2）蜂鸣器伴有蜂鸣声。 （3）TD 显示屏弹出轴温系统提示"热轴报警"信息。 （4）TD 显示屏第二页轴温报警界面×车显示红框"▭"。 （5）司机室 TS/TD 显示屏或监控室 LT 显示屏切换至电子仪器菜单的轴头温度显示界面

续表

原因	轴温超过 110 ℃产生报警或系统故障产生报警
行车	立即停车
步骤	处理过程
1	立即停车，通知随车机械师×号车热轴报警
2	（1）停车后随车机械师下车对温度值显示异常的轴头进行外观检查并点温，与其他轴位进行对比，申请站内停车时需保证故障轴端在非站台侧。 （2）若实际轴温值超过 110 ℃或与其他轴位温度相比超过 30 ℃，检查转向架轴箱情况，根据检查结果限速 40 km/h 运行至就近车站更换车底或请求救援。 （3）若实际轴温值未超过 110 ℃同时与其他轴位温度相比未超过 30 ℃，检查转向架轴箱正常。确认为误报，对热轴主机进行复位。 若复位成功，通知司机按常速运行，若复位不成功，按以下要求运行（机械师在司机手账签认运行要求）。 对于有红外线设备的线路，由司机联系列车调度员，安排地面红外线设备加强监控，在每个办客站由随车机械师下车点温（故障轴位应在非站台侧），维持运行至具备更换车底条件的车站换车。 对于无红外线设备的线路，每个办客站由机械师下车点温，若相邻两个办客站点温时间间隔超过 1 小时，由司机联系列车调度员，安排在预设点温车站停车点温，维持运行至具备更换车底条件的车站换车，途中机械师加强在误报警车厢监控振动或异音，如出现异常振动或异音，应立即通知司机停车，下车检查

3.5.14 全列车空调故障

全列车空调故障的处理操作如表 3－118 所示。

表 3－118 全列车空调故障的处理操作

现象	全列车空调故障
原因	（1）空调集控开关未启动，导致空调不能集控。 （2）辅助变流器供电缺失，导致空调自动转入应急通风状态。 （3）网络故障，导致信息传输不良
行车	继续运行

步骤	处理过程	
 1	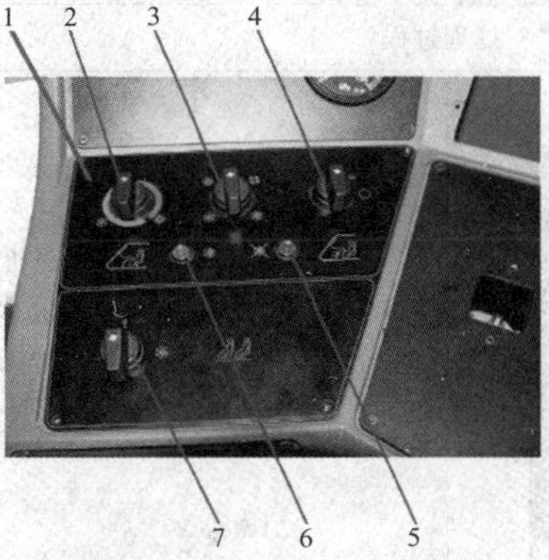 1—司机室指令板；2—S4 选择器开关；3—S3 选择器开关；4—S6 选择器开关；5—红色指示灯；6—绿色指示灯；7—S5 选择器开关	检查司机台上的集控开关是否启动，QCA 柜空调空气开关是否闭合。左图中序号 7 为空调集控开关，图示位置为关闭状态，顺时针旋转 90°位置为启动状态。空调集控开关应处于启动位置，QCA 柜空调空气开关闭合，空调才能正常工作。若集控开关关闭，则将其开启后故障自动排除。若集控开关开启，则进行下一步骤
 2	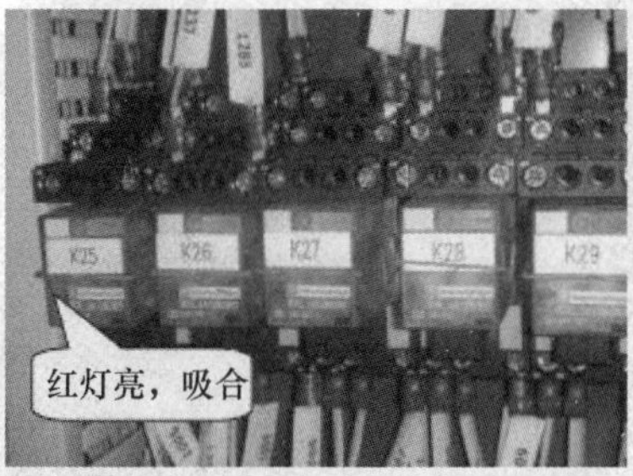 红灯亮，吸合	检查 QEL 柜内 K25 接触器是否吸合，若 K25 不吸合，将 K25 转到手动闭合位。若辅助供电正常后，空调仍不启动，停车进行大复位操作。不能恢复时，按"旅客列车空调失效应急处置办法"办理

3.5.15　单车空调故障

单车空调故障的处理操作如表 3－119 所示。

表 3－119　单车空调故障的处理操作

现象	单车空调不启动、空调不制冷或不制暖
原因	（1）单车空调不启动。 ①单车无网络信号。 ②单车空调中压及低压供电空气开关处于断开、接线松动或烧损状态。 ③接触器 K6 吸合，导致空调处于紧急通风状态。 （2）单车空调不制冷。 ①压缩机、冷凝风机或通风机供电空气开关断开、接线松动或烧损状态。 ②网络未提供允许压缩机启动的信号。 ③风压开关故障导致系统缺风保护，无法启动压缩机。 ④压缩机、冷凝风机或通风机硬件损坏。 （3）单车空调不制暖。 ①加热器供电空气开关断开、接线松动或烧损状态。 ②风压开关故障导致系统缺风保护，无法启动电加热器。 ③加热器超温保护

行车	继续运行
步骤	处理过程

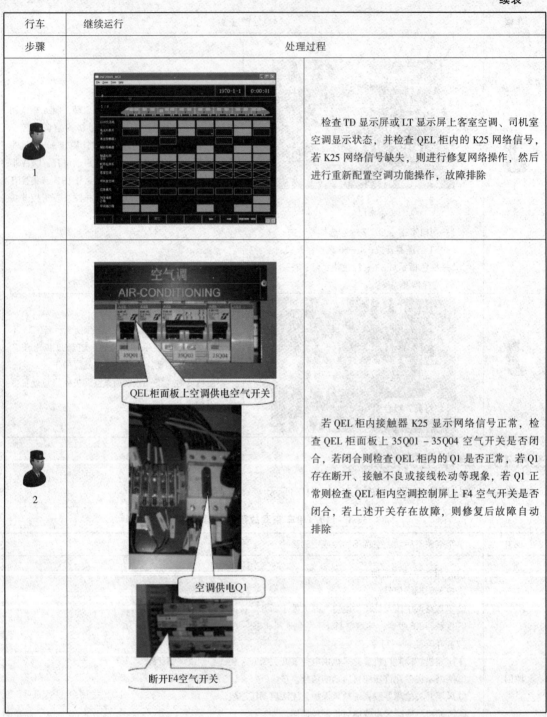

步骤 1

　　检查 TD 显示屏或 LT 显示屏上客室空调、司机室空调显示状态，并检查 QEL 柜内的 K25 网络信号，若 K25 网络信号缺失，则进行修复网络操作，然后进行重新配置空调功能操作，故障排除

QEL柜面板上空调供电空气开关

空调供电Q1

断开F4空气开关

步骤 2

　　若 QEL 柜内接触器 K25 显示网络信号正常，检查 QEL 柜面板上 35Q01 - 35Q04 空气开关是否闭合，若闭合则检查 QEL 柜内的 Q1 是否正常，若 Q1 存在断开、接触不良或接线松动等现象，若 Q1 正常则检查 QEL 柜内空调控制屏上 F4 空气开关是否闭合，若上述开关存在故障，则修复后故障自动排除

步骤	处理过程
 3	 若空调系统供电空气开关正常，检查 QEL 柜中的空调控制器上各板卡是否处于红灯或黄灯闪烁的故障状态。若板卡工作指示灯为红灯或黄灯闪烁，则判断为空调系统板卡故障，执行手动操作
 4	手动操作：左图所示为 QRK 柜上空调面板，图示位置为自动位，可以将旋钮旋至需要的工作位 VENT（通风）、AUTO（自动）、OFF（关闭）、HEAT 50%（50% 加热）、HEAT 100%（100% 加热）、COOL 50%（50% 制冷）、COOL 100%（100% 制冷） 注： （1）图示中右侧旋钮只有在左侧旋钮处于自动位时，对其操作才有效。 （2）在执行手动操作后，列车乘务人员应根据车厢内温度状况及时调整空调的手动模式，避免长时间手动制冷导致蒸发器结冰。 （3）当空调系统自动控制功能恢复后，应及时将空调设置调整为自动（AUTO）
 5	检查 QEL 柜内的接触器 K6 是否吸合，若 K6 吸合，在辅助供电和网络均正常情况下，视情况进行小复位操作，并重新配置空调功能，以清除空调应急通风状态

步骤	处理过程
 6	若 K6 没有吸合，分以下几种情况处理
 7	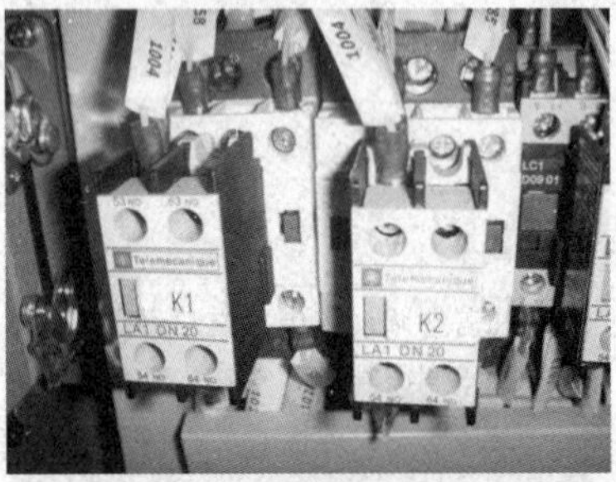 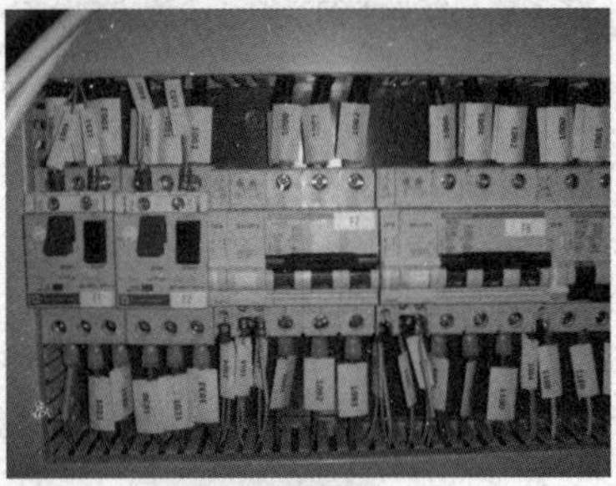  制冷压缩机不启动： 检查 QEL 柜内的空气开关 F1、F2 接线是否松动、是否有烧焦的气味或出现闪烁现象等。若出现上述现象，需进行修复。 若无上述现象，检查 QEL 柜内 K27、K28 工作是否正常，若不正常，则为网络故障，修复网络。 若 K27、K28 工作正常，检查 K30 工作是否正常，若不正常则先判断通风机是否工作正常，如正常则为风压开关故障，可以短接 K30。 若 K30 工作正常，检查 K1、K2 是否正常，若 K1、K2 都不吸合，可进行手动操作，若可以进入空调 50% 制冷状态，可判断为感温控制系统存在问题，若转入手动操作，K1、K2 仍不吸合，则判断为压缩机故障。 若 K1、K2 有一个不吸合，有一种可能是由于制冷环路缺少制冷剂引起压缩机的低压保护，另一种可能为压缩机过热保护。 若 K1、K2 吸合，而压缩机仍不启动，检查冷凝系统，按冷凝风机不启动故障处理
 8	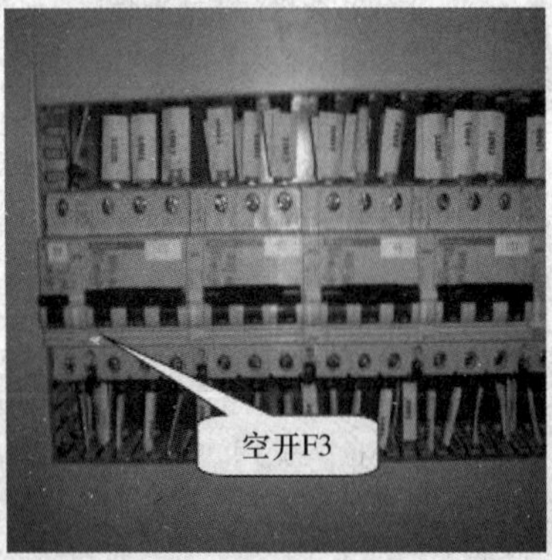 冷凝风机不启动： 闭合空气开关 F3，检查 F3 接线是否松动、出现烧焦的气味或出现闪烁现象等，若出现上述现象，则应进行修复空气开关操作。 若未出现上述现象，闭合空气开关 F3，闭合 1 ~ 2 次后，F3 频繁跳开，可判断为冷凝风机故障。 检查接触器 K3、K4，若 K3、K4 不吸合，则可能为冷凝风机故障，需入库处理。 若上述现象均未出现，而冷凝风机仍不启动，检查通风系统，按通风机不启动故障处理

图中标注：K30继电器

图中标注：空开F3

步骤	处理过程	
9		通风机不启动： 闭合空气开关 F5、F6，检查 F5、F6 接线是否松动、出现烧焦的气味或出现闪烁现象等，若出现上述现象，则应进行修复空气开关操作。 若未出现上述现象，检查 K5、K7 接触器，若 K5、K7 接触器不吸合，则可能为通风机故障（启动后，通风机有异音），此时需入库处理
10		空调机组内空气预热器不工作： 检查 QEL 柜内的空气开关 F7、F8 接线是否松动、是否有烧焦的气味或出现闪烁现象等。若出现上述现象，需进行修复。 若无上述现象，检查 QEL 柜内 K8、K9、K99 工作是否正常，若不正常，需进行修复。 检查 K30 工作是否正常，若不正常则先判断通风机是否工作正常，如正常则为风压开关故障，可以短接 K30。 若 K30 工作正常，检查 K31 是否正常，若 K31 不得电，短接 K31，若空气预热器仍不启动，则空调机组内空气预热器超温（一级）保护动作，等待一段时间温度降低后可自动恢复。 如果空气预热器仍不工作，则为二级温控保护或加热管硬件故障，需入库维修

步骤	处理过程	
11		废排风机不启动： 闭合空气开关 F11，检查 F11 接线是否松动、出现烧焦的气味或出现闪烙现象等，若出现上述现象，则应进行修复空气开关操作。 若未出现上述现象，检查 QEL 柜内的接触器 K12 是否吸合，若 K12 吸合，而废排风机不工作，可能为废排风机故障，需入库处理。 若废排风机不工作导致车辆在站台上塞拉门无法关闭时，可暂时停止本车空调机组工作，待塞拉门关闭后开启空调
12	空调制冷故障同时可以用以下方法处理： 如确认为单个车辆空调制冷故障，首先检查空调控制旋钮是否在自动位。 检查面板空气开关及内部空气开关。 关闭所有空调空气开关，30 秒后闭合，检查 K25 是否得电，如不得电，将 K25 强行吸合。 检查 K5、K7 得电，空调出风口有风。 仍不制冷，置手动半冷位，检查 K27、K29、K30、K32 继电器状态，检查其接线是否松脱，如接线正常而某个继电器仍不得电，则强行吸合相应继电器	
13	空调制暖故障同时可以用以下方法处理： 检查面板空气开关及内部空气开关。 关闭所有空调空气开关，30 秒后闭合，检查 K25 是否得电，如不得电，将 K25 强行吸合。 检查 K5、K7 得电。 检查旋钮位置，置自动位。 仍不制暖，检查 K30、K31 继电器状态，如接线正常而某个继电器仍不得电，则强行吸合相应继电器。 如不制暖，强吸 K8 继电器	
14	进行以上操作后，空调系统仍不能恢复时，制冷故障时按"旅客列车空调失效应急处置办法"办理	

3.5.16 某车门无法正常集控打开

某车门无法正常集控打开的处理操作如表 3 – 120 所示。

表 3 – 120 某车门无法正常集控打开的处理操作

现象	全列给出集控开门信号，但是某车门无法打开
原因	（1）自动踏板锁锁闭到不位或隔离锁处于隔离位。 （2）侧立罩板内自动踏板停用开关（S22）处于"1"位。 （3）自动踏板的高低站台的选择不正确。 （4）塞拉门处于隔离状态

行车	停车	
步骤	处理过程	
1	紧急解锁开关 手动开门拉手	塞拉门无法正常集控打开时，列车员或随车机械师应进行紧急解锁开门操作，旅客上下车完毕后，立刻解除紧急解锁
2	隔离锁　踏板锁	紧急解锁解除并安全关门后，检查自动踏板锁是否锁闭到位，隔离锁是否处于隔离位，如在隔离位应取消
3	S22开关	检查侧立罩板内自动踏板停用开关（S22）是否处于"0"位，如不是应置于"0"位
4	踏板隔离锁　三角锁　三角锁	检查门释放信号（绿色开门按钮点亮）、高低站台的选择是否正确

步骤	处理过程	
5	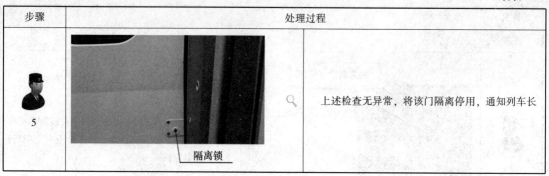隔离锁		上述检查无异常，将该门隔离停用，通知列车长

3.5.17　某车门无法正常集控关闭

某车门无法正常集控关闭的处理操作如表 3 – 121 所示。

表 3 – 121　某车门无法正常集控关闭的处理操作

现象	集控关门时出现某车门无法正常集控关闭
原因	（1）下脚蹬翻板或自动踏板未正常收回。 （2）内或外紧急解锁未复位。 （3）门胶条损坏，门防挤压胶条内的接线松动或脱落。 （4）由于客室空调压力过高导致最后关闭的门反复开关
行车	停车

步骤	处理过程
1	绿色显示关门良好 绿色显示有车门未关 司机开车前按压黑色集控关门按钮后，BPS 显示屏绿色关门灯未点亮（红色开门灯点亮），司机应查看 TD 显示屏找到故障门并立即通知列车长和随车机械师检查车门关闭状态
2	紧急解锁开关 随车机械师迅速到故障车门检查车门关闭状态，并按以下步骤处理。对此车门进行紧急解锁后，马上解除紧急解锁（三角钥匙复位）

续表

步骤	处理过程	
3	S5开关	仍无法正常关闭时，确认上下脚蹬状态。若无法正常收回时，用三角钥匙打开车门内侧立罩，将S5主开关置于"0"位，手动将伸出的脚蹬推回后，用力拉门扇内侧扣手将车门手动关闭并锁闭
4	白色指示灯	手动锁闭车门后将 S22 开关置于"1"位，然后使用三角钥匙隔离此故障车门，将 S5 主开关置于"1"位，确认车门上方白色指示灯点亮。通知司机故障车门处理完毕，可以开车，同时通知列车长

3.5.18　全列车门无法正常集控关闭

全列车门无法正常集控关闭的处理操作如表 3 – 122 所示。

表 3 – 122　全列车门无法正常集控关闭的处理操作

现象	司机给出车门集控关闭信号，全列车门不动作	
原因	（1）司机操控台高低站台选择开关位置不正确。 （2）集控关门控制线信号中断或操作按钮故障	
行车	停车	
步骤	处理过程	
1	高、低站台开关　关门按钮 开门按钮　　激活按钮	司机按下集控关门按钮后，若发生全列车门无法正常集控关闭情况，应首先检查司机操控台高低站台选择开关位置是否正确，如位置不正确，需重新置于正确位置并重新集控开门，然后集控关闭

步骤	处理过程	
2	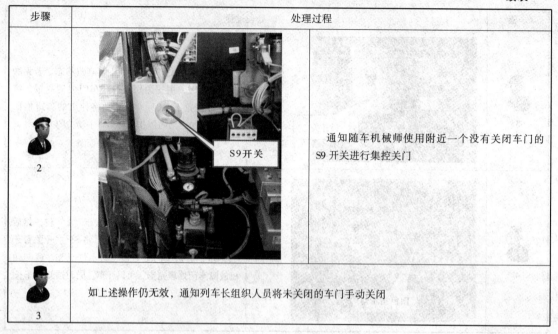	通知随车机械师使用附近一个没有关闭车门的 S9 开关进行集控关门
3	如上述操作仍无效，通知列车长组织人员将未关闭的车门手动关闭	

3.5.19 CRH₅ 型动车组在故障情况下的限速表

CRH₅ 型动车组在故障情况下的限速表如表 3 - 123 所示。

表 3 - 123 CRH₅ 型动车组在故障情况下的限速表

车种	故障描述	最高限制速度	备注
CRH₅	车轮擦伤	停运。按≤120 km/h 速度回送	长度大于 60 mm
		完成本次运营，限速200 km/h	长度大于 30 mm 小于 60 mm
		不限速，完成本天运营	长度小于或等于 30 mm
	车轮剥离	40 km/h	检查轮对踏面，轮对踏面剥离限度：一处长度≤20 mm（或两处每处长度≤10 mm），面积≤100 mm²，深度≤1.5 mm，以上三个标准均超限时，即认为剥离超限，不超限完成本天运营
	轴警超过 110 ℃后行车	40 km/h	
	空气弹簧泄漏、爆裂或切除	160 km/h	
	齿轮箱传动部件损坏	10 km/h	切除本车动力
	万向轴连接螺栓松动或折断	30 km/h	切除本车动力
	轴箱弹簧端部折断	200 km/h	断裂位置位于钢弹簧接触线的末端，在总弹簧圈数的 1.1 ~ 1.3 圈范围内，并且在接触线以外部分发生了接触及磨损

车种	故障描述	最高限制速度	备注
CRH$_5$	轴箱弹簧中部折断	30 km/h	
	侧窗玻璃破损密封失效	160 km/h	
	空调故障开门运行	低站台通过 60 km/h，高站台通过 40 km/h，途中 60 km/h	
	轴箱定位装置明显损坏、缺失	20 km/h	
	高度控制阀或（和）高度调节杆故障	160 km/h	
	抗蛇行油压减振器失效	160 km/h	
	抗蛇行油压减振器连接螺栓缺失或松动	120 km/h	
	横向止挡损坏或缺失	30 km/h	
	救援过渡车钩	120 km/h	
CRH$_5$ 单组动车组	牵引剩余 4/5	250 km/h	
	牵引剩余 3/5	250 km/h	
	牵引剩余 2/5	200 km/h	
	牵引剩余 1/5	150 km/h	
CRH$_5$ 重联动车组	牵引剩余 6/10 及以上	250 km/h	
	牵引剩余 5/10	200 km/h	
	牵引剩余 4/10	180 km/h	
	牵引剩余 3/10	120 km/h	
	牵引剩余 2/10	80 km/h	
	牵引剩余 1/10	30 km/h	

3.5.20　CRH$_5$ 型动车组制动切除后允许的最高运行速度

CRH$_5$ 型动车组制动切除后允许的最高运行速度如表 3-124 所示。

表 3-124　CRH$_5$ 型动车组制动切除后允许的最高运行速度　　　　（km/h）

制动切除比例	列控系统顶棚速度			
1/16	240	190	150	115
2/16（1/8）	230	185	145	110
3/16	220	175	140	105
4/16（2/8）	215	170	135	100
5/16	200	160	130	95
6/16（3/8）	195	155	125	90

续表

制动切除比例 列控系统顶棚速度	250	200	160	120
7/16	185	145	115	85
8/16（4/8）	175	140	110	80

定义：制动切除比例中分子为累计切除换算的单车制动数量。

注：切除 8/16（4/8）以上时以 80 km/h 运行到前方站进行换乘处理。若重联动车组其中一整列无制动力，则按动车组相互救援规定执行。

任务实施与评价

1. 教师下发任务单，学生明确学习任务、学习内容、知识目标、能力目标、素质目标要求。

2. 学生按任务单要求制订学习计划，完成预习任务及相关知识准备。

3. 小组内通过角色扮演的形式，模拟进行无螺纹管件松脱的应急处理。

4. 小组内通过角色扮演的形式，模拟进行齿轮箱低油位报警的应急处理。

5. 小组内通过角色扮演的形式，模拟进行某车门无法正常集控关闭的应急处理。

6. 以小组为单位参加针对 CRH_5 型动车组在故障情况下的限速表和制动切除后允许的最高运行速度的知识竞赛，小组成绩计入小组成员个人平时成绩。

7. 学生进行自我评价及小组成员互评；教师进行学生学习评价，检查任务完成情况。

项目 4　救援与回送

项目描述

　　动车组救援分为机车救援与相互救援，回送作业分为有动力回送与无动力回送两种，无动力回送比照机车救援办理，同型短编动车组可以重联回送。

　　动车组除可与机车连挂救援外，动车组之间也可进行相互救援，CRH_3C、$CRH380B(L)$、$CRH380CL$、CRH_5A 型动车组同型之间及相互之间可以实施救援，CRH_2A、CRH_2B、CRH_2C、CRH_2E、$CRH380A(L)$ 型动车组同型之间及相互之间可以实施救援。

　　本项目任务：

　　任务 1　相互救援作业；

　　任务 2　回送作业；

　　任务 3　统型车钩。

教学目标

1. 知识目标

（1）掌握 CRH 系列动车组相互救援作业办法。

（2）掌握 CRH 系列动车组回送作业办法。

（3）掌握统型过渡车钩的配置标准和安装操作标准。

2. 能力目标

（1）模拟进行 CRH380A 型和 CRH380B 型动车组同车型相互救援作业。

（2）模拟进行 CRH380A 型和 CRH380B 型动车组无动力回送作业。

（3）模拟进行统型过渡车钩各种组合操作。

3. 素质目标

（1）锻炼学生在动车组救援作业时，在承受巨大心理压力的情况下，既能做到争分夺秒，又能做到有条不紊。

（2）在项目学习过程中培养学生的团队协作能力。

（3）能客观、公正地进行学习效果的自我评价及对小组成员的评价。

任务1　相互救援作业

📋 任务单

任务名称	相互救援作业
任务描述	学习 CRH$_3$C、CRH380B（L）、CRH380CL、CRH$_5$A 型动车组之间和 CRH$_2$A、CRH$_2$B、CRH$_2$C、CRH$_2$E、CRH380A（L）型动车组之间相互救援作业办法
任务分析	从连挂前的准备工作、连挂作业、制动试验程序、救援途中注意事项和解编作业等多个方面学习 CRH 型动车组相互救援作业
学习任务	【子任务1】小组内通过角色扮演的形式，模拟进行 CRH380A 型动车组相互救援作业。 【子任务2】小组内通过角色扮演的形式，模拟进行 CRH380B 型动车组相互救援作业
劳动组合	各组长分配小组成员角色，进行模拟作业并留下影像记录。 各组评判小组成员学习情况，做出小组评价
成果展示	模拟进行动车组相互救援作业的照片或视频
学习小结	

自我评价	项目	A—优	B—良	C—中	D—及格	E—不及格	综合
	安全纪律（15%）						
	学习态度（15%）						
	专业知识（30%）						
	专业技能（30%）						
	团队合作（10%）						

教师评价	简要评价	
	教师签名	

学习引导文

4.1.1　CRH₃C、CRH380B(L)、CRH380CL、CRH₅A 型动车组相互救援作业办法

1. 适用范围

本办法适用于 CRH₃C、CRH380B(L)、CRH380CL、CRH₅A 型动车组同型之间及相互之间的救援作业。CRH₃C、CRH380B、CRH₅A 型短编组动车组重联车组的救援操作也可参照本办法执行。

2. 总体要求

(1) 救援运行限速 120 km/h。

(2) 不得通过半径小于 180 m 的曲线；不得侧向通过小于 9 号道岔和 6 号对开道岔。

(3) 通过和停靠 1 200 mm 以上站台时，须确认站台边缘距轨道中心距不小于 1 750 mm。

(4) 8 辆编组动车组救援 16 辆编组动车组时，牵引能力无法在大于 15‰ 的坡道上启动。CRH₃C、CRH₅A 型动车组停放制动满足 30‰ 的坡道长时间停放要求，CRH380B(L)、CRH380CL 型动车组停放制动满足 20‰ 的坡道长时间停放要求，车组在超过上述的坡道停放时，需做好防溜措施。

(5) 若被救援动车组无制动，禁止采用救援动车组在后部，被救援动车组在前部的推动救援模式。

(6) 8 辆编组与 16 辆编组连挂最大长度为 634 m，16 辆编组与 16 辆编组连挂最大长度为 845 m，救援时应考虑车组总长对站台及线路股道有效长、信号、车尾保持的影响。

(7) CRH₃C、CRH380B 型动车组连挂端开闭机构的打开及关闭、自动车钩的伸出及缩回操作由司机在司机室内完成，随车机械师下车确认；不能由司机自动完成上述操作时，由随车机械师在车下手动操作完成。

(8) CRH₅A 型动车组连挂端开闭机构的打开及关闭操作由司机在司机室内完成，随车机械师下车确认；不能由司机自动完成上述操作时，由随车机械师在车下手动操作完成。

(9) CRH380BL、CRH380CL 型动车组连挂端开闭机构的打开及关闭、自动车钩的伸出及缩回操作由随车机械师在车下手动操作完成。

3. 救援作业办法

1) 连挂前的准备工作

(1) 被救援动车组。

①CRH₃C、CRH380B(L)、CRH380CL 型动车组。

被救援动车组司机在连挂端施加停放制动；确认动车组制动手柄置于"REL 位"，备用制动手柄置于"中立位"；断开主断路器，降下受电弓；将"方向开关"置于"0"位，取消司机室占用状态；关断自复位"电池"开关；将"拖曳"开关置于"开"位，ASD 及 ATP 的隔离开关置于"关"位；通知动车组随车机械师准备工作完毕。

动车组随车机械师将非连挂端"信号灯"开关置于"红灯开"位；下车目视确认动车

组所有受电弓均处于降弓状态。

打开连挂端开闭机构，并将开闭机构置于全开锁闭状态，伸出密接式车钩；随车机械师将 CRH₃C、CRH380B 短编组动车组连挂端电气车钩气路阀门置于"隔离"位，随车机械师通知动车组司机，准备工作完毕。

CRH380CL 动车组除上述操作外，司机需将蓄电池选择开关 32S03 置于 BN2 位；随车机械师需确认电气柜内 28FXX、32FXX、43FXX、48FXX、49FXX、51FXX 断路器闭合。

②CRH₅A 型动车组。

被救援动车组司机在连挂端施加停放制动；确认动车组的主控钥匙在"1"位，主指令开关在"1"位，主手柄、方向手柄在"0"位，备用制动手柄在中立位；断开司机室 QEL 电气柜中 30Q12 空气开关；将 ATP、LKJ 的隔离开关转至"隔离"位。

打开开闭机构；动车组随车机械师将连挂端电气车钩气路阀门置于"隔离"位，通知司机，准备工作完毕。

（2）救援动车组。

①CRH₃C、CRH380B（L）、CRH380CL 型动车组。

救援动车组司机在连挂端司机室施加停放制动。

打开连挂端开闭机构，并将开闭机构置于全开锁闭状态，伸出密接式车钩。

随车机械师将 CRH₃C、CRH380B 短编组动车组连挂端电气车钩气路阀门置于"隔离"位，随车机械师通知动车组司机，准备工作完毕。

②CRH₅A 动车组。

救援动车组司机在连挂端司机室施加停放制动；打开连挂端开闭机构，并将开闭机构置于全开锁闭状态。

随车机械师将连挂端电气车钩气路阀门置于"隔离"位，随车机械师通知动车组司机，准备工作完毕。

2）动车组连挂作业

（1）救援动车组司机将救援动车组停在距离被救援动车组 3 m 以外的位置，以 3～5 km/h 的速度移动动车组；连挂后试拉，两列动车组随车机械师下车确认连接状态。

（2）两列动车组随车机械师分别检查各自动车组连挂端总风管截断塞门 Z17 和制动管截断塞门 Z13（CRH₃C、CRH380B（L）、CRH380CL 型动车组）、Z05 和 Z06（CRH₅A 型动车组）是否均处于接通位。

（3）被救援动车组随车机械师检查截断塞门 Z30 是否处于接通位。

（4）救援动车组司机施加停放制动。

（5）救援动车组司机按换端模式退出司机室占用，占用非连挂端司机室。

（6）救援动车组司机激活备用制动，并将手柄置于缓解位。

（7）两列动车组随车机械师通过车下制动缓解指示器确认动车组均处于缓解状态；通知救援动车组司机进行制动试验。

3）制动试验程序

（1）救援动车组司机操作备用制动手柄，使列车管压力从 600 kPa 减至 430 kPa。

（2）两列动车组随车机械师分别通过车下制动缓解指示器确认各自动车组制动良好后通知救援动车组司机。

（3）救援动车组司机将备用制动手柄置于"缓解"位，使列车管压力从 430 kPa 升至 580 kPa 以上。

（4）两列动车组随车机械师分别通过车下制动缓解指示器确认各自动车组缓解良好（若被救援动车组中个别车辆不能缓解，则由被救援动车组随车机械师车下做关门车处理）；通知救援动车组司机制动试验完毕。

（5）救援动车组司机通过备用制动手柄施加制动并缓解停放制动，然后通知被救援动车组司机缓解停放制动（若不能缓解，则由被救援动车组随车机械师车下手动缓解并隔离）。

4）救援途中注意事项

（1）由于救援列车编组较长，且采用仅最前端司机室排风的纯空气制动系统，考虑制动波速原因，救援过程中避免实施紧急制动，避免制动与牵引之间快速切换，做到平稳操纵。

（2）救援途中，被救援的 CRH_3C、CRH380B（L）、CRH380CL 型动车组司机应在非连挂端司机室内进行监控，禁止开启自复位"电池"开关，确认蓄电池电压在 88V 以上，若蓄电池电压降至 88V 时，被救援动车组司机将所有头车司机室故障面板上紧急制动阀旁路开关 43 – S30 置于水平位。

（3）救援途中，被救援的 CRH_5A 型动车组司机应在非连挂端司机室内进行监控，确认蓄电池电压在 18.5 V 以上；若蓄电池电压降至 18.5 V 时，应通知救援动车组司机在合适的位置停车，施加空气制动，然后通知被救援动车组随车机械师到车下手动缓解并隔离停放制动，关闭车下各制动单元的 B22.02 阀，并将所有头车中的 N02 和 N07 阀隔离。

（4）救援途中，被救援动车组司机应在非连挂端司机室内监控制动管压力，确认车组缓解时尾部司机室内制动管压力达到 560 kPa 以上。

（5）在列车不得已实施紧急制动的情况下，动车组随车机械师应下车确认两组动车组间车钩的连接状态。

（6）救援动车组司机室内无法控制被救援动车组的停放制动，因此，在停放、启动时需要两列动车组分别施加、缓解停放制动。

5）动车组解编作业

（1）救援动车组司机操作列车停车，救援动车组和被救援动车组均由司机施加停放制动（如果停放制动被隔离，需先施加备用空气制动，恢复并施加停放制动后再缓解备用制动），救援动车组司机退出备用制动模式。

（2）被救援动车组司机将非连挂端"信号灯"开关置"自动"位，回到连挂端司机室（仅 CRH_3C、CRH380B（L）、CRH380CL 型动车组）。

（3）两列动车组随车机械师下车进行解钩操作。

（4）动车组随车机械师解钩后，通知救援动车组司机将动车组移动至距被救援动车组 5 m 以上处停车；随车机械师将电气车钩气路阀门恢复"开通"位（仅 CRH_3C、CRH380B、CRH_5A 型动车组），缩回车钩（仅 CRH_3C、CRH380B（L）、CRH380CL 型动车组），然后将开闭机构锁闭。

（5）两列动车组随车机械师分别恢复两列动车组连挂端总风管截断塞门 Z17 和制动管截断塞门 Z13（CRH_3C、CRH380B（L）、CRH380CL 型动车组）、Z05 和 Z06（CRH_5A 动车组）到关闭位。

（6）被救援动车组随车机械师恢复截断塞门 Z30 到关闭位。

（7）被救援的 CRH₃C、CRH380B（L）、CRH380CL 型动车组司机将"拖曳"开关置于"关"位，恢复动车组到牵引就绪状态。将紧急制动阀旁路开关 43 – S30 恢复到正常位置（如果被隔离），关闭开闭机构。（CRH380CL 动车组应将各车断开的断路器全部闭合，将蓄电池选择开关 32S03 置于"0"位）

（8）被救援的 CRH₅A 型动车组司机将 ATP 紧急制动隔离开关、LKJ2000 隔离开关置于"正常"位，随车机械师将头车前端的 N02 和 N07 阀恢复至正常位（如果被隔离），将停放制动隔离开关及 B22.02 阀恢复到正常位置（如果被隔离），关闭开闭机构。

4.1.2 CRH₂A、CRH₂B、CRH₂C、CRH₂E、CRH380A（L）型动车组相互救援作业办法

1. 适用范围

本办法适用于 CRH₂A、CRH₂B、CRH₂C、CRH₂E、CRH380A（L）型动车组同型之间及相互之间的救援作业。CRH₂A、CRH₂C、CRH380A 型短编组动车组重联车组的救援操作也可参照本办法执行。

2. 总体要求

（1）救援运行限速 120 km/h。

（2）不得通过半径小于 180 m 的曲线；不得侧向通过小于 9 号道岔和 6 号对开道岔。

（3）通过和停靠 1 200 mm 以上站台时，须确认站台边缘距轨道中心距不小于 1 750 mm。

（4）8 辆编组与 16 辆编组连挂最大长度为 606 m，16 辆编组与 16 辆编组连挂最大长度为 806 m，救援时应考虑车组总长对站台及线路股道有效长、信号、车尾保持的影响。

（5）8 辆编组的 CRH₂A 救援 16 辆编组动车组时，牵引能力不能在大于 10‰的坡道上启动；8 辆编组的 CRH₂C、CRH380A 救援 16 辆编组动车组时，牵引能力不能在大于 12‰的坡道上启动。

（6）救援连挂仅允许一列动车组的 01 号车与另一列动车组的 08（或 16）号车进行连挂。

（7）因被救援动车组故障原因不明，为了防止扩大故障，被救援动车组在被救援之前首先通过远程切除的方式切除所有 VCB 和受电弓，救援过程中不得升弓、合 VCB。

（8）动车组连挂端头罩的开启、关闭操作由司机在司机室内自动完成，随车机械师下车确认（开启及关闭需保持 1 分钟）；不能由司机自动完成上述操作时，由随车机械师在车下手动操作完成。

（9）若被救援动车组无制动，禁止采用救援动车组在后部，被救援动车组在前部的推动救援模式。

3. 救援作业办法

1）连挂前的准备工作

（1）被救援动车组。

司机打开并锁闭连挂端头罩，通过远程操作将 VCB、受电弓切除，拔取主控，将 ATP、LKJ 的隔离开关置于隔离位。

随车机械师下车观察头罩打开并锁闭（保持 1 分钟），检查确认密接式车钩状态良好且位置正常，目视确认动车组所有受电弓均处于降弓状态。

（2）救援动车组。

司机操作进入连挂线路，距离被救援动车组 10 m 左右时停车；在连挂端打开并锁闭头罩。

随车机械师下车观察头罩打开锁闭并保持一段时间（1 分钟），检查确认密接式车钩状态良好且位置正常；具备连挂条件后，向司机传达连挂信号。

2）动车组连挂作业

（1）救援动车组司机将救援动车组停在距离被救援动车组 3 m 以外的位置，以不超过 5 km/h 的速度操纵动车组连接密接式车钩，连挂后试拉。

（2）两列动车组随车机械师车下确认密接连杆退回，连接良好。

（3）救援动车组司机断 VCB，降弓并将制动手柄置于"拔取"位，拔出主控钥匙。

（4）两列动车组随车机械师负责将两列动车组连挂端的 32 芯救援连接器和 7 芯救援连接器进行连接，并确认连接状态良好之后（将连接线进行捆绑固定，但不能影响运行时转弯等的余量），传达信息给救援动车组司机。

（5）两列动车组司机接到信息后分别将各自动车组连挂端的救援开关（HELPS）置于"救援"位，确认各自头车的连接切换器处于"分割"位。将各自动车组连挂端的总风管导通（8 编组通过手动打开空气管开闭器完成，16 编组通过打开司机左台体检修门内的"总风缸"和"MR 贯通"截断塞门完成）。

（6）救援动车组司机换端进入非连挂端司机室，插入主控钥匙，重新上电，复位紧急制动，升受电弓、闭合 VCB。

3）制动试验程序

（1）救援动车组司机操作制动手柄从"快速"位逐级递减到"B1"位，救援动车组司机和被救援动车组司机分别通过 MON 显示屏制动信息界面确认动车组的制动状态。

（2）两列动车组随车机械师分别通过车下制动闸片的抱紧情况确认两列动车组制动良好后通知动车组司机。

（3）救援动车组司机将制动手柄置于"运行"位，两列动车组司机分别通过 MON 显示屏制动信息界面确定动车组的缓解状态。

（4）两列动车组随车机械师分别通过车下制动闸片的抱紧情况确认两列车缓解良好，通知动车组司机制动试验完毕。

（5）救援连挂后，在施加快速制动时，出现被救援动车组制动压力为快速制动下的制动压力，但不显示快速制动位，而仍显示 B7 的情况时，仅确认制动缓解施加正常和一致动作即可。

4）救援途中注意事项

（1）由于不同型动车组之间快速制动和紧急制动力不一致，以及被救援动车组制动状况无法确定，运行过程中，避免施加快速制动和紧急制动。

（2）在连挂完成后直至解编，不能在被救援动车组司机室内进行任何操作，被救援动车组司机只需监视蓄电池电压、风压，确认其在要求范围内。

（3）在动车组救援过程中，被救援动车组为纯空气制动，无再生制动力。

5）动车组解编作业

（1）救援动车组司机操纵动车组停车，施加制动，降下受电弓，断开 VCB，拔取主控。

（2）两列动车组司机分别关闭各自动车组连挂端的总风管（8 编组关闭空气管开闭器，16 编组关闭总风管截断塞门）。

（3）两列动车组司机分别将救援开关（HELPS）置于"正常"位，被救援动车组司机恢复 ATP、LKJ 的隔离开关到正常位。

（4）两列动车组随车机械师断开救援连接器。

（5）随车机械师手动解除机械钩锁定，再解编（移动救援动车组离开被救援动车组）。

（6）关闭头罩。

任务实施与评价

1. 教师下发任务单，学生明确学习任务、学习内容、知识目标、能力目标、素质目标要求。

2. 学生按任务单要求制订学习计划，完成预习任务及相关知识准备。

3. 小组内通过角色扮演的形式，模拟进行 CRH380A 型动车组相互救援作业。

4. 小组内通过角色扮演的形式，模拟进行 CRH380B 型动车组相互救援作业。

5. 学生进行自我评价及小组成员互评；教师进行学生学习评价，检查任务完成情况。

任务 2　回送作业

任务单

任务名称	回送作业
任务描述	学习 CRH 系列动车组回送作业办法
任务分析	从回送分工、有动力回送、无动力回送和 CRH 各型动车组无动力回送操作程序来学习 CRH 型动车组回送作业
学习任务	【子任务 1】小组内通过角色扮演的形式，模拟进行 CRH380A 型动车组无动力回送作业。 【子任务 2】小组内通过角色扮演的形式，模拟进行 CRH380B 型动车组无动力回送作业
劳动组合	各组长分配小组成员角色，进行模拟作业并留下影像记录。 各组评判小组成员学习情况，做出小组评价

续表

成果展示	模拟进行动车组无动力回送作业的照片或视频					
学习小结						
自我评价	项目	A—优	B—良	C—中	D—及格	E—不及格	综合
	安全纪律（15%）						
	学习态度（15%）						
	专业知识（30%）						
	专业技能（30%）						
	团队合作（10%）						
教师评价	简要评价						
	教师签名						

学习引导文

4.2.1 回送分工

动车组回送作业分工如下。

（1）随车机械师：负责过渡车钩和专用风管的拆装，电气连接线的连接与摘解，动车组截断塞门操作，车门开关，连挂状态确认，开闭机构手动操作，及连挂、解编作业中其他开关操作，运行途中动车组状态监控等。

（2）动车组司机：负责连挂端激活（退出）、司机室占用，操作受电弓、主断路器、司机警惕装置、车载列控设备，自动开启头罩，牵引制动试验。运行中监控总风压力、蓄电池电压及列车运行状态，配合随车机械师安装与拆卸过渡车钩和专用风管。

（3）机车司机：负责机车与回送过渡车的连挂和回送过渡车与机车间车钩、软管摘解（单班单司机值乘由车辆乘务员负责），机车折角塞门的操作，其他按照《铁路技术管理规程》规定执行。

（4）回送过渡车押运员：负责回送过渡车与机车间软管连接，回送车折角塞门操作。单班单司机值乘时负责回送过渡车与机车间车钩、软管摘解和机车与回送过渡车的连挂。其他按照《铁路技术管理规程》规定执行。负责运行过程中过渡车运行状态的监控与车上设备的操作。

4.2.2　有动力回送

（1）新造或检修出厂的动车组回送前，造修单位负责组织列控车载设备单位对 ATP、LKJ、CIR 状态进行检查确认，保证状态良好。新造动车组出厂回送时，造修单位及 ATP 生产厂家应派员押运。

（2）有动力回送前，动车组技术状态及车载行车安全设备技术性能均需满足上线运行的条件；回送途中，动车组采用 ATP、LKJ 控车，按动车组标尺速度运行。

（3）安装 CTCS-3 级 ATP 设备的动车组新造出厂时按 C2 模式行车，在测速雷达没有标定时，为防止速度跳变触发制动，最高速度 250 km/h。

（4）动车组运行有关要求按《铁路技术管理规程》相关规定办理。

4.2.3　无动力回送

（1）动车组无动力回送时列车管压力为 600 kPa。使用统型过渡车钩时，须确认相互连挂的车钩中心水平线高度差不得超过 50 mm，如超限，由随车机械师调整过渡车钩高度。

（2）CRH₂A、CRH₂B、CRH₂C、CRH₂E、CRH380A(L)、CRH380A 统型动车组无动力回送时间在 2 小时以内时，可使用机车直接连挂动车组的方式回送；无动力回送时间超过 2 小时时，必须加挂能向蓄电池供电的回送过渡车。

（3）使用回送过渡车时，回送过渡车比照客车车辆管理。回送过渡车所属主机厂须委派具备车辆乘务员资质的押运员担当回送过渡车值乘任务。

（4）动车组无动力回送，制动可用时限速 120 km/h，制动不可用时限速 5 km/h。

（5）动车组使用非统型过渡车钩无动力回送时，CRH₃、CRH380B(L)、CRH380CL 型动车组通过的线路坡度不应大于 20‰，CRH₃ 型动车组重联无动力回送限速 80 km/h。

（6）动车组无动力回送时，发生紧急制动后，本务司机必须通知随车机械师，经随车机械师检查过渡车钩状态良好后方可继续运行。

4.2.4　CRH₁A、CRH₁B、CRH₁E、CRH380D 型动车组无动力回送操作程序

1. 连挂准备

（1）动车组停车并施加停放制动；确认连挂端司机室处于激活状态；打开连挂端前端开闭机构，（CRH₁B/CRH₁E 型动车组在车下手动操作）；断开主断路器，降下受电弓；确认动车组蓄电池电压不低于 97V；将 DSD 及 ATP、LKJ 的隔离开关置"隔离"位。

（2）通过连锁装置切断受电弓升弓装置的供风。CRH₁A 型重联动车组须在激活前将前车重联端司机室内的 144802 号线断开。

（3）确认动车组所有受电弓均处于降弓状态，连挂端开闭机构处于全开锁闭状态、密接车钩处于伸出状态，制动管（BP）截断塞门、电气钩头截断塞门在关闭位置。

（4）安装过渡车钩（CRH₁B/CRH₁E 型动车组不需此操作），确认安装状态良好。

（5）机车停在距离动车组约 3 m 的位置，机车车钩置于全开位。

2. 连挂作业

（1）机车以不超过 5 km/h 的速度连挂，连挂后试拉，确认车钩连接良好。

（2）确认机车车钩、过渡车钩、动车组密接钩连挂状态。

（3）连接制动软管，打开动车组制动（BP）管折角塞门和机车折角塞门。

（4）将救援回送装置控制开关置于"回送"位。

3. 制动试验

（1）机车向动车组充风至 600 kPa。

（2）确认动车组全列制动缓解（含停放制动）。

（3）列车管减压至 400 kPa 以下。

（4）确认动车组全列紧急制动施加。

4. 运行监控

（1）运行中总风压力不低于 400 kPa，蓄电池电压不低于 97 V，禁止操作"蓄电池"开关。

（2）若蓄电池电压降至 97 V 时，动车组司机通知本务司机申请就近车站停车升弓供电，待蓄电池充电电流变为零后，动车组方可继续回送。

（3）运行中应尽量避免紧急制动，发生紧急制动后须检查过渡车钩连接状态。

5. 机车摘解

（1）列车停车。

（2）施加停放制动。

（3）关闭动车组连挂端制动（BP）管和机车列车管折角塞门，解开列车管连接。

（4）摘解车钩。

（5）拆卸动车组过渡车钩（CRH$_1$B/CRH$_1$E 型动车组不需此操作）。

（6）关闭前端开闭机构（CRH$_1$B/CRH$_1$E 型动车组在车下手动操作）。

（7）将救援回送装置控制开关置于中间位，DSD 及 ATP、LKJ 的隔离开关置正常位，CRH$_1$A 型重联动车组须将前车重联端司机室内的 144802 号线恢复。

4.2.5　CRH$_2$A、CRH$_2$B、CRH$_2$C、CRH$_2$E、CRH380A（L）型动车组无动力回送操作程序

本作业程序适用于 CRH$_2$A、CRH$_2$B、CRH$_2$C、CRH$_2$E、CRH380A（L）型动车组（8 辆单组、同型短编重联或 16 辆长编）直接连挂，或动车组与回送车进行连挂的无动力回送。

1. 2 小时以内的无动力回送

（1）动车组与机车连挂准备。

①动车组停车，制动手柄移到"B7"位，保持动车组制动状态，确认动车组总风缸压力在 780 kPa 以上，蓄电池电压 87 V 以上；断开主断路器，降下受电弓；闭合司机室配电盘内（联解控制）和（联解限位开关）断路器，打开连挂端开闭机构。确认连挂端头罩打开后，断开（联解控制）断路器；闭合（救援转换装置）断路器，分别将两端司机室总配电盘内"救援转换集控隔离开关"合上（动车组重联回送时 4 个司机室总配电盘内"救援转换集控隔离开关"都合上），准备工作完毕。

②目视确认动车组所有受电弓均处于降下状态；确认连挂端开闭机构打开，检查密接式车钩、电气连接器状态良好。

③安装过渡车钩，确认状态良好。

④机车停在距离动车组约 3 m 的位置，确认机车车钩置于全开位。

（2）连挂作业。

①机车以不超过 5 km/h 的速度连挂，连挂后试拉，确认车钩连接良好。

②连接机车与动车组的供风管。

若机车采用单管供风，将机车的列车管与动车组的 BP 软管连接。打开机车的列车管和动车组 BP 管的折角塞门，打开"救援旁通断"塞门，确认动车组的 MR 压力达到 600 kPa 时，关闭"救援旁通断"塞门，打开"救援断"塞门；

若机车采用双管供风，将机车列车管、总风管与动车组 BP 管、MR 管连接。打开动车组 BP 管、MR 管和机车列车管、总风管折角塞门。

（3）制动试验。

①机车向动车组充风至 600 kPa。

②复位动车组紧急制动，动车组制动手柄置于"运行"位。

③确认动车组全列制动缓解。

④列车管减压 50 kPa。

⑤确认动车组全列空气制动施加。

（4）运行监控。

①运行中总风压力不低于 530 kPa，蓄电池电压不低于 84 V。电压降至 84 V 时，动车组司机通知本务司机申请就近站停车后升弓充电，待蓄电池电压高于 87 V 以上后，动车组方可继续回送。

②监视动车组的制动和缓解情况，确认途中无异常声响和振动。

③运行中应尽量避免紧急制动，发生紧急制动后须检查过渡车钩状态。

（5）机车摘解。

①列车停车。

②制动手柄移到"B7"位，保持动车组制动状态。

③关闭机车列车管折角塞门。

④单管供风时，关闭动车组 BP 管和"救援断"塞门；采用双管供风时，关闭动车组 BP 管、MR 管和机车列车管、总风管折角塞门。

⑤将机车与动车组的供风管分离，将动车组侧 BP 管软管连接器、MR 管软管连接器拆下。

⑥摘解车钩。

⑦拆卸过渡车钩。

⑧恢复电器开关。

2.2 小时以上的无动力回送

（1）动车组与回送过渡车的连挂。

①按 4.2.5 节第 1 点"2 小时以内的无动力回送"的第 1 条"动车组与机车连挂准备"的要求完成全部准备工作。

单编组动车组回送时，确认与回送过渡车连挂一端司机室配电盘"机车电源"断路器为断开状态。

动车组重联回送时，确认重联端两头车司机室和重联动车组与回送过渡车连挂端司机室配电盘"机车电源"开关（共 3 处）为断开状态，将两根动车组连挂回送用 DC100V 电缆的两端，分别压接在重联处两动车组头车 DC110/100V 电源变换装置输出端的 103Y 和 100A7 处，闭合连挂处两头车的"机车电源"断路器，将靠近回送过渡车侧的 02 号或 06 号车的"蓄电池接触器""直流电源 2""电压检测器"断路器闭合保留，断开其他所有蓄电池车的上述三个断路器。

②连接动车组与回送过渡车间的 DC110V 电源线并固定。

③启动回送过渡车发电机组，确认回送过渡车供电正常。

④单编组动车组回送时，将连挂处头车的"机车电源"开关置"ON"位，确认直流电压为 100 V。动车组重联回送时，闭合重联处两头车的"机车电源"开关与回送车连挂端司机室配电盘"机车电源"开关，确认直流电压为 100 V。

（2）机车连挂。

机车以不超过 5 km/h 的速度与回送过渡车连挂，连挂操作按照《铁路技术管理规程》相关规定执行。

（3）制动试验。

同 4.2.5 节第 1 点"2 小时以内的无动力回送"。

（4）运行监控。

同 4.2.5 节第 1 点"2 小时以内的无动力回送"。

（5）回送过渡车摘解。

①列车停车。

②动车组司机将动车组制动手柄置于"B7"位，保持动车组制动状态。

③停止回送过渡车向动车组供电。

④断开动车组与回送车连挂端司机室的"机车电源"断路器。重联动车组还应断开重联端两司机室的"机车电源"断路器，拆除重联端的 DC100V 电缆。

⑤拆下 BP 管软管、MR 管软管。

⑥摘解车钩。

⑦恢复电器开关。

4.2.6　CRH$_2$A（统型）及 CRH380A（统型）动车组无动力回送操作程序

本作业程序适用于机车与 CRH$_2$A（统型）、CRH380A（统型）（8 辆单组、同型短编重联）动车组直接连挂，或动车组与回送车进行连挂的无动力回送。

1. 2 小时以内的无动力回送

（1）动车组与机车连挂准备。

①动车组停车，制动手柄移到"B7"位，保持动车组制动状态，确认动车组总风缸压力在 780 kPa 以上，蓄电池电压 87 V 以上，施加停放制动；断开主断路器，降下受电弓；闭合司机室配电盘内（联解控制）和（联解限位开关）断路器，打开连挂端开闭机构。确认

连挂端头罩打开后，断开（联解控制）断路器，将连挂端"警惕报警隔离"开关右旋至隔离位；闭合（救援转换装置）断路器，分别将两端司机室总配电盘内"救援转换集控隔离开关"合上（动车组重联回送时 4 个司机室总配电盘内"救援转换集控隔离开关"都合上），准备工作完毕。

②目视确认动车组所有受电弓均处于降下状态；确认连挂端开闭机构打开，检查密接式车钩、电气连接器状态良好，确认电钩处于缩回位置。

③安装过渡车钩，确认状态良好。

④机车停在距离动车组约 3 m 的位置，确认机车车钩置于全开位。

（2）连挂作业。

①机车以不超过 5 km/h 的速度连挂，连挂后试拉，确认车钩连接良好。

②连接机车与动车组的供风管：

若机车采用单管供风，将机车的列车管与动车组的 BP 软管连接。打开机车列车管折角塞门，打开"救援旁通断"塞门，确认动车组的 MR 压力达到 600 kPa 时，关闭"救援旁通断"塞门，打开"救援断"塞门；

若机车采用双管供风，将机车列车管、总风管与动车组 BP 管、MR 管连接。关闭"救援 MR 断"塞门、打开"被救援 MR 通"塞门，然后再打开机车列车管、总风管折角塞门。

③切除 CRH₂A（统型）01、04、05、08 车，CRH380A（统型）01、03、07、08 车停放制动。

（3）制动试验。

①机车向动车组充风至 600 kPa。

②复位动车组紧急制动，动车组制动手柄置于"运行"位。

③确认动车组全列制动缓解。

④列车管减压 50 kPa。

⑤确认动车组全列空气制动施加。

（4）运行监控。

①运行中总风压力不低于 530 kPa，蓄电池电压不低于 84 V。电压降至 84 V 时，动车组司机通知本务司机申请就近站停车后升弓充电，待蓄电池电压高于 87 V 以上后，动车组方可继续回送。

②监视动车组的制动和缓解情况，确认途中无异常声响和振动。

③运行中应尽量避免紧急制动，发生紧急制动后须检查过渡车钩状态。

（5）机车摘解。

①列车停车。

②制动手柄移到"B7"位，保持动车组制动状态，恢复停放制动并施加。

③关闭机车列车管折角塞门。

④单管供风时，关闭动车组 BP 管和"救援断"塞门；采用双管供风时，关闭动车组 BP 管、MR 管和机车列车管、总风管折角塞门。

⑤将机车与动车组的供风管分离，将动车组侧 BP 管软管连接器、MR 管软管连接器拆下。

⑥摘解车钩。

⑦拆卸过渡车钩。

⑧恢复电器开关。

2.2 小时以上的无动力回送

（1）动车组与回送过渡车的连挂。

①按 4.2.6 节第 1 点"2 小时以内的无动力回送"的第 1 条"动车组与机车连挂前的准备"完成全部准备工作。

单编组动车组回送时，确认与回送过渡车连挂一端司机室配电盘"机车电源"断路器为断开状态。

动车组重联回送时，确认重联端两头车司机室和重联动车组与回送过渡车连挂端司机室配电盘"机车电源"开关（共 3 处）为断开状态，将两根动车组连挂回送用 DC100V 电缆的两端，分别压接在重联处两动车组头车 DC110/100V 电源变换装置输出端 103Y 和 100A7 处，闭合连挂处两头车的"机车电源"断路器，将靠近回送过渡车侧的 02 号或 07 号车的"蓄电池接触器""直流电源 2""电压检测器"断路器闭合保留，断开其他有蓄电池车的上述三个断路器。

②连接动车组与回送过渡车间的 DC100V 电源线并固定。

③启动回送过渡车发电机组，确认回送过渡车供电正常。

④单编组动车组回送时，将连挂处头车的"机车电源"开关置于"ON"位，确认直流电压为 100 V。动车组重联回送时，闭合重联处两头车的"机车电源"开关与回送车连挂端司机室配电盘"机车电源"开关，确认直流电压为 100 V。

（2）机车连挂。

机车以不超过 5 km/h 的速度与回送过渡车连挂，连挂操作按照《铁路技术管理规程》相关规定执行。

（3）制动试验。

同 4.2.6 节第 1 点"2 小时以内的无动力回送"。

（4）运行监控。

同 4.2.6 节第 1 点"2 小时以内的无动力回送"。

（5）回送过渡车摘解。

①列车停车。

②动车组司机将动车组制动手柄置于"B7"位，保持动车组制动状态，恢复停放制动并施加。

③停止回送过渡车向动车组供电。

④断开动车组与回送车连挂端司机室的"机车电源"断路器。重联动车组还应断开重联端两司机室的"机车电源"断路器，拆除重联端的 DC100V 电缆。

⑤拆下 BP 管软管、MR 管软管。

⑥摘解车钩。

⑦恢复电器开关。

4.2.7　CRH₃C、CRH380B(L)、CRH380BG 型动车组无动力回送操作程序

本作业程序适用于 CRH₃C、CRH380B(L)、及 CRH380BG（高寒）型动车组（8 辆单

组、同型短编重联或 16 辆长编）无动力回送。

1. 连挂准备

（1）动车组停车并施加停放制动；确认连挂端司机室处于"占用"状态；打开连挂端开闭机构，自动伸出密接式车钩（CRH380BL 手动打开连挂端开闭机构，伸出密接式车钩）；断开主断路器，降下受电弓；确认动车组蓄电池电压不低于 105 V；退出司机室占用，拔下占用钥匙；关断"蓄电池"开关；将"拖曳"开关置于"开"位。

（2）非连挂端"信号灯"开关置于"红灯开"位；确认动车组所有受电弓均处于降弓状态；确认连挂端开闭机构处于全开锁闭状态、密接车钩处于伸出状态、制动管（BP）截断塞门 Z13 和总风管截断塞门 Z17 处于关闭位（与管路垂直）。

（3）打开 Z30 阀（与管路平行），关闭车钩顶部红色球阀。

（4）安装过渡车钩，确认安装状态良好。

（5）机车停在距离动车组约 3 m 的位置，机车车钩置于全开位。

2. 连挂作业

（1）机车以不超过 5 km/h 的速度连挂，连挂后试拉，确认车钩连接良好。

（2）确认机车车钩、过渡车钩、动车组密接钩连挂状态。

（3）连接制动软管，打开 Z13 阀（与管路平行）和机车折角塞门。

3. 制动试验

（1）机车向动车组充风至 600 kPa。

（2）确认动车组全列制动缓解。

（3）列车管减压 50 kPa，缓解停放制动。

（4）确认动车组全列空气制动施加、停放制动缓解。

4. 运行监控

（1）运行中总风压力不低于 530 kPa，蓄电池电压不低于 96 V，禁止操作"蓄电池"开关。

（2）若蓄电池电压降至 96 V 时，申请就近车站停车升弓供电，待蓄电池电压高于 105 V 后，动车组方可继续回送。

（3）运行中应尽量避免紧急制动，发生紧急制动后须检查过渡车钩连接状态。

5. 机车摘解

（1）列车停车。

（2）施加停放制动。

（3）关闭动车组连挂端 Z13 阀、Z30 阀（与管路垂直）和机车列车管折角塞门，解开列车管连接。

（4）摘解车钩。

（5）拆卸动车组过渡车钩，密接式车钩手动移至中心位置（除 CRH380BL、CRH380BG），打开自动车钩钩头处的红色球阀。

（6）将"拖曳"开关置于"关"位，升弓供电，关闭前端开闭机构。将"信号灯"开关置于"自动"位。

4.2.8　CRH₅A 型动车组无动力回送操作程序

1. 连挂准备

（1）动车组停车并施加停放制动；连挂端司机室处于激活状态（主控钥匙在"激活"位）；打开连挂端开闭机构；断开主断路器，降下受电弓；确认蓄电池电压不低于 20 V。

（2）断开所有车辆 QEL 电气柜内照明、空调、卫生、撒砂系统相关空气开关。

（3）确认动车组受电弓处于降弓状态、连挂端头车开闭机构打开，检查密接式车钩、电气连接器状态良好；打开 Z30 阀（与管路平行）。

（4）若回送时间超过 2 小时，需关闭所有头车的 N02、N07 阀，并逐辆车打开 BCU 处的裙板，将 B22.02 阀关闭，锁闭好裙板。

（5）将 ATP 的隔离开关和警惕装置开关分别置于隔离位，断开激活司机室 QEL 电气柜内的 30Q12 空气开关。

（6）安装过渡车钩，确认安装状态良好。

（7）机车停在距离动车组约 3 m 的位置，机车车钩置于全开位。

2. 连挂作业

（1）机车以不超过 5 km/h 的速度连挂，连挂后试拉，确认车钩连接良好。

（2）检查机车车钩、过渡车钩、动车组密接钩连挂状态。

（3）连接制动软管，打开 Z06 阀（与管路平行）和机车折角塞门。

3. 制动试验

（1）机车向动车组充风至 600 kPa。

（2）确认动车组全列制动缓解。

（3）列车管减压 50 kPa，缓解停放制动。

（4）确认动车组全列空气制动施加、停放制动缓解。

4. 运行监控

（1）运行中总风压力不低于 530 kPa，蓄电池电压不低于 20 V，禁止操作"蓄电池"开关。

（2）若电池电压低于 20 V，应请求在就近车站停车，升弓供电，或关闭所有头车的 N02、N07 阀，并逐辆车打开 BCU 处的裙板，将 B22.02 阀关闭，然后锁闭好裙板，继续运行。

（3）运行中应尽量避免紧急制动，发生紧急制动后须检查过渡车钩连接状态。

5. 机车摘解

（1）列车停车。

（2）施加停放制动。

（3）关闭动车组连挂端 Z30 阀、Z06 阀（与管路垂直），确认 N02、N07 阀处于开启位；若回送时关闭了 B22.02 阀，逐辆恢复。

（4）将 ATP 的融离开关和警惕装置开关恢复正常位，恢复激活司机室 QEL 电气柜内的 30Q12 空气开关。

（5）关闭机车折角塞门，解开列车管连接。

（6）摘解车钩。

（7）拆卸动车组过渡车钩，关闭前端开闭机构。

（8）恢复所有车辆 QEL 电气柜内照明、空调、卫生、撒砂系统相关空气开关。

4.2.9　CRH380CL 型动车组无动力回送操作程序

1. 连挂准备

（1）动车组停车并施加停放制动；确认动车组蓄电池电压不低于 105 V，退出司机室占用，拔下司机钥匙；关断蓄电池。

（2）断开端车断路器 43F09。

（3）重新激活司机钥匙，通过 32S03 启动车辆蓄电池 BN2 供电；ASD 的隔离开关置于关位，拖拽开关置于开位，拔出司机钥匙。

（4）非联挂端信号灯开关置于红灯开位；断开各车电气柜内的 21FXX、22FXX、23FXX、24FXX、31FXX、34FXX、36FXX、42FXX、45FXX、52FXX 断路器。

（5）确认动车组所有受电弓均处于降弓状态；确认连挂端前端开闭机构处于全开锁闭状态、密接式车钩处于伸出状态；确认 Z30 阀处于开通位（与管路平行）；确认 Z17 阀和 Z13 阀处于关闭位（与管路垂直）。

（6）安装过渡车钩，确认安装状态良好。

（7）机车停在距离动车组约 3 m 的位置，机车车钩置于全开位。

2. 连挂作业

（1）机车以不超过 5 km/h 的速度连挂，连挂后试拉，确认车钩连接良好。

（2）确认机车车钩、过渡车钩、动车组密接钩联挂状态。

（3）连接制动软管，打开 Z13 阀（与管路平行）和机车折角塞门。

3. 制动试验

（1）机车向动车组充风至 600 kPa。

（2）确认动车组全列制动缓解。

（3）列车管压力减压 50 kPa，缓解停放制动。

（4）确认动车组全列空气制动施加、停放制动缓解。

4. 运行监控

（1）运行中总风压力不低于 530 kPa，蓄电池电压不低于 96 V，禁止操作"蓄电池"开关。

（2）若蓄电池电压降至 96 V 时，申请就近车站停车升弓供电或通过 32S03 断开车辆蓄电池 BN2 供电。

（3）运行中应尽量避免紧急制动，发生紧急制动后须检查过渡车钩的连接状态。

5. 机车摘解

（1）列车停车。

（2）施加停放制动。

（3）关闭动车组连挂端 Z13 阀（与管路垂直）和机车折角塞门，解开制动软管。

（4）摘解车钩。

（5）拆卸动车组过渡车钩，将密接式车钩缩回至正常位置，将前端开闭机构锁闭。

（6）将动车组非联挂端信号灯开关置自动位；将动车组所有断路器及隔离开关恢复至正常工作位，升弓供电。

任务实施与评价

1. 教师下发任务单，学生明确学习任务、学习内容、知识目标、能力目标、素质目标要求。

2. 学生按任务单要求制订学习计划，完成预习任务及相关知识准备。

3. 小组内通过角色扮演的形式，模拟进行 CRH380A 型动车组无动力回送作业。

4. 小组内通过角色扮演的形式，模拟进行 CRH380B 型动车组无动力回送作业。

5. 学生进行自我评价及小组成员互评；教师进行学生学习评价，检查任务完成情况。

任务3　统型车钩

任务单

任务名称	统型车钩
任务描述	学习统型车钩的使用方法
任务分析	从统型过渡车钩配置标准、机车救援或无动力回送时统型过渡车钩安装操作标准和统型过渡车钩用户手册及维护说明书来学习统型车钩的使用
学习任务	【子任务1】小组内通过角色扮演的形式，模拟进行机车救援时过渡车钩模块1＋模块4组合操作。 【子任务2】小组内通过角色扮演的形式，模拟进行机车救援时过渡车钩模块2＋模块4组合操作。 【子任务3】小组内通过角色扮演的形式，模拟进行机车救援时过渡车钩模块3＋模块4组合操作。 【子任务4】小组内通过角色扮演的形式，模拟进行动车组救援时过渡车钩模块1＋模块2组合操作。 【子任务5】小组内通过角色扮演的形式，模拟进行动车组救援时过渡车钩模块1＋模块3组合操作。 【子任务6】小组内通过角色扮演的形式，模拟进行动车组救援时过渡车钩模块3＋模块2组合操作
劳动组合	各组长分配小组成员角色，进行模拟作业并留下影像记录。 各组评判小组成员学习情况，做出小组评价
成果展示	模拟使用统型过渡车钩进行机车救援和动车组救援作业的照片或视频
学习小结	

续表

	项目	A—优	B—良	C—中	D—及格	E—不及格	综合
自我评价	安全纪律（15%）						
	学习态度（15%）						
	专业知识（30%）						
	专业技能（30%）						
	团队合作（10%）						
教师评价	简要评价						
	教师签名						

学习引导文

4.3.1 统型过渡车钩配置标准

（1）CRH₁B 型和 CRH₁E 型动车组前端车钩钩头为 15 号车钩，不需要配备过渡车钩，CRH₁A 型动车组每列配备 1 套统型过渡车钩，CRH₁A－200 型动车组存放于 05 车（餐车）二位端储物柜，CRH₁A－250 型动车组存放于 04 车（餐车）垃圾箱区域，其中每套统型车钩包括 1 个模块 1（880 mm 钩高的 10 型过渡钩模块）、1 个模块 4（机车过渡车钩模块）和相应连接附件。

（2）CRH₂A、CRH₂E、CRH380A（L）型动车组每列配备 2 套统型过渡车钩，分别存放于 01、00 车司机室气密隔舱中，其中每套统型车钩包括 1 个模块 2（柴田式过渡车钩模块）、1 个模块 4（机车过渡车钩模块）和相应连接附件。

（3）CRH₂A 统型、CRH380A 统型动车组每列配备 2 套统型过渡车钩，分别存放于 01、00 车司机室气密隔舱中，其中每套统型车钩包括 1 个模块 3（1 000 mm 钩高的 10 型过渡车钩模块，含双风管）、1 个模块 4（机车过渡车钩模块）和相应连接附件。

（4）CRH₃C 型动车组每列配备 1 套统型过渡车钩，存放 04 车储物柜，每套统型车钩包括 1 个模块 3（1 000 mm 钩高的 10 型过渡车钩模块，含单风管）、1 个模块 4（机车过渡车钩模块）和相应连接附件。

（5）CRH380B、CRH380BG 型动车组每列配备 2 套统型过渡车钩，存放于 01、08 车备品柜，每套统型车钩包括 1 个模块 3（1 000 mm 钩高的 10 型过渡车钩模块，含单风管）、1 个模块 4（机车过渡车钩模块）和相应连接附件。

（6）CRH380BL、CRH380CL 型动车组每列配备 2 套统型过渡车钩，存放于 02、15 车大件行李柜下部，每套统型车钩包括 1 个模块 3（1 000 mm 钩高的 10 型过渡车钩模块，含单风管）、1 个模块 4（机车过渡车钩模块）和相应连接附件。

（7）CRH$_5$A 型动车组每列配备 1 套统型过渡车钩，存放于 06 车储藏室，每套统型车钩包括 1 个模块 3（1 000 mm 钩高的 10 型过渡车钩模块，含单风管）、1 个模块 4（机车过渡车钩模块）和相应连接附件。

4.3.2　动车组统型过渡车钩用户手册及维护说明书

动车组统型过渡车钩共包括 4 种模块（见图 4 - 1）：模块 1（880 mm 钩高的 10 型过渡钩模块）、模块 2（柴田式过渡钩模块）、模块 3（1 025 mm/1 000 mm 钩高的 10 型过渡钩模块，包括单管和双管结构）和模块 4（机车过渡钩模块）。

模块1　　　　　模块2　　　　　　模块3　　　　　模块4

图 4 - 1　统型过渡车钩模块外形示意图

1. 机车救援操作说明

1）模块 1 + 模块 4 过渡车钩组合

模块 1 + 模块 4 过渡车钩组合如图 4 - 2 所示。

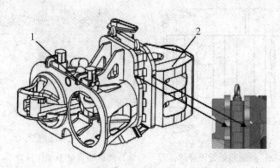

图 4 - 2　模块 1 + 模块 4 过渡车钩组合
1—模块 1；2—模块 4

（1）模块 1（880 mm 钩高的 10 型过渡钩模块）。

模块 1（880 mm 钩高的 10 型过渡钩模块）如图 4 - 3 所示。

过渡车钩模块 1 用来与动车组前端车钩相连挂。前端连挂面板用以承受压力载荷和冲击。牵引载荷则通过连接杆和钩舌传递至过渡车钩的其他部分。

模块 1 焊接钩体的正面布置有凸锥面和凹锥面。在过渡车钩与前端车钩连挂时用来进行连挂时的自动对正和对中。

过渡车钩模块 1 还带有风管连接器（BP 制动管路），用于在救援工况时牵引机车对动车组的制动控制。

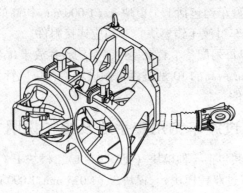

图 4-3 模块 1

（2）模块 4（机车过渡车钩模块）。

模块 4（机车过渡车钩模块）如图 4-4 所示。

机车过渡车钩模块 4 用来与装有 13 或 15 号车钩的机车进行连挂。

为了使模块 4 能够与采用 13 或 15 号车钩的牵引列车配合使用，此机车过渡车钩模块配有上下防跳装置，上防跳装置有两个安装孔，下防跳装置有 3 个安装孔，图 4-4（a）是存放状态，图 4-4（b）是工作状态。防止在正常作业时由于 13 或 15 号车钩的跳动解钩。正常工作状态时上防跳架使用图 4-4（b）中件号为②的孔安装，下防跳架使用图 4-4（b）中件号为④的孔安装（中间孔）。

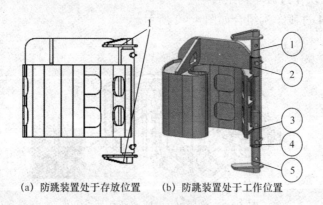

(a) 防跳装置处于存放位置   (b) 防跳装置处于工作位置

图 4-4 模块 4

1—防跳装置；①、②、③、④、⑤为防跳装置的 5 个安装孔，
其中①、②属于上防跳装置，③、④、⑤属于下防跳装置
注：机车过渡车钩模块 4 用来与装有 13 或 15 号车钩的机车进行连挂时，使用②
和④两个安装孔，与其他车钩连挂时，根据具体情况使用合适的安装孔

（3）连挂作业。

首先，利用辅助挂钩把模块 1 挂在前端车钩上，然后把过渡车钩模块 4 扣在模块 1 上并插入连接销固定。检查和前端车钩无干涉现象后，用力下压模块 4 触发前端车钩进行连挂操作。连挂操作示意图（模块 1+模块 4 过渡车钩组合）如图 4-5 所示，连挂作业操作步骤（模块 1+模块 4 过渡车钩组合）如表 4-1 所示。

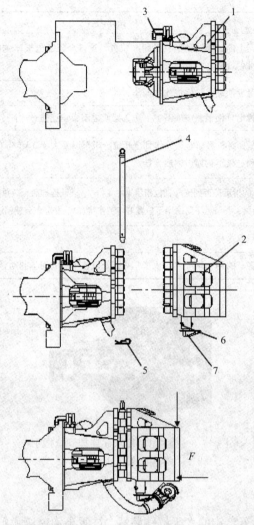

图4-5 连挂操作示意图（模块1+模块4过渡车钩组合）

1—模块1；2—模块4；3—辅助挂钩；4—连接销；5—R型销；6—自锁销；7—防跳架

表4-1 连挂作业操作步骤（模块1+模块4过渡车钩组合）

步骤	操作内容
1	从车上依次取下过渡车钩模块，并运至连挂端。过渡车钩取出后，应及时把过渡车钩存放箱恢复到初始位置，并锁定（如果有过渡车钩存放箱）
2	检查车钩是否已伸出并锁闭，检查车钩是否处于准备连挂位置
3	清洁过渡车钩和半前端车钩的接触区
4	检查过渡车钩模块1，保证连挂杆和钩舌运动自如
5	通过辅助挂钩把模块1搭在动车组前端车钩的连挂面上，确认无干涉情况
6	使用连接销把模块4和模块1进行组合，插入R型销锁定

步骤	操作内容
7	将前端车钩气动单元上的球阀转动至"关闭"位置。这样会阻断电气车钩的操作。此时，过渡车钩与前端车钩间的连挂操作准备就绪
8	用力下压过渡车钩触发前端车钩完成连挂操作
9	在与机车连挂前，拔出自锁销，应取下上下防调架使之不影响连挂
10	距动车组 3 m 处停车，将机客车车钩操作到全开位，机车以不大于 3 km/h 的速度（建议）向连挂方向缓慢运行，使机车车钩和过渡车钩撞击完成连挂
11	确认过渡车钩模块 1 的指示是否到位（到位指示见图 4-6）。确认连挂后，应重新插入上下防跳架或者将防跳架反转使挡板朝向车钩内侧，调节上下防跳架至位置 B（工作状态）。并穿入自锁销进行锁定
12	试拉，以确保车辆稳妥连挂
13	连接空气软管与机客车的列车制动空气软管，并打开机客车端的列车制动管阀门

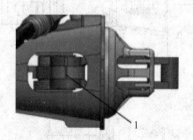

图 4-6　模块 1、模块 3 连挂到位指示

1—两条线对齐

（4）解钩作业。

解钩时，必须使用机车车钩的人工解钩装置，过渡车钩模块无解钩手柄。

解钩作业步骤（模块 1＋模块 4 过渡车钩组合）如表 4-2 所示。

表 4-2　解钩作业步骤（模块 1＋模块 4 过渡车钩组合）

步骤	操作
1	分离机车与动车组之间的连接管路
2	机车解钩，向上拉动机车车钩的解钩杆，使机车车钩处于解锁状态；机车向后缓慢移动，与过渡车钩分离
3	拆下模块 4 连接销的 R 型销
4	拆除连接销
5	拆除过渡车钩模块 4
6	前端车钩解钩
7	拆除过渡车钩模块 1
8	按照前端总成用户文件的说明将前舱门锁闭

2）模块 2 + 模块 4 过渡车钩组合

模块 2 + 模块 4 过渡车钩组合如图 4 - 7 所示。

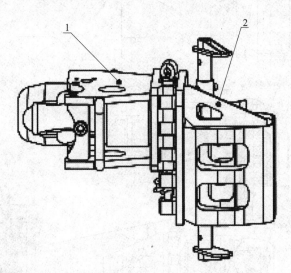

图 4 - 7　模块 2 + 模块 4 过渡车钩组合

1—模块 2；2—模块 4

（1）模块 2（柴田式过渡车钩）。

模块 2 如图 4 - 8 所示。

过渡车钩模块 2 设计用来与前端车钩相连接。工作原理为过渡车钩模块 2 的钩舌挤压动车组前端车钩钩舌使其发生逆时针转动，当钩舌相互进入对方的钩舌腔后，在前端车钩拉簧的作用下钩舌顺时针转动恢复初始位置，连挂完成。

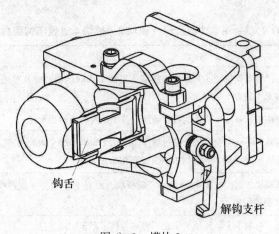

图 4 - 8　模块 2

（2）连挂作业。

首先，人工使模块 2 和前端车钩连挂，然后把过渡车钩模块 4 扣在模块 2 上并插入连接销固定。连挂操作示意图（模块 2 + 模块 4 过渡车钩组合）如图 4 - 9 所示，连挂作业操作步骤（模块 2 + 模块 4 过渡车钩组合）如表 4 - 3 所示。

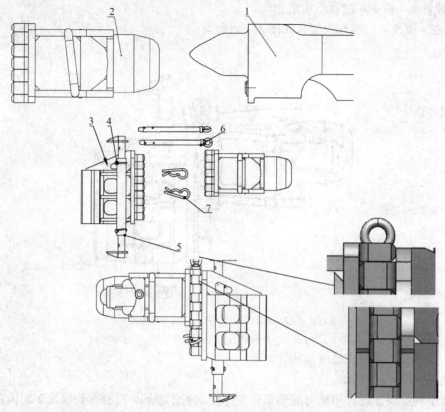

图 4 - 9　连挂操作示意图（模块 2 + 模块 4 过渡车钩组合）

1—前端车钩；2—模块 2；3—模块 4；4—自锁销；5—防跳架；6—连接销；7—R 型销

表 4 - 3　连挂作业步骤（模块 2 + 模块 4 过渡车钩组合）

步骤	操作内容
1	从车上依次取下过渡车钩模块，并运至连挂端。过渡车钩取出后，应及时把过渡车钩存放箱恢复到初始位置，并锁定（如果有过渡车钩存放箱）
2	转动过渡车钩模块 2 和前端车钩的钩舌，清洁连挂面以及钩舌的接触区
3	拉动前端车钩的解钩手柄至全开位，使过渡车钩模块 2 和半前端车钩的凸凹锥相互插入，连挂面贴合，松开解钩手柄，确认连挂（前端车钩解钩手柄恢复到初始位置）
4	把模块 4 安装到模块 2 上，按图 4 - 9 所示装配模块（红色对正槽齐平或两模块上平面齐平），依次穿入连接销，并插入 R 型销锁定
5	在与机车连挂前，应取下上下防调架使之不影响与机客车车钩的连挂
6	距动车组 3 m 处停车，将机客车车钩操作到全开位，机车以不大于 3 km/h 的速度（建议）向连挂方向缓慢运行，使机车车钩和过渡车钩撞击完成连挂。连挂后，应重新插入上下防跳架或者将防跳架反转使挡板朝向车钩内侧，调节上下防跳架至位置 B（工作状态），并穿入自锁销进行锁定
7	试拉，以确保车辆稳妥连挂
8	连接制动空气软管，并打开机客车端的列车制动管阀门

（3）解钩作业。

解钩时，必须使用机车车钩的人工解钩装置，过渡车钩模块无解钩手柄，解钩作业步骤（模块 2 + 模块 4 过渡车钩组合）如表 4 - 4 所示。

表 4 - 4　解钩作业步骤（模块 2 + 模块 4 过渡车钩组合）

步骤	操作
1	分离机车与动车组之间的连接管路
2	机车解钩，向上拉动机车车钩的解钩杆，使机车车钩处于解锁状态；机车向后缓慢移动，与过渡车钩分离
3	拔出连接销上的 R 型销，拆除连接销，拆除机车过渡车钩模块 4
4	拆除柴田式过渡车钩模块 2，解钩时注意防止过渡车钩坠落
5	按照前端总成用户文件的说明将前舱门锁闭

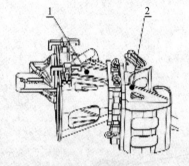

图 4 - 10　模块 3 + 模块 4
过渡车钩组合
1—模块 3；2—模块 4

3）模块 3 + 模块 4 过渡车钩组合

模块 3 + 模块 4 过渡车钩组合如图 4 - 10 所示。

（1）模块 3（1 025 mm/1 000 mm 钩高 10 型过渡车钩模块）。

模块 3（1 025 mm/1 000 mm 钩高 10 型过渡车钩模块）如图 4 - 11 所示。

10 型过渡车钩模块 3 设计用来与前端车钩相连接。主题承载结构和模块 1 一致，前端连挂面板用以承受压力载荷和冲击。牵引载荷则通过连接杆和钩舌传递至过渡车钩的其他部分。

模块 3 焊接钩体的正面布置有凸锥面和凹锥面。在过渡车钩与前端车钩连挂时用来进行连挂时的自动对正和对中。

密接钩体组成带有风管连接器体，用于连接来自机车的 BP（制动管路）空气。

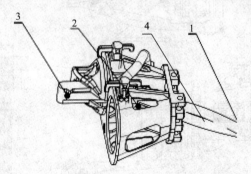

图 4 - 11　模块 3
1—制动管连接器；2—钩舌；3—连挂杆；
4—总风管连接器（仅适用于 CRH$_2$A、CRH380A 统型用双风管结构）

（2）连挂作业。

首先，利用辅助挂钩把模块 3 挂在前端车钩上（辅助挂钩的操作见图 4 - 12），然后把模块 4 扣在模块 3 上并插入连接销固定，用力下压模块 4 触发前端车钩进行连挂操作。连挂操作示意图（模块 3 + 模块 4 过渡车钩组合）如图 4 - 13 所示，连挂作业步骤（模块 3 + 模块 4 过渡车钩组合）如表 4 - 5 所示。

图 4 - 12　辅助挂钩的操作

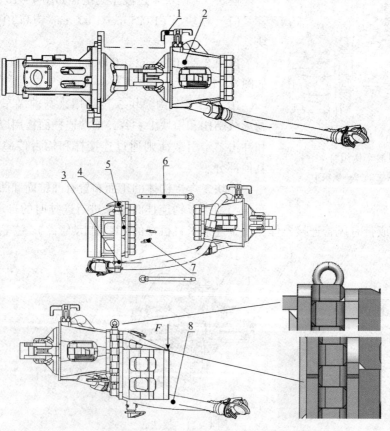

图 4 - 13　连挂操作示意图（模块 3 + 模块 4 过渡车钩组合）

1—辅助挂钩；2—模块 3；3—自锁销；4—防跳架；
5—模块 4；6—连接销；7—R 型销；8—空气软管

表 4 - 5 连挂作业步骤（模块 3 + 模块 4 过渡车钩组合）

步骤	操作内容
1	从车上依次取下过渡车钩模块，并运至连挂端。过渡车钩取出后，应及时把过渡车钩存放箱恢复到初始位置，并锁定（如果有过渡车钩存放箱）
2	检查车钩是否已伸出并锁闭，检查车钩是否处于准备连挂位置。清洁连挂面接触区
3	检查过渡车钩模块 3，以保证连挂杆和钩舌运动自如
4	通过辅助挂钩把模块 3 搭在动车组前端车钩的连挂面上，确认无干涉情况
5	使用连接销把模块 4 和模块 3 进行组合，按图 4 - 13 所示装配模块（红色对正槽齐平或两模块上平面齐平），插入 R 型销锁定
6	将前端车钩气动单元上的手柄置于"关闭"位置。此时，过渡车钩与前端车钩间的连挂操作准备就绪
7	用力下压过渡车钩触发前端车钩完成连挂操作
8	在与机车连挂前，拔出自锁销，应取下上下防调架使之不影响与机车连挂
9	距动车组 3 m 处停车，将机车钩操作到全开位，以不大于 3 km/h 的速度（建议）向连挂方向缓慢运行，使机车车钩和过渡车钩撞击完成连挂
10	确认过渡车钩模块 3 的指示是否到位。确认连挂后，应重新插入上下防跳架或者将防跳架反转使挡板朝向车钩内侧，调节上下防跳架至位置 B（工作状态）。并穿入自锁销进行锁定
11	试拉，以确保车辆稳妥连挂
12	连接空气软管与机客车的列车制动空气软管，并打开机客车端的列车制动管阀门

注：（1）上述操作是针对车钩中心线距轨面高度为 1 000 mm 的 CRH$_3$、CRH380B(L)、CRH380CL 等动车组；

（2）统型过渡车钩用于 CRH$_5$ 型动车组时应将上述操作步骤中的第 6 步：辅助挂钩人工旋转 180°，调至挂钩较高的一侧进行连挂。

（3）CRH$_2$A（统型）和 CRH380A（统型）用过渡车钩使用双风管结构，救援时应根据实际情况确定是否连接总风管。

（3）解钩作业。

解钩时，必须使用机车车钩的人工解钩装置，过渡车钩模块无解钩手柄，解钩作业步骤（模块 3 + 模块 4 过渡车钩组合）如表 4 - 6 所示。

表 4 - 6 解钩作业步骤（模块 3 + 模块 4 过渡车钩组合）

步骤	操作
1	车辆解钩
2	分离机车与动车组之间的连接管路
3	向上拉动机车车钩的解钩杆，使车钩处于解锁状态；机车向后缓慢移动，与过渡车钩分离
4	拆下固定过渡车钩模块 4 连接销的 R 型销
5	拆除连接销
6	拆除过渡车钩模块 4
7	前端车钩解钩，拆除过渡车钩模块 3
8	按照前端总成用户文件的说明将前舱门锁闭
9	将过渡车钩模块 3 和模块 4 放回车内

2. 动车组救援操作说明

1）模块 1 + 模块 2 过渡车钩组合

模块 1 + 模块 2 过渡车钩组合如图 4 - 14 所示。

（1）连挂作业 1 （先连挂模块 1，后连挂模块 2）。

连挂操作示意图（先连挂模块 1，后连挂模块 2）如图 4 - 15 所示。

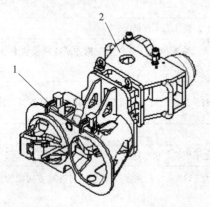

图 4 - 14　模块 1 + 模块 2 过渡车钩组合
1—模块 1；2—模块 2

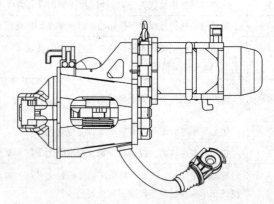

图 4 - 15　连挂操作示意图
（先连挂模块 1，后连挂模块 2）

首先，利用辅助挂钩把模块 1 挂在前端车钩上，然后把模块 2 扣在模块 1 上并插入连接销固定，连挂作业 1 步骤（先连挂模块 1，后连挂模块 2）如表 4 - 7 所示。

表 4 - 7　连挂作业 1 步骤（先连挂模块 1，后连挂模块 2）

步骤	操作内容
1	从救援车和被救援车上取下过渡车钩模块，并运至连挂端
2	检查车钩是否处于准备连挂位置
3	清除两车钩头凹锥上所有外部物质
4	通过辅助挂钩把模块 1 挂在动车组前端车钩上，确认无干涉情况
5	把模块 2 扣合到模块 1 上装配后，依次穿入连接销，并插入 R 型销
6	将前端车钩气动单元上的手柄置于"关闭"位置。这样会阻断电气车钩的操作。此时，过渡车钩与前端车钩间的连挂操作准备就绪
7	用力下压过渡车钩模块 2 触发前端车钩完成连挂操作
8	距动车组 3 m 处停车，救援动车组以不大于 3 km/h 的速度（建议）向连挂方向缓慢运行，使前端车钩和过渡车钩撞击完成连挂。确认过渡车钩的指示到位
9	试拉，以确保车辆稳妥连挂
10	人工连接空气软管与动车组的制动空气软管，并打开列车制动管阀门

（2）解钩作业 1 （先分解模块 2，后分解模块 1）。

解钩时，必须使用前端车钩的人工解钩装置，过渡车钩无解钩装置，解钩作业 1 步骤（先分解模块 2，后分解模块 1）如表 4 - 8 所示。

表 4 – 8　解钩作业 1 步骤（先分解模块 2，后分解模块 1）

步骤	操作
1	车辆解钩
2	分离动车组之间的连接管路
3	拆下模块 2 的 R 型销
4	拆除连接销
5	拆除柴田式过渡车钩模块 2
6	前端车钩解钩，拆除过渡车钩模块
7	拆除过渡车钩模块 1
8	按照前端总成用户文件的说明将前舱门锁闭

（3）连挂作业 2（先连挂过渡车钩模块 2，后连挂过渡车钩模块 1）。

首先，参照机车救援操作模块 2 + 模块 4 过渡车钩组合连挂作业的第 3 条，抬起过渡车钩模块 2，使模块 2 和前端车钩的凸凹锥相互插入，确认车钩连挂到位。然后把模块 1 扣在模块 2 上并插入连接销固定，连挂作业 2 步骤（先连挂过渡车钩模块 2，后连挂过渡车钩模块 1）如表 4 – 9 所示。

表 4 – 9　连挂作业 2 步骤（先连挂过渡车钩模块 2，后连挂过渡车钩模块 1）

步骤	操作内容
1	从车上依次取下过渡车钩模块，并运至连挂端
2	检查过渡车钩，以保证锁闭机构运动自如，钩舌和钩舌凹槽完全涂抹润滑油脂
3	人工抬起模块 2，拉动前端车钩的解钩手柄至全开位，使模块 2 和前端车钩的凸凹锥相互插入，连挂面贴合，松开解钩手柄，确认车钩连挂到位（前端车钩解钩手柄恢复到初始位置）
4	模块 1 通过插榫结构扣合到模块 2 上装配，依次穿入连接销，并插入 R 型销
5	旋转辅助挂钩至备用工作状态，避免在和 10 型车钩连挂过程中撞坏辅助挂钩
6	将前端车钩气动单元上的手柄置于"关闭"位置。这样会阻断电气车钩的操作。此时，过渡车钩与前端车钩间的连挂操作准备就绪
7	距动车组 3 m 处停车，救援动车组以不大于 3 km/h 的速度（建议）向连挂方向缓慢运行，使前端车钩和过渡车钩撞击完成连挂。确认过渡车钩的指示到位
8	试拉，以确保车辆稳妥连挂
9	人工连接空气软管与动车组的制动空气软管，并打开列车制动管阀门

（4）解钩作业 2（先分解过渡车钩模块 1，后分解柴田式过渡车钩模块 2）。

解钩时，必须使用前端车钩的人工解钩装置，过渡车钩无解钩步骤装置，解钩作业 2 步骤（先分解过渡车钩模块 1，后分解柴田式过渡车钩模块 2）如表 4 – 10 所示。

表4–10　解钩作业2步骤（先分解过渡车钩模块1，后分解柴田式过渡车钩模块2）

步骤	操作
1	分离动车组之间的连接管路
2	车辆解钩，前端车钩解钩，车辆分离
3	拆下柴田式过渡车钩模块2的R型销
4	拆除连接销
5	拆除过渡车钩模块1
6	按照前端总成用户文件的说明将前舱门锁闭

2）模块1+模块3过渡车钩组合

模块1+模块3过渡车钩组合如图4–16所示。

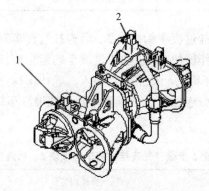

图4–16　模块1+模块3过渡车钩组合
1—模块1；2—模块3

（1）连挂作业1（先连挂模块1，后连挂模块3）。

连挂操作示意图（先连挂模块1，后连挂模块3）如图4–17所示。

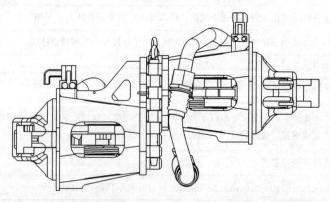

图4–17　连挂操作示意图（先连挂模块1，后连挂模块3）

首先，利用辅助挂钩把模块1挂在前端车钩上，然后把模块3扣在模块1上并插入连接销固定，连挂作业1步骤（先连挂模块1，后连挂模块3）如表4–11所示。

表 4 – 11　连挂作业 1 步骤（先连挂模块 1，后连挂模块 3）

步骤	操作内容
1	从车上依次取下过渡车钩模块，并运至连挂端
2	检查车钩是否处于准备连挂位置
3	清除两车钩头凹锥上所有外部物质
4	通过辅助挂钩把模块 1 挂在动车组前端车钩上，确认无干涉情况
5	两过渡车钩模块装配后，依次穿入连接销，并插入 R 型销
6	将前端车钩气动单元上的手柄置于"关闭"位置。此时，过渡车钩与前端车钩间的连挂操作准备就绪
7	用力下压过渡车钩触发前端车钩完成连挂操作
8	旋转辅助挂钩至备用状态避免在连挂过程中损坏辅助挂钩
9	距动车组 3 m 处停车，救援动车组以不大于 3 km/h 的速度（建议）向连挂方向缓慢运行，使前端车钩和过渡车钩接触完成连挂。确认过渡车钩的指示到位
10	试拉，以确保车辆稳妥连挂
11	人工连接空气软管与动车组的制动空气软管，并打开列车制动管阀门

（2）解钩作业（先分解模块 3，后分解模块 1）。

解钩时，必须使用前端车钩的人工解钩装置，过渡车钩无解钩装置，解钩作业 1 步骤（先分解模块 3，后分解模块 1）如表 4 – 12 所示。

表 4 – 12　解钩作业步骤（先分解模块 3，后分解模块 1）

步骤	操作
1	车辆解钩
2	分离动车组之间的连接管路；车辆分离
3	拆下模块 3 的 R 型销
4	拆除连接销
5	分解过渡车钩模块 3
6	前端车钩解钩，拆除过渡车钩模块 1
7	按照前端总成用户文件的说明将前舱门锁闭

（3）连挂作业 2（先连挂模块 3，后连挂模块 1）。

首先，利用辅助挂钩把模块 3 挂在前端车钩上，然后把模块 1 扣在模块 3 上并插入连接销固定，连挂作业 2 步骤（先连挂模块 3，后连挂模块 1）如表 4 – 13 所示。

表 4 –13　连挂作业 2 步骤（先连挂模块 3，后连挂模块 1）

步骤	操作内容
1	从车上依次取下过渡车钩模块，并运至连挂端
2	检查车钩是否处于准备连挂位置
3	清除两车钩头凹锥上所有外部物质
4	通过辅助挂钩把模块 3 挂在动车组前端车钩上，确认无干涉情况
5	组装两过渡车钩模块，装配后，依次穿入连接销，并插入 R 型销
6	将前端车钩气动单元上的手柄置于"关闭"位置。这样会阻断电气车钩的操作。此时，过渡车钩与前端车钩间的连挂操作准备就绪
7	用力下压过渡车钩触发前端车钩完成连挂操作
8	旋转辅助挂钩至备用状态避免在连挂过程中损坏辅助挂钩
9	距动车组 3 m 处停车，救援动车组以不大于 3 km/h 的速度（建议）向连挂方向缓慢运行，使前端车钩和过渡车钩接触完成连挂。确认过渡车钩的指示到位
10	试拉，以确保车辆稳妥连挂
11	人工连接空气软管与动车组的制动空气软管，并打开列车制动管阀门

3）模块 3 + 模块 2 过渡车钩组合

模块 3 + 模块 2 过渡车钩组合如图 4 – 18 所示。

（1）连挂作业 1（先连挂模块 3，后连挂模块 2）。

连挂操作示意图（先连挂模块 3，后连挂模块 2）如图 4 – 19 所示。

首先，利用辅助挂钩把模块 3 挂在前端车钩上，然后把模块 2 扣在模块 3 上并插入连接销固定，检查和前端车钩无干涉现象后，以不大于 3 km/h 的速度撞击动车组前端车钩完成连挂。连挂作业 1 步骤（先连挂模块 3，后连挂模块 2）如表 4 – 14 所示。

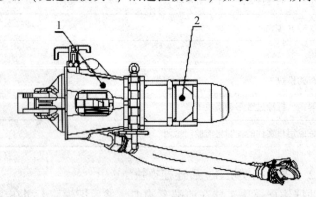

图 4 – 18　模块 3 + 模块 2 过渡车钩组合
1—模块 3；2—模块 2

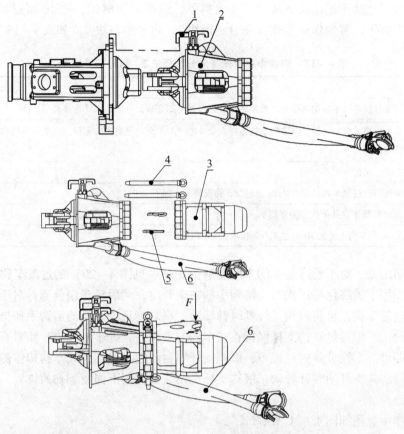

图 4 – 19　连挂操作示意图（先连挂模块 3，后连挂模块 2）

1—辅助挂钩；2—模块 3；3—模块 2；4—连接销；5—R 型销；6—空气软管

表 4 – 14　连挂作业 1 步骤（先连挂模块 3，后连挂模块 2）

步骤	操作内容
1	清除两车钩头凹锥上所有外部物质
2	通过辅助挂钩把模块 3 挂在动车组前端车钩上，确认无干涉情况
3	组装两过渡车钩模块，装配后，依次穿入连接销，并插入 R 型销
4	将前端车钩气动单元上的手柄置于"关闭"位置。此时，过渡车钩与前端车钩间的连挂操作准备就绪
5	用力下压过渡车钩触发前端车钩完成连挂操作
6	距动车组 3 m 处停车，救援动车组以不大于 3 km/h 的速度（建议）向连挂方向缓慢运行，使前端车钩和过渡车钩接触完成连挂。确认过渡车钩的指示到位
7	试拉，以确保车辆稳妥连挂
8	人工连接空气软管与动车组的制动空气软管，并打开列车制动管阀门

（2）解钩作业（先分解模块 2，再分解模块 3）。

首先，关闭制动管阀门分离制动软管，操作前端车钩解钩，使模块 2 从动车组前端车钩分离。然后拔出连接销把模块 2 从模块 3 上拆下，前端车钩解钩，把 10 型过渡车钩模块 3 从前端车钩上拆下。解钩作业步骤（先分解模块 2，再分解模块 3）如表 4 - 15 所示。

表 4 - 15　解钩作业步骤（先分解模块 2，再分解模块 3）

步骤	操作
1	首先分解牵引车制动管路和过渡车钩软管连接器。如有必要分解总风管连接器
2	动车组前端车钩解钩，将柴田车钩保持在全开位，动车组向分离方向运行，使柴田车钩和过渡车钩实现分解和分离
3	拆除连接销
4	将柴田式过渡车钩模块 2 从 10 型过渡车钩模块 3 上拆下
5	拔出 R 型销，并依次拔出连接销
6	从 10 型车钩上吊出 10 型过渡车钩模块 3，解钩操作完成

需要说明的是，对于前序装车的未配置解钩支杆（见图 4 - 20）的过渡车钩，手动操作时须在人力作用下始终保持正式车钩解钩手柄在全开位，然后动车组分离；对于后续配备了解钩支杆的过渡车钩，可将解钩支杆顺时针转动，将对侧正式车钩的解钩手柄搭接在解钩支杆端部的倒钩上，即通过解钩支杆保持正式车钩的手柄一直处于打开位，然后直接将主车向反方向驶离即可。车钩分解的过程中，解钩支杆斜台凸起在受到正式车钩钩体侧面斜台的挤压作用，使得解钩支杆逆时针转动，解钩支杆在扭簧的作用下回复到初始位置，同时两侧车钩实现完全分离。

解钩操作示意图如图 4 - 21 所示。

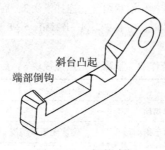

图 4 - 20　解钩支杆

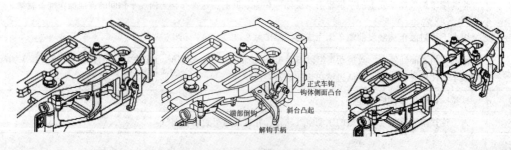

图 4 - 21　解钩操作示意图

（3）连挂作业 2（先连挂模块 2，后连挂模块 3）。

连挂作业 2 步骤（先连挂模块 2，后连挂模块 3）如表 4－16 所示。

表 4－16　连接作业 2 步骤（先连挂模块 2，后连挂模块 3）

步骤	操作内容
1	从车上依次取下过渡车钩模块，并运至连挂端
2	检查过渡车钩，以保证锁闭机构运动自如，钩舌和钩舌凹槽完全涂抹润滑油脂
3	人工抬起模块 2，拉动前端车钩的解钩手柄至全开位，使模块 2 和前端车钩的凸凹锥相互插入，连挂面贴合，松开解钩手柄，确认车钩连挂到位（前端车钩解钩手柄恢复到初始位置）
4	模块 3 通过插榫结构扣合到模块 2 上装配，依次穿入连接销，并插入 R 型销
5	旋转辅助挂钩至备用工作状态，避免在和 10 型车钩连挂过程中撞坏辅助挂钩
6	将前端车钩气动单元上的手柄置于"关闭"位置。此时，过渡车钩与前端车钩间的连挂操作准备就绪
7	距动车组 3 m 处停车，救援动车组以不大于 3 km/h 的速度（建议）向连挂方向缓慢运行，使前端车钩和过渡车钩撞击完成连挂。确认过渡车钩的指示到位
8	试拉，以确保车辆稳妥连挂
9	人工连接空气软管与动车组的制动空气软管，并打开列车制动管阀门

任务实施与评价

1. 教师下发任务单，学生明确学习任务、学习内容、知识目标、能力目标、素质目标要求。

2. 学生按任务单要求制订学习计划，完成预习任务及相关知识准备。

3. 小组内通过角色扮演的形式，模拟进行机车救援时过渡车钩模块 1 + 模块 4 组合操作。

4. 小组内通过角色扮演的形式，模拟进行机车救援时过渡车钩模块 2 + 模块 4 组合操作。

5. 小组内通过角色扮演的形式，模拟进行机车救援时过渡车钩模块 3 + 模块 4 组合操作。

6. 小组内通过角色扮演的形式，模拟进行动车组救援时过渡车钩模块 1 + 模块 2 组合操作。

7. 小组内通过角色扮演的形式，模拟进行动车组救援时过渡车钩模块 1 + 模块 3 组合操作。

8. 小组内通过角色扮演的形式，模拟进行动车组救援时过渡车钩模块 3 + 模块 2 组合操作。

9. 学生进行自我评价及小组成员互评；教师进行学生学习评价，检查任务完成情况。

附录 A "随车机械师乘务日志"("辆动 –006")

![CRH]	××××段××××所	版本号：201307
	"随车机械师乘务日志"	

_____年___月___日至_____年___月___日

出乘指示	
学习内容或领导添乘指示	

时间	车次	运行区段	运行记事	随车机械师	列车长	司机

续表

随车工具料及备品交接				累计走行公里		
				出所随车机械师		
				入所随车机械师		

调度员签字： _____年___月___日	乘务指导审阅： _____年___月___日

填写说明：

1. 报表类别：过程管理

2. 保存期限：1 年

3. 填写要求：

（1）本簿每组动车组一本，由随车机械师填写值乘区段动车组运行实际情况，运行正常填写良好，发生异常情况详细填记；

（2）累计走行公里由随车机械师在动车组出所前到调度室抄记或按本车系统显示填写。

附录 B 随车机械师出退乘记录
（"辆动 – 007"）

![CRH] ×××× 段 ×××× 所							版本号：201307						
随车机械师出退乘记录													
出乘登记							退乘登记						
序号	日期	姓名	车组号	出所车次	计划出所时间	报到时间	酒精测试	日期	姓名	车组号	入所车次	入所时间	报到时间	备注
1														
2														
3														
4														
5														
6														
7														
8														
9														
10														
11														
12														
13														
14														
15														
16														
17														

填写说明：

1. 报表类别：过程管理

2. 保存期限：3 个月

3. 填写要求：

（1）本表用于随车机械师在本属动车所出、退乘的登记签认；

（2）"车组号"填写格式如："CRH380B-6223L"；

（3）"日期"填写格式如："20130303"，"时间"填写格式如："21：22"；

（4）"计划出所时间"为动车组计划出库或存车场开车时间，"入所时间"为动车组入库或存车场停稳时间；

（5）"酒精测试"栏根据测试结果填写"合格"或"不合格"。

附录 C　动车组故障交接记录单
（"辆动 – 181"）

◯◯ CRH	××××段××××所 动车组故障交接记录单			版本号：201307	

车组号：GRH _____　出/入所车次：_____ / _____　出所时间：____年___月___日___时___分

	车号	故障情况	司机确认	处理情况	接车机械师确认
驾驶设施 状态交接					

	车号	故障情况	处理情况	处理人	接车机械师确认
随车机械 师入所交 接故障					
	检修工长：			质检员：	

续表

	车号	重点故障情况	处理情况	处理人	接车机械师确认
地面检修重点故障					

检修工长：　　　　　　　　　　　　　　　　质检员：

	车号	故障情况	处理情况	处理人	接车机械师确认
随车机械师接车发现故障					

填表说明：

1. 本表作为动车组故障交接使用，由随车机械师出乘时领取，入所后交回；

2. "驾驶设施状态交接""随车机械师入所交接故障"栏由随车机械师负责填写，"驾驶设施状态交接"栏故障由司机签字确认；检修班组在动车组入所检修后在信息系统中回填处理结果，检修工长、质检员在系统中签认；

3. "地面检修重点故障"栏作为随车机械师出所前掌握动车组整车技术状态使用，由作业者录入信息系统并回填处理情况，检修工长、质检员在系统中签认，运行途中，随车机械师重点监控；

4. 随车机械师接车时，对动车组上次入所交接的故障进行复查，发现新故障时在"随车机械师接车发现故障"栏填写，由检修班组检修并回填处理情况，接车机械师进行签认。

参 考 文 献

［1］中华人民共和国铁道部. 动车组专业管理规定：铁运〔2008〕112 号，2008.
［2］中国铁路总公司. 铁路动车组运用维修规程. 铁总运〔2013〕158 号，2013.
［3］中国铁路总公司. CRH$_1$ 型动车组途中应急故障处理手册. 铁总运〔2014〕242 号，2014.
［4］中国铁路总公司. CRH$_2$ 型动车组途中应急故障处理手册. 铁总运〔2014〕241 号，2014.
［5］中国铁路总公司. CRH$_3$C 型动车组途中应急故障处理手册. 铁总运〔2014〕240 号，2014.
［6］中国铁路总公司. CRH$_5$ 型动车组途中应急故障处理手册. 铁总运〔2014〕237 号，2014.
［7］中国铁路总公司. CRH380A（L）型动车组途中应急故障处理手册. 铁总运〔2014〕239 号，2014.
［8］中国铁路总公司. CRH380B（L）型动车组途中应急故障处理手册. 铁总运〔2014〕238 号，2014.
［9］中国铁路总公司. CRH380CL 型动车组途中应急故障处理手册. 铁总运〔2014〕243 号，2014.
［10］中国铁路总公司. CRH$_1$ 型动车组途中应急故障处理手册等七项技术规章修订内容. 铁总运〔2015〕183 号，2015.
［11］铁道部运输局. 动车组相互救援作业办法. 运装客车〔2011〕392 号，2011.
［12］中国铁路总公司. 动车组回送作业办法. 铁总运〔2014〕157 号，2014.